Innovationen für gemeinsamen Gewinn

Gerhard Speckbacher

Innovationen für gemeinsamen Gewinn

Wie Unternehmen nachhaltig Wert für ihre Stakeholder schaffen

2. Auflage

 Springer Gabler

Gerhard Speckbacher
Wirtschaftsuniversität
Wien, Österreich

ISBN 978-3-658-48782-9   ISBN 978-3-658-48783-6 (eBook)
https://doi.org/10.1007/978-3-658-48783-6

Die Deutsche Nationalbibliothek verzeichnet diese Publikation in der Deutschen Nationalbibliografie; detaillierte bibliografische Daten sind im Internet über http://dnb.d-nb.de abrufbar.

Springer Gabler ist ein Imprint der eingetragenen Gesellschaft Springer Fachmedien Wiesbaden GmbH und ist
ein Teil von Springer Nature.
Die Anschrift der Gesellschaft ist: Abraham-Lincoln-Str. 46, 65189 Wiesbaden, Germany

Vorwort zur 2. Auflage

Seit Erscheinen der 1. Auflage habe ich sehr viel Feedback erhalten, darunter in mündlicher oder schriftlicher Form mehr als hundert Anmerkungen und Verbesserungsvorschläge, die ich alle genau notiert habe und in die jetzt vorliegende Neuauflage einarbeiten konnte. Teilweise waren es Hinweise auf Druckfehler und Ungenauigkeiten, sehr häufig waren es aber auch umfangreiche Anmerkungen, wie Sachverhalte klarer dargestellt werden können oder wo für das bessere Verständnis Informationen und Zusammenhänge ergänzt werden sollten. In vielen Fällen sind daraus wiederholte nette Gespräche, oft bei einem Kaffee, oder auch längere fachliche Korrespondenzen entstanden. Über jeden einzelnen Hinweis habe ich mich sehr gefreut. Für das große Interesse und das unerwartet detaillierte und umfangreiche Feedback möchte ich mich bei jeder einzelnen Person bedanken, die hierfür Zeit, Mühe und kreatives Weiterdenken investiert hat.

Alle diese Hinweise haben mir geholfen, die Leitidee der innovationsorientierten BWL hoffentlich noch klarer herauszuarbeiten. Dazu habe ich vor allem die ersten beiden Kapitel überarbeitet, aber auch versucht, diese Leitidee durchgängiger in alle Kapitel einzuarbeiten. Vielfach sind es lediglich Umformulierungen, oft auch neu hinzugekommene Passagen. So wie in Unternehmen die Umsetzung von Neuem immer mit dem Abschaffen von Altem verbunden sein sollte, habe ich auch im Buch versucht, für neu Hinzugekommenes an anderer Stelle Passagen zu streichen. Durch das eingearbeitete Feedback bin ich sicher, mit dieser Neuauflage meinem Ziel einen Schritt näher gekommen zu sein, einen neuen, frischen Zugang zu betriebswirtschaftlichem Denken und Handeln anzuregen.

Neben der Einarbeitung des inhaltlichen Feedbacks habe ich in der neuen Auflage dem Wunsch vieler Studierender entsprochen und im Anschluss an jedes Kapitel Wiederholungsfragen aufgeführt, wie sie für Prüfungen typisch sind. In den Wiederholungsfragen sind gleichzeitig wichtige Begriffe aus dem jeweiligen Kapitel durch Fettdruck hervorgehoben.

Ich möchte mich an dieser Stelle auch beim Springer Gabler Verlag für die überaus kompetente und freundliche Betreuung des Buchprojektes ganz herzlich bedanken. Von Anfang an fühlte ich mich hervorragend unterstützt. Danke vor allem dafür, dass mein

Wunsch erfüllt wurde, das Buch über die Online-Plattform Springer Nature Link meinen Studierenden frei zugänglich zu machen, und dass diejenigen, die sich entscheiden, ein richtiges gedrucktes Buch zu kaufen, das zu einem günstigen Preis tun können. Ich hoffe, die Konsumentenrente ist so oder so hoch!

Wien   Gerhard Speckbacher
im Frühjahr 2025

Vorwort zur 1. Auflage

Das vorliegende Buch stellt Innovation in den Mittelpunkt der Betriebswirtschaftslehre (BWL). Innovation wird definiert als die unternehmerische Umsetzung neuer Ideen für gemeinsame Wertschöpfung. Soziale Orientierung, Nachhaltigkeit, Weltverbesserung und Purpose sind somit nicht Nebenbedingungen der Betriebswirtschaft oder „nichtökonomische" Ziele, die im Gegensatz zu betriebswirtschaftlichen Zielen stehen, sondern Kern unternehmerischer Wertschöpfung. Betriebswirtschaftliches Denken und unternehmerisches Handeln sind ausgerichtet darauf, neue Ideen für Verbesserungen umzusetzen, Wert für Stakeholder zu schaffen und die Zukunft positiv zu gestalten. Das erste Ziel des Buches ist, Begeisterung zu wecken für die Entwicklung neuer Ideen für gemeinsame Wertschöpfung in erwerbswirtschaftlichen Unternehmen und sozialen Organisationen. Das zweite Ziel ist, das für die professionelle Umsetzung solcher Ideen notwendige Grundlagenwissen bereitzustellen.

Ebenso wie das vorliegende Buch Nachhaltigkeit und soziale Orientierung nicht als neuartige Nebenbedingungen, sondern als Kern der modernen BWL behandelt, sind Globalisierung und Digitalisierung längst keine neuen Phänomene mehr, sondern Normalität. Daher werden Fragen der internationalen BWL ebenso wie die Auswirkungen der Digitalisierung auf das Entstehen plattformbasierter Wertschöpfungsmodelle und netzwerkartiger Business Ecosystems nicht in Sonderkapiteln behandelt, sondern in „klassische" BWL-Inhalte integriert.

Das Buch unterscheidet sich von anderen Einführungen in die BWL durch seine durchgängige Ausrichtung an der gemeinsamen Wertschöpfung durch Innovation. Dabei fokussiert das Buch vor allem auf „Entrepreneurial Businesses", also auf unternehmerisch geführte Organisationen, erst in zweiter Linie geht es um Großkonzerne bzw. große Kapitalgesellschaften. Alle Konzepte und Zusammenhänge werden anhand von Fallbeispielen und Geschichten motiviert und in einer direkten Alltagssprache vermittelt. Ziel ist, die Inhalte greifbar und erlebbar zu machen. Fast alle Beispiele habe ich in Lehrveranstaltungen, Seminaren und Vorträgen getestet, ob sie Interesse und Neugier wecken, Dingen auf den Grund zu gehen.

Begriffsunterscheidungen und Begrifflichkeiten betone ich nur da, wo mir das unerlässlich für das Verständnis von Zusammenhängen erscheint, beispielsweise im Rechnungswesen. Da Detailwissen und Zusatzinformationen sehr einfach digital zugänglich sind, liegt der Fokus auf der Vermittlung und dem Verstehen von Zusammenhängen. Wer wesentliche Zusammenhänge verstanden hat, kann sich bei Bedarf leicht Detailwissen hierzu aus Internetquellen oder mit Hilfsmitteln wie ChatGPT beschaffen. Das Auswendiglernen von Aufzählungen und Detailwissen halte ich weitgehend nicht mehr für zeitgemäß.

Obwohl dieses Buch vor allem begeistern will für die Entwicklung und unternehmerische Umsetzung neuer Wertschöpfungsideen, braucht man neben Begeisterung auch das nötige betriebswirtschaftliches Fachwissen und Denken. Aufgrund der hohen Dynamik des Wandels in der Wirtschaft reicht es dabei nicht, Konzepte und Lösungsrezepte, die sich in der Vergangenheit bewährt haben, zu verstehen und einsetzen zu können. Man muss vielmehr auch in neuen Situationen wirtschaftlich weiterdenken können. Dafür finde ich zwei „überfachliche" Kompetenzen besonders wichtig – gesunder Menschenverstand und Abstraktionsfähigkeit.

Wir leiden heutzutage nicht an mangelnder Informationsbreite, sondern an einem Mangel an Orientierung in der unüberschaubaren Meinungs- und Faktenvielfalt. Gerade zu Fragen der Wirtschaft findet man sehr schnell eine Vielzahl unterschiedlicher Expertenmeinungen sowie angebliche und echte Fakten und Studien. Die oft verwirrende Vielfalt an Information macht uns anfällig für „einfache Erklärungen", hinter denen dann aber oft fragwürdige Dogmatik und Ideologie stecken. Vereinfacht ausgedrückt ist wissenschaftliches Vorgehen nichts anderes als ein Instrumentarium, wie man Fakten von „Fake News" unterscheidet, wie man gute von schlechten Studien unterscheidet, wie man Dingen auf den Grund geht, sich im Dickicht von Studien und Meinungen zurechtfindet und sich selbst eine unabhängige Meinung bildet. Wissenschaftliches Denken ist nichts anderes als eine systematische Weiterentwicklung des gesunden, kritischen Menschenverstands und in diesem Sinne soll das vorliegende Buch einen wissenschaftlich orientierten gesunden Menschenverstand im Bereich BWL trainieren.

Daneben ist Abstraktionsfähigkeit die zweite wichtige überfachliche Kompetenz. Weil die Herausforderungen für eine menschengerechte und nachhaltige Betriebswirtschaft der Zukunft groß sind, muss groß gedacht werden. Dazu darf man sich nicht zu sehr in Details verfangen. In der Managementpraxis gebraucht man oft das Bild einer „Helikopterperspektive". Aus dem Helikopter erscheint alles gleichmäßig kleiner, was natürlich einen besseren Überblick ermöglicht. Ein wissenschaftliches Modell ist viel besser als eine Helikopterperspektive. Ein Modell macht zwar alles kleiner und gröber, aber es werden zusätzlich gezielt Dinge weggelassen, und alles wird auf das für eine bestimmte Fragestellung Wesentliche reduziert. Das hilft, sich in völlig neuen, komplexen Situationen zurecht zu finden und (als Führungskraft) Zusammenhänge anderen prägnant zu erklären, sodass diese sich zurechtfinden. Eine wissenschaftliche Ausbildung in Betriebswirtschaft unterscheidet sich von einer rein fachlichen Ausbildung, indem sie diese beiden überfachlichen Fähigkeiten vermittelt und dadurch hilft, neue Problemstellungen systematisch anzugehen und die Wirtschaft von morgen zu gestalten.

Vor über 15 Jahren wurde ich als neuer Professor an der Wirtschaftsuniversität Wien gefragt, ob ich Lust hätte, eine innovative Vorlesung zur Einführung in die Betriebswirtschaft zu halten, die Studierende motiviert und für BWL begeistert. Bis dahin gab es erstaunlicherweise keine Einführung in die BWL. Da mir die bewährten Bücher als Einführung in die BWL zu umfangreich und detailliert erschienen, führte ich eine Reihe von Gesprächen mit Führungskräften, Entrepreneurs und erfahrenen Geschäftsleuten, was man unbedingt über Betriebswirtschaft wissen sollte. Aus diesen Gesprächen machte ich Notizen, las nach zu Geschichten, die mir erzählt wurden und sammelte Inhalte, die in einer Einführung vorkommen müssen. Anschließend hatte ich das Glück, an einem internationalen Programm zu universitärer Lehre am IMD – International Institute for Management Development in Lausanne teilnehmen zu können. In besonderer Erinnerung blieben mir mein Coach Janelle Shubert vom „Center for Women's Entrepreneurial Leadership" am Babson College und Aswath Damodaran von der Stern School New York. Janelle hat mir eindringlich geraten, mich so wenig wie möglich an bestehenden Einführungen zu orientieren und etwas Neues, Innovatives zu versuchen. Und sie ermunterte mich, dabei dem Grundgedanken des Problem Based Learning zu folgen: Wenn man will, dass andere sich intensiv mit einem Thema befassen, dann muss man dafür sorgen, dass sie das Thema interessant und spannend finden. Das geht am besten, indem man das Thema mit dem Erleben und den Erfahrungen der Ziel-Leserschaft verbindet, und indem man eine Neugier erzeugt, darüber mehr wissen zu wollen. Aswath steht für die innovative Auflösung von drei Trade-offs: Exzellente universitäre Lehre entsteht über Exzellenz in der Forschung, Großlehrveranstaltungen sind die besten Lehrveranstaltungen, und ein Lehrbuch ist für junge Studierende nur dann gut, wenn es auch für erfahrene Executives interessant ist. Ich bin nicht einmal sicher, ob er es genauso ausgedrückt hat – mich hat er jedenfalls sehr beeindruckt und inspiriert.

Das daraus neu entwickelte Grundkonzept für eine Einführung in die BWL wurde an der Wirtschaftsuniversität Wien regelmäßig gehalten und mehrfach mit Lehrpreisen ausgezeichnet. In etwas abgewandelter und durch ein Planspiel erweiterter Form wurde diese Einführung auch an der FU Berlin gehalten und dort ebenfalls mit einem Lehrpreis ausgezeichnet. Die Umsetzung des Lehrveranstaltungskonzeptes in ein Buch habe ich immer als privates Hobby betrachtet, dem ich nur in meiner Freizeit nachgegangen bin. Daher hat es lang gedauert. Vor allem wollte ich dem Rat von Janelle Shubert, etwas Neues zu wagen, besonders in der Umsetzung als Buch gerecht werden, obwohl man natürlich eine Einführung in die BWL nicht ganz neu erfinden kann. Allerdings habe ich versucht, mit dem innovationsorientierten Ansatz und dem konsequenten Fokus auf die gemeinsame Wertschöpfung für die Stakeholder eine durchgängige Leitidee umzusetzen. Beim Schreiben der ersten Version des Buches bin ich genau wie seinerzeit beim Erstellen des ersten Grundkonzeptes vorgegangen. Ich habe zwar immer mit vielen Menschen aus Wissenschaft und Unternehmenspraxis über die jeweiligen Kapitel gesprochen, aber ich habe sowohl die bewährten Inhalte als auch neu hinzugekommene Inhalte ohne Zuhilfenahme von Literatur und Unterlagen aufgeschrieben, um mich nicht zu sehr von den etablierten Mustern bestehender Einführungen in die BWL leiten zu lassen und um mich zum Fokus auf das Wesentliche zu zwingen. Das Schwierigste ist ohnehin, Dinge wegzulassen und zu vereinfachen. Erst bei der Überarbeitung habe ich dann alles überprüft und Fakten aus zusätzlichen Quellen ergänzt. Die Rohfassung habe ich einigen Kolleginnen und Kollegen zur Durchsicht gegeben, denen ich für das wertvolle Feedback danke.

Noch eine Bemerkung zu Sprache und Layout: Sprache prägt Denkweisen und daher ist die gestiegene Sensibilität für eine inklusive und diskriminierungsfreie Sprache ein Fortschritt. Das Sichtbarmachen und Betonen aller Geschlechterkategorien in der Sprache, beispielsweise durch ein Sternsymbol, sehe ich als Zwischenschritt zur Dekonstruktion diskriminierender Geschlechterkategorien, in den USA als Gender Abolition bezeichnet. Dekonstruktion diskriminierender Geschlechterkategorien erfordert nicht nur, dass Geschlechterkategorien z. B. in Formularen und Pässen entfallen, sondern auch, dass in der Sprache das gedankliche Aufzählen von Geschlechterkategorien durch Sternsymbole und Sprechpausen wegfällt, da dieses ja gerade die soziale Kategorisierung betont, die es zu überwinden gilt. Die Frage ist, wie eine Sprache aussehen kann, die Kategorisierung ebenso wie männliche Muster vermeidet. Wo immer möglich, habe ich Begriffe wie „Person", „Kundschaft" und „Führungskraft" verwendet, wo das grammatikalische Geschlecht weitgehend frei von sozialen Geschlechtszuschreibungen ist. Das jeweilige Pronomen verwende ich immer gemäß dem grammatikalischen Geschlecht (z. B. „sie" bei Person, Kundschaft oder Führungskraft). Ansonsten verwende ich Beispiele mit Personen, denen ich ein Geschlecht zuordne. Einen Kompromiss mache ich bei Wortzusammensetzungen wie Konsumentenrente, wo ich mich durchgerungen habe, nicht Konsumierendenrente zu schreiben, zumal das grammatikalische Geschlecht unabhängig vom ersten Wortbestandteil ist. Ich hoffe, mein Versuch löst den Trade-off zwischen einer genderneutral-inklusiven und einer gut lesbaren Sprache zufriedenstellend. Ein letzter Punkt zum Design. Vor einiger Zeit war ich auf einer Veranstaltung mit dem Chief Digital Economist von Amazon, Phil Leslie, in Seattle, wo sich auch das Headquarters von Amazon befindet. Dort erzählte Phil Leslie, welche Entscheidung Jeff Bezos, der Gründer und langjährige CEO von Amazon, rückblickend heute als „probably the smartest thing we ever did at Amazon" bezeichnet. Es ist die vor vielen Jahren getroffene Entscheidung, in Meetings Powerpoint Präsentationen mit bunten Grafiken und anschaulich aufbereiteten Inhalten zu verbieten. Stattdessen verlangt Bezos, dass Führungskräfte neue Ideen oder Vorschläge auf wenigen Seiten in ganzen Sätzen in einem strukturierten, verständlichen Text ohne Bilder und Abbildungen ausformulieren. In Meetings bei Amazon herrscht zu Beginn eine Viertelstunde oder länger Ruhe, weil alle die ausgeteilten Texte zuerst lesen, bevor darüber diskutiert wird. Ich würde mich freuen, wenn die Gestaltung dieses Buches als reines Textbuch sich ebenfalls als „Smartest Thing" herausstellt.

Gerhard Speckbacher

Interessenkonflikt Der/die Autor*in hat keine für den Inhalt dieses Manuskripts relevanten Interessenkonflikte.

Grundidee und Aufbau

In den vergangenen Jahren haben sich die Wertschöpfungsstrukturen in Unternehmen fundamental verändert. Bereits in der zweiten Hälfte des 20. Jahrhunderts sprach man vom Übergang des Industriezeitalters in das Informations- oder Wissenszeitalter aufgrund der kontinuierlichen Abnahme der Bedeutung von physischem Kapital, wie Gebäuden und Fertigungsanlagen, und der gleichzeitigen Zunahme der Bedeutung immaterieller Ressourcen, wie Informationen, Wissen, Markenwert und Kundenbeziehungen, als Treiber von Wettbewerbsvorteilen. Ein weiterer grundlegender Wandel von Wertschöpfungsstrukturen wurde in jüngerer Zeit ausgelöst durch die Digitalisierung von Gütern und von Produktionsprozessen, die Digitalisierung von Arbeitsbeziehungen sowie die Digitalisierung in der Vermarktung von Produkten. Im Vergleich zu den linearen Wertschöpfungsketten, wie sie noch vor 20 Jahren in jedem BWL-Lehrbuch als Standard eines Wertschöpfungsmodells zu finden waren, sind die Wertschöpfungsstrukturen moderner Unternehmen wesentlich komplexer und Plattform-basierte Wertschöpfungsprozesse, Wertschöpfungsnetzwerke und Wertschöpfung in Business Ecosystems haben stark an Bedeutung gewonnen.

Während die Bedeutung von Informationen und Wissen für Unternehmen weiterhin steigt, wird zunehmend klarer, dass Maschinen eine immer wichtigere Rolle bei der Nutzung bekannter Informationen und bekannten Wissens übernehmen werden, während der komparative Vorteil des Menschen hingegen bei der völlig neuen Verknüpfung von Informationen und Wissen, also bei Kreativität und Innovation, liegt. Kreativität und Innovation für das Schaffen gemeinsamer Werte setzen Empathie und Perspective Taking voraus, wie im Kapitel zur unternehmerischen Perspektive ausgeführt werden wird. In der möglichst breiten Nutzung menschlichen Kreativitätspotenzials liegt daher die vermutlich größte wirtschaftliche Herausforderung. Tatsächlich beobachten wir seit Jahren einen grundlegenden Wandel in betrieblichen Innovationsprozessen. Immer weniger werden Innovationen ausschließlich in spezialisierten Forschungs- und Entwicklungsabteilungen von Unternehmen entwickelt, und immer mehr werden Stakeholder auch selbst Teil von Innovationsprozessen, die dann wiederum die Basis für die gemeinsame Wertschöpfung für alle Stakeholder sind.

Es scheint offensichtlich, dass diese fundamentalen Veränderungen der (Betriebs-) Wirtschaft auch zu fundamentalen Änderungen in dem führen, was als BWL gelehrt wird.

Das vorliegende Buch stellt die veränderten Innovations- und Wertschöpfungsprozesse ins Zentrum der BWL.

Wesentlicher Gegenstand der im 20. Jahrhundert entwickelten Betriebswirtschaftslehre war die geeignete Modellierung von Entscheidungssituationen und von Trade-offs bei gegebener Ressourcenknappheit. Schumpeter hätte das als Lehre des Arbitrageunternehmertums bezeichnet: Die Optimierung von Herstellungsprozessen für gegebene Produkte bei gegebener Technologie, mit dem Ziel der Maximierung von Arbitrage (Gewinn).

Das vorliegende Buch stellt nicht Arbitrageunternehmertum ins Zentrum der BWL, sondern das, was Schumpeter als schöpferisches Unternehmertum bezeichnet: Die Überwindung von Knappheit und von Trade-offs und die Wertschöpfung für Stakeholder durch Innovation.

Das Buch startet mit einer sehr kurzen Darstellung der traditionellen Sichtweise auf Wirtschaften als Entscheidungsfindung bei Knappheit. Zentrales Konzept ist hierbei der Trade-off: Bei knappen Ressourcen müssen Abwägungsentscheidungen getroffen werden. Ein nach wie vor zentraler Beitrag der BWL ist die geeignete Beschreibung und Optimierung von Abwägungsentscheidungen bei der Produktion von Gütern und Leistungen in Betrieben. Ausgehend davon wird die innovationsorientierte BWL mit ihrem Fokus auf die Überwindung von Trade-offs und auf die gemeinsame Wertschöpfung eingeführt. Um diese Grundidee zu konkretisieren, wird zunächst anhand des Konzepts der Produzenten-/Konsumentenrente der Trade-off zwischen Produzentenzielen und Konsumentenzielen beschrieben und erläutert, wie Produktinnovationen ermöglichen, diesen Trade-off teilweise zu überwinden, indem sie sowohl eine zusätzliche Konsumentenrente als auch eine zusätzliche Produzentenrente ermöglichen. Diese Überlegung wird auf alle Stakeholder eines Unternehmens erweitert. Bezugnehmend auf Schumpeter wird Arbitrageunternehmertum (Optimierung von Trade-offs) von schöpferischem Unternehmertum (Überwindung von Trade-offs durch Innovation) abgegrenzt.

In den weiteren Kapiteln des Buches wird der unternehmerische Wertschöpfungsprozess aus sieben unterschiedlichen Perspektiven betrachtet, die sich gegenseitig ergänzen. Das Kapitel zur unternehmerischen Perspektive enthält Grundlagen zu Entrepreneurship und Innovation, und der unternehmerische Wertschöpfungsprozess wird anhand eines Rechenbeispiels erläutert. Danach wird der Zusammenhang zwischen Wertschaffung und Wertverteilung beschrieben und dieser wird anhand eines Fallbeispiels (IBM Story) vertieft. Das Kapitel zur strategischen Perspektive geht der Frage nach, wie Unternehmen dauerhaft für ihre Stakeholder Wert schaffen können. Diese Frage wird anhand marktbasierter und ressourcenbasierter Ansätze beantwortet. Einen Schwerpunkt der strategischen Perspektive bildet auch die Frage, wie Partnerunternehmen Teil des Wertschöpfungsprozesses werden können, indem beispielhaft auf strategische Allianzen und strategische Business Ecosystems eingegangen wird. Neben Internationalisierungsstrategien und Strategieentwicklung in Non-Profit-Organisationen wird auch die Strategieumsetzung behandelt. Das umfangreichste Kapitel ist der Finanzperspektive gewidmet, deren Fokus die finanzielle Erfolgsermittlung im Sinne der Produzentenrente ist. Neben den Grundlagen des Rechnungswesens werden die Grundlagen von Finanzierung und Investition behandelt. Während dieses Kapitel für Studierende von besonders grundlegender Bedeutung ist, kann dieses übersprungen werden, wenn man mit den klassischen Grundlagen in Accounting und Finance vertraut ist, bzw. sich vorwiegend für den innovationsorientierten Ansatz der BWL interessiert. Kap. 5 behandelt die Kundenperspektive und widmet sich schwerpunktmäßig der Konsumentenrente. Dabei stehen die Vermarktung digitaler Güter und die Möglichkeiten des digitalen Marketings im Zentrum sowie die Rolle des Marketings bei der Nutzung neuer Wertschöpfungsmöglichkeiten, die durch geänderte Kundenbedürfnisse in einer sozial und ökologisch ausgerichteten Wirtschaft entstehen. Kap. 6 widmet sich der Produktionsperspektive und entwickelt dabei schrittweise, ausgehend von der traditionellen Produktionstheorie und dem Konzept der Wertschöpfungskette, wie moderne Plattform-orientierte Geschäftsmodelle vor allem durch digitale Technologien nicht nur eine Produzentenrente, sondern Wert für ein Business Ecosystem schaffen. Kap. 7 widmet sich der Personalperspektive und damit schwerpunktmäßig der Wertschöpfung durch und für das Personal eines Unternehmens. Die siebte Perspektive zu Ethik und Corporate Governance liefert eine abschließende Gesamtschau der zuvor behandelten Perspektiven in Kap. 8.

Inhaltsverzeichnis

Was ist Betriebswirtschaft?

1

Zusammenfassung

Die entscheidungsorientierte und die verhaltensorientierte BWL werden als etablierte Sichtweisen vorgestellt. Darauf aufbauend wird die innovationsorientierte BWL als Leitidee des vorliegenden Buches präsentiert Diese widmet sich der Überwindung von Knappheit und der Umsetzung neuer Ideen für die gemeinsame Wertschöpfung für die Stakeholder einer Organisation. Ausgehend von Produktinnovationen, die eine Produzentenwertschöpfung (Finanzgewinn) über eine Kundenwertschöpfung ermöglichen, wird Innovation allgemeiner definiert als Umsetzung kreativer Ideen zur gleichzeitigen Wertschöpfung für die Stakeholder einer Organisation.

1.1 Ohne Wirtschaft und Recht funktioniert nur ein Schlaraffenland …

Aurea prima sata est **aetas**,
quae vindice nullo,
sponte sua, sine lege fidem rectumque
colebat.

Als erstes entstand das **Goldene Zeitalter**,
das ohne Strafvollstrecker,
freiwillig, ohne Gesetz Treue und Recht
pflegte.

Vor über 2000 Jahren hat der römische Dichter Ovid mehrere Bücher unter dem Titel Metamorphosen geschrieben. Diese Bücher enthalten in Gedichtform eine Mischung aus Ovids eigener Vorstellung über die Menschheitsgeschichte und damals bekannten, überlieferten Geschichten. Das goldene Zeitalter der Menschheitsgeschichte, das Aurea Aetas, beschrieb Ovid als einen paradiesischen Urzustand, in dem die Menschen, was immer sie sich wünschen, im Überfluss vorfinden und friedlich und unschuldig zusammenleben. Weil jeder Mensch von sich aus immer das Rechte tut, braucht man in diesem Goldenen Zeitalter keine Gesetze, keine Strafen und keine Richterinnen oder Juristen. Weil alles

G. Speckbacher, *Innovationen für gemeinsamen Gewinn*,
https://doi.org/10.1007/978-3-658-48783-6_1

Notwendige im Überfluss vorhanden ist und weil die Menschen mit dem Vorhandenen zufrieden sind, gibt es auch keine Wirtschaft, keine Unternehmen, die Güter produzieren, keinen Handel, keinen Markt.

Das nachfolgende Silberne Zeitalter beschreibt Ovid schon etwas weniger paradiesisch. Es gibt dann keinen ewigen Frühling mehr, es gibt Jahreszeiten und die Menschen können nur noch durch eigene Arbeit in Form von Ackerbau die Lebensmittelversorgung sichern. Es sind auch nicht mehr alle Menschen ausschließlich rechtschaffen und Gesetze werden notwendig, um das Zusammenleben zu regeln. Im Bronzenen und Eisernen Zeitalter werden dann Bodenschätze ausgebeutet, und es entstehen Habgier und Kriege.

Das von Ovid als Idealzustand einer Gesellschaft beschriebene Goldene Zeitalter ist aus zwei Gründen eine unrealistische Utopie. Erstens entsprechen wir alle nicht dem Idealbild der Menschen im goldenen Zeitalter. Wir sind nicht immer genügsam, mit dem Vorhandenen zufrieden, und nicht alle Menschen sind rechtschaffen, ehrlich und friedlich. Zweitens gibt es auf der Welt keinen Überfluss an allen Gütern, die wir benötigen oder gerne hätten. Nahrungsmittel, Wohnungen, Smartphones und Theatertickets sind knapp. Knapp heißt, dass es mehr Menschen gibt, die diese Güter haben wollen, als davon vorhanden ist. Das Goldene Zeitalter, so schön es klingt, könnte also nur dann Wirklichkeit werden, wenn alle Menschen einem „Ideal" entsprächen und wenn ohne Arbeit alle Bedürfnisse und Wünsche befriedigt werden könnten. Die zwei Voraussetzungen für ein Paradies im Sinne von Ovids goldenem Zeitalter sind also

- ideale Menschen
- keine Knappheit.

Weil diese zwei Voraussetzungen in der Realität nicht erfüllt sind, geht es nicht ohne Recht und Wirtschaft. Mit Recht sind Regeln gemeint, deren Durchsetzung von der Gemeinschaft gewährleistet wird, und deren Zweck ist, ein friedliches und geordnetes Zusammenleben zu sichern. Die Wirtschaftswissenschaften befassen sich damit, wie Menschen mit Güterknappheit umgehen und Entscheidungen so treffen, dass ihre eigenen Ziele und gesamtwirtschaftliche Ziele bestmöglich erreicht und keine Güter vergeudet werden. Die *Betriebs*wirtschaft befasst sich vor allem damit, wie Unternehmen durch Innovation Güterknappheit reduzieren und damit das Wohl aller verbessern.

So gesehen sind Rechtswissenschaften und Wirtschaftswissenschaften die zwei fundamentalen Wissenschaften, die sich mit der Erforschung praktischer Fragen des menschlichen Zusammenlebens und mit der besseren Gestaltung dieses Zusammenlebens beschäftigen. Sowohl in den Rechtswissenschaften als auch in den Wirtschaftswissenschaften wird stark auf Erkenntnisse aus anderen Wissenschaftsdisziplinen zurückgegriffen. Besondere Bedeutung haben die Psychologie, die sich der Erforschung des menschlichen Erlebens und Verhaltens widmet, und die Soziologie, die sich mit dem sozialen Verhalten, also dem Verhalten von Menschen bezogen auf andere Menschen oder eine Gemeinschaft beschäftigt. Aus dem Bereich der Philosophie spielt vor allem die Ethik, also die Lehre vom rechten Handeln, eine wichtige Rolle, z. B. in der Wirtschaftsethik, in der es um die moralische Bewertung wirtschaftlichen Handelns geht oder in der Rechtsethik, die sich damit beschäftigt, wann Recht moralisch gut und gerecht ist.

1.2 Drei Sichtweisen, die sich gegenseitig ergänzen

Der folgende Abschnitt stellt drei wesentliche Sichtweisen zur (Betriebs-)Wirtschaft vor. Direkt aus dem vorigen Abschnitt ergibt sich die erste Sicht, wonach es beim Wirtschaften um Entscheidungen bei Güterknappheit geht. In der Betriebswirtschaft geht es demnach darum, wie in Unternehmen und anderen Organisationen Entscheidungen bei Güterknappheit getroffen werden und wie man solche Entscheidungen besser treffen kann (Entscheidungsorientierte Betriebswirtschaftslehre). Die zweite Sichtweise von Wirtschaft hängt eng mit der ersten Sichtweise zusammen und beschäftigt sich hauptsächlich damit, wie sich Menschen in der Wirtschaft verhalten und warum sie sich so verhalten. In der Betriebswirtschaft wird vor allem betrachtet, wie aus den Zielen und Verhaltensweisen einzelner Menschen, die in Unternehmen miteinander zu tun haben, Ziele und Verhaltensweisen von Unternehmen werden (Verhaltensorientierte Betriebswirtschaftslehre). Drittens kann man Wirtschaft als einen Prozess sehen, in dem ständig neue Möglichkeiten der Wertschöpfung entdeckt und umgesetzt werden. Die Betriebswirtschaft befasst sich dabei mit der Frage, wie in Unternehmen und anderen Organisationen neue Ideen für Wertschöpfungsmöglichkeiten umgesetzt werden, die das Wohl aller davon Betroffenen erhöhen (Innovationsorientierte Betriebswirtschaftslehre). Keine dieser drei Sichtweisen ist allein richtig. Vielmehr ergänzen sich die drei Sichtweisen, indem sie jeweils unterschiedliche Aspekte der Wirtschaft und des Wirtschaftens in den Vordergrund stellen. Die drei Sichtweisen werden nachfolgend genauer dargestellt.

1.2.1 Entscheidungsorientierte BWL: Entscheidungssituationen beschreiben, Trade-offs optimieren, und bessere Entscheidungen treffen

Anders als in Ovids paradiesischem Goldenen Zeitalter, gibt es in der realen Welt keinen Überfluss für alle. Daher müssen wir immer wieder überlegen, wie wir mit knappen Gütern (Mitteln, Ressourcen) möglichst gut zurechtkommen. Zum Beispiel müssen wir überlegen, wofür wir das Geld, das uns im aktuellen Monat oder Jahr zur Verfügung steht, am besten einsetzen, wie viel und was wir davon konsumieren und wie viel wir für zukünftigen Konsum sparen (Konsumentscheidungen, Consumer Choice). Unternehmen müssen entscheiden, wie sie die Produkte, die sie herstellen wollen, am besten produzieren. Zum Beispiel muss ein Restaurant entscheiden, welche Gerichte angeboten werden und wie diese aus den verfügbaren Zutaten hergestellt werden, sodass die Gerichte den Gästen des Restaurants gut schmecken, aber in der Herstellung nicht zu viel kosten (Produktionsentscheidungen, Production Decisions). Mit Produktion ist dabei aber nicht nur die Herstellung materieller Güter gemeint, sondern ebenso die Herstellung immaterieller Güter. Beispielsweise kann eine Werbeagentur im Rahmen einer Werbekampagne einen neuen Markennamen produzieren oder ein Friseursalon kann einen Haarschnitt produzieren. Der Markenname und der Haarschnitt sind immaterielle Güter, die man oft auch als Leistungen bezeichnet.

Weil Güter knapp sind, muss man Entscheidungen treffen, wofür die Güter am besten verwendet werden. Entscheiden bedeutet, dass man aus verschiedenen Möglichkeiten, die man hat, aussortiert und eine auswählt. Gäbe es keine Knappheit, dann müsste man sich nicht entscheiden, sondern man könnte alles gleichzeitig haben. Eine Entscheidung für eine bestimmte Verwendung bedeutet bei Knappheit in der Regel gleichzeitig eine Entscheidung gegen eine andere Verwendung. Wenn wir unser knappes Geld für eine große Wohnung ausgeben, dann können wir uns weniger Theaterbesuche leisten, wenn wir unsere knappe Zeit mit Lesen verbringen, dann können wir nicht gleichzeitig ins Fitnessstudio. Wir müssen uns also entscheiden, was wir mit den knappen Mitteln (im Beispiel: Geld, Zeit) am besten machen. Der entgangene Nutzen – in obigen Beispielen der Nutzen der entgangenen Theaterbesuche oder der entgangenen Fitness-Einheit – wird als Opportunitätskosten bezeichnet. Wenn der entgangene Nutzen in Geld messbar ist, dann können Opportunitätskosten als Geldbetrag ausgedrückt werden. Beispielsweise könnte ein Jurist argumentieren, wenn er nicht einen Schokokuchen vorbereitet und gebacken hätte, dann hätte er in dieser Zeit über eine Online-Plattform Rechtsfragen gegen Geld beantworten können und dafür 300 € verdient. Statt seine knappe Zeit in die Produktion eines Kuchens zu stecken, hätte er auch rechtliche Ratschläge produzieren und verkaufen können. Die Opportunitätskosten der in das Kuchenbacken investierten Zeit waren im Beispiel also 300 €. Indem er sich für das Kuchenbacken entschieden hat, hat er sich gegen die 300 € entschieden. Warum er das getan hat (also welche Zielsetzung zu dieser Entscheidung führte), wissen wir nicht. Vielleicht hat ihm das Kuchenbacken mehr Spaß gemacht oder er wollte seine Frau mit einem selbstgebackenen Kuchen überraschen. Wenn er Glück hat, dann ist seine Frau eine mit dem Opportunitätskostenkalkül vertraute Betriebswirtin und kann den Wert des Kuchens würdigen.

Eng verbunden mit obigem Opportunitätskostenkalkül ist der Begriff Trade-off, der eine Abwägungsentscheidung zwischen unterschiedlichen Zielen, Zwecken oder wünschenswerten Ergebnissen bezeichnet, wenn alles gleichzeitig nicht möglich ist. Bei knappen zeitlichen Ressourcen ist beispielsweise abzuwägen, ob man seine zur Verfügung stehende Zeit besser nutzt, um ein Buch zu lesen oder ins Fitnessstudio zu gehen, wobei man sich beim Lesen des Buches weiterbildet und Sport die Gesundheit verbessert. Insofern geht es bei dieser Entscheidung um die persönliche Optimierung des Trade-offs zwischen Weiterbildung und Gesundheit. Bei der Entscheidung, ob man knappe Geldmittel ausgibt oder besser spart, geht es um den Trade-off zwischen dem Nutzen heutiger Verwendung der Geldmittel und deren zukünftiger Verwendung. Manchmal gelingt es, durch Kreativität und Innovation Trade-offs teilweise zu überwinden. Beispielsweise kann man durch moderne Trainingsmethoden in kürzerer Zeit dieselben Effekte erzielen und dann noch etwas Zeit haben, um zu lesen. Oder man kann während des Trainings einen

Podcast bzw. ein Hörbuch anhören. Dazu mehr im Abschn. 1.2.3. Oft bleibt uns aber nichts übrig, als Trade-offs zu akzeptieren und zu versuchen, unter den gegebenen Bedingungen eine möglichst gute Abwägungsentscheidung zu treffen.

In der BWL spielte und spielt der entscheidungsorientierte Ansatz, der u. a. durch Edmund Heinen maßgeblich geprägt wurde, eine wichtige Rolle (Heinen, 1971). Dabei wird erstens zu erklären versucht, wie Ziele von Menschen und von Organisationen zustande kommen, wie unterschiedliche Ziele (z. B. Streben nach Gewinn und Streben nach Prestige) zusammenwirken, und wie bei gegebenen Zielen in einer bestimmten Situation mit knappen Ressourcen Entscheidungen getroffen werden. Aufgabe der BWL ist demnach, das Entscheidungsverhalten von Menschen und Organisationen strukturiert zu beschreiben, um insbesondere Produktionsentscheidungen besser zu verstehen. Das ist die sogenannte Erklärungsfunktion der BWL. Zweitens hat die BWL eine Gestaltungsfunktion. Aufbauend auf der Erklärungsfunktion bietet die BWL praktisch nützliche Verfahren an, um Entscheidungen besser treffen zu können.

Konkrete praktische Beispiele für solche Verfahren, die helfen, Entscheidungsprobleme bei knappen Ressourcen geeignet zu beschreiben und zu lösen, werden in Kap. 4 (Finanzwirtschaftliche Perspektive) behandelt, etwa bei Fragen der Kostenrechnung und Investitionsrechnung. Der entscheidungsorientierte Ansatz der BWL spielt aber auch in allen anderen Kapiteln eine wichtige Rolle. Beispielsweise geht es im Marketing um die Entscheidung, wie viel Geld in Werbung investiert werden soll und welche Arten von Werbung bei einem bestimmten Produkt und einer bestimmten Zielgruppe am wirksamsten sind. Im Personalbereich geht es unter anderem um die Entscheidung, welche Arten der Bezahlung und welche Zusatzleistungen Arbeitskräften angeboten werden sollen, um deren Motivation und Zufriedenheit zu erhöhen. Allgemein geht es in der entscheidungsorientierten BWL darum, Entscheidungen bei Knappheit geeignet zu beschreiben und vor allem die dabei auftretenden Trade-offs zu erkennen. Außerdem werden Gestaltungsempfehlungen gegeben, wie man Entscheidungen besser treffen und Trade-offs optimieren kann.

1.2.2 Verhaltensorientierte BWL: Begrenzte Rationalität und das Ausbalancieren von Stakeholder-Interessen

Der entscheidungsorientierte Ansatz der BWL verfolgt das Ziel, Entscheidungen nachvollziehbar und mit Hilfe etablierter Verfahren zu treffen. Allerdings ist es in der Praxis sehr häufig nicht möglich, Entscheidungen streng rational nach Sammlung aller relevanten Informationen und Bewertung aller möglichen Alternativen anhand klar vorgegebener Ziele zu treffen. Selbst bei relativ einfach scheinenden Entscheidungen ist oft weder ein Ziel definiert, noch ist genau klar, wie sich die Alternativen unterscheiden. Nehmen wir das Beispiel der Gestaltung der Verpackung eines Produktes. Soll die Verpackung aufwendig sein und den Wert des Produktes unterstützen oder sollen eher Kosten gespart oder Müll vermieden werden? Wie kommen unterschiedliche Verpackungen bei welchen

Kunden an? Auch in anderen alltäglichen Unternehmensentscheidungen, wie der Besetzung einer Leitungsposition im Unternehmen ist es schwer, Ziele zu benennen und erst recht die Zielerreichung zu messen. Selbst im Nachhinein ist kaum möglich zu beurteilen, ob eine Entscheidung über eine Stellenbesetzung richtig war und ob die ausgewählte Führungskraft tatsächlich besser war als andere Personen, die in Frage gekommen wären.

Der Nobelpreisträger Herbert A. Simon ist bekannt für seine Theorien zur Bounded Rationality und zum Satisficing Behavior, wonach es in vielen Entscheidungssituationen gar nicht möglich ist, optimale Entscheidungen in Unternehmen zu treffen, weil hierfür Informationen fehlen oder die Informationssuche zu teuer wäre (Simon, 1961). Vielmehr muss man sich oft damit begnügen, Entscheidung zu treffen, die bestimmte Mindestanforderungen erfüllen. Ein Beispiel ist, dass bei der Besetzung einer Führungsposition der aufwändige Suchprozess beendet wird, sobald eine Person gefunden wurde, die bestimmte Anforderungen in ausreichendem Maße erfüllt. Sehr häufig werden in Unternehmen Mindestziele (Targets) gesetzt, beispielsweise im Qualitätsmanagement (maximal zulässiger Ausschuss in der Produktion) oder im Verkauf (Mindestabsatz). Das Setzen von Targets ist typisches Satisficing Behavior.

Weil die Unbestimmtheit der Ziele und die Unsicherheit über die Auswirkungen von Entscheidungen oft sehr hoch sind und daher unklar ist, wann eine Entscheidung inwiefern optimal ist, spielen Faktoren wie Macht, Überredungskunst, soziales Geschick, Gefühle, Netzwerke und Kompromissbereitschaft und dergleichen in Entscheidungsprozessen eine wichtige Rolle. Ausgehend von der grundlegenden Arbeit von Richard M. Cyert und James G. March (Cyert & March, 1963) entwickelte sich eine Vielzahl von verhaltensorientierten Ansätzen in der BWL. Diesen Ansätzen ist gemeinsam, dass Entscheidungen in Unternehmen als Ergebnis eines komplexen Entscheidungsfindungsprozesses unter Beteiligung unterschiedlicher Gruppen mit teils gegenläufigen Interessen gesehen werden.

Neben der Einsicht, dass in Unternehmen aus den genannten Gründen oft nur begrenzt rational entschieden werden kann (Bounded Rationality) und damit oft vereinfachte Entscheidungsregeln zum Einsatz kommen, besteht eine zweite wesentliche Erkenntnis der Behavioral Theory of the Firm darin, dass in Unternehmen typischerweise unterschiedliche Interessengruppen aufeinandertreffen mit teilweise sich widersprechenden Zielsetzungen, die immer wieder neu verhandelt und ausbalanciert werden müssen. Beispielsweise sind die Arbeitskräfte eines Unternehmens an besseren Arbeitsbedingungen (z. B. flexiblere Arbeitszeiten, besserer Kündigungsschutz, höhere Sicherheitsstandards) interessiert, wobei flexiblere Arbeitszeiten und besserer Kündigungsschutz unter Umständen die Macht ihrer Führungskräfte einschränken, und höhere Sicherheitsstandards könnten unter Umständen wieder die Produktionskosten erhöhen und damit die Unternehmensgewinne aus Eigentümersicht reduzieren. Um ihre Interessen besser durchzusetzen, bilden die Interessengruppen, ähnlich wie in der Politik, Koalitionen. Beispielsweise könnten einfachere Kündigungen und längere Arbeitszeiten sowohl aus Eigentümersicht als auch aus Sicht von Führungskräften erstrebenswert erscheinen, sodass beide Stakeholder-Gruppen eine Koalition bilden. Wenn es um höhere Arbeitssicherheit geht, dann könnten hingegen

Arbeitskräfte und Führungskräfte im gemeinsamen Interesse versuchen, bessere Standards durchzusetzen.

In der Wissenschaft und in der Unternehmenspraxis hat sich für die Interessengruppen in Unternehmen der Begriff Stakeholder durchgesetzt. Ursprünglich wurde der Begriff Stakeholder in der Betriebswirtschaftslehre als Erweiterung des Begriffes Shareholder (Anteilseigner, Aktionär) geprägt. Seit den 1980er-Jahren wurde der Stakeholder-Ansatz zunehmend als Ansatz der Unternehmensführung gesehen (Freeman, 1984). Demnach ist die zentrale Aufgabe der Unternehmensführung zu erkennen, welche Stakeholder für die Wertschaffung im Unternehmen von Bedeutung sind und wie das Unternehmen umgekehrt Wert für seine Stakeholder schafft. Der Stakeholder-Ansatz grenzt sich damit zum Shareholder Value-Ansatz ab, der eine Ausrichtung der Unternehmensführung vorrangig auf die Aktionärsziele fordert (Speckbacher, 2004). Neben den Shareholdern eines Unternehmens werden in der Regel Arbeitskräfte und Führungskräfte des Unternehmens als Stakeholder bezeichnet, ebenso Banken, die dem Unternehmen Geld leihen, Zulieferunternehmen, von denen Rohstoffe oder Vorprodukte bezogen werden, Partnerunternehmen, mit denen beispielsweise in der Produktentwicklung zusammengearbeitet wird, und natürlich die Kundinnen und Kunden des Unternehmens. Stakeholder sind also alle diejenigen Personengruppen, die im Rahmen der Aktivitäten eines Unternehmens etwas „auf dem Spiel stehen" (at stake) haben und ein Interesse an den Aktivitäten des Unternehmens haben. In vielen Fällen geht die Beziehung von Stakeholdern zum Unternehmen in zwei Richtungen. Stakeholder liefern einerseits einen Beitrag zum Wertschaffungsprozess des Unternehmens (z. B. indem sie Finanzkapital oder ihre Arbeitskraft ins Unternehmen einbringen, Rohstoffe zuliefern oder Geld für gekaufte Produkte bezahlen) und sie profitieren umgekehrt durch den Wertschaffungsprozess im Unternehmen (z. B. indem sie am Gewinn beteiligt sind, einen Arbeitslohn erhalten, Geld für gelieferte Rohstoffe erhalten oder die hergestellten Produkte erhalten). Darüber hinaus werden aber auch Personengruppen als Stakeholder bezeichnet, die keinen unmittelbaren Beitrag zur Unternehmenstätigkeit leisten, aber (negativ) durch die Unternehmenstätigkeit betroffen sind, beispielsweise in Form von Umweltschäden.

Die im Rahmen des verhaltensorientierten Ansatzes maßgeblich von Chester Barnard bereits in den 1930er-Jahren entwickelte Anreiz-Beitragstheorie betont, dass Arbeitskräfte und andere Stakeholder nur dann bereit sein werden, für den Weiterbestand und den Erfolg des Unternehmens wesentliche Beiträge zu leisten, wenn diesen Beiträgen entsprechende Anreize gegenüberstehen (Barnard, 1938). Damit das Unternehmen also dauerhaft existieren kann, muss ein nachhaltiges Gleichgewicht zwischen den erbrachten Leistungen der Stakeholder und den Gegenleistungen des Unternehmens bestehen. Die Gegenleistungen, die ein Unternehmen für die Beiträge einer bestimmten Stakeholder-Gruppe (z. B. Arbeitskräfte) erbringen kann, hängen wiederum davon ab, welche Beiträge von allen Stakeholdern gemeinsam zum Unternehmenserfolg geleistet werden. Beispielsweise kann ein Unternehmen seinen Arbeitskräften umso attraktivere Gehälter und Weiterbildungsmöglichkeiten bieten, je mehr im Unternehmen aufgrund der Beiträge aller Stakeholder erwirtschaftet wird. Diese Sichtweise des verhaltensorientierten Ansatzes ist von grundlegender Bedeutung für die moderne, Stakeholder-orientierte Sicht der BWL.

Insgesamt verdeutlicht der verhaltensorientierte Ansatz der BWL also, dass Unternehmen oft keine einheitliche Zielsetzung verfolgen, sondern in einem komplexen Verhandlungsprozess immer wieder Lösungen finden und Entscheidungen treffen müssen, die die unterschiedlichen Interessen der Stakeholder geeignet ausbalancieren. Stakeholder, die erwarten, dass sie außerhalb des Unternehmens (beispielsweise in anderen Unternehmen) bessere Gegenleistungen für ihre geleisteten Beiträge bekommen, werden das Unternehmen auf Dauer nicht mit ihren Beiträgen unterstützen, was die Weiterexistenz des Unternehmens gefährdet.

Ganz ähnlich wird Unternehmensführung auch in der neueren ökonomischen Theorie (Institutionenökonomik) gesehen. Die Beiträge von Stakeholdern werden hier als Investition in die Kooperationsbeziehungen mit dem Unternehmen interpretiert. Die Differenz aus dem einkalkulierten Ertrag aus dieser Investition und dem Ertrag, den man bei einer ebensolchen Investition in der besten alternativen Verwendung hätte erwarten dürfen, wird als Quasirente bezeichnet (manchmal auch einfach nur als Rente). Im nachfolgenden Abschnitt wird der darauf aufbauende Begriff der Stakeholder-Rente (Konsumentenrente, Produzentenrente, Arbeitnehmerrente etc.) eingeführt. Die Stakeholder-Rente ist die Wertschaffung, die für Stakeholder aus der Kooperationsbeziehung mit dem Unternehmen entsteht, also zum Beispiel die Wertschaffung für Arbeitskräfte oder für Geldgeber.

Die Notwendigkeit einer Balance zwischen Leistungen und Gegenleistungen für die nachhaltige Existenz eines Unternehmens bezieht sich aber auch auf Stakeholder, die keine unmittelbaren Beiträge für das Unternehmen leisten (also keine „Investition" im ökonomischen Sinne tätigen), die von den Aktivitäten des Unternehmens aber z. B. durch Umweltschäden negativ betroffen sind. Ein Ungleichgewicht kann hier dazu führen, dass das Unternehmen seine gesellschaftliche Akzeptanz und Legitimität verliert. Aus ökonomischer Sicht kann man wieder ganz ähnlich argumentieren, dass beispielsweise durch Umweltschäden Reputationsverluste für ein Unternehmen entstehen. Wenn ein Unternehmen seinen guten Ruf verliert, dann kann sich das langfristig auf die Kaufwahrscheinlichkeit für die hergestellten Produkte auswirken, aber auch auf die Attraktivität des Unternehmens für Arbeitskräfte und Führungskräfte, und auch auf die Attraktivität des Unternehmens für seine Geldgeber.

Wie im folgenden Abschnitt beschrieben, baut die im Mittelpunkt des vorliegenden Buches stehende innovationsorientierte BWL auf der entscheidungsorientierten BWL auf, indem sie Knappheit und bestehende Trade-offs als Ausgangspunkt für Innovation sieht. Innovation ist aus Sicht der innovationsorientierten BWL die Umsetzung neuer Ideen zur (teilweisen) Überwindung von Trade-offs. Die innovationsorientierte Sichtweise der BWL baut zudem wesentlich auf der verhaltensorientierten BWL auf, indem sie Innovationen als Umsetzung neuer Ideen für Win-win-Situationen zwischen mehreren Stakeholdern sieht. Innovationen sind in diesem Sinne umgesetzte kreative Ideen, die Wert für Stakeholder schaffen und das Unternehmen für seine Stakeholder damit dauerhaft attraktiver machen und so seine nachhaltige Existenz fördern.

1.2.3 Innovationsorientierte BWL: Betriebswirtschaft als unternehmerische Umsetzung neuartiger Wertschöpfungsmöglichkeiten für die Stakeholder

Welches Handymodell wurde bisher am häufigsten verkauft? Es ist das Nokia 1100, das 2003 auf den Markt kam, damals etwa 50 € kostete und von dem weit über 200 Mio. Stück verkauft wurden, mehr als bisher von jedem iPhone oder Samsung Galaxy Modell. Mehrere Jahre lang waren das Nokia 1100 und seine Nachfolgemodelle Verkaufsschlager, bis dann 2007 das erste iPhone auf den Markt kam, anfangs für knapp 400 €. Warum kaufen Kunden ein Handy für 400 € und verschmähen ein bewährtes Handy für 50 €? Der Grund liegt in neuen Produkteigenschaften, die einen zusätzlichen Kundennutzen schaffen. Ein zusätzlicher Kundennutzen entsteht beispielsweise durch bessere Technik, völlig neue Einsatzmöglichkeiten, ein schöneres Design, umweltverträglichere Herstellung oder was auch immer aus subjektiver Kundensicht als „wertvoll" erachtet wird.

Was bedeutet Wertschaffung? Produzentenrente und Konsumentenrente
Im Jahr 2017, zehn Jahre nach dem ersten iPhone, kam das iPhone X für etwa 1.000 € auf den Markt. Die Produktionskosten für ein iPhone X haben für Apple schätzungsweise 350 € betragen. Bei einem Verkaufspreis von, je nach Ausstattung, etwa 1.000 € hat Apple pro verkauftem Stück demnach etwa 650 € verdient. Allerdings hat der Ansturm vor Apple Stores bei Verkaufsstart deutlich gezeigt, dass viele bereit gewesen wären, deutlich mehr als 1.000 € zu zahlen. Generell kann angenommen werden, dass eine Person nur dann ein Produkt kauft, wenn ihr dieses subjektiv mehr wert ist als der dafür gezahlte Preis. Nehmen wir an, eine Käuferin wäre damals bereit gewesen, für ein iPhone X maximal 1.500 € zu zahlen. Wenn diese Käuferin das iPhone tatsächlich für 1.000 € kaufen konnte, dann hat sie durch diesen Kauf einen „Wertvorteil", den man mit 500 € beziffern kann, weil ihr das iPhone ja sogar 1.500 € wert gewesen wäre. Beim gegebenen Verkaufspreis von 1.000 € hat Apple als Produzent dann einen geldmäßigen Gewinn von 650 € pro verkauftem Smartphone, während diese Käuferin einen Nutzengewinn hatte, den man mit 500 € beziffern kann.

In Anlehnung an ein auf Alfred Marshall (1842–1924) zurückgehendes Konzept kann man den Vorteil von Apple, also im Beispiel den Gewinn pro verkauftes Smartphone, als Produzentenrente (Producer Surplus) bezeichnen, den Vorteil der Käuferin als Konsumentenrente (Consumer Surplus). Dadurch, dass Apple das iPhone X neu entwickelt und auf den Markt gebracht hat, entstand also eine zusätzliche Wertschaffung für Apple und die Käuferin zusammengenommen von 650 + 500 = 1.150 €. Natürlich kann es auch beispielsweise Käuferinnen geben, die für ein neues iPhone X nur maximal knapp über 1.000 € gezahlt hätten, andere hätten aber vielleicht sogar noch mehr als 1.500 € bezahlt. Rechnet man mit einer geschätzten Zahl von 50 Mio. Stück verkaufter iPhone X, ergäbe sich bei einer Produzentenrente pro Stück von 650 € eine gesamte Produzentenrente von 32.5 Mrd. €. Wenn man schätzt, dass im Durchschnitt die Käuferinnen und Käufer bereit gewesen wären, 1.250 € zu zahlen, also im Durchschnitt pro verkauftem iPhone X eine Konsumentenrente von 250 € entstanden ist, dann ergibt sich auf 50 Mio. verkaufte Stück eine gesamte Konsumentenrente von 12.5 Mrd. €. Insofern hat nicht nur Apple durch den Verkauf von 50 Mio. iPhones X 32.5 Mrd. € verdient, sondern auch die 50 Mio. Käuferinnen und Käufer hätten nach der obigen Rechnung durch dieses neue Produkt zusammengenommen 12.5 Mrd. € an Nutzengewinn und insgesamt wäre damit durch Produktion und Verkauf der 50 Mio. iPhones X eine auf Apple und alle Kundinnen und Kunden bezogene Wertschaffung von 45 Mrd. € entstanden.[1]

An obigem Beispiel kann man gut erkennen, dass der wirtschaftliche Kern einer Innovation in der dadurch entstehenden Wertschaffung besteht. Durch eine Produktinnovation, also eine Idee für ein neues Produkt, entsteht für diejenigen, die das Produkt kaufen und nutzen, eine Wertschaffung in Form der Konsumentenrente, für das produzierende Unternehmen entsteht eine Wertschaffung in Form der Produzentenrente. Wichtig dabei ist, dass der zusätzliche Kundennutzen der Ausgangspunkt sowohl für die Konsumentenrente als auch für die Produzentenrente ist. Wenn eine Produktinnovation keinen zusätzlichen Kundennutzen gegenüber bisherigen Produkten schafft, dann gibt es auch keinen Spielraum für eine zusätzliche Produzentenrente. Etwas alltäglicher ausgedrückt: Ein Unternehmen kann mit einer Produktinnovation nur etwas verdienen, indem diese Innovation zusätzlichen Kundennutzen schafft und ein Teil dieses zusätzlichen Kundennutzens fließt dann dem Unternehmen über den bezahlten Preis in Form einer zusätzlichen Produzentenrente zu. Auf das einzelne verkaufte iPhone bezogen, wird die Produzentenrente umso höher, je höher der Verkaufspreis ist und die Konsumentenrente wird entsprechend kleiner. Allerdings hat Apple keinen Anreiz, den Preis so hoch anzusetzen, dass nur noch ein paar wenige besonders Zahlungskräftige das Smartphone kaufen, weil die Produzentenrente insgesamt wächst, wenn der Preis niedriger ist und daher sehr viele Menschen ein Smartphone kaufen. Je höher der Preis, umso mehr kann Apple zwar pro verkauftem Smartphone verdienen, aber umso weniger Smartphones werden gekauft.

Während die Produzentenrente pro verkauftem Smartphone im Beispiel der Differenz zwischen Preis und Herstellungskosten entspricht, ist die Konsumentenrente durch die Differenz zwischen dem von der Käuferin subjektiv empfundenem Wert des Smartphones und dem Kaufpreis definiert. Der subjektiv empfundene Wert des Smartphones für die Käuferin lässt sich in Geld ausdrücken, indem man diese fragt, welchen Preis sie maximal dafür ausgegeben hätte (Zahlungsbereitschaft, Willingness-to-Pay, WTP).

Das Beispiel zeigt auch, dass die Wertschaffung für beide Parteien zwar durch den Tausch „Smartphone gegen Geld" realisiert wird, die eigentliche Ursache für diese Wert-

---

[1] Bei der obigen Berechnung ist natürlich noch zu berücksichtigen, dass Apple in die Entwicklung des iPhone X sehr viel Geld investiert hat, was in der Berechnung der Produzentenrente noch nicht berücksichtigt wurde, weil hier ja nur die direkten Produktionskosten pro iPhone angesetzt wurden (Kap. 4 widmet sich ausführlich der Berechnung der Produzentenrente).

Im Falle der Konsumentenrente ist zu berücksichtigen, dass auch andere Hersteller (z. B. Samsung) Smartphones angeboten haben, die mit dem iPhone X vergleichbar waren. Man könnte dann argumentieren, dass man die Konsumentenrente eigentlich als Zusatznutzen messen müsste, den der Kauf des iPhones gegenüber dem Kauf vergleichbarer Konkurrenzprodukte bringt.

schaffung ist aber die Innovation. Im Beispiel also die Erfindung eines neuartigen Smartphones und dessen Produktion und Vermarktung. Weil Innovationen, wie später noch ausführlich argumentiert, eng mit Kreativität, also Kreation oder Schöpfung von Neuem, zusammenhängt, wird im Folgenden auch der Begriff Wertschöpfung anstatt des Begriffes Wertschaffung verwendet – vor allem dann, wenn das „Schöpferische" an einer Innovation betont werden soll.

Produktinnovationen, Prozessinnovationen und Geschäftsmodellinnovationen
Eine Innovation muss nicht unbedingt eine Produktinnovation sein. Wenn z. B. ein Unternehmen, das Autos produziert, eine neue Idee hat, wie man den Produktionsprozess verbessern kann, sodass die Autos kostengünstiger oder mit besserer Qualität hergestellt werden können als bisher, dann nennt man das eine Prozessinnovation. Ebenso wie Produktinnovationen ermöglichen auch Prozessinnovationen sowohl eine (zusätzliche) Produzentenrente als auch eine (zusätzliche) Konsumentenrente. Eine Prozessinnovation kann beispielsweise dazu führen, dass Stillstandzeiten vermieden werden, wodurch die zur Herstellung benötigte Zeit verringert wird, wodurch auch die Herstellungskosten sinken. Das Unternehmen kann dann die Preise etwas senken und dadurch mehr Autos profitabel verkaufen. Eine Prozessinnovation kann aber auch eine neue Idee zur Verbesserung der Qualität der produzierten Autos sein, wodurch diese langlebiger werden und zu einem etwas höheren Preis verkauft werden können, ohne dass die Nachfrage sinkt. Hierdurch steigt dann die Produzentenrente. Die Konsumentenrente steigt, wenn durch die Prozessinnovation Herstellungskosten eingespart und der Verkaufspreis gesenkt wird oder wenn durch die Prozessinnovation die Qualität und damit der Wert des Produkts steigt, ohne dass auch der Preis entsprechend ansteigt.

Große Teile der betriebswirtschaftlichen Innovations-Literatur widmen sich der Frage, wie durch Produktinnovationen und Prozessinnovationen zusätzlicher Kundennutzen und zugleich Gewinnmöglichkeiten für das produzierende Unternehmen geschaffen werden können. In der neueren Innovationsliteratur wird darüber hinaus die Bedeutung von Geschäftsmodellinnovationen (Business Model Innovations) hervorgehoben, bei denen es nicht primär um neuartige Produkte, sondern allgemeiner um neuartige Wege geht, wie Unternehmen profitabel Kundennutzen schaffen können (Lettl & Speckbacher, 2014). Als Beispiele werden oft neue Geschäftsmodelle wie bei Uber oder Airbnb genannt. Die zugrundeliegenden Leistungen (Personentransport, Wohnungsvermittlung) sind in diesen beiden Beispielen nicht neu, aber die Art, wie damit Geld verdient wird, ist neu. Häufig nutzen neue Geschäftsmodelle die sich aus der Digitalisierung ergebenden Möglichkeiten. Sowohl bei Uber als auch bei Airbnb ist die Abwicklung über eine App ein Kernaspekt des Geschäftsmodells. Traditionelle Taxis bestellte man meist telefonisch in einer Taxizentrale, bekam dabei die Auskunft, wann das Taxi in etwa da sein wird, und man konnte sich darauf verlassen, dass man von vertrauenswürdigen, amtlich registrierten Personen chauffiert wurde. Bei Uber erfolgt der Bestellvorgang hingegen über eine App, die international funktioniert, man kann verfolgen, wo sich das Taxi gerade befindet und wann es ankommen wird, und ein Bewertungssystem dient als vertrauensbildende Maßnahme, durch die man mehr über die Person erfährt, die einen zum Ziel fahren wird. Über die App werden auch alle Zahlungen abgewickelt. Dadurch lässt sich die Taxizentrale zur Vermittlung der Fahrten einsparen, und vor allem können Personen, wann immer sie Zeit haben, einfach ihre Privatautos als Taxis nutzen, was weitere Kosten spart. In ähnlicher Weise werden persönlich erbrachte Maklerleistungen bei Airbnb durch eine digitale Plattform in Form einer App ersetzt.

Bei den Geschäftsmodellen von Facebook oder Google war ebenfalls das Revenue Model, also die Art und Weise, wie im Rahmen des Geschäftsmodells Umsätze gemacht werden, neu. Die Dienste wurden von Anfang an kostenlos angeboten. Anders als bei traditionellen Geschäftsmodellen, wo über den Verkauf der Produkte oder Dienste Umsätze gemacht und Geld verdient wird, verkaufen Facebook und Google nicht ihre eigentlichen Dienstleistungen, sondern sie verdienen über die Sammlung und Verwertung von Nutzerdaten und Online-Werbung Geld. Im Unterschied zu Uber und Airbnb war bei Facebook und Google aber auch die eigentliche Dienstleistung zu dem Zeitpunkt weitgehend neu, als diese auf den Markt kam (digitales soziales Netzwerkneu, Internet-Suchmaschine). Damit handelt es sich hier gleichzeitig um Produktinnovationen und Geschäftsmodellinnovationen.

Sowohl bei Produktinnovationen als auch bei Prozessinnovationen und Geschäftsmodellinnovationen wird Innovation in der bisherigen Literatur hauptsächlich aus der Kunden- oder Nutzerperspektive gesehen. Innovation wird in der bisherigen Literatur weitgehend nur als das profitable Schaffen von Kundennutzen gesehen, also als gleichzeitiges Generieren einer Konsumentenrente und einer Produzentenrente.

Innovation als Umsetzung kreativer Ideen zur Wertschaffung für Stakeholder
Das vorliegende Buch fasst den Begriff der Innovation allerdings weiter als das gleichzeitige Schaffen von Konsumentenrente und Produzentenrente: Innovation wird im Folgenden verstanden als die Umsetzung kreativer Ideen zur gleichzeitigen Wertschaffung für Stakeholder eines Unternehmens.

Beispielsweise entstand durch die Herstellung und den Verkauf des iPhone X nicht nur eine Produzentenrente und eine Konsumentenrente. Durch die Produktion haben auch Zulieferfirmen profitiert, die an Apple ihre Produkte liefern. Allein in Deutschland gibt es über 700 Unternehmen, die an Apple kleinere und größere Bauteile für das iPhone liefern, von Klebstoffen bis zu Sensoren und Elektronikbaueilen. In Europa gibt es mehrere Tausend Zulieferfirmen von Apple. Neben den Arbeitskräften bei Apple selbst profitieren auch Tausende Arbeitskräfte dieser Zulieferfirmen indirekt von jedem iPhone, das hergestellt und verkauft wird. Innovationen schaffen also keineswegs nur Wert in Form der Konsumentenrente und der Produzentenrente, sondern es entsteht auch eine Wertschaffung beispielsweise für Zulieferfirmen und natürlich für Arbeitskräfte, die im Idealfall einen gut bezahlten Arbeitsplatz unter guten Arbeitsbedingungen haben. Viele wertschaffende Produktinnovationen entstehen wiederum aus Ideen von Arbeitskräften oder bei Zulieferfirmen. Wertschaffende Innovationen können auch weitgehend unabhängig vom hergestellten Produkt sein und beispielsweise in Form neuer Ideen für die Verbesserung von

Arbeitsbedingungen umgesetzt werden, die Wert für Arbeitskräfte schaffen und gleichzeitig die Arbeitskosten senken. Andererseits entstehen aber auch Umweltschäden durch die Produktion bei Apple und seinen Zulieferfirmen, es werden nicht nachwachsende Rohstoffe verbraucht, und in manchen Fällen wurden auch einzelne Teile des iPhones unter moralisch inakzeptablen Arbeitsbedingungen produziert. Besonders der taiwanesische Apple-Zulieferer Foxconn war hier sehr negativ in den Schlagzeilen mit unmenschlichen Arbeitsbedingungen insbesondere in chinesischen Produktionsstandorten. Für eine ganzheitliche Betrachtung der Wertschaffung durch Innovationen sind alle Stakeholder mit einzubeziehen. Dabei ist sowohl zu berücksichtigen, welche Stakeholder welche Beiträge zum Entstehen von Innovation leisten, als auch, welche Stakeholder in welcher Weise von Innovationen profitieren oder auch negativ betroffen sind.

Als einfaches Beispiel dafür, wie sich die Wertschaffung durch Innovationen auf unterschiedliche Stakeholder beziehen kann, stelle man sich eine Prozessinnovation in Form der Umsetzung einer kreativen Idee zur Verbesserung der Arbeitssicherheit vor, durch die auch Kosten gespart werden. Dadurch haben die Beschäftigten des Unternehmens einen Vorteil. In Anlehnung an die Begriffe Produzentenrente und Konsumentenrente könnte man sagen, durch die Innovation entsteht eine Arbeitnehmerrente oder Beschäftigtenrente, wobei diese Rente den Vorteil bezeichnet, der durch diese Idee für die Arbeitskräfte des Unternehmens entsteht. Wenn dadurch auch Kosten für das Unternehmen gespart werden, weil beispielsweise Arbeitszeitausfall durch Arbeitsunfälle vermieden wird, oder wenn besser qualifizierte und leistungsfähigere Arbeitskräfte angezogen werden, weil durch die höhere Arbeitssicherheit das Unternehmen attraktiver wird, dann entsteht durch die Innovation bei der Arbeitssicherheit zusätzlich eine Produzentenrente. Wenn Kosten eingespart werden, dann kann ein Teil der eingesparten Kosten in Form niedrigerer Produktpreise als zusätzliche Konsumentenrente weitergegeben werden. Denkbar wäre auch, dass ein Kundennutzen entsteht, ohne dass die Produktpreise gesenkt werden. Vielleicht ist das Produkt aus Kundensicht attraktiver, wenn dieses unter besseren Arbeitsbedingungen und bei höherer Arbeitssicherheit produziert wurde.

Dieses Beispiel macht erstens deutlich, dass sich die durch Innovationen entstehende Wertschaffung zwischen Stakeholdern umverteilen lässt, sodass im Idealfall am Ende alle Stakeholder profitieren können. Zweitens zeigt es, dass es sich bei der durch Innovationen entstehenden Wertschaffung keineswegs um Geld handeln muss. Eine Wertschaffung für Arbeitskräfte kann auch durch bessere Arbeitsbedingungen bei gleichen Löhnen erfolgen. Eine Wertschaffung für Kundinnen und Kunden kann allein durch das Gefühl entstehen, ein sozial oder umweltfreundlich produziertes Produkt gekauft zu haben.

Durch eine Innovation muss auch nicht zwingend eine Produzentenrente bzw. ein höherer Unternehmensgewinn entstehen, es können auch ausschließlich andere Stakeholder von der Innovation profitieren. Der hier verwendete Begriff der Wertschaffung bezieht sich auf subjektiv empfundene Werte bzw. subjektive Wertzuwächse und beschränkt sich nicht auf Gewinn, höhere Arbeitslöhne oder andere geldliche Vorteile von Stakeholdern. Allerdings kann man natürlich versuchen, die Vorteile der Stakeholder in Geld auszudrücken, beispielsweise durch die Überlegung, wie viel man für ein Produkt mehr bezahlen würde, wenn dieses umweltschonender hergestellt wird oder auf wie viel Arbeitslohn jemand verzichten würde für eine verbesserte Arbeitssicherheit oder bessere Weiterbildungsmöglichkeiten.

Ganz zentral für den Wertschaffungsprozess in Unternehmen ist die folgende, durch obige Beispiele illustrierte Erkenntnis: Innovation ist die Umsetzung neuer Ideen zur gemeinsamen Wertschaffung für Stakeholder. Erst indem eine Innovation das Wohl von Stakeholdern verbessert, wird eine Produzentenrente (Unternehmensgewinn) ermöglicht. Im Fall der Produktinnovation führt der Weg zur Produzentenrente über den zusätzlichen Kundennutzen. Die Produzentenrente (Gewinn) wird also ermöglicht, indem durch die Produktinnovation zusätzlicher Kundennutzen geschaffen wird, der dann teilweise über den Produktpreis in eine Produzentenrente „umgewandelt" wird. Im Falle einer Prozessinnovation werden beispielsweise die Arbeitsbedingungen und die Arbeitsabläufe verbessert, wodurch Arbeitskräfte als Stakeholder profitieren, oder der Ressourcenverbrauch wird reduziert, wodurch die Umwelt profitiert. Hieraus ergeben sich dann wiederum Möglichkeiten zu einer zusätzlichen Produzentenrente beispielsweise durch höhere Arbeitsplatzattraktivität, die Arbeitskräfte anzieht, oder durch Kosteneinsparungen. Gerade auch im Falle einer Geschäftsmodellinnovation wird Zusatzwert für mehrere Stakeholder gleichzeitig geschaffen. Der Ausgangspunkt finanzieller Wertschaffung aus Produzentensicht (Produzentenrente) durch Innovation ist also in aller Regel eine kreative Idee, wie man für Stakeholder Wert schaffen kann – insbesondere für Kundinnen und Kunden, für Arbeitskräfte, für Zulieferer oder für die Umwelt.

Nachhaltigkeit der Wertschaffung
Stellen wir uns eine Unternehmerin vor, die eine neue Idee entwickelt hat, wie regional, ökologisch und zu fairen Produzentenpreisen Lebensmittel über eine Internetplattform verkauft und umweltfreundlich angeliefert werden können. Wenn diese Idee funktioniert, dann profitiert nicht nur die Unternehmerin in Form des Gewinns (Produzentenrente) und die Kundschaft in Form gesunder, preiswerter Lebensmittel (Konsumentenrente). Es profitieren offensichtlich auch die in der Landwirtschaft tätigen Personen, die die Lebensmittel an das Unternehmen zu fairen Preisen zuliefern (Lieferantenrente), es profitieren die im Unternehmen Beschäftigten, die einen guten Job in einem verantwortungsvollen Unternehmen haben (Arbeitnehmerrente), und vielleicht profitiert auch noch ein ökologisch orientiertes Transportunternehmen, das alle Transportleistungen in Kooperation mit der Unternehmerin übernimmt. Im Idealfall profitiert auch noch die Region, in der das Unternehmen angesiedelt ist.

Je langfristiger alle Stakeholder von dem durch eine Innovation geschaffenen Wert profitieren, umso nachhaltiger ist die Innovation. Jeder mögliche negative Effekt der Innovation auf Stakeholder ist hingegen ein Risiko für das nachhaltige Funktionieren der Innovation und der Geschäftsidee der Unternehmerin. Negative Effekte auf Stakeholder, deren Beiträge für das Funktionieren des Geschäftsmodells notwendig sind (z. B. Arbeitskräfte) sind ein besonders hohes Risiko. Wenn im Rahmen einer Kooperationsbeziehung für bestimmte Stakeholder kein Wert geschaffen wird, dann werden diese Stakeholder langfristig nicht bereit sein, zum Funktionieren der Kooperationsbeziehung beizutragen. Stattdessen werden sie nach anderen Möglichkeiten, beispielsweise in anderen Unternehmen, suchen, wo den eigenen geleisteten Beiträgen angemessene Gegenleistungen gegenüberstehen und eine Wertschaffung möglich ist.

Im Sinne der im vorliegenden Buch entwickelten innovationsorientierten BWL bezeichnet ein Geschäftsmodell die grundlegende Logik, wie eine Organisation Wert für ihre Stakeholder schafft, und wie die Stakeholder von dieser Wertschaffung nachhaltig, also dauerhaft, profitieren. Eine Geschäftsmodellinnovation ist dementsprechend eine neue Idee, durch deren Umsetzung die Logik der Wertschaffung durch und für die Stakeholder der Organisation verändert wird. In der Regel hat eine solche neue Idee das Ziel, mehr Wert für die Stakeholder zu schaffen und damit das dauerhafte Funktionieren der Organisation zu verbessern.

1.3 Zusammenfassung und Ausblick

BWL befasst sich damit, wie Unternehmen wirtschaften. Betriebswirtschaft lässt sich aus unterschiedlichen Blickwinkeln betrachten, die sich gegenseitig ergänzen.

Die entscheidungsorientierte BWL untersucht, wie Unternehmen und die in Unternehmen handelnden Personen Entscheidungen bei Knappheit treffen und wie die vorhandenen knappen Ressourcen (Geldmittel, Personal, Knowhow usw.) so eingesetzt werden können, dass nichts verschwendet wird und Ziele möglichst gut erreicht werden. Hauptgegenstand ist damit die Spezifikation von Trade-offs bei Ressourcenknappheit und die Optimierung dieser Trade-offs.

Die verhaltensorientierte BWL beschreibt Unternehmensführung als Zusammenwirken und Ausbalancieren der zum Teil konträren Interessen unterschiedlicher Interessengruppen (Stakeholder). Damit wird der Blick vor allem auf Trade-offs zwischen Stakeholder-Interessen gelenkt. Anders als die entscheidungsorientierte BWL, die vor allem Trade-offs betrachtet, die sich aus knappen Geldmitteln, knappen Rohstoffen, knappen Maschinenkapazitäten und dergleichen ergeben, stellt die verhaltensorientierte BWL Trade-offs zwischen den Interessen verschiedener Stakeholder in den Mittelpunkt der BWL. Zusätzlich betont die verhaltensorientierte BWL, dass Entscheidungen in Unternehmen oft nicht rein rational, sondern durch politische Verhandlungsprozesse zwischen Stakeholdern unter unvollständigen und ungleichmäßig verteilten Informationen getroffen werden.

Diese beiden etablierten Sichtweisen der Betriebswirtschaftslehre erweitert dieses Buch durch eine dritte Sichtweise, die innovationsorientierte BWL. Die innovationsorientierte BWL befasst sich damit, wie Unternehmen kreative Ideen für neue Wertschöpfungsmöglichkeiten erfolgreich umsetzen.

Während die entscheidungsorientierte BWL die Knappheit von Ressourcen als Ausgangspunkt hat, sowie das Erkennen und die Optimierung dadurch entstehender Trade-offs, fokussiert die innovationsorientierte BWL auf Innovationen als die Umsetzung neuer Ideen zur Überwindung von Knappheit und zur Überwindung von Trade-offs. Das Erkennen von Trade-offs ist immer der erste Schritt. Nicht alle Trade-offs können durch Innovationen teilweise überwunden oder gar vollkommen beseitigt werden. Zumindest kurzfristig müssen viele Trade-offs so, wie sie sind, akzeptiert werden und es muss versucht werden, damit bestmöglich umzugehen. In manchen Fällen ist es aber möglich, neue Ideen der gemeinsamen Wertschöpfung umzusetzen, die es vorher nicht gab – also Knappheit und Trade-offs zu überwinden. Knappheit und Trade-offs bieten einen Ansatzpunkt für kreative Ideen für wertschöpfende Innovationen. Besonders bedeutsam sind dabei Trade-offs zwischen Stakeholder-Interessen, wie sie von der verhaltensorientierten BWL beschrieben werden. Aus Sicht der innovationsorientierten BWL sind Innovationen neue Ideen zur Überwindung von Trade-offs zwischen Stakeholder-Interessen, also neue Ideen für die gemeinsame Wertschöpfung für Stakeholder. Im Sinne der verhaltensorientierten BWL verbessern und sichern solche Ideen die langfristige Überlebensfähigkeit von Unternehmen.

Wiederholungsfragen

Welche der folgenden Aussagen sind richtig?

a) Als **Trade-off** bezeichnet man eine Abwägungsentscheidung zwischen konkurrierenden Zielen.

b) Als **Opportunitätskosten** bezeichnet man den Nutzen, der entgeht, wenn man sich für etwas entscheidet und dadurch etwas anderes nicht tun kann.

c) **Shareholder** sind keine **Stakeholder**.

d) Hauptgegenstand der **verhaltensorientierten BWL** ist die Überwindung von Trade-offs zwischen Stakeholder-Interessen.

e) Nach der **Anreiz-Beitragstheorie** von Chester Barnard sollte eine Balance bestehen zwischen den Beiträgen der Stakeholder und dem, was die Stakeholder vom Unternehmen bekommen.

f) Je höher der Preis für ein Produkt, umso höher ist tendenziell die **Konsumentenrente**.

g) Durch eine **Produktinnovation** entsteht in der Regel sowohl eine Wertschaffung in Form der **Konsumentenrente** als auch eine Wertschaffung in Form der **Produzentenrente**.

h) Eine **Prozessinnovation** ermöglicht eine zusätzliche Produzentenrente aber keine zusätzliche Konsumentenrente.

▶ Die Lösung zu den Wiederholungsfragen finden Sie in Kap. 9.

Literatur

Barnard, C. (1938). *The functions of the executive*. Cambridge: Harvard University Press.

Cyert, R., & March, J. G. (1963). *A behavioral theory of the firm* (2. Aufl.). Hoboken: Wiley-Blackwell.

Freeman, R. E. (1984). *Strategic management. A stakeholder approach*. Boston: Pitman.

Heinen, E. (1971). *Industriebetriebslehre. Entscheidungen im Industriebetrieb*. Wiesbaden: Gabler.

Lettl, C., & Speckbacher, G. (2014). Business Model Innovation. *Zeitschrift für Führung und Organisation (ZFO)*, *83*(3), 168–173.

Simon, H. (1961). *Administrative behavior* (2. Aufl.). New York: Macmillan.

Speckbacher, G. (2004). Shareholder Value und Stakeholder Ansatz. In G. Schreyögg & A. v. Werder (Hrsg.), *Handwörterbuch Unternehmensführung und Organisation* (4. Aufl. S. 1319–1326). Stuttgart: Schäffer-Poeschel.

Unternehmerische Perspektive

Zusammenfassung

Was zeichnet Unternehmertum und unternehmerisches Denken und Handeln aus? Diese Fragen werden anhand praktischer Beispiele besonders erfolgreicher Unternehmensgründungen greifbar gemacht und mit Hilfe zentraler Erkenntnisse der Entrepreneurship-Forschung beantwortet. Grundlegende Konzepte sind dabei die Unterscheidung zwischen schöpferischem Unternehmertum und Arbitrageunternehmertum, sowie die Phänomene der schöpferischen Zerstörung und disruptiver Innovation. Anhand eines praktischen Rechenbeispiels wird die Wertschaffung für Stakeholder durch Innovation konkretisiert, und ein Praxisbeispiel (IBM Story) hilft den Zusammenhang zwischen Wertschaffung und Wertverteilung zwischen Stakeholdern anschaulich zu verdeutlichen.

2.1 Unternehmensbeispiele zur Gründung

2.1.1 Ford, McDonalds, Red Bull und Apple

Henry Ford (1863–1947)

Bereits 1862 war von Nikolaus August Otto der nach ihm benannte Ottomotor entwickelt worden, aber erst Gottlieb Daimler und Carl Benz gelang es, kleinere und leichtere Verbrennungsmotoren zu entwickeln, die sich dazu eigneten, ein Fahrzeug anzutreiben. Carl Benz ließ im Jahr 1886 ein erstes funktionsfähiges Automobil patentieren. Bis dahin gab es als Antriebsmotoren neben der knapp 100 Jahre vorher von James Watt maßgeblich mitentwickelten Dampfmaschine nur erste Elektromotoren, die aber als Antrieb in der Industrie und für Autos zunächst kaum eine Rolle spielten. Für Elektromotoren gab es noch kein geeignetes Stromnetz und keine leistungsfähigen Batterien für den mobilen Einsatz.

G. Speckbacher, *Innovationen für gemeinsamen Gewinn*,
https://doi.org/10.1007/978-3-658-48783-6_2

Henry Ford hatte sich seit seiner Kindheit für technische Apparate interessiert und mit großem Geschick unter anderem Taschenuhren repariert (zur Biographie von Henry Ford vgl. Curcio, 2013). Im Alter von 15 Jahren baute er sogar in seinem selbst eingerichteten Werkraum einen funktionsfähigen Verbrennungsmotor. Im Jahr 1896, also nur 10 Jahre nach Carl Benz, baute er sein erstes Automobil. Zwei Jahre später gründete Henry Ford die Detroit Automobile Company, die allerdings weitere zwei Jahre später bereits zahlungsunfähig war. Mit neuen Geldgebern wagte Ford einen zweiten Versuch mit der Henry Ford Company. Dieses Unternehmen verließ Henry Ford nach einem Jahr schon wieder und das Unternehmen wurde in Cadillac Motor Company umbenannt. Henry Ford gründete dann 1903 die Ford Motor Company. Autos waren zu dieser Zeit nicht nur sehr teuer, sondern auch unzuverlässig, und nur wenige Autos wurden verkauft.

Nachdem das Unternehmen einige bei Autorennen sehr erfolgreiche Fahrzeuge hergestellt hatte und dadurch bekannt wurde, setzte Henry Ford, der auch selbst Autorennen fuhr, 1908 seine Vision von einem „billigen Auto für jedermann" um. Das vom ungarischen Maschinenbauingenieur József Galamb im Auftrag von Henry Ford konstruierte Model T (Ford hatte seine Automodelle, angefangen mit Model A, jeweils mit Buchstaben benannt – eine Idee, die später Elon Musk aufgriff) war so einfach, so zuverlässig und so preisgünstig, dass es zum Massenprodukt wurde. 1918 war jedes zweite Auto in den USA ein Model T und bis 1927 wurden 15 Mio. Stück von diesem Auto verkauft.

Bevor Henry Ford mit seinem Model T eine arbeitsteilige Fließbandproduktion und Massenfertigung in der Autoherstellung einführte, wurden Autos in Teams in Einzelfertigung hergestellt, wobei ein Team alle Fertigungsschritte ausführte. Das Grundprinzip der Fließbandfertigung war bereits seit mehreren Jahren bekannt und wurde unter anderem in Schlachthöfen in Detroit eingesetzt. Durch die Fließbandfertigung konnte die durchschnittliche Herstellungszeit für ein Auto von vorher 12 h auf eineinhalb Stunden reduziert werden, was eine enorme Reduktion der Herstellungskosten ermöglichte, und ein Model T konnte zum Preis von nur 295 US-$ angeboten werden. Allerdings funktionierte das nur durch massive Standardisierung. Im Unterschied zur vorher üblichen Teamproduktion, wo unterschiedliche Teams problemlos unterschiedliche Autotypen herstellen konnten, funktionierte die Fließbandfertigung am besten, wenn jedes produzierte Auto gleich war.

Henry Ford führte bereits 1914, als wesentlich längere Arbeitszeiten üblich waren, den Achtstundentag ein, und er zahlte mit 5 US-$ pro Tag doppelt so hohe Löhne wie damals für derartige Tätigkeiten üblich. Bei 5 US-$ Tageslohn entsprach der Kaufpreis für ein Model T nur dem Verdienst für 59 Arbeitstage. Der Achtstundentag ermöglichte Ford, seine Produktion in drei Schichten pro 24 h rund um die Uhr laufen zu lassen. Allerdings hat Henry Ford auch diese Innovation im Herstellungsprozess nicht selbst erfunden. Bereits 1906 hatte der deutsche Unternehmer Robert Bosch den Achtstundentag und damit drei Arbeitsschichten in seinen Produktionsbetrieben eingeführt, was ihm zu deutlichen Produktivitätssteigerungen verhalf. Robert Bosch hatte zudem auch Betriebsärzte, eine Alters- und Hinterbliebenenunterstützung sowie eine Förderung junger, besonders begabter Arbeitskräfte eingeführt (vgl. Bähr & Erker, 2013).

Mit seiner immer weiter entwickelten und verfeinerten Idee, Autos in Fließbandproduktion herzustellen, gelang es Henry Ford, ein zum damaligen Stand der Technik qualitativ sehr gutes und gleichzeitig extrem preisgünstiges Auto herzustellen. Durch die
Prozessinnovation der Fließbandproduktion von Autos gelang es ihm, den Trade-off zwischen Qualität und Preis zu „verschieben" und sogar höhere Qualität zu niedrigerem Preis
zu bieten. Diese Prozessinnovation ermöglichte gleichzeitig eine Konsumentenrente (bessere Autos bei sogar niedrigerem Preis) und eine Produzentenrente (der Verkaufspreis war
zwar niedrig, aber höher als die Produktionskosten). Zudem schuf Ford viele Arbeitsplätze
mit sehr hohen Löhnen für ungelernte Arbeitskräfte, mit für damalige Verhältnisse guten
Arbeitsbedingungen (Achtstundentag). Das bedeutete auch eine hohe Wertschöpfung für
Arbeitskräfte.

Henry Fords Sturheit, die am Anfang seiner Karriere als Unternehmer mitverantwortlich dafür war, dass er trotz großer Widrigkeiten nicht aufgab, wurde ihm später beinahe
zum Verhängnis, als er zu lange am Model T festhielt, obwohl die Konkurrenz inzwischen
günstige und bessere Autos herstellte und seine Absatzzahlen immer mehr zurückgingen.
Obwohl er sich sehr lange dagegen gewehrt hatte, gab er schließlich dem Drängen seines Sohnes Edsel Ford nach und brachte ein neues Automodell (das wieder als Model A
bezeichnet wurde) auf den Markt.

Ray Kroc (1902–1984)
Als mäßig erfolgreicher Verkäufer von Mixern für Milkshakes wurde Ray Kroc 1954 auf
ein Restaurant in San Bernardino, Kalifornien, unweit von Los Angeles aufmerksam,
das bereits zwei Mixer bestellt hatte und nun gleich noch mal sechs seiner Multimixer
nachbestellte (zur Unternehmensgeschichte von McDonalds vgl. Love, 1995). Diese Mixer kosteten je 150 US-$ und man konnte mit ihnen bis zu fünf Milkshakes gleichzeitig
herstellen. Ray Kroc wunderte sich, was ein einzelnes Restaurant mit so vielen Mixern
machte. Er fuhr also nach San Bernardino, wo er auf die Brüder Richard (Dick) und Maurice (Mac) McDonald traf, die ein Hamburger-Restaurant betreiben. Die beiden Brüder
waren eigentlich nach Kalifornien gezogen, um in Hollywood als Schauspieler Karriere
zu machen, als dies aber nicht gelang, gründeten sie eine Imbissbude auf einem Park-
platz. Der Schnellimbiss lief zunächst sehr gut und entwickelte sich zu einem beliebten
Treffpunkt für Teenies. Man konnte im Auto bestellen und Servicekräfte auf Rollschu-
hen brachten das Essen direkt ans Auto. Als aber Ende der 1940er-Jahre immer mehr
Schnellimbissanbieter den Brüdern Konkurrenz machten, lief das Geschäft zunehmend
schlechter und die Brüder McDonalds mussten sich etwas Neues überlegen. Die Servicekräfte wurden entlassen und die Burger wurden nun in Anlehnung an das Vorbild Henry
Fords durch angelernte Arbeitskräfte in einem ausgeklügelten arbeitsteiligen Produktionsprozess frisch zubereitet und für nur 15 Cent verkauft. Von der Bestellung bis zum Verkauf
dauerte es nur etwa 60 Sekunden. Ähnlich wie bei Henry Ford wurde die Produktpalet-
te stark reduziert auf ganz wenige Burger und Drinks, die dann standardisiert fast wie
in einer Fließbandproduktion zubereitet wurden. Sonderwünsche zur Zubereitung gab es
nicht mehr. Die Prozessinnovation der McDonalds-Brüder hatte den Trade-off zwischen

Zeit und Frische neu definiert, indem man mit einer extrem kurzen Wartezeit von 60 Sekunden frisch zubereitetes Essen bekommen konnte. Durch diese Prozessinnovation war gleichzeitig eine Produktinnovation entstanden: Frisch zubereitetes Fastfood. Diese Produktinnovation ermöglichte eine Konsumentenrente (frisch zubereitetes Essen in kürzerer Zeit und sogar billiger) und eine Produzentenrente (Gewinn für die McDonalds Brüder), und auch die Arbeitskräfte bei McDonalds profitierten.

Als Ray Kroc in San Bernardino ankam, wunderte er sich über die große Betriebsamkeit vor dem Restaurant der Brüder McDonald, und als er gesehen hatte, wie die Produktion funktionierte, war er sofort begeistert von dieser Geschäftsidee. Er überzeugte die McDonald-Brüder schließlich, ihm die Franchising-Rechte für die Eröffnung eines McDonalds-Restaurants in Des Plaines, einem Vorort von Chicago, zu übertragen. In diesem Restaurant machte er alles gleich wie im ersten Restaurant in San Bernardino, gleiche Herstellung, gleiche Produkte, gleiche Preise. Das Restaurant wurde ein genauso großer Erfolg wie in San Bernardino. Nach einem Jahr hatte Ray Kroc schon 12 Restaurants in den USA nach demselben Prinzip eröffnet, 1959 waren es bereits 100 Restaurants und ein Jahr später mehr als 200. Im Jahr 1961 kaufte Ray Kroc mit dem Geld verschiedener Investoren das Unternehmen der McDonald-Brüder inklusive der Markenrechte für 2,7 Mio. US-$. Einzig ihr Restaurant in San Bernardino behielten die beiden Gründer. 1965 wurde McDonald's dann an die Börse gebracht, um mit frischem Investorenkapital international zu expandieren.

In den 1980er-Jahren kam es zu einem sehr harten Wettbewerb zwischen McDonald's und anderen Fastfood-Ketten in den USA, insbesondere Burger King und Wendy's. Dabei versuchte McDonalds, sich durch teure Marketing-Kampagnen und Preisreduktionen der Konkurrenz zu erwehren. Das führte sowohl bei McDonalds als auch bei der Konkurrenz zu sinkenden Gewinnen, McDonalds konnte seine führende Position aber letztlich verteidigen.

Nach einer Phase enormen Wachstums und internationaler Expansion während der 1980er- und 1990er-Jahre, wandte sich Anfang der 2000er-Jahre vor allem junge Kundschaft ab von McDonalds, aufgrund sich ändernder Essgewohnheiten und des Trends zu gesünderen und frischen Produkten. Dies führte zu Umsatzrückgängen und 2003 schließlich zum ersten Verlust in der Geschichte von McDonald's. Der Börsenkurs brach ein und McDonald's wurde bei der weltweiten Anzahl von Filialen 2010 von Subway überholt. Mit dem Motto „Eat Fresh" hatte Subway den Trend zu gesünderem Essen aufgenommen und bot auch die Möglichkeit, sich ein Subway-Sandwich selbst zusammenzustellen.

Einige Jahre später, ab 2015 wurde mit den McDonalds Digital Boards (Kioske) eine neue Technologie eingeführt, mit der es möglich wurde, sich selbst Produkte zusammenzustellen. Diese neue digitale Technologie ermöglichte McDonalds eine Innovation, um den bisherigen Trade-off zwischen zeit-/kosteneffizienter Produktion durch Standardisierung einerseits und Anpassung der Produkte auf Sonderwünsche („Customization") andererseits zu überwinden. Nun war es möglich, auf Kunden-Sonderwünsche einzugehen, ohne dass dadurch lange Wartezeiten entstanden. Ab 2017 wurde mit der McDonalds-App eine Geofencing Technologie in ausgewählten Märkten getestet und später flächendeckend eingeführt. Dadurch wurde möglich, bequem über eine App individuelle Sonderwünsche bei der Bestellung anzugeben. Sobald man sich auf 200 m dem McDonalds-Restaurant nähert, erhält man einen Hinweis, um die Bestellung final zu bestätigen. Bei Eintreffen im Restaurant bekommt man dann das frisch zubereitete Essen.

Da das Frühstücksgeschäft besonders gut lief, wurde das Ganztages-Frühstück eingeführt. McDonalds hatte auch beobachtet, dass eine andere Kette, Starbucks, zwischen 1990 und 2010 enorm expandierte mit dem Konzept gemütlicher und entspannter Kaffeehäuser für eine junge Zielgruppe. McDonalds versuchte nun seinerseits, diese erfolgreiche Idee nachzuahmen (McCafé) und mit dem eigenen Fastfood-Geschäft zu kombinieren.

Dietrich Mateschitz (1944–2022)
Nach seinem Studium an der Wirtschaftsuniversität Wien war Dietrich Mateschitz als Marketingexperte für Jacobs Kaffee und für den Zahnpastahersteller Blendax tätig (zur folgenden Unternehmensgeschichte vgl. Fürweger, 2008). Anfang der 1980er-Jahre stieß er bei einem Thailandaufenthalt auf ein Taurin- und Koffein-haltiges sirupartiges Aufputschgetränk mit dem Namen Krating Daeng, was man auf Englisch mit Red Bull übersetzen könnte. Dieser Energy Drink war vor allem in Thailand seit längerer Zeit recht verbreitet und erfolgreich.

Mit knapp 40 Jahren war Mateschitz ohnehin gerade am Überlegen, ob er das Leben als Marketing-Manager in einem internationalen Konzern, ständig auf Reisen und in Hotels, so weiterführen wollte, oder ob er besser seinem Unabhängigkeits- und Freiheitsdrang folgen und sich selbständig machen sollte. Mateschitz sah das große Potential in diesem Energy Drink und gründete schließlich gemeinsam mit dem Eigentümer der Herstellerfirma und Erfinder des Getränks, dem thailändischen Unternehmer Chaleo Yoovidhya und dessen Sohn die Red Bull GmbH. Während das Getränk in Asien weiterhin erfolgreich mit der alten Rezeptur verkauft wurde, änderte Mateschitz die Rezeptur leicht. Er machte ein kohlensäurehaltiges Getränk daraus, von dem er hoffte, dass es besser den europäischen Kundengeschmack traf (im Marketing nennt man das „lokale Anpassung"). Nach langwierigen Zulassungsverfahren vor allem hinsichtlich des Inhaltsstoffes Taurin wurde der Energy Drink 1987 zunächst in Österreich eingeführt, 1994 in Deutschland und der Schweiz, und 1997 in den USA.

Heute ist Red Bull Weltmarktführer bei Energy Drinks und verkauft jährlich weltweit über 10 Mrd. Dosen. Mateschitz wurde mit einem geschätzten Vermögen von 15–20 Mrd. € zum reichsten Österreicher und er gehörte bei seinem Tod im Jahr 2022 zu den reichsten hundert Menschen weltweit. Die wenigen bekannten Interviews mit dem Red Bull-Gründer deuten aber darauf hin, dass ihm Unabhängigkeit und unternehmerische Gestaltungsfreiheit immer wichtiger waren und ihn mehr motivierten, als die Aussicht, einmal einer der 100 reichsten Menschen zu werden.

Der große weltweite Erfolg von Red Bull zog weit mehr als hundert Nachahmer und Konkurrenten an, wie etwa Rockstar, Monster oder Flying Horse. Während Konkurrenzunternehmen problemlos die im wesentlichen gleichen Inhaltsstoffe verwenden dürfen und damit relativ einfach ein ähnliches Getränk herstellen können, sind der Name Red Bull und das Design der Dose mit der Farbkombination Blau und Silber geschützt, sowie der Spruch „… verleiht Flügel". Zumindest bei allzu leicht verwechselbaren Nachahmungen des Produktnamens konnte Red Bull erfolgreich gegen Nachahmer-Produkte, wie etwa das in sehr ähnlich aussehenden Dosen verkaufte Red Bat aus Schweden, vorgehen.

Sehr erfolgreich wurde Rockstar mit einem Energy Drink, der in doppelt so großen Dosen wie Red Bull angeboten wird, und auch die kleinen Energy Shots von 5-hour EN-ERGY wurden recht erfolgreich. Red Bull versuchte daraufhin ab 2009 ebenfalls Energy Shots am Markt zu etablieren, allerdings mit überschaubarem Erfolg. Ab 2008 wurde zusätzlich Red Bull Cola auf den Markt gebracht, wobei man hier versuchte, den Trend zu natürlichen Inhaltsstoffen durch ein Getränk aus Pflanzenextrakten aufzugreifen. Nach Jahren gigantischer Steigerungsraten bei den Umsätzen gab es bei Red Bull 2009 erstmals einen vorübergehenden Umsatzrückgang. Seit 2016 gibt es eine Summer Edition mit zusätzlichen Geschmacksrichtungen, seit 2017 gibt es eine neue Produktvariante mit der Bezeichnung „Organics by Red Bull".

Red Bull ist ein eher ungewöhnliches Beispiel für eine Produktinnovation, weil kein vorher erkennbarer Trade-off aufgelöst oder ein Problem bzw. Kundenbedürfnis adressiert wird. Vielmehr wurde in Europa und USA erst ein Bedürfnis bzw. ein Markt für Energy Drinks geschaffen. Daher ist auch schwieriger zu beschreiben, worin genau die Kundenwertschöpfung besteht. Gleichzeitig verdeutlicht Red Bull, dass Kundenwertschöpfung sehr subjektiv ist und nicht immer Befriedigung eines Bedürfnisses oder Beseitigung eines Mangels bedeuten muss. Dazu mehr im Kap. 5 zur Kundenperspektive.

Steve Jobs (1955–2011)

Steve Jobs gründete 1976 im Alter von 21 Jahren in der Garage des Hauses seiner Eltern die Apple Computer Company, gemeinsam mit Steve Wozniak und Ronald Wayne (nach Isaacson, 2011). Wayne verließ Apple schon kurz nach der Gründung wieder. Steve Jobs war von den Chancen durch neue Technologien fasziniert, aber eigentlich kein Computerspezialist. Steve Wozniak war ein genialer Computer-Freak. Als erstes Produkt fertigte und verkaufte Apple den Apple I, einen von Steve Wozniak schon vor der Gründung von Apple entwickelten Personal Computer, der heute oft als erster PC der Welt bezeichnet wird. Der für 666,66 US-$ verkaufte Apple I verwendete eine Schreibmaschinen-Tastatur und ein umfunktioniertes Fernsehgerät als Bildschirm. Daten konnten auf einem Kassettenrecorder auf Audiokassetten gespeichert und wieder geladen werden. Der ab 1977 verkaufte Apple II als Nachfolgemodell sah bereits fast aus wie ein moderner PC, mit Gehäuse, Tastatur, Monitor und später sogar mit einer Maus. Der Apple II wurde über zwei Millionen Mal verkauft und war ein großer Erfolg.

Als sich dann die Nachfolgemodelle Apple III und Apple Lisa vergleichsweise schlecht verkauften, stand Steve Jobs zunehmend intern bei Apple unter Druck. Anfang 1983 setzte sich Jobs mit einigen der besten Apple-Ingenieure zusammen und sie brachten bereits 1984 den Macintosh auf den Markt. Unter anderem war das der erste kommerziell erfolgreiche Microcomputer mit grafischer Benutzeroberfläche, wo man keine Befehle mehr mit der Tastatur eingeben musste, sondern den Computer über das Anklicken von Symbolen mit der Maus steuerte, so wie wir das heute kennen. Die Idee zu dieser mausgesteuerten grafischen Benutzeroberfläche hat Jobs neben anderen Ideen von dem bereits 10 Jahre vorher für die Forschung entwickelten „Xerox Alto" Computer übernommen. Die Firma Xerox ist heute für Drucker und Kopiergeräte bekannt.

Das Kopieren und neue Kombinieren fremder Ideen, oft aus ganz unterschiedlichen Gebieten ist typisch für Steve Jobs. Bereits auf der Uni hatte Jobs Kurse aus unterschiedlichen Wissenschaftsgebieten besucht, unter anderem auch einen Kurs über Kalligraphie, der ihn später bei seiner Entwicklung von Computerschriftarten inspirierte. In der 1996 produzierten TV-Dokumentation „Triumph of the Nerds" sagt Steve Jobs: „It comes down to trying to expose yourself to the best things that humans have done and then try to bring those things into what you're doing. I mean Picasso had a saying he said good artists copy, great artists steal. And we have always been shameless about stealing great ideas."

Noch im selben Jahr, in dem Apple den Macintosh schließlich auf den Markt brachte, kam es zwischen Steve Jobs und dem von ihm selbst ein Jahr vorher von Pepsi als Geschäftsführer (Chief Executive Officer, CEO) zu Apple geholten John Sculley zu Querelen, in deren Folge Steve Jobs das von ihm mitgegründete Unternehmen Apple schließlich verlassen musste. 1986 gründete Steve Jobs das Unternehmen NeXT, das zunächst Computer produzierte und sich später auf Softwareentwicklung konzentrierte. Nebenbei investierte Jobs in ein Team von Spezialisten für Computer-animierte Filme, mit deren Hilfe schließlich die Firma Pixar entstand, deren Geschäftsführer Jobs wurde und das 2004 für über 7 Mrd. US-$ von der Walt Disney Company gekauft wurde.

1996, zehn Jahre nach der Gründung, wurde NeXT von Apple gekauft und Steve Jobs wurde 1997 wieder Geschäftsführer von Apple. Apple hatte nach erfolgreichen Jahren inzwischen hohe Verluste gemacht. Das von NeXT entwickelte Betriebssystem ist heute Grundlage der Betriebssysteme vieler Apple Produkte, z. B. macOS und iOS. Nach der Rückkehr von Steve Jobs zu Apple konzentrierte sich das Unternehmen auf relativ wenige Kernprodukte und schaffte es dadurch wieder Gewinne zu machen.

1998 wurde der iMac eingeführt und schließlich 2001 der kommerziell sehr erfolgreiche iPod. Technisch war der iPod nichts Neues. Es gab zu dieser Zeit bereits längst die vom Frauenhofer Institut in Deutschland entwickelte MP3 Technologie und seit 1998 gab es eine Vielzahl unterschiedlicher MP3-Player zu kaufen. Der erst drei Jahre nach dem ersten MP3 Player eingeführte iPod wurde zum meistverkauften MP3-Player der Welt. Entscheidend für diesen Erfolg war das damals sehr futuristisch wirkende Design des iPod, aber auch die komfortablen Möglichkeiten, in Kombination mit der iTunes Software und dem iTunes Store Musik herunterzuladen und zu verwalten. Heute werden kaum noch MP3-Player gekauft, weil Smartphones über die entsprechenden Funktionen zum Musikdownload und Musikhören verfügen. Musik zum Herunterladen wird längst auch von Anbietern wie z. B. Google Play oder Amazon angeboten. Inzwischen verdrängen Streaming-Dienste wie Spotify zunehmend Musik-Downloads. 2022, also etwa 24 Jahre nach der Markteinführung, wurde die Produktion von iPods endgültig eingestellt.

Der größte kommerzielle Erfolg von Apple wurde allerdings das 2007 auf den Markt gebrachte iPhone. Das Time Magazine wählte das iPhone zur „Erfindung des Jahres 2007" und praktisch alle heute erhältlichen Smartphones orientieren sich stark am Ur-iPhone aus dem Jahr 2007. Auf den ersten Blick ist der durch diese Produktinnovation aufgelöste Trade-off das bisherige Problem, dass ein Laptop als Zugang zum Internet von unterwegs viel zu groß war, während der Internetzugang über Handy oder Blackberry damals nicht gut funktionierte und für viele Funktionen der dafür notwendige Bildschirm am Handy oder Blackberry fehlte. Mit dem iPhone brachte Apple erstmals ein „Mini-Pad" auf den Markt mit einem ausreichend großen, sehr guten Bildschirm und integrierter Tastatur, mit der man mit einiger Übung sehr bequem Nachrichten schreiben und im Internet surfen konnte. Es wurde also der Trade-off zwischen bequemem Internetzugang und kleinem Gerät, das man überallhin mitnehmen konnte, perfekt aufgelöst. Daneben löste das iPhone aber noch mehr Trade-offs auf. Eine geniale Idee hinter dem iPhone ist auch, dass es nicht nur verschiedene Funktionen, wie Telefonieren, Musikhören, Internetsurfen und Fotografieren einfacher nutzbar kombiniert, sondern eine Plattform für Apps aller Art bietet. Dadurch wird ein modernes Smartphone zum echten Multifunktionsgerät, mit dem man Musik hört, fotografiert, telefoniert, Filme schaut, Kleidung bestellt, digital bezahlt und das damit zum zentralen Gebrauchsgegenstand in unserem Leben wird. Auch bei der Kombination dieser Funktionen ergaben sich völlig neue Möglichkeiten, etwa indem man beispielsweise Fotos oder Audiodateien sehr einfach bearbeiten und über WhatsApp oder im Internet auf sozialen Medien teilen kann. Das iPhone und alle anderen modernen Smartphones lösen damit unzählige bisherige Trade-offs auf und schaffen nicht nur eine Konsumentenrente und eine Produzentenrente, sondern sie schaffen gleichzeitig Wert für ein ganzes Ökosystem anderer Stakeholder, wie App-Developer, Zahlungsanbieter, soziale Netzwerke und so weiter.

Während die damals führenden Smartphone-Hersteller, wie Blackberry oder Nokia, anfangs dem iPhone und dessen Touchscreen-Technologie wenig Marktchancen eingeräumt hatten, kamen recht bald Hersteller wie Samsung, LG und HTC mit ähnlichen Produkten wie dem iPhone auf den Markt, wobei vor allem das Android Betriebssystem eine wichtige Rolle spielte und ähnliche Funktionalitäten wie das iPhone-Betriebssystem erlaubte. Steve Jobs bezeichnete Android als „gestohlenes System" und auch gegen Samsung führte Apple sieben Jahre lang einen Patentstreit. Samsung antwortete mit Gegenklagen und letztlich zeigte sich, dass Patente in einem Bereich mit so rasanten und permanenten technologischen Änderungen nur einen geringen Schutz bieten können. Letztlich ist ständige eigene Innovation das einzige Mittel dagegen, von Nachahmern verdrängt zu werden.

Die Erfolge von Apple lassen sich natürlich zum Teil auf technische Innovationen zurückführen, die aber immer nur für relativ kurze Zeit einen Vorsprung gegenüber Konkurrenten verschafften. Wesentlicher für den Erfolg scheint die Kompetenz von Apple, neue Technologien den Kunden durch besonderes Design und Anwenderfreundlichkeit schmackhaft zu machen, Kunden dadurch auch emotional an Apple Produkte zu binden und vor allem ein Ökosystem zusammenhängender Produkte (Apple Watch, iPhone, iPad, Appstore) zu schaffen, deren gemeinsame Nutzung für Kunden besonders einfach ist, während die Kombination mit nicht-Apple Produkten gezielt erschwert wird.

2.1.2 Unternehmensgründung und Diversität

Die vier Unternehmergeschichten von Henry Ford, Ray Kroc, Dietrich Mateschitz und Steve Jobs geben einen ersten Einblick, was unternehmerischer Geist bedeutet, welche Eigenschaften Gründerpersönlichkeiten, trotz ihrer Verschiedenheit, auszeichnen und worauf es bei Gründungen ankommt. Die vier Personen wurden nicht zufällig ausgewählt. Henry Ford und Steve Jobs stehen für die technologische Seite von Innovation und Unternehmensgründung, Ray Kroc und Dietrich Mateschitz stehen hingegen eher für einen Fokus auf den Absatzmarkt und auf Marketing. Henry Ford gilt als die herausragende Unternehmerpersönlichkeit seiner Zeit, sein Autounternehmen hatte in den Anfangsjahren mehr als 50 % Marktanteil (d. h. mehr als jedes zweite Auto war ein Ford), stieg zum weltweit größten Familienunternehmen auf und auch im Jahr 2024, mehr als 100 Jahre nach dem Höhepunkt des Erfolgs mit dem Model T, verkaufte Ford weltweit etwa doppelt so viele Autos wie BMW oder Daimler/Mercedes und zweieinhalb mal so viele wie Tesla. Lediglich Toyota und VW verkauften deutlich mehr Autos als Ford. Ford steht also wie kaum ein anderes Unternehmen für dauerhaften wirtschaftlichen Erfolg. Steve Jobs ist nicht nur eine der bekanntesten Gründerpersönlichkeiten, sondern galt später als „CEO of the Decade", sein Unternehmen Apple wurde zu „the world's most admired company" und wurde an der Börse 2021 zum wertvollsten Unternehmen der Welt. Auch im Jahr 2025 ist Apple mit fast 4000 Mrd. US-$ Börsenwert das wertvollste Unternehmen der Welt. Ray Kroc baute das weltweit größte Franchise-System auf. Dietrich Mateschitz erfand mit Red Bull das völlig neue Marktsegment der Energy Drinks und es gelang ihm, in enorm kurzer Zeit die nach Coca Cola weltweit bekannteste und wertvollste Softdrinkmarke aufzubauen.

Es ist kein Zufall, dass alle vier Männer sind, drei US-Amerikaner, ein Europäer. Die vier Unternehmer sind repräsentativ für die Gründungs- und Unternehmenswelt, wie sie in den vergangenen 100 Jahren war und in weiten Teilen bis heute noch ist. Egal, ob man auf Ranglisten der größten Gründerpersönlichkeiten der Geschichte schaut oder auf die zehn mächtigsten Gründerpersönlichkeiten laut aktueller Forbes-Liste, es sind immer Männer, in aller Regel weiße US-Amerikaner, ab und zu ein Chinese, Japaner oder Europäer.

Dabei ist zu bedenken, dass zur Zeit der Gründungen von Henry Ford, Ray Kroc, Dietrich Mateschitz und Steve Jobs Frauen nicht genauso wie Männer Unternehmen gründen konnten. Um es plastisch zu verdeutlichen: Bis 1958 durften zum Beispiel Ehefrauen in der Bundesrepublik Deutschland nur einen eigenen Beruf ausüben, wenn der Ehemann zustimmte und noch bis 1977, also vor weniger als 50 Jahren, durfte eine Frau nur ohne Zustimmung des Ehemanns berufstätig sein, „soweit dies mit ihren Pflichten in Ehe und Familie vereinbar ist" (Bundesgesetzblatt, 1957, Nr. 26). Bis 1958 verwaltete der Ehemann laut Gesetz das in die Ehe eingebrachte Vermögen der Ehefrau, die nicht berechtigt war, unabhängig vom Ehemann ein eigenes Konto zu führen. Vor nicht allzu langer Zeit gab es also auch im scheinbar fortschrittlichen Europa noch eine gesetzlich festgeschriebene Geschlechterdiskriminierung, und Frauen hatten nur eingeschränkten Zugang zu Unternehmensgründungen und zur Wirtschaft allgemein.

Auch wenn es diese Art von Diskriminierung heute nicht mehr gibt, ist wahrscheinlich, dass diese und andere langjährig praktizierten Zuschreibungen von Geschlechterrollen ein wichtiger Grund dafür sind, dass laut einer BCG-Studie (BCG, 2023) in den Ländern Frankreich, Deutschland, Schweden, Spanien und UK auch im Jahr 2022 nur 10 % aller Unternehmensgründungen von Frauen bzw. rein weiblichen Gründerteams erfolgten, 12 % von gemischten Teams und 78 % durch rein männliche Gründerteams. Nach einer Erhebung des österreichischen Bundesministeriums für Arbeit und Wirtschaft (BMAW, 2022) stieg der Anteil von Unternehmensgründungen unter weiblicher Beteiligung in der EU von 13 % in 2010 auf 21 % in 2021, wobei von Frauen gegründete Start-ups sich auch in der Ausrichtung unterscheiden, etwa indem diese häufiger die Zielsetzung verfolgen, soziale oder ökologische Probleme zu lösen. Letzteres könnte auch ein Hinweis darauf sein, dass die geringere Anzahl weiblicher Unternehmensgründungen nicht ausschließlich mit Diskriminierung, sondern zumindest zu einem gewissen Teil auch mit unterschiedlichen Präferenzen erklärbar ist. Unternehmensgründung ist eine Berufswahl und bei allen Wahlentscheidungen kann es geschlechterspezifische Unterschiede in der Präferenz geben, die als solche noch kein Hinweis auf Diskriminierung sind. Natürlich sind auch Präferenzunterschiede wieder durch gesellschaftlich geprägte Geschlechterrollen, Erwartungen und auch Vorurteile beeinflusst, beispielsweise indem Männern eine geringere soziale Orientierung, mehr Geldgier und Machthunger unterstellt werden oder Frauen geringeres Durchsetzungsvermögen.

Obwohl es für Frauen noch im 20. Jahrhundert nahezu unmöglich war, Unternehmen zu gründen, gab es eine ganze Reihe von Unternehmensgründungen durch legendär gewordene Frauen. Eine großartige Unternehmerin und Persönlichkeit war zweifellos Coco Chanel, die nicht nur Modehäuser gründete, sondern auch einen neuen Kleidungsstil prägte. In der Kosmetikbranche war die US-amerikanische Unternehmerin Estée Lauder enorm erfolgreich. Sie baute ihr Unternehmen zu einem internationalen Kosmetikkonzern aus und wurde auch dadurch berühmt, dass sie mit dem Verteilen von Gratisproben ihrer Produkte ein neues Marketinginstrument etablierte. Eine weltweit bekannt gewordene Gründerin aus Deutschland war Margarete Steiff, die die nach ihr benannte Spielwarenfabrik „Steiff" gründete und aufbaute. Insbesondere vor dem Hintergrund der damaligen gesellschaftlichen Verhältnisse ist es lehrreich, sich vom Leben dieser Pionierinnen und deren Kampf gegen die Diskriminierung von Frauen als Unternehmensgründerinnen inspirieren zu lassen (es gibt Verfilmungen und interessante Dokumentarfilme zu den genannten Unternehmensgründerinnen).

Genauso wie über das Geschlecht wurden und werden vielfach Menschen aufgrund ihrer Hautfarbe und ihrer ethnischen Herkunft systematisch diskriminiert. Dies wirkt sich unter anderem auf den Bildungszugang oder den Zugang zu Kapital aus, sodass für den Wirtschaftsprozess heute noch keineswegs überall faire Zugangsbedingungen und Spielregeln herrschen. Diskriminierung ist aber nicht auf diese expliziten Dimensionen beschränkt, sondern kann auch implizit und weniger offen nach sozialer Herkunft, sexueller Orientierung, kultureller Prägung und vielem mehr erfolgen. Die implizite Diskriminierung nach äußerlich nicht eindeutig erkennbaren Eigenschaften, wie sozialer Herkunft,

Dialekt oder kultureller Prägung kann unter Umständen für Betroffene noch schlimmer sein, weil man sich noch weniger dagegen wehren kann, weil diese nicht als Diskriminierung „anerkannt" ist, und weil diese kaum durch Gleichstellungs- und Antidiskriminierungsmaßnahmen bekämpfbar ist. Unabhängig von der moralischen und gesellschaftspolitischen Verurteilung von Diskriminierung, sind aus betriebswirtschaftlicher Sicht Diskriminierung und Benachteiligung beim Zugang zum Wirtschaften eine Vergeudung von Kreativ- und Innovationspotenzial und damit betriebswirtschaftlich schädlich.

Interessant in diesem Zusammenhang ist, dass offensichtlich Menschen, die in ein Land einwandern, besonders unternehmerisch aktiv und erfolgreich sind. Vielleicht weil man sich für Einwanderung etwas trauen muss, vielleicht auch, gerade weil man in einer neuen Umgebung aktiv sein muss. Laut einer Untersuchung aus dem Jahr 2022 wurden mehr als die Hälfte (55 %) der amerikanischen Startups im Wert von 1 Mrd. US-$ oder mehr (sogenannte Unicorns) von Menschen gegründet, die in die USA eingewandert waren. Nimmt man eingewanderte Menschen in zweiter Generation dazu, dann sind es sogar 64 % der Unicorns. Darunter befinden sich auch einige berühmte Gründerinnen, wie beispielsweise die in China geborene Sherry Wei, Gründerin und spätere Chief Technology Officer von Aviatrix, einer Cloud Netzwerk Plattform, die ihren Ph.D. in Elektrotechnik an der Purdue Universität erwarb, oder Rihanna, die von Barbados in die USA einwanderte und dort Savage X Fenty gründete, ein Modeunternehmen, das mit 1 Mrd. US-$ bewertet wird (Anderson, 2022).

Die jüngste Selfmade-Milliardärin ist übrigens Whitney Wolfe Herd, die im Alter von 23 Jahren Tinder mitgründete und Marketing-Chefin von Tinder wurde. Nachdem sie Tinder verlassen hatte, gründete sie in Austin die Mobile-Dating-App Bumble, brachte dieses Unternehmen 2021 an die Börse und wurde dadurch mit 31 Jahren jüngste Selfmade-Milliardärin. Die Idee hinter Bumble war, eine frauenfreundlichere und diskriminierungsfreiere Dating App zu schaffen. Ein Feature ist, dass bei verschiedengeschlechtlichen Matches die Frau den ersten Schritt machen muss, indem sie eine Ice-Breaker-Message sendet, andernfalls verschwindet der Match innerhalb von 24 h.

2.2 Entrepreneurship

2.2.1 Am Anfang steht der Entrepreneurial Spirit

Alle oben beschriebenen Unternehmensgründungs-Geschichten zeichnen sich dadurch aus, dass ein Mensch eine Idee hatte, wie man etwas besser machen kann und vielleicht in gewisser Hinsicht sogar die Welt verbessern kann. Henry Ford wollte Mobilität für alle schaffen, gerade auch für weniger Wohlhabende in entlegenen Gegenden. Steve Jobs war fasziniert von Computertechnik und hatte die Vision, dass alle Menschen diese Technik im Alltag nutzen können.

Entrepreneurial Spirit, Unternehmensgeist, Entrepreneurship oder Unternehmertum bedeuten, sich nicht mit den Gegebenheiten abzufinden und über schlechte Bedingungen,

Bürokratie, Ungerechtigkeiten und Probleme zu jammern, sondern kreativ nachzudenken, wie man mehr aus einer Situation machen kann, anzupacken, versuchen die Welt zu verbessern, aktiv zu gestalten und seiner Leidenschaft zu folgen. Entrepreneurial Spirit ist eine positive, aktive Lebenseinstellung. Natürlich können unterschiedliche Ziele mit unternehmerischem Geist verfolgt werden. Neben Zielen, bei denen es um inhaltliche Problemlösungen für Kunden geht, wie „gute und billige Autos bauen" oder „Computer-technik für alle im Alltag nutzbar machen" (sogenannte Sachziele), spielt natürlich bei Unternehmensgründungen auch das Ziel, Gewinn zu machen, ein Vermögen aufzubauen und reich zu werden, oft eine wichtige Rolle (sogenannte Formalziele).

Wie Befragungen zeigen, sind die wichtigsten Gründungsmotive, neben einem höheren Einkommen, die eigene Unabhängigkeit, die Umsetzung einer konkreten Geschäftsidee sowie, eine Antwort auf bestehende Probleme zu finden (Statista, 2024). Auch die Bio-grafien der oben beschriebenen Unternehmer weisen darauf hin, dass deren Hauptantrieb war, etwas zu verändern, etwas aufzubauen und zu gestalten. Legendär wurde der Pitch von Steve Jobs, mit dem er angeblich 1983 den damaligen Chef von Pepsi Cola, John Sculley, für Apple gewinnen wollte, was ihm auch gelang (nach Isaacson, 2011): „Do you want to sell sugar water for the rest of your life, or do you want to come with me and change the world?"

Manchmal geht es bei unternehmerischem Handeln ausdrücklich nicht um Geld. Wenn Menschen zum Beispiel eine Hilfsorganisation gründen, um sozial Benachteiligten zu helfen, dann ist das ein Beispiel für unternehmerischen Geist, der sich klar auf Sach-ziele, nicht auf Formalziele, bezieht. Natürlich spielt auch bei einer Hilfsorganisation Geld eine nicht unbedeutende Rolle, etwa beim Sammeln von Spendengeldern, um Hilfs-güter kaufen zu können. Aber Geld ist hier nur Mittel zum Zweck. Diejenigen, die ei-ne Hilfsorganisation gründen, haben nicht die Absicht Profit zu machen, sondern Gutes zu tun und die Welt zu verbessern. Deshalb heißen solche Organisationen auch Non-Profit-Organisationen, was bedeutet, dass Gewinne nicht an diejenigen, die die Organi-sation gegründet haben oder diese finanzieren, ausgeschüttet werden dürfen. Gewinne können zwar erzielt werden, aber diese werden ausschließlich wieder für den guten Zweck der Organisation eingesetzt. Unternehmerisches Handeln, das vorwiegend soziale Ziele verfolgt, wie beispielsweise Armutsbekämpfung, Umweltschutz oder Durchsetzung von Menschenrechten, wird auch als Social Entrepreneurship bezeichnet.

Ein wesentliches Gründungsmotiv ist sowohl in erwerbswirtschaftlichen Unternehmen als auch in Non-Profit-Organisationen die Aussicht, selbst einen Lebensinhalt zu finden, für den man jeden Tag gerne früh aufsteht, manchmal vielleicht auch der Wunsch, be-rühmt zu werden. Als Gründerpersönlichkeit kann man mit einer Idee berühmt werden oder für die Gründung einer Hilfsorganisation hohe soziale Anerkennung und Bewunde-rung erhalten, weil man sozusagen als Person für die gegründete Organisation steht. Wenn hingegen in einem bestehenden Unternehmen eine Ingenieurin eine grandiose innovative Idee hat, dann bekommt sie zwar vielleicht eine Lohnerhöhung für die Idee und vielleicht auch Anerkennung, aber am Ende „gehört" ihre Idee dann dem Unternehmen, das die Idee umsetzt und damit Geld verdient. Insofern sind Menschen, die in großen Unternehmen arbeiten, oft weniger motiviert, alles zu geben, um neue Ideen umzusetzen, und oft hindert einen auch die Bürokratie eines Großunternehmens daran, neue Wege zu gehen.

Trotzdem kann man auch innerhalb eines bestehenden Unternehmens unternehmerischen Geist zeigen. Wenn beispielsweise die Personalleiterin, der Marketingchef oder die Finanzexpertin eines bestehenden Unternehmens ein Problem von sich aus aktiv anpackt oder mit kreativen Ideen Arbeitsvorgänge grundlegend verbessert, anstatt sich darüber nur zu ärgern und sich mit Problemen abzufinden, dann ist das auch Entrepreneurial Spirit. Weil sich der Entrepreneurial Spirit in diesem Fall auf die Umsetzung kreativer Ideen innerhalb (lateinisch: intra) von Unternehmen bezieht, bezeichnet man das oft als Intrapreneurship. Wieder ist Steve Jobs ein gutes, wenn auch vielleicht etwas extremes Beispiel. Zwar hatte er Apple seinerzeit mitgegründet, aber die Geldgeber hielten ihn für zu jung und zu unerfahren, um das inzwischen stark gewachsene Unternehmen selbst zu führen. Daher hatte Steve Jobs den erfahrenen John Scully, der vorher Vorstands-Chef (Chief Executive Officer – CEO) von Pepsi Cola war, als CEO für Apple gewonnen, weil er glaubte, mit ihm gut zusammenarbeiten zu können. Allerdings tat sich Jobs sehr schwer, sich mit den aufgrund des starken Unternehmenswachstums zunehmenden bürokratischen Regeln bei Apple abzufinden. Er vermisste den Entrepreneurial Spirit. Er fühlte sich zunehmend unwohl im eigenen Unternehmen, weil er das Gefühl hatte, dass der wagemutige unternehmerisch-kreative Spirit aus den Gründungsjahren mit zunehmender Größe des Unternehmens immer mehr verloren gegangen war. Anfang 1983 setzte sich Jobs mit einigen der besten Apple-Ingenieure zusammen und sie gründeten ein Team, das sich die „Piraten" nannte, in Abgrenzung zu den bürokratischen Strukturen bei Apple, die sie als „Navy" bezeichneten. Das Piraten-Team arbeitete an der Entwicklung des nächsten bahnbrechenden PCs, des Apple Macintosh. Ein Pirat zu sein, sollte sinnbildlich dafür stehen, dass man ohne Rücksicht auf politische und bürokratische Hindernisse hohe Risiken eingeht, agil ist, improvisiert und sich als Underdog gegen vorherrschende Meinungen und gegen Etabliertes auflehnt. Das Ergebnis war mit dem 1984 auf den Markt gebrachten Macintosh PC tatsächlich revolutionär.

Es ist eine der schwierigsten Herausforderungen für große, etablierte Unternehmen, den unternehmerischen Geist ihrer Beschäftigten trotz der notwendigen bürokratischen Strukturen zu erhalten und Innovationen zu fördern. Neben der Bürokratie, die den Innovationsgeist in großen Unternehmen lähmen kann, ist ein weiteres Problem, dass innovative Ideen in großen Unternehmen oft nicht angemessen belohnt werden. Im eigenen Unternehmen kann man großartige Ideen nicht nur zu Geld machen, sondern die Idee wird einem auch zugerechnet und man erhält dafür persönlich Anerkennung als Entrepreneur oder Mitglied eines Gründerteams. In großen Unternehmen bekommen Personen oder Teams, die große neue Ideen haben, oft weder eine entsprechende finanzielle Belohnung noch die angemessene Anerkennung.

Allerdings müssen Innovationen in großen, etablierten Unternehmen nicht unbedingt selbst entwickelt werden, sondern diese können auch zugekauft werden. Es gibt viele Beispiele von großen, etablierten Unternehmen, die kleinere, innovative Unternehmen und damit deren Ideen und Innovationen aufkaufen. Beispielsweise kaufte Microsoft

2011 Skype und 2016 LinkedIn, Google kaufte 2006 YouTube und Facebook kaufte 2014 WhatsApp. Eine Möglichkeit ist auch, dass sich etablierte Unternehmen an Startups beteiligen oder sogar selbst neue Unternehmen gründen, um dort kreative Ideen in einer flexiblen und agilen Organisationsstruktur umzusetzen (vgl. dazu auch Abschn. 6.3).

2.2.2 Was zeichnet Entrepreneure aus, was müssen sie können?

Entrepreneure zeichnen sich nicht nur durch unternehmerischen Geist aus. Henry Ford war ebenso wie Steve Jobs und andere Entrepreneure dafür bekannt, sich nicht leicht von anderen beeinflussen oder von Ideen abbringen zu lassen, man könnte das Beharrlichkeit, vielleicht sogar Sturheit nennen. In den Biografien der vier beschriebenen Gründer zeigt sich ein hoher Drang nach Autonomie, also Selbstbestimmung und Unabhängigkeit. Viele machen sich ja genau deshalb selbständig, weil sie nicht abhängig von Vorgesetzten sein wollen und auch frei von der in Unternehmen notwendigen Bürokratie.

Ein Unternehmen zu gründen ist in aller Regel eine Kraftanstrengung, und man muss bereit sein, sehr viel zu arbeiten. Ein eigenes Unternehmen zu gründen und zu führen ist nichts für Menschen, die nach Feierabend und am Wochenende gerne ihre Ruhe haben wollen. Auch eine Trennung zwischen Berufs- und Privatleben ist oft schwierig. Dafür kann man aber selbstbestimmt arbeiten und eigene Ideen umsetzen, anstatt für andere zu arbeiten.

Vor allem aber müssen Entrepreneure kreativ sein und fähig, ihre kreativen Ideen umzusetzen. Das bedeutet nicht, dass Entrepreneure etwas erfinden müssen oder eine wissenschaftliche Entdeckung machen müssen. Henry Ford hat nicht das Automobil erfunden. Aber er hat Autos zu einem Massenprodukt gemacht. Ray Kroc hat die Geschäftsidee der McDonalds Brüder übernommen und in größerem Maßstab konsequent umgesetzt. Dietrich Mateschitz hat die Idee des thailändischen Unternehmers Chaleo Yoovidhya für einen Energy Drink durch eine ausgeklügelte Marketingstrategie weltweit zu einem Erfolg gemacht. Oft bauen Entrepreneure also auf den Ideen anderer auf, sind aber einfach konsequenter in der Umsetzung dieser Ideen. Oft tun sich Entrepreneure auch mit Fachleuten zusammen, die über entsprechende technische Expertise verfügen, und sie konzentrieren sich selbst auf die betriebswirtschaftlichen Dinge, wie das Entwickeln einer Strategie, die Vermarktung und die finanzielle Seite. Bei der Unternehmensgründung von Apple nahm Steve Jobs die Rolle des Entrepreneurs ein, während Steve Wozniak der „Erfinder", Ingenieur und Technikexperte war.

Entrepreneure müssen attraktiv, also anziehend sein in dem Sinne, dass sie Ressourcen anziehen. In der Gründungsphase geht es darum, dass Entrepreneure mit ihren Ideen Geldgeber anziehen, die die Geschäftsidee mit Geld unterstützen, also Venture Capitalists, Banken und andere Financiers. Aber natürlich ist genauso wichtig, geeignete Geschäftspartner und exzellente Arbeitskräfte anzuziehen, und natürlich Kundschaft für die Produkte. Eine erfolgreiche Unternehmensgründung ist nie eine Einzelveranstaltung, sondern es geht immer um ein ganzes „Ökosystem" von Stakeholdern, die zum Erfolg beitragen. Am

Anfang einer Unternehmensgründung muss die Frage beantwortet werden: „Was macht meine Idee und mich attraktiv für diejenigen, die meine Ideen finanzieren sollen, meine Produkte kaufen sollen und mit mir an der Umsetzung arbeiten sollen?"

Dabei ist es sehr schwierig, die richtige Balance aus Beharrlichkeit und Kritikfähigkeit zu finden. Wenn man von einer Idee überzeugt ist, dann ist man anfällig für den Confirmation Bias, das heißt, man sieht und hört nur Dinge, die einen in der vorgefassten Meinung bestätigen. Kritik wird oft ohne genaues Nachdenken beiseitegeschoben. Dabei sollte man sich immer genau überlegen, welche Annahmen einer Geschäftsidee zugrunde liegen und unter welchen Bedingungen diese Annahmen falsch sind. An eine Geschäftsidee sollte man wie an eine wissenschaftliche Theorie herangehen. Man muss Bedingungen formulieren können, unter denen die Theorie sich als falsch erweist. Wenn solche Bedingungen nicht klar und einfach formulierbar sind, dann ist es keine gut ausgearbeitete Geschäftsidee (empfehlenswert ist hierzu das Praxisbuch Bland & Osterwalder, 2019).

Wie weiter oben bereits ausgeführt, gehört Scheitern zum Unternehmertum dazu. Genauso wie man ohne schmerzliche Anstrengung in der Regel keinen Gewinn oder Erfolg erwarten kann (no pain, no glory!), ist eine weitere Grundregel des Wirtschaftens, dass es meistens keinen Gewinn gibt ohne Risiken. Das bedeutet aber keineswegs, dass Entrepreneure leichtfertig das eigene Geld und das Geld anderer aufs Spiel setzen. Entrepreneure müssen im Gegenteil besonders gut darin sein, Risiken einschätzen zu können. Als Entrepreneur muss man bereit sein, Risiken zu tragen, aber auch fähig, zwischen kalkulierbaren und nicht kalkulierbaren Risiken zu unterscheiden und nicht kalkulierbare Risiken nur da einzugehen, wo das unbedingt notwendig ist. Dazu gehört an erster Stelle ein guter betriebswirtschaftlicher Menschenverstand oder Hausverstand, noch besser eine solide betriebswirtschaftliche Ausbildung. Je mehr man von Finanzen, Strategie, Marketing, Produktion und Human Resources versteht, umso besser kann man unnötige Fehler vermeiden, Risiken erkennen und kalkulieren, und umso wahrscheinlicher wird man mit einer Unternehmensgründung Erfolg haben.

2.2.3 Keine Gründung ohne Businessplan: Von Customer Value Proposition und Product Market Fit zu Finanzplan und Wahl der Rechtsform

Relevanter Markt, Customer Value Proposition, Product Market Fit und Profit Formula

Ein Businessplan ist ein übliches Instrument, mit dem Entrepreneure ihr Geschäftsmodell beschreiben. Den Ausgangspunkt bildet die Spezifikation, an welche potentielle Kundschaft sich die Geschäftsidee richtet und warum diese Idee Kundennutzen schafft (Customer Value Proposition). Allerdings reicht es nicht, wenn ein neues Produkt oder eine Geschäftsidee ein Problem löst und Kundennutzen schafft. Ein Problem lösen zu wollen, für dessen Lösung niemand ausreichend viel bezahlen will und kann bzw. für dessen Lösung niemand die Bereitstellung der dafür notwendigen Ressourcen garantiert, ist wirtschaftlich zum Scheitern verurteilt. Es muss also genug Kundinnen und Kunden geben, die bereit und fähig sind, für das angebotene Produkt oder die angebotene Dienstleistung einen Preis zu zahlen, der die Bereitstellungskosten übersteigt. Diese Überlegung, ob es für ein Produkt einen Markt mit genug Zahlungsbereitschaft und Zahlungsfähigkeit gibt, bezeichnet man auch als Product Market Fit. Als Profit Formula bezeichnet man dann die Bestimmung des Preises, den man am Markt durchsetzen kann, die Prognose, wie oft das Produkt oder die Dienstleistung verkauft werden kann, und die Kalkulation, wie dieses zu Kosten bereitgestellt werden kann, die unter dem Preis liegen.

Daneben wird in einem Businessplan dargelegt, welche Ressourcen benötigt werden und wie diese beschafft werden. Besondere Bedeutung kommt hier dem Finanzplan zu. Dieser plant für die ersten Jahre der Geschäftstätigkeit die zu erwartenden Erlöse aus dem Verkauf (Umsatzplanung), alle erwarteten laufenden Auszahlungen und Investitionen und es wird spezifiziert, wie viel Kapital wann benötigt wird und wie dieses beschafft werden soll. Bei allen Angaben ist für andere nachvollziehbar zu verdeutlichen, welche Annahmen hierbei gemacht werden und welche Risiken auftreten.

Außerdem verdeutlicht ein Businessplan, welche Personen mit welchen Qualifikationen das Gründungsteam bilden, wer welche Aufgabenbereiche verantwortet und welche weiteren Schlüsselpositionen wie besetzt werden. Wie bereits weiter oben beschrieben, ist eine Unternehmensgründung keine Einzelveranstaltung, sondern es geht immer um ein Zusammenwirken von Stakeholdern. Stakeholder, die zum Erfolg des Unternehmens beitragen sollen, erwarten dafür eine Gegenleistung, die so ausgestaltet sein muss, dass die Kooperationsbeziehung aus Stakeholdersicht als wertschaffend, also als vorteilhaft gegenüber anderen Alternativen, empfunden wird.

Die Wahl der Rechtsform
Durch die Rechtsform eines Unternehmens werden grundlegende Aspekte der Beziehungen zwischen den Stakeholdern geregelt. Daher ist die Wahl der Rechtsform auch ein wichtiger Bestandteil des Businessplans. Die Rechtsform bestimmt unter anderem, wer im Unternehmen das Recht hat, die Entscheidungen zu treffen, das Unternehmen zu führen, nach außen zu vertreten und wer in welcher Form am Gewinn beteiligt wird. Außerdem regelt diese, wer für die Aktivitäten des Unternehmens, insbesondere für dessen Schulden, haftet. Bei einem Einzelunternehmen liegen alle Rechte und Pflichten allein bei einer Person und diese haftet auch mit ihrem gesamten Privatvermögen. Bei einer Personengesellschaft, wie beispielsweise der Offenen Handelsgesellschaft (OHG), schließen sich in der Regel mehrere Personen zusammen, denen das Unternehmen dann gemeinsam gehört, und die gemeinsam Anspruch auf die Gewinne haben, aber auch gemeinsam und uneingeschränkt mit ihrem Privatvermögen haften.

Im Unterschied dazu sind Kapitalgesellschaften juristische Personen mit einer eigenen Rechtspersönlichkeit und Rechtsfähigkeit. Weit verbreitet sind hier die Gesellschaft mit beschränkter Haftung (GmbH) und die Aktiengesellschaft (AG). Die Gesellschafter einer Kapitalgesellschaft können sein: (1) natürliche Personen, (2) Personengesellschaften oder (3) juristische Personen, also insbesondere Kapitalgesellschaften. Kapitalgesellschaften

werden durch Einbringen von Kapital zu Gesellschaftern und haften nur mit dem eingebrachten Kapital.

Es gibt eine Reihe von Ausnahmen und Mischformen. So ist beispielsweise die Kom-
manditgesellschaft (KG), eine Personengesellschaft, bei der nur ein Teil der Gesellschafter
unbeschränkt mit ihrem Privatvermögen haftet (diese nennt man Komplementäre), während die sogenannten Kommanditisten Gesellschafter sind, die nur beschränkt mit dem
in das Unternehmen eingebrachten Kapital haften. Bei den Gesellschaftern einer Personengesellschaft muss es sich auch nicht unbedingt um natürliche Personen handeln.
Beispielsweise bei der GmbH & Co. KG ist eine juristische Person (die GmbH) Komplementär also Vollhafter, und die anderen Gesellschafter (die mit „& Compagnie" gemeint
sind) sind Kommanditisten, also Teilhafter. Damit ist die GmbH und Co. KG eine Personengesellschaft, bei der aber trotzdem niemand voll mit dem Privatvermögen haftet. In
der Schweiz ist das nicht möglich, weil hier nur natürliche Personen Komplementäre einer
KG sein können.

Es ist auch gar nicht unbedingt immer positiv, die Haftung zu beschränken. Wenn Entrepreneure es wagen, mit ihrem gesamten Privatvermögen zu haften, dann ist das ein
starkes Signal, dass sie an den Erfolg ihrer Geschäftsidee glauben, und natürlich werden Kapitalgeber, wie etwa Banken, eher bereit sein, einem Unternehmen Geld zu geben,
wenn hinter dem Unternehmen (natürliche) Personen stehen, die mit ihrem Privatvermögen haften. Außer gegenüber Kapitalgebern spielen Haftungsfragen auch gegenüber
anderen Stakeholdern eine Rolle. Zum Beispiel, wenn ein Bauträger als GmbH Häuser
baut, bei denen im Nachhinein Schäden auftreten oder Umweltschäden entdeckt werden.
Aus Kundensicht ist es dann oft unmöglich, die aufgetretenen Schäden ersetzt zu bekommen, wenn zwischenzeitlich der Bauträger nicht mehr zahlungsfähig ist oder gar nicht
mehr existiert. Ähnliche Probleme mit beschränkter Haftung treten auch auf, wenn Rechnungen von Lieferanten und Partnern nicht bezahlt sind, obwohl deren Leistungen (z. B.
Heizung) im fertigen Haus „eingebaut" sind und an den Endkunden weiterverkauft wurden, und daher nicht mehr zurückverlangt werden können. In solchen Fällen kann es leicht
vorkommen, dass die Kapitaleinlagen nicht ausreichen, um Schäden und berechtigte Geld-
forderungen von Zulieferern und Partnern abzudecken. Insofern werden sich Stakeholder
genau überlegen, in welchem Umfang sie welche Geschäfte mit Unternehmen machen,
die nur mit relativ kleinen Einlagen haften.

Rationalitätssicherung bei hoher Ungewissheit
Um einen Businessplan zu erstellen, braucht man ausreichende Grundkenntnisse, vor
allem in Rechnungswesen und Finanzen (→ dazu mehr in der finanzwirtschaftlichen Perspektive, Kap. 4) und in Strategie und Marketing (→ strategische Perspektive, Kap. 3
und Kundenperspektive, Kap. 5). Ein Businessplan dient zum einen dazu, die eigene
Geschäftsidee gründlich zu durchdenken und die auftretenden Risiken zu erkennen und
zu kalkulieren, sowie nach der Gründung Abweichungen vom Plan zu entdecken und
schnell darauf reagieren zu können. Zum anderen dient der Businessplan dazu, anderen
(insbesondere Geldgebern) ihre Entscheidung zu erleichtern und diese vom Erfolg der

Geschäftsidee auf der Basis klar nachvollziehbarer, realistischer Pläne und Informationen zu überzeugen. Gerade weil der Erfolg neuer Geschäftsideen oft darauf beruht, dass diese mit üblichen Denkmustern brechen, durch unternehmerische Intuition geleitet sind und vielleicht sogar auf den ersten Blick als irrational oder „Spinnerei" erscheinen mögen, ist ein Businessplan, der sorgfältig und vernunftgeleitet die Chancen und Risiken einer Geschäftsidee auslotet, so wichtig.

Das ist allerdings leichter gesagt als getan. Je schöpferischer eine Innovation ist, je mehr sie sich also von bereits existierenden Ideen unterscheidet, umso schwerer ist es, Prognosen zu machen, beispielsweise Prognosen über mögliche Verkaufszahlen und Umsätze. Prognosen bauen normalerweise auf vergangenen Erfahrungen auf, die unter Berücksichtigung angenommener Veränderungen in die Zukunft fortgeschrieben werden. Je weniger Erfahrungen es gibt, auf denen aufgebaut werden kann, umso schwieriger sind Prognosen. Der Wirtschaftswissenschaftler Frank Knight hat in seinem 1921 erschienenen Klassiker „Risk, Uncertainty, and Profit" zwischen Risiko und Ungewissheit unterschieden (Knight, 1921). Schöpferisches Unternehmertum muss nicht nur mit Situationen umgehen, wo verschiedene, mehr oder weniger wahrscheinliche Entwicklungen oder Szenarien eintreten können (Risiko), sondern auch mit Situationen, wo nicht einmal alle Szenarien vorhergesehen werden können, die möglich sind (Uncertainty, Ungewissheit).

2.2.4   Einige Highlights aus Wissenschaft und Forschung zu Entrepreneurship

In der Forschung zu Entrepreneurship kommt man nicht an Joseph Schumpeter (1883–1950) vorbei, der heute als größter Vordenker und Pionier der Theorie des Unternehmertums gilt. Einige seiner Erkenntnisse gehören heutzutage zur Allgemeinbildung dazu. Schumpeter ist gebürtiger Österreicher und war Professor in Graz, Bonn und an der Harvard University. Mit seinen Hauptwerken „Theorie der wirtschaftlichen Entwicklung", „Business Cycles", „Capitalism, Socialism and Democracy" und „History of Economic Analysis" wurde er zu einem der größten Wirtschaftswissenschaftler des 20. Jahrhunderts.

Schumpeter beschäftigt sich vor allem mit dem schöpferischen Unternehmertum, durch das neue Ideen entwickelt und am Markt durchgesetzt werden. Er grenzt dieses schöpferische Unternehmertum ab von Arbitrage-Unternehmertum, das sich auf die Nutzung bekannter Technologien beschränkt und lediglich Preisunterschiede ausnutzt (das Ausnutzen von Preisunterschieden bezeichnet man als Arbitrage). Beispielsweise kann eine Obsthändlerin Obst auf Großmärkten vergleichsweise günstig einkaufen und dann an einem Verkaufsstand mit etwas Preisaufschlag verkaufen, sodass auch die Kosten für den Verkaufsstand und eventuelle Personalkosten abgedeckt werden. Das ist typisches Arbitrage-Unternehmertum. Oder ein Restaurant erzielt einen Gewinn, indem bekannte Gerichte mit bekannten Produktionsverfahren hergestellt und zu einem Preis, der die Herstellungskosten ein wenig übersteigt, verkauft werden. In beiden Fällen wird mit allseits bekannten Vorgehensweisen ausgenutzt, dass durch Kombination von Rohstoffen (z. B. Obst, Zutaten) mit anderen Produktionsfaktoren (z. B. Personal) eine Leistung angeboten werden kann, für die man einen etwas höheren Preis bekommen kann, als die Rohstoffe und die anderen Produktionsfaktoren gekostet haben. Das ist Arbitrage.

Eine Restaurantbetreiberin wäre hingegen eine schöpferische Unternehmerin, wenn sie völlig neue Produktionsverfahren einführt und durchsetzt (man denke an die erste „Fließbandproduktion" von Hamburgern bei McDonalds) oder einen neuen elektronischen Zustellservice am Markt etabliert. Manchmal ist es auch die alltägliche, aber ständig gelebte Innovationsorientierung, die ein Unternehmen zum schöpferischen Unternehmen macht. Oft ist es die ständige Suche, wie man Dinge verbessern kann, und das ständige Umsetzen vieler kleiner Verbesserungen, die ein Unternehmen zu einem schöpferischen Unternehmen macht.

Im Gegensatz zum Arbitrage-Unternehmertum zeichnet sich schöpferisches Unternehmertum dadurch aus, dass neuartige Ideen hervorgebracht und wirtschaftlich umgesetzt werden. Das schöpferische Unternehmertum ist nach Schumpeter verbunden mit schöpferischer Zerstörung. In seinem 1942 erschienenen Werk „Kapitalismus, Sozialismus und Demokratie" bezeichnet Schumpeter die schöpferische Zerstörung als „the essential fact about capitalism" (Schumpeter, 1942). Der Prozess der schöpferischen Zerstörung besteht darin, dass alte Produktionsverfahren und Produktionsstrukturen zerstört werden, indem sich neue Verfahren und Strukturen durchsetzen. Ähnlich wie in biologischen Systemen der Tod der Preis für den Fortschritt durch Mutation und Evolution ist, so ist auch in der Wirtschaft die Zerstörung des Alten notwendig, damit Neues entstehen kann. Im Kleinen bedeutet das, dass Unternehmen auch von Altem loslassen können müssen und Dinge abschaffen müssen, bevor sie Neues umsetzen. Nach Schumpeter wird durch die schöpferische Zerstörung die Wirtschaftsstruktur unaufhörlich von innen heraus revolutioniert, Altes wird zerstört und Neues wird geschaffen. Schöpferisches Unternehmertum ist hierbei der Motor, der durch das Entdecken neuer Produktideen, neuer Produktionsmethoden und neuer Märkte den Wirtschaftsprozess und die schöpferische Zerstörung vorantreibt. Einen wesentlichen Anreiz, ständig nach neuen Ideen zu suchen, stellt die Aussicht auf Gewinn dar. Durch neue Ideen erzielen die Pioniere (man könnte diese auch als „First Mover" bezeichnen), die eine neue Idee im Sinne des schöpferischen Unternehmertums zuerst am Markt durchsetzen, zunächst einen Monopolgewinn, weil es anfangs keine Konkurrenz gibt. Dieser Monopolgewinn zieht aber Imitatoren an, die durch Nachahmung versuchen, dem Pionier den Monopolgewinn streitig zu machen. Die anfänglichen Monopolgewinne von Ford haben General Motors und andere Autounternehmen angezogen, die mit ähnlichen Produktionsverfahren Autos herstellten, ebenso wie Red Bull als Pionier für Energy Drinks weit über 100 Nachahmerprodukte anzog, von Flying Horse bis hin zu Monster und Rockstar.

Aufbauend auf Schumpeters Idee der schöpferischen Zerstörung prägte Clayton M. Christensen von der Harvard Business School den Begriff der disruptiven Innovation (vgl. Christensen, Raynor & McDonald, 2015). Demnach beschränken sich etablierte Unternehmen (Incumbents) bei ihren Innovationen oft darauf, ihre bestehenden Produkte zu verbessern, und bisherige Kundengruppen und Märkte besser zu bedienen. Während sie bestehende Kundenbedürfnisse immer besser bedienen, vernachlässigen sie die möglichen Bedürfnisse anderer, von ihnen noch nicht erschlossener Kundengruppen. Im Unterschied dazu versuchen neue Startups (Entrants) gezielt mit „Nischenprodukten" Kundengruppen und Kundenbedürfnisse anzusprechen, die von den etablierten Unternehmen vernachlässigt werden. Zunächst reagieren die etablierten Unternehmen nur schwach darauf, weil die Ideen der Startups ohnehin nicht als massentauglich gelten. Problematisch für die etablierten Unternehmen wird es dann, wenn es die jungen Unternehmen schaffen, auch in die von den etablierten Unternehmen bedienten Massenmärkte vorzudringen.

Ein typisches Beispiel für eine disruptive Innovation sind Digitalkameras, die zunächst aufgrund der wesentlich schlechteren Qualität von Bildern gegenüber analogen Film-Kameras nur in Nischen (Kameras für Kinder) eingesetzt wurden. Dann schritt die Technologie voran und digitale Bilder und Filme wurden qualitativ immer besser, wodurch die Geschäftsgrundlage von Unternehmen wie Kodak, die in der analogen Technologie führend waren, zerstört wurde.

Allerdings muss der von Christensen beschriebene Prozess nicht immer genau in der beschriebenen Form ablaufen, wie das Beispiel von Tesla zeigt. Schon kurz nach dem Markteintritt von Tesla (Entrant) gab es vielfach Prognosen, dass Elektroautos irgendwann nicht nur vom Nischenprodukt zum Massenprodukt werden, sondern Verbrennungsmotoren komplett ablösen. Viele erwarteten, dass etablierte Autohersteller (Incumbents), die nicht rechtzeitig reagieren, vom Markt verschwinden. Allerdings hat sich gezeigt, dass die von Tesla adressierte Kundengruppe keineswegs von den etablierten Autounternehmen als uninteressante Nische betrachtet wurde. Die Incumbents, also die bestehenden Autofirmen wie beispielsweise VW, Ford, BMW oder Toyota reagierten also nicht schwach, sondern sogar sehr massiv, und sie breiten sich zunehmend im Markt für Elektromobilität aus. Man kann Elektromobilität durchaus als disruptive Technologie bezeichnen. Es ist aber noch nicht abzusehen, ob sich der Automarkt tatsächlich insofern disruptiv verändert, dass die Incumbents vom Markt verschwinden. Es scheint durchaus ebenso möglich, dass die vorher existierenden Autohersteller mit ihren Marktanteilen weitgehend bestehen bleiben und nur ihre Produkte technologisch stark verändern.

Ein interessantes Beispiel ist das iPhone. Zunächst war das iPhone innerhalb des etablierten Marktes für Handys eine Innovation, die man vielleicht als radikale Innovation einstufen kann. Disruptiv war diese Innovation zunächst aber nicht, weil lediglich bestehende Kundengruppen mit einem (radikal) besseren Produkt versorgt wurden. Allerdings führten die Smartphones von Apple, Samsung und anderen Herstellern schließlich dazu, dass klassische Personal Computer, insbesondere Laptops und Notebooks, ihre Funktion als Haupt-Zugangsmedium zum Internet und als Träger von Anwendungsprogrammen (Apps) verloren, weil Smartphones, anders als frühere Handys, einen sehr einfachen Zugang zum Internet erlauben und auch Anwendungsprogramme, insbesondere soziale Netzwerkprogramme, wie Facebook, WhatsApp, Instagram oder Snapchat, noch viel bequemer über das Smartphone als über Personal Computer bedient und mit anderen Funktionen (z. B. Kamera) verknüpft werden konnten. Smartphones haben Personal

Computer zwar (noch) nicht komplett verdrängt, aber deren Bedeutung als Zugangsmedium zum Internet stark zurückgedrängt.

In diesem Beispiel kommt auch eine interessante Erkenntnis über große technologische Innovationen zum Ausdruck. Häufig ersetzen Innovationen im ersten Schritt einfach bisherige Technologien. Erst längerfristig entstehen daraus dann grundlegend neue Ideen. Zunächst ersetzten Verbrennungsmotoren einfach nur Dampfmaschinen, z. B. in der industriellen Fertigung. Erst langfristig ergaben sich dann revolutionäre Produkte wie Automobile, die mit Dampftechnologie nicht entstanden wären (weil Verbrennungsmotoren viel leichter, kleiner und einfacher einsetzbar konstruiert werden konnten als Dampfmaschinen und damit als Autoantrieb sinnvoll eingesetzt werden konnten). Ähnliches gilt beispielsweise für die Digitalisierung in der Lehre von Universitäten und anderen Bildungseinrichtungen. Zunächst wurden Lehrveranstaltungen einfach digital angeboten, Lehrveranstaltungen wurden als Video aufgezeichnet oder es wurden Videos gedreht, die Teile einer Lehrveranstaltung ersetzten oder die Funktion von Büchern teilweise übernahmen. Der dadurch erzeugte Mehrwert für Lehrende und Studierende ist überschaubar. Die Zukunft wird zeigen, ob es Bildungseinrichtungen gelingt, mit Hilfe der Digitalisierung den gesamten Prozess des Lehrens und Lernens und die Lehrinhalte zu revolutionieren. Erst dann kann von einer digitalen Revolution in der universitären Lehre und von einer Disruption gesprochen werden. Vielleicht ist ChatGPT ein Vehikel, das eine digitale Disruption in der Lehre beschleunigt.

2.3 Innovation ist die Umsetzung neuer Ideen für Stakeholder-Wertschöpfung

Nachfolgend wird anhand eines fiktiven Fallbeispiels erläutert, wie durch innovative unternehmerische Tätigkeit konkret Wert für die Stakeholder geschaffen wird und wie man diese Wertschöpfung messen kann. Besonders zentrale Punkte sind der Unterschied zwischen Wertschöpfung und Gewinn, die Erläuterung, welche Tätigkeiten durch Gewinn entlohnt werden (Entrepreneurship, Geschäftsführung und Risikokapitalbereitstellung), sowie der Zusammenhang zwischen Wertverteilung und Wertschaffung durch Innovation.

Daraus ergibt sich schließlich, dass Entrepreneurship primär auf Maximierung der Wertschöpfung, nicht auf Gewinnmaximierung ausgerichtet ist, weil sich das maximale Gewinnpotential erst aus der insgesamt erfolgten Wertschöpfung ergibt. Der erzielte Gewinn ist nur ein (kleiner) Teil der gesamten Wertschöpfung eines Unternehmens.

2.3.1 Wertschöpfung aus Stakeholder-Sicht: Ein konkretes Fallbeispiel

Die Dr. Kluge Datamining (DKD) ist ein Unternehmen, das mit einem von Frau Dr. Kluge entwickelten, einzigartigen Verfahren Datenanalysen unter Nutzung modernster

Methoden künstlicher Intelligenz durchführt. Frau Dr. Kluge, die das Unternehmen DKD gegründet hat und auch dessen Geschäfte als Geschäftsführerin verantwortet, hat von einem langjährigen Kunden einen Auftrag zur Analyse von Marktdaten erhalten, für dessen Durchführung sie ein Honorar von 10.000 € vereinbart hat.

Frau Dr. Kluge entscheidet, mit der Erstellung der Marktdaten-Analyse einen freien Mitarbeiter (Freelancer) zu beauftragen, den sie noch aus dem Studium kennt, der seit vielen Jahren auf Honorarbasis für die DKD arbeitet und der mit dem von Frau Dr. Kluge entwickelten Analyseverfahren bestens vertraut ist. Der freie Mitarbeiter erhält für die Durchführung der Analyse und das Erstellen eines Ergebnisberichts 4.000 €, wofür er eine Woche an Arbeitszeit benötigt. Die DKD stellt ihm dafür ein vollausgestattetes Büro sowie die für die Analyse eingesetzte Artificial Intelligence (AI) Analyse-Software zur Verfügung.

Die DKD besitzt keine eigenen Büroarbeitsplätze. Sie mietet diese immer wieder bei Bedarf tageweise (inklusive Büroausstattung, PC, Drucker etc.) von unterschiedlichen Anbietern an, die alle in etwa die gleichen Preise für voll ausgestattete Arbeitsplätze verlangen. Diesmal entscheidet sich Frau Dr. Kluge für ein Büro der Office Space AG. Pro Woche kostet das (ebenso wie bei allen anderen Anbietern vergleichbarer Büroarbeitsplätze) 1.100 €.

Für die einwöchige Nutzung der Analyse-Software muss die DKD im Rahmen eines „Software as a Service"-Vertrages 800 € an die Think Soft GmbH zahlen. Die Analyse wird erstellt, der Kunde ist hoch zufrieden mit den Erkenntnissen aus der Analyse und zahlt die vereinbarten 10.000 €. Welche Wertschaffung ist hierdurch für wen (und warum) entstanden? Die grundsätzliche Überlegung bei der Bestimmung der Wertschaffung (Stakeholderrente) ist bei allen Stakeholdern die folgende: Was ist der (subjektiv empfundene und in Geld ausgedrückte) Vorteil für den Stakeholder, der dadurch entsteht, dass es die DKD gibt im Vergleich zu einer Situation, wenn es die DKD nicht gäbe?

Wertschaffung für den Kunden („Konsumentenrente").   Der langjährige Kunde hat für die Analyse 10.000 € an die DKD bezahlt. Um die Wertschaffung für den Kunden zu bestimmen, muss man wissen, wie viel ihm das Gutachten wert ist, wie viel der Kunde also maximal bereit gewesen wäre, für das Gutachten zu zahlen (maximale Zahlungsbereitschaft, Willingness to Pay, WTP). Das kann von vielen verschiedenen Dingen abhängen und ist daher schwer zu beziffern. Nehmen wir an, der Kunde könnte den Wert des Gutachtens aus seiner subjektiven Sicht auf 15.000 € beziffern (WTP) und es gäbe keinen anderen Anbieter, der eine vergleichbare Datenanalyse durchführen könnte. Dann ist die Wertschaffung für den Kunden, also seine Konsumentenrente, 5.000 €.

Wertschaffung für den Mitarbeiter („Arbeitnehmerrente").   Der freie Mitarbeiter hat für die Durchführung der Analyse 4.000 € bekommen. Was ist aus Sicht des Mitarbeiters die von ihm erbrachte Gegenleistung wert? Dazu könnte man den Mitarbeiter (ähnlich wie oben im Falle des Kunden) fragen, für welche Entlohnung er gerade noch bereit gewesen wäre, die Datenanalyse durchzuführen. Da es für den Mitarbeiter vielleicht schwer ist, das einzuschätzen, könnte er überlegen, was er mit seiner Zeit gemacht hätte, wenn er nicht für die DKD arbeiten würde (→ Opportunitätskostenkalkül, siehe Kap. 1). Nehmen wir an, bei einem anderen Unternehmen hätte er für eine vergleichbare Arbeit in dieser Woche 2.500 € bezahlt bekommen. Dann hätte er auf 2.500 € verzichtet, um den Auftrag der DKD annehmen zu können. Mit diesen Opportunitätskosten von 2.500 € kann er dann den Wert seiner Arbeitsleistung ansetzen. Unter den gemachten Annahmen hat der Datenexperte aufgrund der Möglichkeit, für die DKD eine Analyse zu erstellen, also 1.500 € mehr bekommen, als er sonst bekommen hätte, sodass man mit diesem Geldbetrag die für ihn durch die Unternehmenstätigkeit der DKD entstandene Wertschöpfung ansetzen kann. Man kann diesen Wertansatz auch begründen, ohne das Konzept der Opportunitätskosten explizit zu verwenden: Was ist der Zusatzwert, den der Datenexperte dadurch bekommen hat, dass es die DKD gibt? Ohne die DKD hätte er für eine Woche Arbeit 2.500 € bekommen. Weil es die DKD gibt, bekommt er für eine ähnliche Arbeitsleistung 4.000 €. Die Wertschaffung für ihn, die dadurch entsteht, dass es die DKD gibt, beträgt also 1.500 €.

Wertschaffung für die Office Space AG („Zulieferrente").   Die Office Space AG hat für die Bereitstellung des Büros für eine Woche 1.100 € in Rechnung gestellt. Um die hierdurch für die Office Space AG entstandene Wertschaffung zu beziffern, muss man wieder abschätzen, was diese in der nächstbesten Alternative für die Bereitstellung des Büros bekommen hätte (Opportunitätskosten). Nehmen wir an, die Office Space AG hätte das Büro für denselben Preis an jemand anderen vermieten können. In diesem Fall ist dann gar keine Wertschaffung für die Office Space AG entstanden. Anders formuliert: Der Office Space AG kann egal sein, ob es die DKD gibt oder nicht. Sie kann (unter den gemachten Annahmen) den Büroraum mit oder ohne DKD für 1.100 € vermieten. Auch wenn für die Office Space AG keine Wertschöpfung dadurch entsteht, dass es das Unternehmen DKD gibt, so kann die Office Space AG trotzdem aufgrund der Vermietung einen Gewinn erwirtschaftet haben. Aber wenn sie diesen Gewinn ebenso durch Vermietung an einen anderen Kunden erwirtschaftet hätte, dann hat die Stakeholder-Beziehung zur DKD (also die Vermietung an die DKD) keinen Zusatzwert für die Office Space AG geschaffen. Streng genommen ist die Office Space AG dann auch gar kein Stakeholder der DKD, weil die Office Space AG in der Kooperationsbeziehung mit der DKD nichts auf dem Spiel stehen hat – sie könnte ja jederzeit zu denselben Bedingungen zu einem anderen Mieter, also in eine andere Kooperationsbeziehung, switchen.

Wertschaffung für die Think Soft GmbH („Zulieferrente").   Die ThinkSoft GmbH hat für die Nutzung ihrer Software im Rahmen der Datenanalyse 800 € in Rechnung gestellt. Allerdings sind für die Think Soft GmbH durch die Bereitstellung der Software keinerlei Kosten entstanden (die DKD hat nur auf ihren Server zugegriffen und das Programm genutzt, was keine Kosten verursacht hat). Es sind auch keine Opportunitätskosten entstanden, weil der ThinkSoft GmbH durch die Vermietung der Software an die DKD keine Erlöse entgangen sind. Anders als im Falle des Büros, das ja nur einmal vermietet werden kann, kann Software im Prinzip beliebig oft vermietet werden. Eine typische Eigenschaft digitaler Güter. Daher sind die für die Think Soft GmbH entstandenen Opportunitätskosten der Vermietung an die DKD Null. Dadurch, dass die DKD die Software im Rahmen der Datenanalyse genutzt und bezahlt hat, ist eine Wertschaffung in Höhe von 800 € für die Think Soft GmbH entstanden.

Wertschaffung für die Gründerin und Geschäftsführerin („Produzentenrente"). Frau Dr. Kluge hat die DKD gegründet und aufgebaut. Für die Marktdaten-Analyse hat der Kunde an die DKD 10.000 € bezahlt. Auf der anderen Seite musste die DKD 4.000 € an den Mitarbeiter als Arbeitslohn zahlen, 1.100 € an die Office Space AG für die Nutzung des Büros und 800 € für die Nutzung der Spezialsoftware. Also insgesamt 5.900 €. Der finanzielle Gewinn, den Frau Dr. Kluge dadurch erwirtschaftet hat, dass sie ein neues Datenanalyseverfahren entwickelt hat und die innovative Geschäftsidee hatte, mit Hilfe dieses Verfahrens und der AI-Software Datenanalysen zu erstellen (Teil dieser Geschäftsidee sind natürlich auch ihre exzellenten Kontakte zu guten Datenanalysten, wie den Studienkollegen, die mit dem von Frau Kluge entwickelten Analyseverfahren umgehen können), beträgt also 10.000 − 5.900 = 4.100 € (Produzentenrente). Allerdings ist hier noch nicht berücksichtigt, dass Frau Dr. Kluge für diese Aktivitäten auch ihre eigene Zeit investiert hat. Nehmen wir an, Frau Dr. Kluge hat etwa drei Stunden ihrer Arbeitszeit dafür aufgewendet, dann kann man das übliche Gehalt für eine vergleichbare Geschäftsführungs-Tätigkeit für ihre aufgewendete Zeit ansetzen (Opportunitätskosten). Wir nehmen an, dies sind 200 € pro Stunde. Die Opportunitätskosten für die von Frau Dr. Kluge erbrachten Geschäftsführungs-Leistungen betragen damit 600 €. Die für sie entstandene Wertschöpfung beläuft sich damit auf 4.100 − 600 = 3.500 €.

Tab. 2.1 führt die Wertschöpfung für alle Stakeholder auf, wobei Geldflüsse zwischen dem Unternehmen und seinen Stakeholdern fett gedruckt sind. Dem Unternehmen fließen 10.000 € zu, die der Kunde für die Datenanalyse an das Unternehmen zahlt und es fließen 4.000 + 1.100 + 800 € vom Unternehmen weg für die Bezahlung der Ressourcen, die zur Erstellung der Analyse eingesetzt wurden (Arbeitskraft des Mitarbeiters, Raummiete, Softwaremiete). Die Differenz dieser Zahlungsflüsse ist der Finanzüberschuss, den das Unternehmen dadurch erzielt hat, dass die erstellte Leistung bzw. das erstellte Produkt (Datenanalyse) um einen höheren Preis verkauft werden konnte als die Produktionsfaktoren zur Produktion der Leistung bzw. des Produktes insgesamt gekostet haben. Die Differenz zwischen dem Verkaufspreis für die erstellte Leistung und dem Einkaufspreis der für die Leistungserstellung verbrauchten Ressourcen bezeichnet man als finanziellen Gewinn des Unternehmens.[1]

---

[1] Im vorliegenden Fall ist die Ermittlung dieses Gewinns sehr einfach. In aller Regel ist es aber viel schwieriger, die erstellte Leistung und vor allem den dafür notwendigen Ressourcenverbrauch zu ermitteln und auf ein Produkt oder eine Abrechnungsperiode geeignet zuzuordnen. Das Kap. 4 widmet sich ausführlich der Gewinnermittlung in solchen schwierigeren Fällen.

Tab. 2.1 Wertschaffung aus Sicht der Stakeholder in €. (Quelle: eigene Darstellung)

Stakeholder ╲ Leistungsaustausch	Wert der erhaltenen Leistung aus Sicht des Stakeholders	Wert der erbrachten Leistung aus Sicht des Stakeholders	Wertschaffung für Stakeholder (Stakeholderrente)
Kunde	15.000	**−10.000**	5.000
Mitarbeiter	**4.000**	−2.500	1.500
Office Space	**1.100**	−1.100	0
Think Soft	**800**	−0	800
Gründerin/Geschäftsführerin	**10.000 − 4.000 − 1.100 − 800**	−600	3.500
Summe	15.000 − 2.500 − 1.100 − 0 − 600	=	10.800

Dieser Gewinn, der auch als Produzentenrente bezeichnet wird, vergütet und belohnt drei unterschiedliche Funktionen der Unternehmerin:

- Erstens belohnt der Gewinn die unternehmerische, schöpferisch-innovative Leistung der Gründerin, also ihre Geschäftsidee, mit der sie Wert für die beteiligten Stakeholder geschaffen hat. Diese Vergütung könnte man als Entrepreneursrente bezeichnen. Je schöpferisch-innovativer und einzigartiger die Geschäftsidee ist, umso höher ist tendenziell die Wertschaffung für alle Stakeholder und umso höher ist tendenziell auch die Aussicht der Geschäftsführerin auf Gewinn. Im obigen Beispiel scheint der Wert des innovativen Produkts (Datenanalyse) der Ausgangspunkt für die Wertschaffung zu sein. Je innovativer und einzigartiger dieses Produkt ist, umso höher die Wertschaffung für den Kunden und umso mehr kann Frau Kluge für die Analyse verlangen und damit den Arbeitnehmer, der die Analyse erstellt, besser bezahlen oder auch mehr Gewinn erwirtschaften. Die Wertschöpfung entsteht aber auch dadurch, dass Frau Kluge die Fähigkeiten des Arbeitnehmers, der die Analyse erstellt, aufgrund des von ihr entwickelten Analyseverfahrens wertschaffender nutzen kann als andere Unternehmen. Sie kann ihm deutlich mehr bezahlen als andere Unternehmen, weil das Ergebnis (die Analyse) für den Kunden so wertvoll ist und der Kunde einen entsprechend hohen Preis zahlt. Vielleicht ist ein Grund für die hohe Qualität der Analysen auch, dass Frau Kluge den Mitarbeiter so gut bezahlt.
- Zweitens belohnt der Gewinn auch die Geschäftsführungstätigkeit von Frau Dr. Kluge. Die Unternehmerin musste mit dem Kunden und dem Arbeitnehmer so verhandeln, dass am Ende ein finanzieller Überschuss entstanden ist. Sie musste die Software und den Büroanbieter auswählen, dem Arbeitnehmer erklären, was er zu tun hat, einen Vertrag mit ihm erstellen und so weiter.
- Drittens hat Frau Dr. Kluge das notwendige Kapital zur Verfügung gestellt und das damit verbundene finanzielle Risiko der Unternehmenstätigkeit getragen. Sie hat den

Arbeitnehmer, den Büroraum und die Software bezahlt, bevor sie das Geld vom Kunden erhalten hat. Diese zeitliche Lücke zwischen der Bezahlung der Ressourcen, die man braucht, um das Endprodukt herzustellen, und dem Verkauf des Endproduktes, wobei das ausgegebene Geld durch Verkauf an den Kunden wieder zurückfließt, ist der Grund, warum man für die Gründung eines Unternehmens Kapital braucht. Die Unternehmerin, Frau Kluge, muss aber nicht nur Geld in das Unternehmen einbringen, um die Herstellung der Analyse zu finanzieren, also Mitarbeiter, Büroraum und Software zu bezahlen, sie muss auch das damit verbundene Risiko tragen. Wenn der Kunde mit der Analyse nicht zufrieden ist und nicht zahlt, oder wenn der Mitarbeiter zu keinen sinnvollen Ergebnissen kommt oder krank wird und die Analyse gar nicht erstellen kann, oder wenn sonst etwas Unvorhergesehenes passiert, dann hat sie Geld ausgegeben, es fließt aber nichts vom Kunden zurück. Das ausgegebene Geld ist dann verloren. Für diese Kapitalbereitstellung und für das dabei eingegangene Risiko steht Frau Kluge ebenfalls eine Vergütung zu. Auch diese Vergütung muss aus den 4.100 € Gewinn bezahlt werden. Man kann diese Vergütung als Risikokapitalrente bezeichnen.

Im vorliegenden Beispiel übt die Unternehmerin alle diese drei Funktionen gleichzeitig aus. Das ist aber nicht in allen Unternehmen so. Sie könnte beispielsweise einen Geschäftsführer einstellen, dem sie einen Arbeitslohn bezahlt und sie muss dann nicht ihre eigene Zeit für diese Tätigkeiten einsetzen (im Beispiel drei Stunden). In diesem Fall wäre der entstandene finanzielle Gewinn um das Geschäftsführergehalt geringer. Auch das Risikokapital muss sie nicht unbedingt selbst in das Unternehmen einbringen, sofern sie jemanden findet, der ihr nicht nur das Geld überlässt, sondern auch noch das mit dieser Geldüberlassung verbundene Risiko trägt, dass der Kunde nicht zahlt und das überlassene Geld dann teilweise oder ganz verloren ist. Sicherlich wäre niemand bereit, das Risikokapital bereitzustellen ohne eine entsprechende Vergütung im Sinne eines Anteils am erzielten Gewinn. Schumpeter bezeichnet Menschen, die einem Unternehmen Risikokapital zu Verfügung stellen, ohne selbst innovative Geschäftsideen einzubringen oder Geschäftsführungstätigkeiten auszuführen, als Kapitalisten. Unternehmer (Entrepreneure) sind für ihn nur diejenigen, die Innovationen zur Wertschöpfung umsetzen. Dem Zusammenwirken der drei obigen Funktionen (Entrepreneur, Geschäftsführung, Risikokapitalgeber) widmet sich Kap. 8 (Corporate Governance).

Während der Gewinn im vorliegenden Beispiel die unternehmerische Leistung von Frau Dr. Kluge, ihre Leistung als Geschäftsführerin und ihre Leistung als Kapitalgeberin misst und belohnt, sagt der Gewinn kaum etwas über die gesamte Wertschöpfung des Unternehmens aus. Die insgesamt erfolgte Wertschöpfung, also die Summe der Vorteile aller Stakeholder aufgrund der Unternehmenstätigkeit der DKD (10.800 €) entspricht im Beispiel dem subjektiven Wert der hergestellten Leistung aus Kundensicht (15.000 €) abzüglich des Wertes der von den Stakeholdern eingebrachten Ressourcen aus Sicht der jeweiligen Stakeholder.

Allerdings wird bei dieser Rechnung nicht berücksichtigt, dass beispielsweise für den freien Mitarbeiter auch noch eine nichtfinanzielle Wertschöpfung entstanden sein kann, beispielsweise weil er besonders gern mit Frau Dr. Kluge zusammenarbeitet, sich von ihr wertgeschätzt fühlt und von ihr immer wieder neue Impulse bekommt. Auch beispielsweise Frau Dr. Kluge selbst könnte Freude an ihrer selbständigen Tätigkeit haben und aus dieser Tätigkeit daher eine subjektive Wertschöpfung wahrnehmen, die über die 4.100 € Gewinn hinausgeht. Unter der Annahme, dass man wie im obigen Beispiel nur die finanziell bewertbaren Leistungen berücksichtigt, die die Stakeholder im Rahmen der Kooperationsbeziehung erhalten, gilt folgendes:

Die durch die Tätigkeit eines Unternehmens insgesamt für dessen Stakeholder erfolgte Wertschöpfung ergibt sich aus dem Wert der hergestellten Produkte des Unternehmens aus Kundensicht, abzüglich der Werte aller zur Herstellung benötigten Leistungen aus Sicht der jeweiligen Stakeholder, die diese Leistungen erbringen. Der Wert der hergestellten Produkte aus Kundensicht lässt sich geldmäßig mit der maximalen Zahlungsbereitschaft für den Kauf des jeweiligen Produktes ermitteln. Die Werte der zur Herstellung benötigten Leistungen der Stakeholder lassen sich daraus ermitteln, was die jeweiligen Stakeholder für diese Leistungen bei zweitbester Verwendung an Geldwert hätten erzielen können (Opportunitätskosten).

Die Wertschaffung und Wertverteilung zwischen den Stakeholdern, aus subjektiver Sicht der jeweiligen Stakeholder betrachtet, lässt sich auch grafisch, wie in Abb. 2.1 dargestellt, veranschaulichen. Die im Unternehmen DKD entstandene Wertschöpfung ist ein zwischen den Stakeholdern zu verteilender „Kuchen", der in diesem Beispiel ziemlich unsymmetrisch ist, weil der Kunde am meisten profitiert, und die Eigentümerin und der Mitarbeiter immerhin auch noch deutlich mehr als die Zulieferer von Software und Büroraum (letzterer profitiert gar nicht). Die Geldflüsse zwischen dem Unternehmen und allen Stakeholdern, die letztlich den Gewinn der Eigentümerin definieren, sind zwar nicht als Maß für die Wertschaffung im Unternehmen relevant, aber sie beeinflussen die Verteilung der insgesamt erfolgten Wertschaffung zwischen den Stakeholdern, also die Verteilung des „Kuchens". In Kap. 4, wo es um die Finanzperspektive geht, wird in allgemeiner Form auf die Ermittlung des finanziellen Gewinns in der Gewinn- und Verlustrechnung (GuV) eingegangen. Je höher der Verkaufspreis für das Produkt (im Beispiel die Datenanalyse), umso geringer ist die Wertschaffung für den Kunden, aber umso höher ist die mögliche Wertschaffung für alle anderen Stakeholder. Durch einen höheren Verkaufspreis könnte man mehr für die Arbeit des Mitarbeiters, für den Büroraum oder die Software bezahlen, oder der Gewinn für die Unternehmerin könnte erhöht werden. Genauso könnte man den Verkaufspreis niedriger ansetzen, wodurch eine noch größere Wertschaffung für den Kunden entstehen würde, aber es würde weniger für alle anderen Stakeholder übrigbleiben. Dabei ist aber zu beachten, dass die Zahlungen zwischen dem Unternehmen und den Stakeholdern nicht der einzige Hebel sind, über den die Verteilung des Kuchens der gesamten Wertschaffung des Unternehmens erfolgen kann. Genauso kann der Wert des Produktes für den Kunden bei gleichem Verkaufspreis erhöht werden, indem beispielsweise die Qualität des Produktes selbst erhöht wird, Serviceleistungen verbessert werden (persönliche Betreuung des Kunden) oder zusätzliche Garantieleistungen (z. B. Geld zurück bei Unzufriedenheit) erbracht werden. Im obigen Beispiel wurde das alles

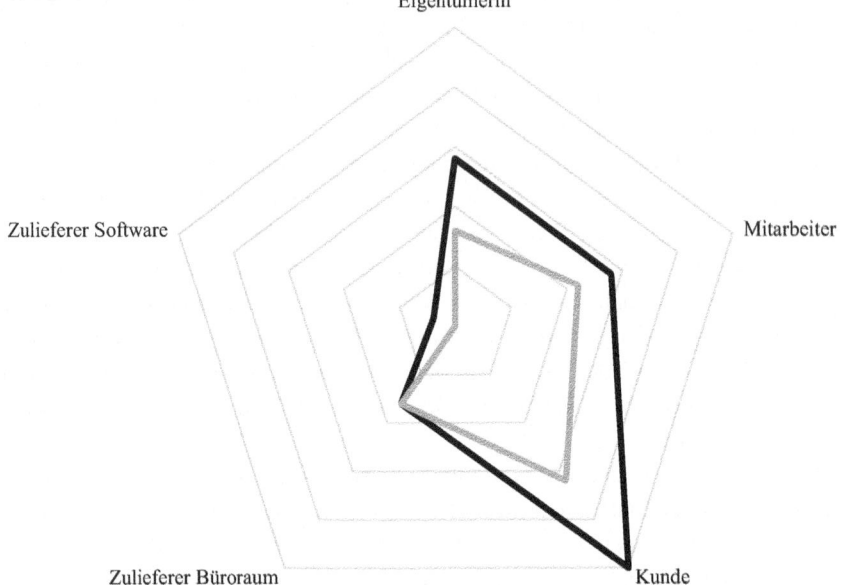

━━━ Wert der erhaltenen Leistung aus Sicht des jeweiligen Stakeholders
━━━ Wert der erbrachten Leistung aus Sicht des jeweiligen Stakeholders

Abb. 2.1 Wertschaffung und Wertverteilung zwischen den Stakeholdern aus deren jeweils subjektiver Sicht. (Quelle: eigene Darstellung)

stark vereinfacht. Ebenso könnte beispielsweise die Wertschaffung für den Arbeitnehmer erhöht werden, indem diesem eine Weiterbildungsmöglichkeit angeboten wird, indem ihm flexiblere Arbeitszeiten angeboten werden oder indem der Zeitdruck, unter dem die Arbeit geleistet werden muss, verringert wird. Dazu aber mehr im nächsten Abschnitt.

2.3.2 Der Zusammenhang zwischen Wertschaffung und Wertverteilung

Im obigen Beispiel wurde veranschaulicht, was Wertschaffung für die Stakeholder bedeutet und wie diese bestimmt werden kann. Die Verteilung der Wertschaffung zwischen den Stakeholdern ist dabei aber offensichtlich nicht vorgegeben, sondern sie wird zwischen den Stakeholdern „verhandelt". Wüsste Frau Dr. Kluge über den Wert der Marktdaten-Analyse für den Kunden Bescheid, dann wüsste sie natürlich, dass sie einen höheren Preis hätte verlangen können, im Extremfall sogar 15.000 € (die maximale Zahlungsbereitschaft des Kunden). Allerdings weiß sie als Anbieterin natürlich in der Regel nicht genau, was der Kunde maximal zu zahlen bereit wäre.

Ganz ähnlich ist es bei den anderen betrachteten Stakeholdern. Der freie Mitarbeiter hätte in unserem Beispiel seine Dienste zwar auch einem anderen Unternehmen anbieten können, dafür hätte er aber nur 2.500 € bezahlt bekommen. Insofern hätte er den Job bei der DKD wohl für jede über 2.500 € hinausgehende Vergütung angenommen. Hätte Frau Dr. Kluge das gewusst, dann hätte sie ihn auf annähernd 2.500 € herunterverhandeln können. Think Soft hatte sogar Opportunitätskosten von Null und daher hätte Think Soft die Software auch zu einem viel geringeren Preis bereitstellen können. Lediglich beim Büroraum hätte es in unserem Beispiel keinen Verhandlungsspielraum gegeben. Hätte Frau Dr. Kluge als Geschäftsführerin und Eigentümerin ihren Gewinn also deutlich erhöhen können, und hätte eine gewinnmaximierende Geschäftsführerin zumindest versucht, die Wertschöpfung für die anderen Stakeholder zu minimieren? Würde also Gewinnmaximierung der Eigentümerin bedeuten, dass die Wertschöpfung der anderen Stakeholder (im obigen Beispiel Kunde, Arbeitnehmer, Zulieferer von Software und Bürogebäude) zu minimieren ist? Um diese Fragen zu beantworten sind die folgenden Überlegungen wesentlich.

Die Erwartungen über die Wertverteilung bestimmen die Anreize für Wertschaffung

Das Grundprinzip der Betriebswirtschaft ist der langfristige gemeinsame Vorteil durch Innovation. Wenn ein Stakeholder, beispielsweise die Gründerin und Eigentümerin, so mit den anderen Stakeholdern verhandeln würde, dass sie sich (fast) die gesamte entstandene Wertschöpfung aneignet, dann hätten die anderen Stakeholder kein Interesse mehr an einer Fortsetzung der Kooperation.

Erfahrene Geschäftsleute wissen, dass nur ein Geschäft, bei dem alle Betroffenen dauerhaft profitieren, ein gutes und nachhaltiges Geschäft ist. Die Erwartungen über den Anteil an der Wertschöpfung bestimmen nicht nur die Anreize, die Geschäftsbeziehung fortzusetzen, sondern auch die Anreize, weiterhin zur gemeinsamen Wertschöpfung beizutragen und vor allem auch die Anreize für Innovation.

Hätte Frau Dr. Kluge beispielsweise den freien Mitarbeiter bis auf seine Schmerzgrenze heruntergehandelt, dann hätte dieser sich wohl „unpartnerschaftlich", vielleicht sogar unfair, behandelt gefühlt. Vermutlich hätte er wenig Lust auf ein Fortsetzen der Geschäftsbeziehung zu Frau Dr. Kluge gehabt. Vielleicht hätte er dann bei einer zukünftigen Anfrage von Frau Dr. Kluge, wo diese seine Dienste unbedingt gebraucht hätte, abgelehnt, wenn er von woanders ein besseres Angebot gehabt hätte. Sobald er gemerkt hätte, dass Frau Dr. Kluge ohne Alternative dasteht und auf seine Dienste angewiesen ist, hätte er vielleicht auch im Gegenzug bis zur Schmerzgrenze von Frau Dr. Kluge (und darüber hinaus) verhandelt.

Bei fairer Bezahlung durch Frau Dr. Kluge wird er sich ihr gegenüber hingegen wohl auch in Zukunft verpflichtet fühlen und vielleicht sogar dann für sie eine Analyse erstellen, wenn er von woanders ein besseres Angebot bekommt, um die langjährige Geschäftsbeziehung nicht aufs Spiel zu setzen. Zudem wäre der Datenspezialist im Falle einer aus seiner Sicht unfairen Bezahlung durch Frau Dr. Kluge vermutlich auch weniger motiviert gewesen, sich für die Marktdaten-Analyse anzustrengen oder sogar seinerseits über seine vertraglichen Verpflichtungen hinaus zu investieren. Er hätte vielleicht versucht,

Arbeitszeit einzusparen, um auf einen aus seiner Sicht fairen Arbeitslohn zu kommen, wodurch die Qualität seiner Marktdaten-Analyse wohl schlechter gewesen wäre. In Geschäftsbeziehungen ist es meistens nur auf sehr kurze Sicht lukrativ, andere über den Tisch zu ziehen. Nachhaltiger Erfolg setzt voraus, dass alle für die Unternehmenstätigkeit wichtigen Stakeholder profitieren und gute Stakeholder-Beziehungen können gerade in Krisenzeiten entscheidend für das Überleben von Unternehmen sein (vgl. Freeman et al., 2021, S. 1763–1764):

> „Whole Foods is a great example of a company that has capably built and enjoyed sustainable stakeholder relationships. In 1981, the largest flood in 70 years covered Austin, Texas, and Whole Foods's then only store went 8 feet underwater. The loss of all inventory amounted to $ 400,000 with no insurance to compensate for it. The founders thought they were out of business, but what happened next can be described as nothing but amazing: Without being asked, dozens of customers and neighbors came to the store the day after the flood to help fix it, employees offered to work for free until the business would be able to pay them again, suppliers offered to deliver goods on credit, and investors and the bank provided additional capital (...) Well-nurtured, sustainable stakeholder relationships helped Whole Foods, which was on the verge of going bankrupt, get back on its feet and become a successful business with 500-plus stores and over 90,000 employees today." (Anmerkung: Whole Foods wurde 2017 für einen Kaufpreis von fast 14 Mrd. US-$ von Amazon übernommen.)

Die Erkenntnis, dass Unternehmen nur dann nachhaltig funktionieren und erfolgreich sein können, wenn alle für den Erfolg wichtigen Stakeholder profitieren, ist dabei keineswegs nur im Sinne von geldlichen Vorteilen zu sehen. Im Gegenteil. Unternehmerische Innovation zeigt sich auch darin, dass nicht-geldliche Möglichkeiten erkannt werden, wie Stakeholder profitieren können. Beispielsweise könnte Frau Dr. Kluge dem Arbeitnehmer, der die Marktdaten-Analyse erstellt, zwar weniger Geld bezahlen, ihm dafür aber das Büro mit der technischen Ausstattung auch zur Nutzung für andere Zwecke überlassen, sodass er dort vielleicht auch noch seiner Idee für seine eigene Unternehmensgründung arbeiten kann. Oder sie könnte auf ihrer Homepage für die Softwarefirma Think Soft Werbung machen, und dafür stellt ihr diese die Software für einen geringeren Preis oder sogar umsonst zur Verfügung. Unternehmerische Innovation bedeutet, kreative Wege für gemeinsame Wertschöpfung zu suchen, wobei gerade nicht-geldliche Wertschöpfung, wie in den einfachen obigen Beispielen, viele Ansatzpunkte für Innovationen liefern kann. Bei Innovationen in Unternehmen geht es nicht nur um die „großen Ideen". Innovative Unternehmen zeichnen sich vielmehr dadurch aus, dass sie Innovation als täglichen, dauerhaften Prozess sehen, wo ständig nach kreativen Ideen für Verbesserungsmöglichkeiten in allen Bereichen des Unternehmens gesucht wird.

Die obigen Überlegungen kann man allgemein als Erkenntnis zusammenfassen, dass Wertschaffung und Wertverteilung nicht unabhängig sind. Nur wenn alle Stakeholder erwarten können, dass sie von der Kooperation im Unternehmen auch selbst profitieren, werden sie bereit sein, selbst in den Erfolg dieser Kooperationsbeziehung zu investieren, innovativ zu sein und damit mehr Wert zu schaffen (vgl. Speckbacher, 1997a, 1997b).

Beispielsweise könnte der Mitarbeiter in obigem Beispiel aufgrund der langjährigen vertrauensvollen Zusammenarbeit bereit sein, sich speziell für die Bedürfnisse der DKD weiterzubilden, um noch hochwertigere Marktdaten-Analysen für die DKD erstellen zu können. Vielleicht ist er auch bereit, sein ganz spezielles Expertenwissen mit Frau Dr. Kluge zu teilen. Im Falle der Softwarefirma könnte eine langjährige gute Zusammenarbeit zum beidseitigen Vorteil zum Beispiel auch dazu führen, dass die Softwarefirma ihre Software ganz spezifisch auf die Bedürfnisse von Frau Dr. Kluge anpasst oder neue Ideen umsetzt, die vor allem für Frau Dr. Kluge nützlich sind.

Solche spezifischen Investitionen in eine bestimmte Kooperationsbeziehung, also Investitionen, die nur innerhalb der Kooperationsbeziehung wertvoll sind, aber teilweise verloren sind, wenn die Kooperationsbeziehung scheitert, sind häufig von zentraler Bedeutung für den Erfolg der Kooperationsbeziehung. Spezifische Investitionen setzen aber Vertrauen in den guten Willen der Kooperationspartner und in eine dauerhaft partnerschaftliche Kooperationsbeziehung voraus. Den eigenen „Anteil am Kuchen" maximiert die Eigentümerin also gerade nicht dadurch am besten, indem sie die Anteile aller anderen minimiert. Anschaulich ausgedrückt: Ein relativ zu den anderen Stücken etwas kleineres Stück von einem großen Kuchen ist oft größer als das mit Abstand größte Stück von einem sehr kleinen Kuchen.

Technologische Innovationen und relationale Innovationen

Das obige Beispiel verdeutlicht auch, dass Innovation nicht nur in der Entdeckung neuer technologischer Möglichkeiten besteht, um aus verfügbaren Produktionsfaktoren Produkte herzustellen (wie etwa im Beispiel die Verwendung von künstlicher Intelligenz als neuer Technologie). Innovation zeigt sich sehr häufig darin, dass die Beziehungen zu den Stakeholdern neugestaltet werden – was man im Unterschied zu technologischen Innovationen als relationale Innovationen bezeichnen kann.

Ebenso wie eine genaue Kenntnis von Kundenbedürfnissen hilft, sowohl die Konsumentenrente als auch die Produzentenrente zu steigern, hilft die genaue Kenntnis der Bedürfnisse von Arbeitskräften bzw. Zulieferern, die Mitarbeiterrente bzw. Zuliefererrente und gleichzeitig die Produzentenrente zu steigern. Wie bereits oben erwähnt, könnte beispielsweise Frau Dr. Kluge dem Arbeitnehmer, der die Marktdaten-Analyse erstellt, weniger Geld bezahlen, ihm dafür aber das Büro mit der technischen Ausstattung auch zur Nutzung für andere Zwecke überlassen, oder sie könnte auf ihrer Homepage für die Softwarefirma Think Soft Werbung machen und dafür die Software für einen geringeren Preis erhalten. Das alles sind kleine Innovationen in der Gestaltung der Beziehungen zu Stakeholdern. In vielen modernen Geschäftsmodellen beschränken sich die technologischen Innovationen auf eine Online-Plattform, während der eigentliche Kern der Innovation in der innovativen Gestaltung der Beziehung zu Stakeholdern liegt.

Beispielsweise bietet Uber in Bezug auf die erbrachte Fahrleistung im Prinzip dieselbe Technologie wie klassische Taxiunternehmen, allerdings ist die Beziehung zu den Fahrgästen und vor allem die Arbeitnehmerbeziehung zu den Personen, die ein Uber-Taxi fahren sowie die Fahrer-Fahrgast-Beziehung, beispielsweise durch ein gegenseitiges Bewertungssystem, anders organisiert als bei klassischen Taxiunternehmen. Diese scheinbar kleinen Innovationen in den Stakeholder-Beziehungen ergeben in Summe ein sehr innovatives Geschäftsmodell.

Im Beispiel der Dr. Kluge Datamining (DKD) ist die Wertschaffung durch die kreative (schöpferische) Geschäftsidee der Unternehmerin entstanden. In aller Regel tragen aber auch weitere Stakeholder Innovationen zum Funktionieren des Geschäftsmodells bei. Zum Beispiel könnte im Beispiel der Kunde eine Idee haben, wie in Zukunft Datenanalysen besser erstellt werden können und von dieser Idee profitiert dann nicht nur dieser spezielle Kunde, sondern alle beteiligten Stakeholder können potentiell profitieren. Natürlich sind gerade diejenigen, die die Produkte und Leistungen eines Unternehmens täglich nutzen und konsumieren, besonders gut in der Lage, neue Ideen der Produktgestaltung einzubringen oder sogar ganz neue Ideen für Produkte. Daher ist die sogenannte User Innovation eine besonders wichtige Quelle, aus der Innovationen entstehen (dazu mehr in Kap. 5 Kundenperspektive). Ebenso wichtig sind in der Praxis Innovationen durch Zuliefererunternehmen oder Partnerunternehmen und natürlich Innovationen durch Arbeitskräfte. Stakeholder, die von einer Kooperationsbeziehung eine hohe Wertschöpfung für sich erwarten können, sind dadurch motiviert, zu deren nachhaltigem Gelingen auch selbst Ideen für Innovationen beizutragen.

2.3.3 Wertschaffung und Wertverteilung: Die IBM Story

IBM (International Business Machines) war bis zu den 1970er-Jahren spezialisiert auf Büromaschinen, also beispielsweise elektrische Schreibmaschinen und professionelle Computer. Anfang der 1980er-Jahre erkannte IBM, dass Computer immer mehr auch in den privaten Bereich vordringen würden und dass der entstehende Markt für kleine „Heim-Computer", sogenannte Personal Computer (PCs), äußerst attraktiv war und stark wuchs. In den 1970er-Jahren waren Kleincomputer außerhalb von Unternehmen nur etwas für wenige Computer-Freaks. In Kalifornien, im damals gerade entstehenden Silicon Valley hatten einige Freaks, die sich regelmäßig im „Homebrew Computer Club" trafen, darunter die Apple Gründer Steve Wozniak und Steve Jobs, erste Personal Computer wie den Apple I und II entwickelt. IBM entschied sich, in diesem gerade entstehenden attraktiven Markt mitzumischen. IBM war an der amerikanischen Ostküste angesiedelt und im Gegensatz zu den in Kalifornien experimentierenden „Westküste-Bastlern" von Apple ein großes, hierarchisches und seit langem etabliertes Unternehmen.

Weil ein schneller technischer Fortschritt bei einzelnen Computer-Bauteilen (Mikroprozessoren, Speichermedien, Bildschirm usw.) erwartet wurde, entschied man sich für ein modulares Konzept. Das Ziel war, dass man einzelne Komponenten der Hardware mit weiterentwickelten Bauteilen nachrüsten konnte, ohne das Gesamtsystem und die Software zu ändern. Außerdem konnte man bei einem modularen Konzept leichter einzelne Bauteile des Computers, z. B. den Mikroprozessor, von spezialisierten Unternehmen zukaufen und musste nicht alle Komponenten selbst entwickeln. Wenn die Zulieferunternehmen das entsprechende Bauteil weiterentwickelten, dann war das Ziel, dass man diese weiterentwi-ckelte Version einfach über eine definierte Schnittstelle in den Computer einsetzen konnte, ohne dass man alles andere auf das neue Bauteil neu anpassen musste.

„Modularity" ist ein Prinzip, das bedeutet, dass man ein netzwerkartiges System, bei dem alles mit allem in einer Verbindung steht, in Teilsysteme zerlegt. Und zwar so, dass zwischen den Teilsystemen nur relativ wenige, „einfache" Verbindungen bestehen und nur innerhalb der Teilsysteme weiterhin viele komplexe Verbindungen bestehen. Im Bei-spiel des Computers können zum Beispiel der Mikroprozessor und das Speichermedi-um (Festplattenlaufwerk) durchaus für sich genommen sehr komplexe Systeme sein, die Verbindungen zwischen dem Mikroprozessor und dem Speichermedium werden aber so einfach gehalten, dass man den Mikroprozessor und das Speichermedium durch eine ein-fache Steckverbindung „zusammenstecken" kann. Wenn man dann beispielsweise einen neuen, leistungsfähigeren Prozessor hat, dann kann man den alten Prozessor leicht durch den neuen ersetzen und mit der alten Festplatte zusammenstecken, oder auch diese alte Festplatte erneuern und den Rest des Computers gleich lassen.

Wesentliche Komponenten des modular aufgebauten Computers wollte IBM dabei be-wusst nicht selbst entwickeln und weiterentwickeln, sondern diese gemeinsam mit Part-nern entwickeln, zukaufen oder ganz auslagern und über Schnittstellen mit dem eigenen Produkt verbinden. Als Hauptprozessor wurde beispielsweise ein Prozessor von Intel ver-wendet, das Betriebssystem wurde gemeinsam mit Microsoft entwickelt (MS DOS – Microsoft Disk Operating System), und Microsoft steuerte auch weitere Anwendungs-software bei, beispielsweise zur Nutzung der einfachen Programmiersprache BASIC. Zu-sätzliche Anwendungssoftware wurde auch von verschiedenen anderen Unternehmen an-geboten, etwa von der Firma Lotus das Tabellenkalkulationsprogramm Lotus 1-2-3 (ver-gleichbar mit Excel) oder von MicroPro das Textverarbeitungsprogramm Wordstar.

IBM war damit der Anbieter einer „Plattform" (also Knotenpunkt eines Netzwerkes von Unternehmen) die gemeinsam eine Kundenlösung, den PC, bereitstellten. Diese Stra-tegie hatte den Vorteil, dass die „IBM Welt" schnell zum Standard für PCs wurde und in den 1980er-Jahren ganz klar den Markt für Personal Computer beherrschte. Außer-dem war diese Strategie aus Innovationssicht sehr clever, weil IBM alleine sicher nicht in allen verschiedenen Feldern von Bildschirmtechnologie, Druckertechnik, Mikroprozesso-ren, Betriebssystem und Anwendungssoftware so schnell neue technische Entwicklungen zustande gebracht hätte, wie es diesem Verbund von Unternehmen möglich war. Aus Stakeholder Sicht könnte man sagen. IBM hat versucht, Orchestrator eines Verbundes von Unternehmen zu sein, also ein Business Ecosystem aus Stakeholderbeziehungen zu managen, bei dem absolut erwünscht war, dass alle Partner durch eigene Innovationen zur gemeinsamen Wertschöpfung durch die Plattform beitrugen.

Während IBM damit zu Beginn enormen Erfolg hatte, wurden die Nachteile dieser Strategie schnell klar: Zum einen konnten andere Firmen relativ leicht einen IBM PC nachbauen und billiger anbieten, wobei dann dieselben Drucker und dieselbe Software verwendet werden konnten. Alles musste nur „IBM-kompatibel" sein. Zum anderen – und das war dann sogar das größere Problem – stellte sich heraus, dass beim Kauf eines PCs bald die wichtigste Frage wurde, über welchen Prozessor der PC verfügte. Der beste und neueste Prozessor war der Kundschaft viel wichtiger als die Frage, ob es ein original IBM oder nur ein IBM-kompatibler PC eines anderen Herstellers war. Die Prozessoren hatten Bezeichnungen, an denen man ablesen konnte, wie modern und leistungsstark der PC war. Anfangs gab es den Intel 8086 Prozessor, dessen Nachfolger, der 80286, dann nur „286er" genannt wurde und bis zu viermal so schnell war. Relativ bald danach kam der „386er", dann in den 1990er-Jahren der Pentium, der Pentium II usw. Für die Kundschaft wurde also der Prozessor, ein eigentlich sehr kleines Teil in der PC-Hardware, zum entscheidenden Kaufargument für den ganzen PC. Da Intel lange Zeit ein Monopol hatte und als einziges Unternehmen in der Lage war, derartige Prozessoren zu liefern, gewann Intel enorm an Verhandlungsmacht und konnte als Zulieferer von IBM für sein Produkt enorm hohe Preise durchsetzen. Aufgrund dieser hohen Preise wurde der für IBM erzielbare Gewinn immer kleiner und Intel schnitt sich ein sehr großes Stück vom Kuchen der Wertschöpfung aus der Produktion von IBM PCs und IBM-kompatiblen PCs ab.

Genauso wie die Prozessorschnelligkeit das Hauptqualitätsmerkmal der Hardware, also des eigentlichen PC war, war die Anwendungssoftware entscheidend für den praktischen Nutzen eines PC. IBM erkannte das und „kaufte" das Unternehmen Lotus, das ein besonders wichtiges Anwendungsprogramm, das Tabellenkalkulationsprogramm Lotus 1-2-3 herstellte, für etwa 4 Mrd. US-$. Letztlich gelang es aber nicht IBM, sondern Microsoft, eine führende Stellung im Markt für PC-Anwendungssoftware einzunehmen und unter anderem mit Excel auch ein Tabellenkalkulationsprogramm auf den Markt zu bringen, das Lotus 1-2-3 verdrängte. Am Ende wurde IBM vom ehemaligen Orchestrator eines Verbundes von Unternehmen zum entbehrlichen Partner, während die entstehende Wertschöpfung fast vollständig zu Intel als Hersteller des Hauptprozessors und später vor allem zu Microsoft als Produzent des Betriebssystems und der Anwendungssoftware wanderte.

Im Nachhinein kann man spekulieren, ob es für IBM klüger gewesen wäre, den PC mit einem selbstgebauten Hauptprozessor zu konzipieren (das Knowhow dafür hätte IBM gehabt) und dafür zu sorgen, dass darauf nur von IBM selbst erstellte Software eingesetzt werden kann. IBM hätte auch früher exklusive Partnerschaften mit Softwareanbietern eingehen können oder diese (früher als bei Lotus 1-2-3) aufkaufen können. Andererseits wäre die IBM Architektur dann vielleicht nicht zum Standard für PCs geworden und andere Anbieter hätten sich vielleicht als Standard etabliert. Außerdem hätte es im Bereich der Mikroprozessoren und auch im Bereich der Anwendungssoftware vermutlich keinen so rasanten technologischen Fortschritt gegeben, weil die Anreize für technologische Innovationen bei Intel und bei Microsoft vor allem dadurch entstanden, dass enorme Gewinnmöglichkeiten für diese beiden Unternehmen existierten. Diese Aussicht auf Gewinne war der Hauptanreiz für die technologischen Innovationen bei Hauptprozessoren und bei der Anwendungssoftware.

Letztlich war also IBMs Idee der Modularisierung unglaublich erfolgreich, allerdings nicht für IBM. Ein Grund dafür, dass IBM das nicht vorhergesehen hat, war vermutlich, dass IBM bisher nur Büromaschinen für Unternehmen hergestellt hatte. Technischer Fortschritt bedeutete in diesem Geschäftsfeld immer, dass ein Unternehmen die alte Büromaschine oder den alten Computer von IBM durch ein neues leistungsstärkeres Modell ersetzte. IBM dachte, dass das im Markt für privat genutzte PCs genauso läuft. Hier gab es aber von Anfang an Computerfreaks, die die Modularität nutzten, um einfach selbst Komponenten auszutauschen oder um aus Komponenten einfach selbst einen PC zusammenzubauen. Genauso konnten dann auch Unternehmen leicht ganz ähnliche Computer wie IBM mit den zum Teil genau gleichen Komponenten anbieten und IBM hatte die Kontrolle und seine Rolle als Orchestrator des Business Ecosystems verloren.

Als wesentliche Erkenntnis ergibt sich, dass IBM als Unternehmen im relevanten Markt aufgrund eines innovativen Angebots hohe Wettbewerbsvorteile erzielen konnte und insgesamt betrachtet sehr hohe Werte für seine Stakeholder geschaffen hat. Allerdings gelang es IBM nicht, sich einen dieser Wertschaffung angemessenen Anteil in Form eines entsprechenden Unternehmensgewinnes anzueignen. Stattdessen trug der durch IBM etablierte Standard für PCs entscheidend dazu bei, dass aus Intel, dem Zulieferer eines relativ kleinen Bauteiles für den PC, ein Unternehmen mit einem Börsenwert (Marktkapitalisierung) von über 200 Mrd. US-$ wurde und aus Microsoft sogar das zeitweise wertvollste Unternehmen der Welt (Ende 2021 mit einem Börsenwert von etwa 2.500 Mrd. US-$). IBM selbst war 1980 mit einem Börsenwert von etwa 40 Mrd. US-$ noch das wertvollste Unternehmen der Welt gewesen, und auch in den 1990er-Jahren noch unter den wertvollsten Unternehmen der Welt. Bis zum Jahr 2000 wurde IBM dann aber von Microsoft und Intel im Börsenwert überholt und gehörte nicht mehr zu den Top Ten der wertvollsten Unternehmen.

Aus marktorientierter und ressourcenbasierter Sicht ist das einfach zu erklären (vgl. hierzu die nachfolgende strategische Perspektive, Kap. 3). IBM hat zu Recht Anfang der 1980er-Jahre im Markt für Personal Computer grundsätzlich einen sehr attraktiven Markt gesehen. Allerdings gelang es IBM nicht, Markteintrittsbarrieren aufzubauen. Im Gegenteil, es war für andere Unternehmen relativ einfach, die IBM PCs nachzubauen und billiger anzubieten. Zudem wurde die Verhandlungsstärke von Intel als Zulieferer zu groß, weil Intel in den 1990er-Jahren das einzige Unternehmen war, das einen so leistungsstarken Hauptprozessor liefern konnte. IBM war also auf Intel angewiesen. In ähnlicher Weise wurde Microsoft mit dem Betriebssystem Windows zu einem Zulieferer bzw. Partnerunternehmen, das enorme Verhandlungsmacht hatte. Aus Sicht des ressourcenorientierten Ansatzes war der Hauptfehler von IBM, dass alle Ressourcen, über die IBM die Verfügungsmacht hatte, mehr oder weniger imitierbar oder zumindest substituierbar waren. Gerade über diejenigen Komponenten, die sich als schwer oder nicht substituierbar herausstellten (Hauptprozessor, Software) hatten ein Hardware-Zulieferer (Intel) und ein Partnerunternehmen (Microsoft) die Verfügungsmacht, nicht IBM. Diese Stakeholder konnten sich daher den Hauptteil der entstandenen Wertschöpfung aneignen.

2.3.4 Gemeinsamer Gewinn für Stakeholder durch Innovation: Wichtige Erkenntnisse

Auch wenn es sich in der BWL eingebürgert hat, mit Gewinn nur den in einem Unternehmen erwirtschafteten Finanzüberschuss zu bezeichnen (im obigen Beispiel der Überschuss in Höhe von 4.100 €, der der Unternehmerin Dr. Kluge zufließt), so entsteht durch die Unternehmenstätigkeit genauso für andere Stakeholder ein „Gewinn". Dieser lässt sich allerdings nicht so eindeutig aus erfolgten Zahlungen als Geldwert ermitteln, sondern höchstens über Opportunitätskosten-Überlegungen. Das deutsche Wort Gewinn geht übrigens auf das germanische Wort „wenna" zurück, was einerseits „sich anstrengen" bedeutet, andererseits aber auch zum germanischen Wort für Freund (das in manchen Namen wie Erwin noch erhalten ist) verwandt ist. Zusammengenommen kann man Gewinn im ursprünglichen Wortsinn dann als eine gemeinsame Anstrengung verstehen, deren Früchte freundschaftlich verteilt werden.

Im Sinne der innovationsorientierten Sicht der BWL ist der Kern der BWL die gemeinsame Wertschaffung für alle Stakeholder durch Innovationen. Es geht also darum, durch große und kleine schöpferisch-innovative Ideen immer wieder und dauerhaft Wert (Gewinn) für alle Stakeholder zu schaffen. Der finanzielle Gewinn im üblichen Sinne der BWL (siehe dazu Kap. 4) ist der Finanzüberschuss, der allerdings in aller Regel nur ein kleiner Teil der gesamten Wertschöpfung für die Stakeholder ist. Dieser Finanzüberschuss wird oft als Produzentenrente bezeichnet. Genau genommen ist es aber erstens eine Entrepreneursrente, also eine Entlohnung für die Umsetzung von Innovation, zweitens eine Entlohnung für die Überlassung von Risikokapital und damit für die Übernahme von unternehmerischen Risiken (Risikokapitalrente), und ggf. auch eine Entlohnung für die Geschäftsführungstätigkeit.

Ein Unternehmen kann nur dann mit innovativen Ideen nachhaltig Wert für seine Stakeholder schaffen, wenn es auf Dauer die Unterstützung aller Stakeholder hat, deren Beiträge diese Wertschaffung ermöglichen. Die Stakeholder des Unternehmens werden nur dann auf Dauer Beiträge zur gemeinsamen Wertschaffung leisten, wenn sie sich hiervon einen angemessenen „Gewinn" im Sinne eines Anteils an der gesamten Wertschaffung versprechen. Wenn die Verteilung des im Rahmen der Unternehmenstätigkeit insgesamt geschaffenen Wertes zu ungleichmäßig ist, und wenn vor allem Stakeholder, die für das Funktionieren der Wertschaffung von zentraler Bedeutung sind, zu wenig von der Wertschaffung bekommen, dann ist die Gefahr, dass sie andere Alternativen finden und der Wertschaffungsmechanismus nicht mehr funktioniert.

Ein Risiko für das nachhaltige Funktionieren der Wertschaffung sind auch Stakeholder, die durch die Unternehmenstätigkeit einen Schaden, also eine Wertvernichtung, erleiden. Eine solche Wertvernichtung ist beispielsweise gegeben, wenn Arbeitskräfte ausgebeutet werden und keinen ihrem geleisteten Beitrag entsprechenden Lohn erhalten oder wenn ein Unternehmen in Form von Lärm oder Umweltverschmutzung die Lebensqualität anderer beeinträchtigt. Ein Unternehmen, das seine Arbeitskräfte ausbeutet, kann weniger mit deren Loyalität in schwierigen Zeiten rechnen und mit deren Engagement über vertraglich vereinbarte Verpflichtungen hinaus. Kurzfristig kann ein Unternehmen, das Werte für einzelne Stakeholder schafft, aber negative Effekte auf andere Stakeholder erzeugt, zwar erfolgreich sein, auf Dauer ergeben sich aus jeder Beeinträchtigung des Wohles von Stakeholdern aber Risiken. Stakeholder, deren Beiträgen keine entsprechende Stakeholderrente gegenübersteht, werden ihrerseits weniger in die Kooperationsbeziehung mit dem Unternehmen investieren. „Passive" Stakeholder, die keine direkten Beiträge an das Unternehmen liefern, die aber beispielsweise durch Umweltschäden, die durch das Unternehmen verursacht wurden, betroffen sind, können aktiv werden, sich mit anderen Betroffenen organisieren, und gegen das Unternehmen vorgehen. Auch auf andere Stakeholder können sich negative „Spillover" Effekte ergeben. Beispielsweise sind Produkte aus Kundensicht weniger attraktiv, wenn diese mit Ausbeutung von Arbeitskräften oder mit Umweltschäden verbunden sind. Ein Unternehmen, das seinen guten Ruf verliert, verliert dadurch auch seine Attraktivität auf seinen Produktmärkten und am Arbeitsmarkt.

2.4 Reflexion

2.4.1 Survivorship Bias

Hinsichtlich der eingangs dargestellten vier Unternehmensbeispiele (Ford, McDonalds, Red Bull und Apple) ist zu bedenken, dass diese alle von tollen Ideen handeln, die nach vielen Rückschlägen schließlich ein riesiger Erfolg wurden. Dabei darf man Folgendes nicht vergessen. Wissenschaftliche Untersuchungen zeigen, dass fast alle tollen neuen Ideen sich am Ende als nutzlos erweisen, und weniger als 20 % der Unternehmensneugründungen überleben die ersten drei Jahre, nur etwa 10 % überleben die ersten fünf Jahre.[2] Scheitern ist also beim Gründen normal. Ein großer Teil gescheiterter Gründerinnen und Gründer versteht „gescheitert" aber auch positiv als „gescheiter geworden" und sie versuchen es erneut, oft dann irgendwann mit Erfolg (vgl. dazu auch Triebel & Schikora, 2016).

In sogenannten „FuckUp Nights" erzählen gescheiterte Gründerinnen und Gründer von ihren Missgeschicken und was man daraus lernt. Das kann sehr lehrreich sein. Sehr oft handelt es sich aber auch dabei um Personen, die es schließlich dann doch geschafft haben – dauerhaft Gescheiterte haben oft weniger Lust, über ihr Scheitern öffentlich zu sprechen.

Man darf sich also von den vielen Erfolgsgeschichten über Unternehmensgründungen nicht blenden lassen. Um aussagekräftige wissenschaftliche Erkenntnisse zu den Erfolgsfaktoren von Unternehmensgründungen zu erhalten, müsste man auch die Geschichten gescheiterter Unternehmensgründungen analysieren. Über missglückte Gründungen ist

---

[2] Lee Fleming fasst seine Forschung zu diesem Thema folgendermaßen zusammen: „Almost all inventions are useless; a few are of moderate value; and only very, very few are breakthroughs" (Fleming, 2007, S. 69).

aber viel weniger bekannt, weil darüber weniger gern geredet und geschrieben wird als über Erfolge – ein typischer Survivorship Bias.[3]

2.4.2 Die Bedeutung von Perspective Taking und Empathie für erfolgreiche Innovation

Bei wirtschaftlicher Innovation geht es nicht vorrangig um Ideen für technische Neuerungen und Erfindungen. Wirtschaftliche Innovation bedeutet Wertschöpfung für Stakeholder, und diese Wertschöpfung ist eine subjektiv von den Stakeholdern empfundene Verbesserung. Daher kommt es bei der Entdeckung und Umsetzung neuer Wertschöpfungsmöglichkeiten oft weniger auf technische Erfindungen an, sondern vielmehr auf die Fähigkeit, „sich in andere hineinversetzen" zu können („Perspective Taking"), um zu erkennen, wie und wodurch eine Wertschöpfung möglich ist. Je besser man sich in Stakeholder hineinversetzen kann, umso besser versteht man, wie eine Idee subjektiv empfundene Werte für Stakeholder erzeugen kann.

Ebenso wie man bei einer Idee für eine Produktinnovation die Kundenperspektive möglichst genau verstehen und auch „erfühlen" muss, muss man sich bei Ideen zu Wertschöpfungsmöglichkeiten für Arbeitskräfte in deren Bedürfnisse hineinversetzen können, und bei kooperativer Wertschöpfung mit Zulieferbetrieben oder Partnerunternehmen muss man sich in deren Bedürfnisse und Interessen hineinversetzen können. Geld (z. B. Gewinn für das Unternehmen, niedrigere Preise für die Kundschaft, höhere Löhne für die Arbeitnehmerschaft) ist dabei meistens nur eine von vielen Dimensionen der Wertschöpfung, oft geht es um ganz andere Dimensionen, mit denen man Werte schaffen kann: Beispielsweise Freude bei der Nutzung eines Produktes, ein schönes Design, angenehme Bedienbarkeit, das gute Gefühl, ein umweltfreundliches Produkt zu nutzen, Sicherheitsbedürfnisse von Arbeitskräften oder das Gefühl von Arbeitskräften, bei der Arbeit dazuzulernen, für ein verantwortungsvolles, umweltbewusstes Unternehmen zu arbeiten oder auch sich selbst in einer sinnvollen Tätigkeit zu verwirklichen. Bei Wertschöpfung durch Innovationen geht es sehr oft um neue Ideen für „subjektiv gefühlte" Verbesserungen in ganz unterschiedlichen nicht-geldlichen Dimensionen. Werden Innovationen auf geldliche Wertschöpfung reduziert und fehlt das Einfühlungsvermögen, wie nicht-geldlicher Nutzen für Stakeholder geschaffen werden kann, dann beschränkt man die unternehmerische Kreativität und man übersieht die vielleicht interessantesten Innovationen und Geschäftsideen.

---

[3] Der Begriff Survivorship Bias soll auf den im damaligen Österreich-Ungarn geborenen Mathematiker Abraham Wald zurückgehen. Angeblich haben im 2. Weltkrieg Ingenieure der Alliierten versucht, die Überlebensrate von Piloten zu steigern, indem sie die Panzerung von Flugzeugen an den Stellen verstärkt haben, wo sie bei zurückgekehrten Flugzeugen Einschusslöcher fanden. Abraham Wald fand die Erklärung, warum das nichts brachte, im Survivorship Bias. Er empfahl genau das Gegenteil, nämlich die Flugzeuge genau dort stärker zu panzern, wo bei zurückgekehrten Flugzeugen nie Einschusslöcher zu finden waren, weil offensichtlich Flugzeuge, die an diesen Stellen getroffen wurden, abgestürzt und nicht zurückgekehrt waren.

2.4.3 Wertschöpfung und Fairness

Wirtschaften bedeutet im Sinne der innovationsorientierten BWL gemeinschaftliche Wertschöpfung. Das garantiert allerdings noch keine faire oder gerechte Verteilung der geschaffenen Werte. Das kann schon alleine deshalb gar nicht der Fall sein, weil es keinen unstrittigen Maßstab gibt, welche Verteilung fair oder gerecht ist. Man könnte z. B. ebenso die Auffassung vertreten, dass alle Beteiligten einen gleich hohen Vorteil haben sollten, wie man argumentieren kann, dass diejenigen, die mehr beigetragen haben oder deren Beitrag wichtiger ist, einen höheren Anteil an der Gesamtwertschöpfung erhalten sollten.

Innovationen können neben der Wertschöpfung für viele Stakeholder auch eine Wertvernichtung für andere Stakeholder bedeuten, etwa durch Umweltschäden. Die Verteilung der Wertschöpfung (und Wertvernichtung) hängt von verschiedenen Rahmenbedingungen ab, die die „Verhandlungsposition" jedes Stakeholders bei der Verteilung der erzeugten Werte (und Wertvernichtungen) definieren. In der Unternehmensführung fasst man die Gesamtheit dieser Rahmenbedingungen unter der Überschrift „Corporate Governance" zusammen. Diesem Thema ist Kap. 8 dieses Buches gewidmet. An dieser Stelle nur ein paar Beispiele hierzu: Wenn etwa Arbeitskräfte in einer Gewerkschaft organisiert sind und gemeinsam z. B. durch Streiks Druck auf ihre Arbeitgeber ausüben können, dann haben sie tendenziell eine bessere Verhandlungsposition, wenn es um Gehaltsverhandlungen geht. Auch bei den nicht geldlichen Anteilen an der gesamten Wertschaffung eines Unternehmens spielen rechtliche und politische Rahmenbedingungen eine Rolle. Die Möglichkeiten von Arbeitskräften, ihre Interessen durchzusetzen, hängen beispielsweise auch von arbeitsrechtlichen Regelungen ab, etwa zur Arbeitssicherheit oder zum Kündigungsschutz. In ähnlicher Weise hängt die Frage, wer für Umweltschäden aufkommt vom Umweltrecht ab, und bei Produktfehlern und dadurch entstehenden Schäden regeln Konsumenten- bzw. Verbraucherschutzgesetze, wie gut und wie einfach Konsumenteninteressen gegenüber einem Unternehmen durchsetzbar sind.

Wiederholungsfragen

Welche der folgenden Aussagen sind richtig?

a) Als **Confirmation Bias** bezeichnet man die Formulierung von Bedingungen, unter denen eine **Geschäftsidee** nicht funktioniert.

b) Wenn ein neues Produkt oder eine Geschäftsidee ein Problem löst und Kundennutzen schafft, dann besteht ein hoher **Product Market Fit**.

c) Die **Kommanditisten** einer **GmbH und Co. KG** haften mit ihrem vollen Privatvermögen.

d) Eine Restaurantbetreiberin, die als erste einen völlig neuen elektronischen Zustellservice am Markt etabliert, wäre eine **Arbitrageunternehmerin**.

e) **Recombinant Innovation** bedeutet nach **Schumpeter**, dass **Pionierunternehmen** immer wieder von Nachahmern (**Imitatoren**) herausgefordert werden.

f) Aufbauend auf Schumpeters Idee der **schöpferischen Zerstörung** prägte Clayton M. Christensen den Begriff der disruptiven Innovation.

g) Digitalkameras sind ein Beispiel für eine **disruptive Innovation**, weil diese zunächst nur in Nischen eingesetzt wurden, später aber die Geschäftsgrundlage von Unternehmen zerstörten, die in der analogen Technologie führend waren.

h) Die im Unternehmen insgesamt für alle Stakeholder entstehende **Wertschöpfung** entspricht dem Verkaufspreis der hergestellten Produkte, abzüglich der Zahlungen, die für die Bereitstellung der Ressourcen an alle Stakeholder fließen.

i) Als **Survivorship Bias** bezeichnet man bei Unternehmensgründungen die Tendenz, dass Entrepreneure oft nur Informationen wahrnehmen, die sie in ihrer Gründungsidee bestätigen.

j) Ein wesentlicher Bestandteil eines **Businessplans** ist der **Finanzplan**.

k) Ein Zulieferunternehmen (z. B. Hersteller eines Prozessors für PC) kann sich von der durch die Herstellung und Vermarktung des Produktes (PC) entstehenden **Wertschöpfung einen größeren Anteil aneignen**, wenn es den Preis für seine zugelieferten Produkte erhöht und der Abnehmer dieser Produkte auf keinen anderen Zulieferer ausweichen kann.

l) Aufgrund der **Abhängigkeit der Wertschaffung durch Stakeholder von der Wertverteilung zwischen den Stakeholdern** wird die Produzentenrente nicht dadurch maximiert, dass die Renten der anderen Stakeholder minimiert werden.

m) Die Grundüberlegung bei der **Bestimmung der Wertschaffung** eines Unternehmens für seine **Stakeholder** (Stakeholderrente) ist, was der langfristige **subjektive Vorteil** einzelner Stakeholder ist, der dadurch entsteht, dass es das Unternehmen gibt, im Vergleich dazu, wenn es das Unternehmen nicht gäbe.

▶ Die Lösung zu den Wiederholungsfragen finden Sie in Kap. 9.

Literatur

Anderson, S. (2022). *Immigrant entrepreneurs and U.S. billion-dollar companies.* 07.2022. National Foundation for American Policy (NFAP) Policy Brief.

Bähr, J., & Erker, P. (2013). *BOSCH: Geschichte eines Weltunternehmens.* München: C.H. Beck.

BCG (2023). 4th SISTA x BCG barometer on gender parity for startup creation & funding, covering 5 European countries: France, UK, Germany, Spain, Sweden. https://wearesista.com/wp-content/uploads/2023/06/SISTA-x-BCG-Barometer-2023-Europe.pdf (Erstellt: 06.2023). Zugegriffen: 17. Mai 2025.

Bland, D. J., & Osterwalder, A. (2019). *Testing business ideas: a field guide for rapid experimentation.* Hoboken: John Wiley & Sons.

BMAW (2022). *Österreich hat den höchsten Anteil an Female Startups in der EU. Pressemitteilung Bundesministerium für Arbeit und Wirtschaft (BMAW)* vom 21. Juli 2022

Bundesgesetzblatt (1957). *Bundesgesetzblatt Nr. 26,* ausgegeben zu Bonn am 21. Juni 1957.

Christensen, C. M., Raynor, M., & McDonald, R. (2015). What is disruptive innovation? *Harvard Business Review, 93*(12), 44–53.

Curcio, V. (2013). *Henry Ford*. Oxford: Oxford University Press. Neuaufl.

Fleming, L. (2007). Breakthroughs and the „long tail" of innovation. *Sloan Management Review*, *49*, 69–74.

Freeman, R. E., Dmytriyev, S. D., & Phillips, R. A. (2021). Stakeholder theory and the resource-based view of the firm. *Journal of Management*, *47*(7), 1757–1770.

Fürweger, W. (2008). *Die Red Bull Story*. Wien: Ueberreuter.

Isaacson, W. (2011). *Steve Jobs*. Waterville: Thorndike Press.

Knight, F. (1921). *Risk, uncertainty, and profit*. Boston New York: Houghton Mifflin Company.

Love, J. F. (1995). *McDonald's: behind the arches*. New York: Bantam Books.

Schumpeter, J. A. (1942). *Capitalism, socialism, and democracy*. New York: Harper & Brothers.

Speckbacher, G. (1997a). Shareholder Value und Stakeholder Ansatz. *Die Betriebswirtschaft, 57*, 630–639.

Speckbacher, G. (1997b). Standpunkt: Ist der Stakeholder Ansatz ein Konzept für Moralisten? Zur Interdependenz von Wertschaffung und Wertverteilung. *Finanzmarkt und Portfolio Management*, *11*, 347–352.

Statista (2024). Wichtigste Motive junger Unternehmen für die Unternehmensgründung. KfW/ZEW-Gründungspanel für Deutschland. https://de.statista.com/statistik/daten/studie/381446/umfrage/motive-zur-unternehmensgruendung-in-deutschland/. Zugegriffen: 18. Mai 2025.

Triebel, C., & Schikora, C. (2016). Scheitern bei Unternehmensgründungen. In S. Kunert (Hrsg.), *Failure management*. Berlin: Springer Gabler.

Strategische Perspektive

3

Zusammenfassung

Das Kapitel zur strategischen Perspektive geht der grundlegenden Frage nach, worin Wettbewerbsvorteile von Unternehmen bestehen und wie Wettbewerbsvorteile Unternehmen ermöglichen, dauerhaft Wert für ihre Stakeholder zu schaffen. Dabei wird zwischen Wettbewerbsvorteilen durch Marktunvollkommenheiten auf Faktormärkten (Resource-based View) und auf Absatzmärkten (Market-based View) unterschieden. Einen Schwerpunkt bildet, neben Internationalisierungsstrategien, auch die Frage, wie Partnerunternehmen Teil des Wertschöpfungsprozesses werden. Hierbei wird beispielhaft auf die Wertschaffung in strategischen Allianzen und Business Ecosystems eingegangen.

3.1 Was ist Strategie?

Im Oktober 1974 fand der wahrscheinlich berühmteste Boxkampf aller Zeiten statt. Der Boxkampf zwischen Muhammad Ali und George Foreman in Kinshasa, damals Zaire, heute Demokratische Republik Kongo, ging als „Rumble in the Jungle" in die Geschichte ein. Muhammad Ali war sieben Jahre zuvor sein Weltmeistertitel aberkannt und seine Boxlizenz entzogen worden, weil er sich aus religiösen Gründen geweigert hatte, in den Vietnamkrieg zu ziehen. Als prominenter Sportler hatte sich Muhammad Ali immer wieder für die Rechte der afroamerikanischen Bevölkerung eingesetzt, hatte seinen ursprünglichen Namen Cassius Clay abgelegt, wählte Muhammad Ali als neuen Namen und konvertierte zum Islam. Erst 1970 durfte er wieder boxen und er musste erst eine ganze Reihe von Kämpfen gewinnen, ehe er den amtierenden Weltmeister George Foreman herausfordern durfte. Foreman war zu dieser Zeit der als unschlagbar geltende Champion, der alle seine 40 Profikämpfe gewonnen hatte, die meisten davon durch Knockout nach wenigen Runden. Foreman war ein typischer Puncher, dessen übliche Box-Strategie war, seine

G. Speckbacher, *Innovationen für gemeinsamen Gewinn*,
https://doi.org/10.1007/978-3-658-48783-6_3

große Reichweite und Schlagkraft zu nutzen, indem er sehr offensiv harte Schläge austeilte und versuchte, den Kampf schnell durch Knockout zu gewinnen. Ali hatte hingegen seine früheren Kämpfe gewonnen, indem er seine enorme Beweglichkeit und Reaktionsschnelligkeit ausnutzte, um gegnerischen Schlägen auszuweichen und irgendwann dann, wenn die Gegner ermüdet waren, seinerseits Treffer zu setzen. Diese Strategie hatte Ali beschrieben mit dem Spruch „Float like a butterfly, sting like a bee" (Hauser, 2004).

Die meisten Experten waren sicher, dass Ali gegen den K. o.-König George Foreman keine Chance hatte. Zu Beginn des Boxkampfes sah auch alles danach aus. Foreman konnte Ali immer wieder in die Seile des Boxringes treiben, und er schlug dann auf den in den Seilen hängenden Ali ein. Obwohl Ali so in den Seilen hing, dass er den Kopf nach hinten lehnte und Foreman diesen nicht erreichen konnte, während er den Körper so gut wie möglich abdeckte, musste er viele Treffer einstecken. Dabei provozierte er seinen Gegner noch mit Sprüchen wie „Ist das alles George? Meine Oma schlägt härter zu als Du". Dieses „in den Seilen Hängen" wurde als „Rope-a-dope" bezeichnet. Ob Ali „Rope-a-dope" wirklich als Teil einer vorher ausgeklügelten Strategie bewusst einsetzte oder ob es eher eine spontane Anpassung seiner ursprünglichen Strategie war, ist nicht sicher. Sicher ist aber, dass Ali gegen Ende jeder Runde aktiver wurde, ausnutzte, dass der Gegner sich verausgabt hatte, und dann seinerseits ein paar Schläge ansetzte. Gegen Ende der achten Runde schaffte es Ali schließlich, Foreman, der von den scheinbar wirkungslos ausgeteilten Schlägen ermüdet und frustriert war, k. o. zu schlagen und den Kampf zu gewinnen (Hauser, 2004).

Was lernt man daraus über Strategie? Sehr allgemein gesprochen, ist eine Strategie ein geplanter Weg, um ein Ziel zu erreichen, in diesem Fall den Boxkampf zu gewinnen. Der eigene Erfolg hängt dabei vom Handeln anderer Personen ab, die zumeist ebenfalls eine Strategie verfolgen, mit der sie versuchen, Erfolg zu haben. Wie das obige Beispiel verdeutlicht, unterscheiden sich die beiden Boxer durch ihre persönlichen Stärken und Schwächen, wobei die „Kunst" einer guten Strategie darin besteht, die eigenen Stärken möglichst gut zur Geltung zu bringen und die Schwächen der Rivalen auszunutzen.

Genauso denkt aber auch der Rivale. Foreman versuchte, seine Schlagkraft und Reichweite zu nutzen, was ihm beim in den Seilen hängenden Ali relativ schlecht gelang, und Ali wich so weit wie möglich immer wieder aus und griff auch seinerseits immer wieder an. Zudem hatte Ali eine sehr gute Körpermuskulatur antrainiert, die ihm half, Körpertreffer wegzustecken. Dadurch blieben Foremans Stärken und seine Strategie relativ wirkungslos, während Foreman zunehmend ermüdete, was seinem Gegner Ali mit zunehmender Dauer des Kampfes bessere Chancen für Gegenangriffe ermöglichte.

Eine Strategie beginnt mit der Analyse der eigenen Stärken und Schwächen und derjenigen des Gegners sowie einer Analyse der Situation und der Handlungsmöglichkeiten. Daraus wird dann ein grober „Leitplan" (eine Policy) abgeleitet, im obigen Beispiel im Falle von Foreman, durch Ausnutzen der eigenen Reichweite und Schlagkraft den Kampf schnell für sich zu entscheiden, oder im Falle von Ali, den Gegner zu ermüden, zu frustrieren und erst dann zuzuschlagen. Diese Policy wird dann in Form konkreter geplanter Maßnahmen spezifiziert. Typisch für Strategien ist auch, dass die dabei geplanten Maßnahmen in der konkreten Umsetzung noch an die Situation angepasst werden. Vielleicht hatte Ali ursprünglich die Rope-a-dope Maßnahme nicht geplant, aber nachdem er Foreman nicht alleine durch seine Schnelligkeit ermüden konnte, musste er spontan seine ursprüngliche Strategie ein wenig anpassen. Eine schrittweise Anpassung oder sogar Neuausrichtung der ursprünglichen Strategie ist nicht ungewöhnlich. Man unterscheidet hier zwischen einer geplanten Strategie und einer emergenten Strategie. Emergent bedeutet, dass die tatsächlich umgesetzte Strategie das Ergebnis aus der ursprünglich geplanten Strategie und vieler kleinerer oder größerer Anpassungen im Laufe der Umsetzung ist.

Insofern versteht man unter einer Strategie einen aus einer sorgfältigen Analyse der Situation, insbesondere der eigenen Stärken und Schwächen sowie derjenigen des Gegners und der eigenen Ziele abgeleiteten Leitplan, der dann durch bestimmte konkrete Maßnahmen umgesetzt (implementiert) wird. Dieser Leitplan wird in der Umsetzung auf neue Situationen und Informationen ständig angepasst. Bei der Umsetzung einer Strategie ist also wichtig, eine gute Balance zu finden zwischen der konsequenten Umsetzung, auch bei Hindernissen und Gegenwind, sowie der geeigneten Anpassung an nicht vorhergesehene neue Umstände und Informationen. Diese Balance zwischen sturer Umsetzung einerseits und einem panischen „über den Haufen werfen" der ursprünglichen Strategie ist nicht immer einfach. Ein anderer legendärer Boxer, Mike Tyson, hat 1987 auf die Frage eines Reporters, wie er denn auf die voraussichtliche Strategie seines Gegners reagieren würde treffend erwidert: „Everyone has a plan until they get punched in the face."

Muhammad Ali wurde 1999 vom Internationalen Olympischen Komitee zum „Sportler des Jahrhunderts" gewählt, und auch sein damaliger Gegner George Foreman erlangte 1994 weitere Berühmtheit, als er im Alter von 45 Jahren zum ältesten Schwergewichts-Boxweltmeister aller Zeiten wurde.

3.2 Strategie in der Betriebswirtschaft

Auch in der Betriebswirtschaft wurde Strategie lange Zeit vorwiegend interpretiert als ein geplanter Weg, um sich gegen andere durchzusetzen oder zu gewinnen. Wie in Sportwettbewerben oder bei Glücksspielen war dabei die Grundannahme, dass auch in der Wirtschaft die einen gewinnen und die anderen verlieren und dass eine Strategie Unternehmen verhelfen soll, gegen die Konkurrenz zu gewinnen. Bei vielen Glücksspielen um Geld ist es tatsächlich so, dass das, was die einen gewinnen, genau dem entspricht, was andere verlieren. Ein solches Nullsummenspiel ist ein Spiel, bei dem keine neuen Werte geschaffen werden, sondern Geld nach gewissen Spielregeln umverteilt wird zwischen den Akteuren (z. B. beim Lottospiel oder in der Spielbank). Diese Sicht von Strategie als bester Weg, um ein Spiel zu gewinnen auf Kosten anderer, hat in der Betriebswirtschaft immer noch eine gewisse Bedeutung, weil sich natürlich Unternehmen im Wettbewerb mit anderen Unternehmen behaupten müssen.

Aus Sicht der innovationsorientierten BWL ist das Wirtschaften in Unternehmen und anderen Organisationen aber gerade kein Nullsummenspiel, wo jeder Gewinn einer Partei

gleichzeitig der Verlust einer anderen Partei ist. Vielmehr ist das Ziel des Betriebswirt-
schaftens die gemeinsame Wertschaffung für die Stakeholder. Damit dienen betriebswirtschaftliche Strategien nicht in erster Linie dazu, auf Kosten anderer zu gewinnen,
sondern dazu, gemeinsam zu gewinnen. Aus Sicht der innovationsorientierten BWL versuchen Theorien des strategischen Managements zu erklären, auf welche Weise und in
welcher Form Unternehmen und andere Organisationen nachhaltig Wert für ihre Stakeholder schaffen, und darauf aufbauend werden Gestaltungsempfehlungen für wertschaffende
Strategien gegeben.

Henry Ford

Nehmen wir das Beispiel von Henry Ford. Was war seine Strategie, warum konnte er
15 Mio. Exemplare seines Model T verkaufen? Wie lässt sich der fast 20 Jahre andauernde
Erfolg mit diesem Automodell erklären?

Zur damaligen Zeit gab es auch andere Autos, einige davon technisch vergleichbar
mit dem von Henry Ford hergestellten Model T. Aber es gab kein vergleichbares Auto
zu einem so günstigen Kaufpreis. Henry Fords Strategie für Wertschöpfung bestand darin, durch einen innovativen Produktionsprozess (Zerlegung des Herstellungsprozesses in
standardisierte Einzelschritte, starke Arbeitsteilung, Fließbandproduktion) ein qualitativ
gutes Auto zu extrem niedrigen Kosten herzustellen. Konkurrenten waren zwar in der
Lage, gleich gute Autos herzustellen, aber kein Konkurrent konnte ein Auto zu so niedrigen Produktionskosten herstellen. Wer die niedrigsten Produktionskosten hat, gewinnt
den Preiswettbewerb, weil kein Konkurrent das Produkt dauerhaft zu niedrigeren Preisen
anbieten kann. Diese Strategie nennt man Kostenführerstrategie. Obwohl also das Auto
aus technischer Sicht keinen zusätzlichen Kundennutzen gegenüber anderen Autos generieren konnte, wurde durch den niedrigen Verkaufspreis zusätzlicher Kundennutzen, also
eine Konsumentenrente, geschaffen. Weil der niedrige Verkaufspreis immer noch über den
Kosten der Herstellung des Autos lag, entstand auch eine Produzentenrente für Ford.

Warum klappte das viele Jahre so gut, aber irgendwann dann nicht mehr? Nach einigen Jahren, in denen Ford mit seinem neuen Produktionsverfahren ein Pionier war, gab
es andere Autounternehmen, die in der Lage waren, Fords Produktionsprozess-Innovation
nachzuahmen und Autos genauso kostengünstig herzustellen. Manche Konkurrenzunternehmen schafften es nach vielen Jahren und mit Hilfe vieler Innovationen sogar, zu ähnlich niedrigen Kosten wie Ford Autos zu produzieren, die besser den geänderten Kundenwünschen entsprachen. Wie schon Schumpeter feststellte, kann man durch Innovationen
immer nur eine begrenzte Zeit lang zusätzliche Werte schaffen. Irgendwann gibt es Nachahmer, die das dann genauso gut können oder sogar manche Dinge besser machen.

Aus etwas anderer Perspektive kann man den Erfolg von Ford auch dadurch erklären,
dass das Unternehmen über Ressourcen verfügte, die andere Unternehmen nicht hatten:
Eine ausgeklügelte Produktionsanlage und das Knowhow, diese Produktionsanlage mit einem neuartigen Produktionsprozess zur Autoherstellung zu nutzen. So gesehen, war Ford
dadurch erfolgreich, dass einzigartige Ressourcen aufgebaut sowie einzigartig kombiniert
und genutzt wurden, um einen einzigartigen Herstellungsprozess umzusetzen, durch den

Kundennutzen geschaffen wurde. Hätte Ford keine Ressourcen (Knowhow, Produktions-anlagen, Prozesswissen) gehabt, die andere Autounternehmen in dieser Form nicht hatten, dann wäre der Erfolg von Ford wohl kaum möglich gewesen.

Red Bull

Der Energy Drink von Red Bull war, anders als im obigen Beispiel von Ford, keine Pro-zessinnovation, sondern eine Produktinnovation. Indem Red Bull als erstes Unternehmen in Europa einen Energy Drink anbot, entstand eine Konsumentenrente – viele wollten das Produkt trotz des recht hohen Preises haben, weil sie sich vom Kauf des Produktes einen Nutzen versprachen, der höher als dessen Preis war.

Heute gibt es viele andere Unternehmen, die Energy Drinks anbieten. Der anfängliche Wettbewerbsvorteil in Form eines einzigartigen Produktes existiert nicht mehr. Heute liegt der Wettbewerbsvorteil von Red Bull in der sehr bekannten Marke. Red Bull bietet seinen Energy Drink zwar zu höheren Preisen an als viele Konkurrenzunternehmen, aber durch die bekannte Marke entsteht ein höherer Kundennutzen, aufgrund dessen ein höherer Preis bezahlt wird. Man mag sich fragen, worin dieser Kundennutzen genau besteht. Tatsache ist aber, dass viele das Produkt trotz des hohen Preises kaufen.

Anders als im Beispiel Henry Fords, der ein Produkt, das auch bereits von anderen Her-stellern in ähnlicher Form angeboten werden konnte, zu besonders niedrigem Preis anbot und dadurch Erfolg hatte, verfolgt Red Bull also die Strategie, ein Produkt anzubieten, das sich vor allem aufgrund der bekannten Marke von anderen Produkten unterscheidet. Hierdurch kann dann ein höherer Preis erzielt werden.

Wenn Unternehmen versuchen, ein Produkt anzubieten, das sich durch besondere „Qualitäten" von Konkurrenzprodukten unterscheidet, also sich von diesen differenziert, und dafür dann einen höheren Preis am Markt durchsetzen, dann ist das eine Strategie, die man als Qualitätsführerstrategie oder Differenzierungsstrategie bezeichnet. Beispielswei-se kann Differenzierung bedeuten, dass das Produkt besser schmeckt, technisch überlegen ist oder einfach nur eine als höherwertig wahrgenommene oder bekanntere Marke auf-weist.

Auch in diesem Fall kann man den Erfolg auch aus Ressourcensicht erklären. Red Bull verfügt in Form einer starken und bekannten Marke über eine einzigartige Ressource, die andere Hersteller von Energy Drinks in dieser Form nicht haben.

Ebenso könnte man auch anführen, dass Red Bull besondere Marketingkompetenzen hat, die andere nicht haben, und aufgrund dieser Marketingkompetenzen wurde eine wert-volle Marke geschaffen, die einen zusätzlichen Kundennutzen erzeugt, den andere Energy Drinks nicht erzeugen.

3.3   Strategieentwicklung: Wettbewerbsvorteile, Wertschaffung und Wertverteilung

Die betriebswirtschaftliche Strategielehre (Strategic Management Theory) versucht eine Antwort auf folgende Frage zu geben: „Wie gelingt es Unternehmen, auf Dauer erfolgreich zu sein, also Wert für ihre Stakeholder zu schaffen, und warum gelingt das manchen Unternehmen besser als anderen?" Diese Frage ist offensichtlich sehr breit und sehr allgemein – es ist eine der grundlegendsten Fragen der ganzen BWL.

Die klassische Antwort der betriebswirtschaftlichen Strategielehre auf diese sehr allgemeine Frage ist ebenfalls sehr allgemein: Dauerhafter Erfolg von Unternehmen und anderen Organisationen lässt sich dadurch erklären, dass diese einen *Wettbewerbsvorteil* haben. So gesehen geht es in der betriebswirtschaftlichen Strategielehre im Kern um die Erklärung von Wettbewerbsvorteilen und daraus abgeleitet um Gestaltungsempfehlungen, wie ein solcher Wettbewerbsvorteil erlangt werden kann. Hierfür gibt es zwei grundlegende Ansätze: Die erste Art von Ansätzen erklärt Wettbewerbsvorteile damit, dass ein Unternehmen in einem attraktiven Marktumfeld tätig ist (Market-based View). Die zweite Art von Ansätzen erklärt Wettbewerbsvorteile damit, dass ein Unternehmen über besondere Ressourcen verfügt, z. B. Technologien oder Fähigkeiten, über die andere Unternehmen nicht verfügen (Resource-based View).

Beide Ansätze verdeutlichen, dass eine betriebswirtschaftliche Strategie immer das gezielte Ausnutzen von Marktunvollkommenheiten bedeutet. Der marktbasierte Ansatz erläutert diese grundlegende Erkenntnis aus der Perspektive der Produktmärkte/Branchen (Absatzmärkte), es werden also Unvollkommenheiten auf Absatzmärkten gezielt genutzt. Der ressourcenbasierte Ansatz behandelt hingegen das gezielte Nutzen von Unvollkommenheiten auf Faktormärkten (Beschaffungsmärkten).

3.3.1   Erklärung von Wettbewerbsvorteilen: Market-based und Resource-based View

Vorbemerkungen
Um die Grundidee der marktorientierten Strategielehre (Market-Based View) und des ressourcenbasierten Ansatzes (Resource-Based View) zu verstehen, sind ein paar Basics der Volkswirtschaftslehre hilfreich.

In der Mikroökonomie wird die sogenannte vollkommene Konkurrenz als eine Art Idealform eines Marktes spezifiziert. Vollkommene Konkurrenz ist durch zwei Eigenschaften definiert:

(1) Es gibt sowohl sehr viele, die das Gut anbieten, als auch sehr viele, die das Gut nachfragen (Angebots- und Nachfragepolypol)

(2) Der Markt ist ein vollkommener Markt

Ein vollkommener Markt für ein bestimmtes Gut (z. B. Äpfel, Barrel Erdöl oder Smartphones) ist durch folgende Eigenschaften definiert:

(2a) Das Gut ist homogen, d. h. zwischen den einzelnen angebotenen Exemplaren des Gutes gibt es weder Unterschiede in der Qualität, noch in der Produktgestaltung, im Geschmack, in der Verpackung oder Ähnlichem.

(2b) Alle am Markt handelnden Personen treffen rationale Entscheidungen (das bedeutet beispielsweise, dass man das Gut lieber zu einem niedrigeren Preis kauft als zu einem höheren).

(2c) Alle verfügen über alle relevanten Informationen (vollkommene Markttransparenz) und es gibt keine Transaktionskosten. Das bedeutet, dass man alle Informationen hat, wer das Gut zu welchen Kosten anbietet (keine Suchkosten), der Abschluss des Kaufvertrags verursacht keinerlei Kosten, man kann sicher sein, dass beide Seiten den Kaufvertrag (Geld gegen Ware) erfüllen, man bekommt die Ware kostenlos angeliefert und auch die Bezahlung beinhaltet keine Gebühren für die Zahlungsabwicklung, die Ware wird sofort geliefert usw.

Wenn auf einem Markt vollkommene Konkurrenz herrscht, dann hat das zwei wichtige Konsequenzen:

- Erstens gibt es einen eindeutigen Marktpreis (den Gleichgewichtspreis), zu dem man das Gut in beliebigen Mengen kaufen und verkaufen kann. Wenn es einen eindeutigen Marktpreis für ein Gut gibt, dann ist der Wert des Gutes eindeutig durch dessen Preis gegeben. Grundsätzlich unterscheiden sich Wert und Preis eines Gutes. Wer ein Gut (z. B. Smartphone) kauft, bezahlt einen Preis, allerdings ist der bezahlte Preis in der Regel niedriger als der Wert aus Käufersicht, sonst hätte man das Gut ja nicht gekauft. Aus Verkäufersicht ist es genau umgekehrt und der Wert des Gutes aus Verkäufersicht ist zumeist niedriger als dessen Verkaufspreis. Insofern ist der Preis, zu dem ein Gut gekauft oder verkauft wird, nur ein sehr grober Anhaltspunkt für dessen Wert. Wenn es für ein Gut aber einen vollkommenen Konkurrenzmarkt gibt, dann ist dessen Wert unabhängig von der subjektiven Wertschätzung des Gutes aus Ver-/Käufersicht. Auch wer kein Interesse an dem Gut hat, kann dieses dann ja jederzeit zum Marktpreis in Geld umtauschen und wer großes Interesse an dem Gut hat, kann es jederzeit zum Marktpreis erwerben. Das Gut ist in diesem Fall immer genau den Marktpreis wert.

- Zweitens tendieren die Gewinne der Unternehmen, die das Gut anbieten, gegen Null. Sobald nämlich ein Unternehmen bereit ist, auf etwas Gewinn zu verzichten und das Gut ein wenig billiger als die Konkurrenz anzubieten, schwenkt die ganze Nachfrage (wegen der vollkommenen Markttransparenz, weil alle rational handeln und es keinerlei Transaktionskosten gibt) auf dieses Unternehmen um, und die anderen Unternehmen verlieren ihre Kundschaft. Dadurch werden auch die anderen Unternehmen gezwungen, das Gut billiger anzubieten. Dieser Prozess setzt sich so lange fort, bis der Preis so weit gesunken ist, dass die anbietenden Unternehmen (nahezu) keine Gewinne mehr machen.

Vollständige Konkurrenz bedeutet also, dass der Marktmechanismus perfekt wirkt. Alle anbietenden Unternehmen machen sich gegenseitig stark Konkurrenz. Der Druck auf die anbietenden Unternehmen, ihre Produktionskosten zu senken und die produzierten Güter billiger anzubieten, ist dann maximal. In der Realität ist das z. B. annähernd der Fall, wenn wir unter vielen Angeboten zu einem eindeutig spezifizierten Produkt im Internet auswählen können und das billigste Angebot bestellen.

Während wir als Kundinnen und Kunden von einer solchen Situation durch günstige Preise profitieren, ist die Situation einer vollkommenen Konkurrenz aus Sicht des anbietenden Unternehmens sehr unattraktiv. Unternehmen werden daher versuchen, eine Situation vollkommener Konkurrenz so weit wie möglich zu vermeiden. Je intensiver der Wettbewerb, umso geringer die Gewinne für Unternehmen. Man kann es auch so sehen, dass man es als neues Unternehmen in einem Markt oder einer Branche, wo sich schon sehr viele andere Unternehmen mit ähnlichen Produkten gegenseitig Konkurrenz machen, sehr schwer haben wird, wirklich zusätzlich Werte für seine Stakeholder zu schaffen.

Der marktbasierte Ansatz baut auf der Überlegung auf, dass die Produktmarktstruktur („Wie vollkommen ist der Markt für ein Produkt?") das Verhalten von Unternehmen auf diesem Produktmarkt beeinflusst und dieses dann die Unternehmensperformance bestimmt (Structure-Conduct-Performance Paradigma). Salopp formuliert: Wettbewerbsvorteile entstehen, indem Unternehmen Chancen nutzen, die sich durch Marktunvollkommenheiten auf Produktmärkten ergeben. Der Idealfall aus Unternehmenssicht wäre, dass das Unternehmen auf Dauer der einzige Anbieter eines bestimmten Produktes ist (Monopol). Besonders unattraktiv ist, wenn der Markt für das hergestellte Produkt vollkommen ist. Nahezu vollkommene Produktmärkte sind aus Unternehmenssicht unbedingt zu vermeiden. Es sei denn, man verfügt über eine Prozessinnovation, durch die man das Produkt kostengünstiger als die Konkurrenz herstellen kann.

Der ressourcenbasierte Ansatz baut hingegen auf der Überlegung auf, dass Wettbewerbsvorteile entstehen, indem Unternehmen die Unvollkommenheit von sogenannten Faktormärkten nutzen, also Unvollkommenheiten der Märkte für Ressourcen, die das Unternehmen im Produktionsprozess einsetzt (diese Ressourcen, wie z. B. Personal, Know-how, oder Rohstoffe werden oft als Produktionsfaktoren bezeichnet; die Märkte, auf denen diese Produktionsfaktoren bezogen werden, also z. B. Arbeitsmärkte oder Rohstoffmärkte, werden als Faktormärkte oder Factor Markets bezeichnet). Wenn Produktionsfaktoren auf vollkommenen Märkten gehandelt werden, dann bedeutet das, dass jedes Unternehmen gegen Bezahlung des Marktpreises gleichen Zugang zu den Ressourcen hat. Dann hätte kein Unternehmen einen (Wettbewerbs-)Vorteil gegenüber anderen Unternehmen und es wäre kaum möglich, Gewinne zu erwirtschaften und Wert für die Stakeholder zu generieren. Ein Wettbewerbsvorteil für ein Unternehmen aus Sicht des ressourcenbasierten Ansatzes entsteht hingegen dann, wenn das Unternehmen als einziges Unternehmen über bestimmte wertvolle Ressourcen (z. B. Technologien, Fähigkeiten, Grundstücke, Gebäude) verfügen kann oder wenn andere Unternehmen diese Ressourcen zumindest nicht ebenso einfach beschaffen (kaufen) können.

Beide Ansätze ergänzen sich offensichtlich. Unternehmen benötigen zur Herstellung einzigartiger Produkte in der Regel einzigartige Ressourcen, und Ressourcen sind gerade dann besonders wertvoll, wenn sie zu einem einzigartigen Kundenwert des Produktes beitragen.

Market-Based View

Der marktbasierte Ansatz geht auf Michael Porter, Professor an der Harvard Business School, zurück (Porter, 1980). Die Grundidee ist dabei, dass sich Wettbewerbsvorteile und langfristiger wirtschaftlicher Erfolg von Unternehmen durch die Attraktivität der Branche oder des Marktes erklären lassen, in dem das Unternehmen tätig ist. Unter einer Branche (manchmal auch als „Industrie" bezeichnet, in Anlehnung an die englische Bezeichnung „Industry" für Branche) versteht man Unternehmen, die alle eine bestimmte Art von Produkten herstellen, z. B. die Automobilbranche oder die Lebensmittelbranche. Der Begriff Markt wird oft ähnlich wie der Begriff Branche verwendet, oft aber auch deutlich spezifischer (Markt für Elektroautos oder Markt für SUVs innerhalb der Automobilbranche, Markt für Energy Shots innerhalb der Soft-Drink Branche). Aus Sicht des marktbasierten Ansatzes sollten Unternehmen in ihrer Strategie die Struktur des für sie relevanten Marktes genau analysieren, um daraus abzuleiten, ob dieser Markt attraktiv ist und wie sie dort mit ihren Ressourcen und Fähigkeiten einen Vorteil gegenüber Wettbewerbern erlangen können. Wichtig ist dabei immer zu bedenken: Wenn im Market-Based View von Märkten die Rede ist, dann sind in der Regel die Absatzmärkte (Produktmärkte) aus Sicht des jeweiligen Unternehmens gemeint.

Besonders unattraktiv ist dementsprechend eine Situation vollkommener Konkurrenz. Je vollkommener die Konkurrenz in einem Markt, je mehr Unternehmen also mit ähnlichen Produkten gegeneinander konkurrieren, umso kleiner sind die Wertschaffungsmöglichkeiten und ist letztlich auch die Produzentenrente.

Porter schlägt zwei Schritte zur Entwicklung einer Strategie vor, die nachfolgend genauer erläutert werden. Zuerst ist der relevante Markt zu analysieren (ist der Markt überhaupt attraktiv?), darauf aufbauend ist dann eine Wettbewerbsstrategie konkret zu formulieren, indem festgelegt wird, was das Unternehmen tun will und vor allem aber auch, was es nicht tun will – die Formulierung einer Strategie besteht also letztlich darin, strategische Entscheidungen festzulegen, also „Strategic Trade-offs" zu spezifizieren (Welche Kundengruppen will man ansprechen, welche nicht? Will man bessere Produkte als die Konkurrenz anbieten oder billigere? etc.). Für die Formulierung einer Wettbewerbsstrategie schlägt Porter drei verschiedene „Musterstrategien" (sog. generische Strategien) vor, die Kostenführerstrategie, die Differenzierungsstrategie und die Fokusstrategie.

Analyse des relevanten Marktes Für den ersten Schritt entwickelte Porter, ausgehend von der einfachen Grundüberlegung, dass vollkommene Konkurrenz aus Sicht des anbietenden Unternehmens besonders unattraktiv ist, fünf Kriterien („Five Forces"), anhand derer die Attraktivität eines Marktes analysiert werden kann (als Beispiel kann man sich ein Unternehmen vorstellen, das überlegt, eigene Smartphones zu produzieren und in den bestehenden Markt für Smartphones einzusteigen):

(1) Wettbewerbsintensität und die Rivalität unter den bestehenden Unternehmen
(2) Bedrohung durch neue Unternehmen in dieser Branche
(3) Bedrohung durch Ersatzprodukte (ähnliche Produkte)
(4) Verhandlungsstärke der Zulieferunternehmen
(5) Verhandlungsstärke der Abnehmer: Können die Abnehmer der Produkte leicht auf andere Produkte oder Anbieter umsteigen oder das Produkt sogar selbst herstellen (sog. Rückwärtsintegration)?

Die Wettbewerbsintensität ist hoch, wenn sich beispielsweise im Markt für Smartphones die Hersteller mit sehr ähnlichen Produkten große Konkurrenz machen und wenn man als Unternehmen kein Smartphone anbieten kann, das sich von den existierenden deutlich unterscheidet. In diesem Fall wäre die Smartphone-Branche unattraktiv. Es sei denn, wir nehmen an, dass die Nachfrage nach Smartphones insgesamt noch deutlich steigen wird, also der Markt insgesamt wächst. Dann ist vielleicht noch Platz für weitere Angebote.

Hohe Konkurrenz zwischen den Unternehmen, die ein bestimmtes Produkt anbieten, ist aus Sicht der Konsumentinnen und Konsumenten des Produktes insofern wünschenswert, als deren Verhandlungsmacht gegenüber den Unternehmen dann hoch ist und die Preise sich den Produktionskosten annähern – mit anderen Worten: die Produzentenrente wird durch hohe Konkurrenz kleiner und die Konsumentenrente damit größer. Aus Sicht eines Unternehmens sind allerdings mögliche neu hinzukommende Unternehmen in einer Branche, also neue Konkurrenz, eine Bedrohung. Ebenso sind mögliche Ersatzprodukte eine Bedrohung.

Die beiden letzten Punkte betreffen die Verhandlungsmacht zweier wichtiger Stakeholder. Ein Unternehmen (wie IBM, siehe Abschn. 2.3.3), das zum Beispiel von einem einzelnen Zulieferunternehmen abhängig ist, muss damit rechnen, dass das Zulieferunternehmen diese gute Verhandlungsposition ausnutzt. Wenn beispielsweise der Prozessor wie in der IBM-Story von einem bestimmten Zulieferunternehmen kommt und nicht durch einen anderen Prozessor ersetzbar ist, dann kann das Zulieferunternehmen leicht diese Abhängigkeit ausnutzen und den Preis für den Prozessor massiv erhöhen. Attraktiver ist es aus Sicht eines Unternehmens, wenn man zwischen vielen Zulieferunternehmen auswählen kann. Eine Option wäre, dass der PC-Hersteller das Knowhow aufbaut, um den Prozessor selbst herzustellen, dann ist man nicht mehr abhängig von einem Zulieferunternehmen (man nennt das Rückwärtsintegration).

Eine ähnliche Rolle spielt die Verhandlungsstärke der Abnehmer. Hier ist es umgekehrt. Aus Sicht des Prozessorherstellers wäre es gut, wenn die abnehmenden Unternehmen (IBM) auf den Prozessor angewiesen sind und nicht so leicht auf andere Prozessorhersteller switchen könnten. Für ein Unternehmen ist eine Branche also dann attraktiver, wenn die Abnehmer auf die Produkte des Unternehmens angewiesen sind und damit nicht so leicht eine Preissenkung durchsetzen können.

Selbst eine an sich attraktive Branche ist für neu eintretende Unternehmen aber schwierig, wenn Markteintrittsbarrieren existieren. Beispielsweise könnten notwendige Patente neue Unternehmen am Markteintritt hindern. Im Markt für Smartphones könnte eine Markteintrittsbarriere beispielsweise darin bestehen, dass Smartphones nur gemeinsam mit Mobilfunkverträgen verkauft werden können und die wenigen Mobilfunkanbieter kein Interesse an einer Kooperation mit neu eintretenden Unternehmen haben. Eine Markteintrittsbarriere kann auch sein, dass man nur als sehr großes Unternehmen, das in sehr großen Mengen produziert, kostenmäßig mithalten kann (sehr häufig sinken die Kosten pro hergestelltem Stück, wenn man viele Stück herstellt, sogenannte Economies of Scale). Ein neu hinzukommendes Unternehmen müsste in der Produktion klein anfangen und hätte dann hinsichtlich der Produktionskosten schlechte Chancen gegen bestehende Großunternehmen.

Für die Unternehmen, die schon in einem Markt drin sind (Incumbents), sind allerdings Markteintrittsbarrieren erstrebenswert, wenn diese Barrieren neue Unternehmen am Markteintritt hindern. Beispielsweise könnte ein Unternehmen, das als erstes ein neuartiges Smartphone anbietet, das großen Kundennutzen generiert, versuchen, ein Patent auf das Produkt anzumelden, sodass niemand anderes ein ähnliches Produkt anbieten kann. Allerdings ist es rechtlich nicht möglich, ein Smartphone als Ganzes durch ein Patent zu schützen. Das wäre gesamtwirtschaftlich gesehen auch nicht sinnvoll, weil dieses Unternehmen dann ein Monopol auf Smartphones hätte und es keine Konkurrenz mehr gäbe, was vermutlich extrem hohe Preise für Smartphones zur Folge hätte. Allerdings kann man bestimmte Technologien, die für das Smartphone wichtig sind, patentieren lassen, wie etwa ein neues Touch-Screen Bedienkonzept oder bestimmte Oberflächenmaterialien. Andere Unternehmen können dann aber eigene technische Lösungen mit der gleichen Funktion entwickeln.

Die Five Forces liefern einen einfachen und praxistauglichen Ansatz zur Analyse der Attraktivität einer Branche. Dabei bleiben allerdings die eher makroökonomischen Rahmenbedingungen, etwa politische, sozio-kulturelle und ökologische Rahmenbedingungen unberücksichtigt. Gerade auch im internationalen Management sind diese Rahmenbedingungen aber sehr wichtig und oft schwierig einzuschätzen, beispielsweise wenn ein Unternehmen plant, internationale Absatzmärkte zu erschließen oder in anderen Ländern Produktionsniederlassungen zu errichten. Hier hat sich die sogenannte PESTEL Analyse, die ebenfalls ursprünglich auf einen Professor an der Harvard Business School zurückgeht (Aguilar, 1967), und seither stark weiterentwickelt wurde, in der Praxis als Analysetool bewährt. Ähnlich wie die Five Forces liefert die PESTEL (Political, Economic, Socio-cultural, Technological, Ecological, Legal) Analyse eine Reihe von Einflussfaktoren, anhand derer sich ein Markt oder eine Branche in einem Zielland analysieren lässt. Mit politischen Einflussfaktoren wird beispielsweise das politische, wirtschaftliche und rechtliche System und damit verbundene Auswirkungen auf die Unternehmenstätigkeit analysiert (z. B. Stabilität der Regierung, Korruption). Als ökonomischer Faktor wird beispielsweise die Einkommensverteilung berücksichtigt, und es erfolgt eine Analyse weiterer Faktoren, wie Werthaltungen, Konsumgewohnheiten, Umweltschutz, Arbeitsrecht und Rechtssicherheit.

Formulierung von Wettbewerbsstrategien   Für diesen zweiten Schritt der Strategieentwicklung unterscheidet Porter drei „generische Strategien". Diese sind Kostenführerstrategie, Differenzierungsstrategie (auch als Qualitätsführerstrategie bezeichnet) und Fokus-Strategie.

Kostenführerstrategie bedeutet, dass ein Unternehmen anstrebt, innerhalb seiner Branche die angebotenen Produkte zu geringeren Kosten als die Konkurrenten zu produzieren. Dies kann auf unterschiedliche Weise gelingen. Eine klassische Möglichkeit ist, Lerneffekte und Größeneffekte auszunutzen. Wenn ein Unternehmen bereits mehr Erfahrung in der Herstellung eines Produktes hat (schon mehr davon produziert hat), dann hat es oft Effizienzvorteile in der Produktion. Ebenso können Produkte pro Stück günstiger produziert werden, wenn größere Mengen davon produziert werden (Economies of Scale). Ein offensichtlicher Grund dafür ist die sogenannte Fixkostendegression, also die Tatsache, dass Kosten, die unabhängig von der produzierten Stückzahl sind (sog. Fixkosten, wie etwa Kosten für die Produktionshalle und Maschinen), anteilig pro Stück geringer ins Gewicht fallen, wenn mehr produziert wird. Beispielsweise die Fixkosten für eine teure Fertigungsmaschine sind je produziertem Stück geringer, wenn mehr auf der Maschine produziert wird. Man könnte es auch so ausdrücken, dass sich die Investition in die Maschine mehr lohnt, wenn mehr auf der Maschine produziert wird.

Wie das Beispiel Henry Fords zeigt, sind Prozessinnovationen (neue Fertigungstechnologie) ein besonders wichtiger Weg, wie Unternehmen zum Kostenführer werden. Gelingt es einem Unternehmen tatsächlich, dauerhaft zu niedrigeren Kosten als die Konkurrenzunternehmen zu produzieren, dann ist das eine Markteintrittsbarriere für potentielle neue Konkurrenten. Solange neue Konkurrenten ihre Produkte nur zu deutlich höheren Kosten produzieren können, sind sie keine gefährliche Bedrohung. Allerdings schützen weder Economies of Scale noch bessere Fertigungstechnologien auf Dauer gegen Konkurrenz, weil Konkurrenzunternehmen auch wachsen können, und Produktionstechnologien sind nur dann vor Imitation einigermaßen sicher, wenn sie ständig innovativ weiterentwickelt werden. Neben Economies of Scale und Prozessinnovationen spielen auch gute Lieferantenbeziehungen und Kooperationen für Kostenführerstrategien eine wichtige Rolle (s. Kap. 6). Offensichtliche Beispiele für Unternehmen, die eine Kostenführerstrategie verfolgen, sind RyanAir, McFit, Aldi/Hofer oder McDonalds.

Eine Differenzierungsstrategie ist dadurch charakterisiert, dass ein Unternehmen versucht, die eigenen Produkte von den Produkten der Konkurrenz durch besondere Produkteigenschaften, die zusätzlichen Kundennutzen erzeugen, zu differenzieren. Hierbei kommt es darauf an, dass die Produkte als besonders wahrgenommen werden, sodass eine zusätzliche Konsumentenrente möglich wird aufgrund besonderer Produktqualität, überlegenem Service, einem besonderen Markenimage oder ähnlichem. Hierdurch kann dann auch ein höherer Preis gerechtfertigt werden und man entzieht sich zu einem gewissen Grad dem Preiswettbewerb, indem das eigene Produkt als nicht gleichwertig (homogen) zu den Produkten der Konkurrenzunternehmen wahrgenommen wird, sondern als höherwertig. Das Marketing (s. Kap. 5) widmet sich den Möglichkeiten, wie Produkte von anderen Produkten differenziert werden können. Apple verfolgte beispielsweise mit dem iPhone von Anfang an eine Differenzierungsstrategie. An diesem Beispiel erkennt man aber auch, wie schwierig es ist, das eigene Produkt allein in technologischer Hinsicht dauerhaft überlegen zu halten, weil es anderen Unternehmen, wie etwa Samsung, sehr schnell gelang, ähnlich hochwertige Smartphones anzubieten. Daher werden bei einer Differenzierungsstrategie Produkte in der Regel nicht allein durch technische Eigenschaften differenziert, sondern auch durch Design, Nutzerfreundlichkeit, Markenimage, Umweltverträglichkeit der Inhaltsstoffe und dergleichen.

Die dritte Möglichkeit besteht darin, sich auf ein Marktsegment, eine Nische, zu fokussieren. Bei der Nische kann es sich zum Beispiel um eine bestimmte Kundengruppe mit speziellen Wünschen und Bedürfnissen handeln. Beispielsweise eine Kosmetiklinie für Menschen mit überempfindlicher Haut oder besonders konsequent natürlich und umweltschonend hergestellte Naturkosmetik. Auch innerhalb dieser Nische kann man dann wieder eher eine Differenzierungsstrategie anwenden oder eine Kostenführerstrategie (einzigartige/hochwertige Naturkosmetik oder sehr preiswerte Naturkosmetik). Eine Nischenstrategie kann sich auch auf eine bestimmte Region fokussieren. Beispielsweise ist Almdudler ein in Österreich sehr bekanntes Getränk, aber außerhalb Österreichs nur wenig verbreitet. Uggs (Ugg Boots) waren ursprünglich nur in Surferkreisen und hier auch vorwiegend in Australien bekannt, also ein typisches Nischenprodukt, bevor sie in jüngerer Zeit zu einem Modeartikel wurden, der weit über diese Nische hinaus bekannt wurde.

Bei den genannten drei generischen Strategien handelt es sich um Business(-Level) Strategien (Geschäftsfeldstrategien), also um Strategien, mit denen ein Unternehmen für ein bestimmtes Produkt auf einem bestimmten Markt Wert für die Stakeholder schaffen will. Im Unterschied dazu wird die Strategie für das Gesamtunternehmen als Corporate Strategy bezeichnet. Ein Grundsatz des marktbasierten Strategieansatzes ist, dass man sich bei Business Level Strategien klar für eine der generischen Strategien entscheiden muss. Unternehmen, die sich nicht entscheiden können und „ein bisschen von beidem" sein wollen, werden demnach nicht erfolgreich sein. Die traditionelle Begründung dafür ist, dass man nicht in allem exzellent sein kann und wenn man das dennoch versucht, zwischen den Stühlen sitzt („Stuck in the Middle") und daher hinfällt. Auf Corporate Ebene können Unternehmen allerdings durchaus unterschiedliche Strategietypen kombinieren. So gehören zum VW-Konzern beispielsweise Fahrzeuge der (tschechischen) Marke Škoda ebenso wie Porsche und Lamborghini. Dabei wird mit Škoda eher eine Kostenführerstrategie verfolgt, mit Porsche eine Differenzierungsstrategie, mit Lamborghini eine Fokusstrategie auf ein recht kleines Marktsegment im Luxus-Sportwagenbereich.

Resource-Based View

Der ressourcenbasierte Ansatz geht auf die Wirtschaftswissenschaftlerin Edith Penrose zurück. In ihrer Pionierarbeit „The Theory of the Growth of the Firm" aus dem Jahr 1959 charakterisierte Edith Penrose Unternehmen als Bündel von Ressourcen, womit sie sowohl materielle Ressourcen, wie Gebäude oder Maschinen meinte, als auch immaterielle Ressourcen, wie Knowhow und Kompetenzen oder etwa einen bekannten Markennamen (Penrose, 1959). Im Unterschied zum marktbasierten Ansatz, der Wettbewerbsvorteile über bestimmte Eigenschaften von Absatz-/Produktmärkten erklärt, erklärt der ressourcenbasierte Ansatz Wettbewerbsvorteile dadurch, dass ein Unternehmen Zugang zu besonders attraktiven Ressourcen hat, die sich andere Unternehmen nicht so einfach auf Beschaffungsmärkten zukaufen können. Ebenso wie der marktbasierte Ansatz Kriterien definiert, um die Attraktivität eines Produktmarktes zu bestimmen (die Five Forces), wurden im ressourcenbasierten Ansatz Kriterien dafür entwickelt, wann eine Ressource attraktiv für ein Unternehmen ist. Besonders bekannt ist hierbei das von Jay Barney entwickelte VRIO-Konzept, welches die Fähigkeit von Ressourcen, einen Wettbewerbsvorteil zu schaffen, auf vier Eigenschaften dieser Ressourcen zurückführt (vgl. Barney & Hesterly, 2019):

- *Valuable*: Die Ressource ist für das Unternehmen wertvoll. Wertvoll sind Ressourcen beispielsweise dann, wenn sie dem Unternehmen helfen, einen Kundennutzen zu schaffen oder Produktionskosten zu reduzieren. Beispielsweise ist eine positiv wahrgenommene Marke eine Ressource, die Produkte in den Augen von Kunden wertvoller machen kann. Besonderes Knowhow in der Produktion kann helfen, Produktionskosten zu sparen, oder auch ein qualitativ besonders hochwertiges Produkt ermöglichen.
- *Rare*: Die Ressource steht anderen Unternehmen nicht zur Verfügung. Beispielsweise haben nicht alle Anbieter von Energy Drinks eine so bekannte Marke wie Red Bull. Zwar gibt es durchaus andere, ähnlich bekannte Marken, wie beispielsweise Monster oder Rockstar, eine Marke, die so „valuable" wie Red Bull ist, ist aber extrem „rare".
- *Inimitable*: Hier geht es darum, ob andere Unternehmen die Ressource leicht imitieren oder nachbilden können. Eine Marke wie Red Bull aufzubauen dauert zumindest lange und kostet viel Geld, unmöglich ist es aber nicht und damit ist die Marke nicht völlig „inimitable". Die von Apple zuerst auf den Markt gebrachte Technologie eines Smartphones konnte von anderen Unternehmen (Samsung) sehr weitgehend in sehr kurzer Zeit in ähnlicher Form nachgebildet werden, diese war also trotz des hohen Neuheitsgrades relativ leicht imitierbar.
- *Organization*: Die Ressource ist in eine dazu genau passende Organisationsstruktur eingebettet. Beispielsweise technisches Knowhow zu einem neuartigen Produktionsprozess, wie etwa die Fließbandfertigung bei Henry Ford, kann valuable, rare und zumindest kurzfristig inimitable sein. Zu einem Wettbewerbsvorteil wird dieses Knowhow aber erst innerhalb einer funktionierenden Organisationsstruktur, die dieses Knowhow mit anderen Ressourcen, wie Maschinen und Arbeitskräften in einem gut organisierten Produktionsprozess kombiniert.

Ressourcen, die alle diese vier Eigenschaften (VRIO) besitzen, werden als strategische Ressourcen bezeichnet. In ganz ähnlicher Weise, aber mit stärkerem Fokus auf (einzigartige und wertvolle) immaterielle Ressourcen wie Wissen, Fähigkeiten und Erfahrungen, haben Gary Hamel und C. K. Prahalad den Ansatz der Kernkompetenzen propagiert (Hamel & Prahalad, 1994). Dieser Ansatz berücksichtigt insbesondere die in der Wissensgesellschaft stark gestiegene Bedeutung von Wissen und Knowhow.

3.3.2 Die SWOT-Analyse: Ein Alltagsbeispiel

In der betriebswirtschaftlichen Praxis wird häufig die SWOT (Strengths, Weaknesses, Opportunities und Threats) -Analyse eingesetzt. Diese ist eine vereinfachte Kombination des marktbasierten und des ressourcenbasierten Ansatzes.

Stärken (Strengths) sind Ressourcen eines Unternehmens, die aufgrund der VRIO-Eigenschaften einen Wettbewerbsvorteil gegenüber Konkurrenzunternehmen begründen können. Schwächen (Weaknesses) sind fehlende Ressourcen oder Bereiche, wo das Unternehmen schlechter ist als die Konkurrenz. Die Stärken-Schwächen-Analyse wird oft auch als interne Analyse bezeichnet. Obwohl eine Stärken-Schwächen-Analyse auch ergeben kann, dass bestimmte Schwächen verringert oder behoben werden sollen, ist ein bekannter Grundsatz der Strategielehre „Stärken stärken!", also bestehende Stärken auszubauen. Es geht vor allem um die Frage „Was macht uns aus einer Innensicht ‚besonders' und worin liegt der besondere und dauerhafte Wert dieser einzigartigen Ressourcen im Hinblick auf unsere Leistungen für unsere Stakeholder?"

Bei der Analyse der Chancen (Opportunities) und Bedrohungen (Threats) geht es hingegen um eine Analyse des Unternehmensumfeldes (externe Analyse), also um Trends im relevanten Markt, wie technologische Entwicklungen oder Änderungen im Konsumverhalten (z. B. höheres Umweltbewusstsein, Trend zu gesünderem Essen), und Entwicklungen im sozialen, demographischen, politischen und ökologischen Markt-Umfeld (z. B. zunehmende Kaufkraft, Veränderungen der Altersstruktur, Umweltauflagen). Im Kern geht es dabei um die Frage „Was macht unsere Organisation aus einer ‚Außensicht' einzigartig, was können wir Stakeholdern bieten, das andere nicht ebenso bieten können?" Die SWOT-Analyse dient als Grundlage, um konkrete strategische Entscheidungen abzuleiten und zu begründen.

Die SWOT-Analyse ist eine naheliegende und auch im Alltag sehr nützliche Herangehensweise für jede Art strategischer Entscheidungen. Die Berufswahl ist ein gutes Beispiel dafür. Da die Berufswahl eine langfristig bedeutsame Weichenstellung ist, die das Leben stark beeinflusst, ist diese für die meisten Menschen eine strategische Entscheidung. So wie Unternehmen entscheiden müssen, welche Produkte und Leistungen sie in den kommenden Jahren auf welchen Märkten anbieten wollen, müssen wir (immer wieder) entscheiden, in welchen Organisationen wir in den kommenden Jahren unsere Fähigkeiten und unser Engagement einbringen wollen – nicht nur, aber auch, um Geld für unseren Lebensunterhalt zu verdienen.

Den Ausgangspunkt bildet dabei sinnvollerweise eine Ressourcenanalyse. Was kann ich besonders gut, wofür kann ich mich begeistern (Stärken) und was kann ich schlechter als andere, wo liegen eher meine Schwächen? Genau wie im Falle der Ressourcenalyse in Unternehmen, klingt die Frage auf den ersten Blick einfach, sie ist aber meistens sehr schwer zu beantworten. Bin ich eher sprachlich begabt oder mathematisch-naturwissenschaftlich oder ist meine Besonderheit gerade, dass ich sowohl sprachlich als auch mathematisch-naturwissenschaftlich talentiert bin? Oder interessiert mich beides nicht besonders und ich bin dafür besonders gut darin, andere für neue Aufgaben zu begeistern? Allein sich solche Fragen immer wieder zu stellen und dadurch den Blick für die eigenen Stärken und Schwächen zu schärfen, und sich selbst besser kennen zu lernen, ist schon sehr wertvoll. Wer sich selbst mit seinen Talenten, Interessen und Abneigungen oder Schwächen nicht kennt, kann auch kaum erwarten, bei notwendigen Entscheidungen das Richtige zu tun und strategische Entscheidungen zu treffen, mit denen man sehr wahrscheinlich erfolgreich (wie immer man das definiert) und zufrieden sein wird. Das gilt für Unternehmen ebenso wie für uns alle.

Die Ressourcenanalyse allein bringt aber wenig ohne externe Analyse (Market-based View). Es hilft nicht viel, wenn man zwar eine ganz außergewöhnliche Stärke hat, wenn diese Stärke am relevanten Arbeitsmarkt aber überhaupt nicht gefragt ist. Dabei stellt sich zuerst die Frage, was ist der für mich relevante Arbeitsmarkt? Wo will ich tätig sein (heimatnah oder international?), welche Branche interessiert mich, welche Art von Beruf würde zu mir passen und wo könnte ich gerade meine besonderen Stärken und Interessen besonders gut einsetzen? In welchem Job ist gerade das, was ich gut kann und gerne mache, besonders wertvoll? Auch hier gilt das strategische Prinzip „Stärken stärken". Weil wir uns letztlich durch unsere Stärken von anderen differenzieren können (und nicht indem wir es bei unseren Schwächen schaffen, mit anderen annähernd mithalten zu können), bringt es häufig mehr, sich auf seine Stärken zu konzentrieren und diese weiterzuentwickeln, als viel Energie in das Beheben von Schwächen zu investieren.

Das Beispiel der Berufswahl verdeutlicht zudem einen weiteren wichtigen Aspekt der Ressourcenanalyse. Einen Wettbewerbsvorteil verschaffen Ressourcen nur dann, wenn sie wertvoll (valuable) sind. Aber die Frage ist dabei: wertvoll wofür? Natürlich scheinen manche Talente an sich wertvoll, wie etwa musische Talente oder ein freundliches Wesen. Aber wenn es darum geht, wie man im Beruf erfolgreich und glücklich wird, dann spielt es schon eine Rolle, ob eine Stärke, wie ein besonders Talent oder ein besonderes Interesse, auch „am relevanten Markt" wertvoll ist. Wenn ich im Vorstellungsgespräch sitze und mich gegen Konkurrenz durchsetzen will, um den Traumjob zu bekommen, dann muss ich überlegen, was ich bieten kann, was andere vielleicht nicht bieten können. Wenn mein Traumjob eine Tätigkeit in einem großen Unternehmen der Systemgastronomie ist, das gerade eine Niederlassung in China aufbaut, dann können neben den ohnehin unerlässlichen betriebswirtschaftlichen Kenntnissen vielleicht chinesische Sprachkenntnisse so eine „USP" (Unique Selling Proposition, einzigartiges Verkaufsargument) sein, aber natürlich auch besondere Erfahrungen in der Gastronomie.

Bevor man aber in einem Vorstellungsgespräch für den Traumjob sitzt, stellt sich die wichtige Frage „was ist mein Traumjob?". Für beruflichen Erfolg im Sinne von „Traumjob finden und darin glücklich werden" braucht man nicht nur eine (manchmal langjährig dauernde) Ressourcenanalyse, bei der man immer mehr über sich selbst lernt, was einen bewegt, was einen begeistert, wofür man Talent hat und was man gerne macht. Man muss auch im Rahmen einer externen Analyse über „mögliche Märkte" lernen. Was sind mögliche Jobs? Wie sehen diese Jobs aus? Was macht man in diesem oder jenem Job, was sollte man können und worauf kommt es an, um darin erfolgreich zu sein? Genauso wie das Lernen über seine eigenen Talente und Interessen im Rahmen der Ressourcenanalyse ein wichtiger Erfolgsfaktor für späteren beruflichen Erfolg ist, so ist es auch wichtig, im Rahmen einer Marktanalyse möglichst viel über mögliche berufliche Tätigkeiten zu lernen, beispielsweise im Rahmen von Praktika oder einfach indem man mit unterschiedlichen Leuten redet, die in unterschiedlichen Berufen tätig sind.

Genau darin liegt der praktisch relevante Kern der SWOT-Analyse – egal ob für Unternehmen oder im Alltag: Je besser man seine eigenen Ressourcen, seine besonderen Stärken und Schwächen kennt und je mehr man über die relevanten Märkte weiß und bei welchen Tätigkeiten die eigenen Stärken am besten zum Tragen kommen (und die Schwächen nicht ganz so wichtig sind), umso eher wird man eine Entscheidung treffen können, die einen erfolgreich und glücklich macht. Und man kann auch besser planen, welche Ressourcen man gezielt weiterentwickeln sollte (z. B. Sprachen lernen), um bestmöglich gerüstet zu sein.

Natürlich kann aber kein Unternehmen und kein Mensch alles genau wissen und planen. Am Ende muss man auch flexibel sein und im richtigen Moment zugreifen. Es gibt immer wieder Opportunitäten und oft entsteht Erfolg auch dadurch, dass man sich im richtigen Moment zuzugreifen traut. Erfolg entsteht nicht nur durch gute Vorbereitung, man braucht immer auch ein bisschen Glück.

3.3.3 Was lehrt die Strategielehre über Stakeholder-Wertschöpfung durch Innovation?

Wir erinnern uns zurück an das Beispiel von Frau Dr. Kluge (Abschn., 2.3.1), deren Geschäftsidee war, mit Hilfe eines selbstentwickelten Verfahrens sowie neuester Methoden der künstlichen Intelligenz Datenanalysen, z. B. Marktanalysen, durchzuführen. Aus Sicht des Market-based View ist das ein attraktiver Markt, wenn (1) es wenige oder sogar keine anderen Unternehmen gibt, die das Knowhow haben, solche Analysen durchzuführen (geringe Wettbewerbsintensität), (2) auch in Zukunft nicht damit zu rechnen ist, dass andere Unternehmen dieses Knowhow haben werden, (3) es keine ähnlichen Verfahren gibt, mit denen ähnliche Analysen durchgeführt werden können, und wenn sowohl (4) die Verhandlungsstärke der Zulieferer als auch (5) die Verhandlungsstärke der Abnehmer gering ist.

Nehmen wir an, dass solche Datenanalysen derzeit und auch in absehbarer Zukunft von kaum einem anderen Unternehmen in dieser Qualität angeboten werden und dass Nachfrager, wie im Beispiel das nachfragende Unternehmen, auf die Dienste der DKD angewiesen sind. Dann ist die Verhandlungsstärke der abnehmenden Unternehmen gering, wodurch Frau Dr. Kluge einen relativ hohen Preis verlangen kann. Trotz dieses hohen Preises entsteht aber auch ein hoher Kundennutzen durch die Analysen, gerade weil woanders solche Analysen nicht erhältlich sind (im Beispiel hatten wir angenommen, dass der Wert der Datenanalyse für den Kunden 15.000 € gewesen wäre und dieser damit auch bereit gewesen wäre, bis zu 15.000 € zu bezahlen).

Was die Verhandlungsstärke der Zulieferer betrifft, so besteht hier ein gewisses Risiko (man denke an die „IBM Story" in Abschn. 2.3.3). Während die Office Space AG sicher nicht das Problem ist, weil man Büroraum auch anders organisieren kann (wenn man nicht gleich von daheim arbeitet), so sind Think Soft (der Anbieter der Software) und vor allem der freie Mitarbeiter schon eher ein Problem. Wenn es ohne das Knowhow des Mitarbeiters nicht geht oder wenn kein anderer Anbieter eine ähnliche Software anbietet, dann könnte das dazu führen, dass der Softwareanbieter und/oder der Mitarbeiter sehr viel Verhandlungsmacht bekommen und mehr Geld für ihre Dienste verlangen. Damit würde dann vielleicht nichts mehr an Gewinn für die Unternehmerin Frau Dr. Kluge übrigbleiben und die Sache würde sich für sie dann vielleicht gar nicht mehr lohnen. Eigentlich ist man bei diesen Überlegungen zur Verhandlungsstärke der Zulieferer schon mitten im Resource-Based View drinnen. Welche Ressourcen sind VRIO, also valuable, rare, inimitable und organisational eingebettet? Das Büro jedenfalls nicht. Bei der Software bzw. beim freien Mitarbeiter ist die Frage, ob eher die Software die einzigartige und wertvolle Komponente ist oder der Mitarbeiter, der damit arbeitet. Nehmen wir an, die Software gibt es in ähnlicher Form auch von anderen Anbietern zu ähnlichen Preisen. Dann wäre der Mitarbeiter die wertvolle und einzigartige Ressource. Das wäre problematisch und gefährlich. Nicht nur weil der Mitarbeiter dann (so wie Intel in der „IBM Story") die ganzen Profite absaugen könnte, indem er immer mehr für seine Dienste verlangt, sondern weil er sich vielleicht dann auch selbständig machen und der DKD Konkurrenz machen könnte.

Zum Glück für Frau Dr. Kluge ist es aber so, dass das Knowhow des Mitarbeiters nur organisational eingebettet von Wert ist (das „O" in VRIO). Ohne das von Frau Dr. Kluge entwickelte Analyseverfahren und ohne die Beziehungen von Frau Dr. Kluge persönlich zu ihren langjährigen Kunden (hierfür hat sie als studierte Informatikerin eine Datenbank erstellt, mit Kundennamen und allerlei wichtigen Informationen zu früheren Projekten, besonderen Wünschen usw.), ohne ihre Empathie und ihre Fähigkeit zum „Perspective Taking", also ohne ihre Fähigkeit, bereits nach kurzem Gespräch mit Kunden nahezu intuitiv zu erraten, was diese genau wollen und wo deren Problem liegt, und ohne ihre Fähigkeit, dieses Wissen in die Informatiker-Sprache des freien Mitarbeiters zu übersetzen, sodass dieser sofort weiß, was er zu tun hat, würde das Geschäftsmodell nicht funktionieren. Erst dadurch werden die Fähigkeiten des freien Mitarbeiters als Datenexperte zu einer echten „VRIO-Ressource".

Zur Erinnerung wird in der nachfolgenden Tab. 3.1 noch einmal die Wertschöpfung für alle Stakeholder im Fallbeispiel dargestellt. Die Verteilung der Wertschaffung spiegelt alle diese Überlegungen wider. Der (Faktor)Markt für den Büroraum als Ressource ist nahezu vollkommen. Das bedeutet, dass diese Ressource für die DKD keine strategische Bedeutung hat, dass diese Ressource keinen zentralen Beitrag zur Wertschaffung liefert und dass auch für den Stakeholder, der diese Ressource zur Verfügung stellt (das Unternehmen Of-

Tab. 3.1 Wertschaffung aus Sicht der Stakeholder in €. (Quelle: eigene Darstellung)

Leistungsaustausch / Stakeholder	Wert der erhaltenen Leistung aus Sicht des Stakeholders	Wert der erbrachten Leistung aus Sicht des Stakeholders	Wertschaffung für Stakeholder (Stakeholderrente)
Kunde	15.000	**−10.000**	5.000
Mitarbeiter	**4.000**	−2.500	1.500
Office Space	**1.100**	−1.100	0
Think Soft	**800**	−0	800
Gründerin/Geschäftsführerin	**10.000 − 4.000 − 1.100 − 800**	−600	3.500
Summe	15.000 − 2.500 − 1.100 − 0 − 600	=	10.800

fice Space), durch die DKD kein Wert geschaffen wird. Genaugenommen ist damit das Unternehmen Office Space gar kein Stakeholder der DKD, weil ja kein „Stake" auf dem Spiel steht und der Büroraum zu gleichen Konditionen an andere vermietet werden kann.

Ganz anders ist das beim Unternehmen Think Soft und vor allem beim freien Mitarbeiter und bei Frau Dr. Kluge selbst. Diese drei „Ressourcen" stehen zueinander in einer komplementären (man könnte auch sagen: synergetischen) Beziehung. In Kombination sind sie mehr „wert" als einzeln. Am ehesten ist in dieser synergetischen Beziehung noch die Think Soft ersetzbar, sofern es eine ähnliche Software auch von anderen Anbietern gibt. Solange diese synergetische Beziehung so gut funktioniert, funktioniert auch der Wertschaffungsprozess. Was die Wertverteilung betrifft, so haben die wichtigsten „Ressourcen" in aller Regel auch die größte Verhandlungsmacht bei der Aufteilung des geschaffenen Wertes und so fließt der Großteil des geschaffenen Kundenwertes letztlich diesen zentralen „Ressourcen" zu, ohne die es nicht geht.

Wären alle Faktormärkte, also nicht nur der Markt für Büroräume, sondern auch der Markt für Arbeitskräfte, die eine solche Datenanalyse erstellen können, und der Markt für die benötigte Software, annähernd vollkommene Märkte, dann würde für alle drei zuliefernden Stakeholder (Mitarbeiter, Office Space, Think Soft) keine Wertschaffung entstehen. Alle könnten ihre Dienste dann zu denselben Bedingungen einem anderen Unternehmen anbieten. Wäre ebenso der Absatzmarkt für solche Datenanalysen annähernd ein vollkommener Markt, wo man sich jederzeit zu einem gegebenen Marktpreis diese Datenanalysen kaufen kann, dann würde auch für den Kunden kein Wert geschaffen. In diesem Fall wäre die DKD dann ein Arbitrageunternehmen, und der einzige geschaffene Wert wäre der (sehr geringe) Arbitragegewinn für die Unternehmerin. Nur in diesem Fall wäre der insgesamt durch die Unternehmenstätigkeit geschaffene Wert gleichbedeutend mit dem (Arbitrage)Gewinn der Unternehmerin und das Ziel der Wertmaximierung für alle Stakeholder wäre gleichbedeutend mit der Maximierung des finanziellen Gewinns für die Unternehmerin. Für alle Stakeholder außer der Unternehmerin würde ja ohnehin kein

Wert geschaffen, weil sie in ihrer Kooperation mit dem Unternehmen genau das bekommen, was sie woanders genauso bekommen – damit hätten diese auch gar keine „Stakes" im Unternehmen und wären gar keine Stakeholder.

Das Ziel der Gewinnmaximierung ist also nur für Arbitrageunternehmen eine sinnvolle Unternehmenszielsetzung. Wenn allerdings tatsächlich alle Faktor- und Absatzmärkte annähernd vollkommen wären, dann wäre in einem solchen Marktgleichgewicht auch der Unternehmensgewinn annähernd Null. Mit anderen Worten: Unter den Bedingungen, unter denen Gewinnmaximierung ein sinnvolles Unternehmensziel ist (vollkommene Faktor- und Gütermärkte), kann abgesehen von relativ kleinen Arbitragegewinnen eigentlich gar kein Unternehmensgewinn erzielt werden. Insofern sind solche Markt-Gleichgewichtsmodelle zwar für volkswirtschaftliche Fragen des Funktionierens von Märkten wichtig, für die BWL haben diese aber nur eine Bedeutung als Referenzpunkt – also um zu erklären, warum gerade die *Un*vollkommenheit von Märkten Ausgangspunkt schöpferischen Unternehmertums ist.

Die Funktion von (schöpferischen) Innovationen ist ja gerade, Marktgleichgewichte und vollkommene Märkte „durcheinander zu bringen", indem ganz neue Produkte und ganz neue Lösungen hervorgebracht werden, für die es noch keine funktionierenden Märkte gibt. Innovationen schaffen Wert, indem sie das Unternehmen in „Monopolsituationen" bringen, beispielsweise durch einzigartige Produkte, die kein anderes Unternehmen anbieten kann. Gerade durch Marktunvollkommenheiten wird also Wertschaffung ermöglicht. Schöpferisches Unternehmertum ist darauf ausgerichtet, Werte für Stakeholder durch Innovation zu schaffen.

Der Finanzgewinn ist, wie im obigen Beispiel illustriert, nur der Teil der Wertschöpfung, der der Unternehmerin zufließt. Die (naheliegende) Zielsetzung der Unternehmerin, diesen ihr zufließenden Teil der Wertschöpfung langfristig zu maximieren, ist natürlich genauso sinnvoll und legitim, wie das Ziel von Arbeitskräften, Zulieferunternehmen und allen anderen Stakeholdern, ihren Anteil an der Wertschöpfung langfristig zu maximieren.

3.4 Von der Strategieentwicklung zur Strategieimplementierung

Die Entwicklung einer Unternehmensstrategie ist Aufgabe und Verantwortung der obersten Leitungsinstanz eines Unternehmens, also der Geschäftsführung bzw. des Vorstandes. Eine Unternehmensstrategie soll letztlich die Frage beantworten: Für welche Stakeholder wollen wir mit welchen Produkten/Leistungen auf welchen Märkten und auf welche Weise Wert schaffen und welche Ressourcen/Kompetenzen befähigen uns besonders dazu? Zur Beantwortung dieser Fragen ist es hilfreich, eine Analyse der Marktpositionierung des Unternehmens im Sinne des marktbasierten Ansatzes und eine Ressourcenanalyse im Sinne des ressourcenbasierten Ansatzes durchzuführen (ggf. beides zusammen und vereinfacht im Sinne einer SWOT-Analyse). Dabei ist zu spezifizieren, für welche Stakeholder in welcher Form Wert geschaffen wird und wie diese Stakeholder ihrerseits zur Wertschöpfung des Unternehmens beitragen.

Während die genaue Ausformulierung der Unternehmensstrategie ausschließlich für unternehmensinterne Zwecke gedacht ist, bezeichnet man die prägnante Formulierung von Kernelementen der Strategie als Vision oder als Mission. Sowohl Vision als auch Mission richten sich meist nicht nur an alle im Unternehmen Tätigen und sollen diese begeistern, sondern sie sollen auch nach außen prägnant zusammenfassen, wofür das Unternehmen steht. Eine Vision umreißt dabei eher, „wo das Unternehmen hinwill", und eine Mission (Mission Statement) beschreibt, warum das Unternehmen existiert und wofür es steht. Oft werden Vision und Mission auch nicht so genau getrennt. Beispiele für eine Vision sind: „To be one of the world's leading producers and providers of entertainment and information" (Disney) oder „To be the world's most loved, most efficient, and most profitable airline" (Southwest). Beispiele für Mission Statements sind „Offering a wide range of well designed, functional home furnishing products at prices so low that as many people as possible will be able to afford them" (IKEA) oder im Falle des Red Cross of America: „The American Red Cross prevents and alleviates human suffering in the face of emergencies by mobilizing the power of volunteers and the generosity of donors". Hier wird in einem Satz nicht nur der Zweck der Organisation umrissen, sondern es werden auch noch die drei Haupt-Stakeholder angesprochen (Beneficiaries, Volunteers, Donors) und die besondere Kompetenz der Organisation bei der Mobilisierung und Organisation von Unterstützung für die Hilfsbedürftigen.

So wie das für Non-Profit-Organisationen schon immer der Fall war, wird es auch für Unternehmen immer wichtiger, einen klaren Zweck (Purpose) zu formulieren, der über das Formalziel des Geldverdienens hinausgeht und dadurch die für das Unternehmen Tätigen auf allen Ebenen motiviert und einen „Sinn" für die jeweiligen Tätigkeiten begründet. Allgemein betrachtet, besteht der Purpose von Unternehmen darin, Wert für seine Stakeholder zu schaffen. Ein Mission Statement, das den Purpose auf den Punkt bringt, sollte daher prägnant formulieren, wie das Unternehmen Wert für seine Stakeholder schafft (vgl. Grabner & Speckbacher, 2021).

Strategien sind aber wirkungslos, wenn sie nur in den Köpfen der Geschäftsführung oder nur in Form von „Strategiepapieren" existieren und nicht in tägliches Handeln auf allen Ebenen des Unternehmens übersetzt werden. Für den Erfolg von Unternehmen ist die effektive „Execution", also die Umsetzung von Strategien innerhalb des Unternehmens von ebenso hoher Bedeutung wie die Entwicklung einer guten Strategie.

Ein Mission Statement gibt zwar eine grobe Richtung vor und umreißt Sinn und Werte grob, ist aber in der Regel viel zu allgemein, um Führungskräften und Arbeitskräften im Unternehmensalltag Orientierung zu geben, was von ihnen genau erwartet wird und anhand welcher Kriterien sie Entscheidungen treffen sollen. In der Strategieimplementierung unterscheidet man vier grundsätzliche Praktiken, um eine Strategie in konkretes Handeln auf allen Ebenen eines Unternehmens zu übersetzen. Bei der Umsetzung ihrer Strategien müssen Unternehmen nicht nur innerhalb der vier grundsätzlichen Praktiken zur Strategieumsetzung die geeigneten Maßnahmen wählen, sondern sie müssen auch Maßnahmen aus allen vier Praktiken so kombinieren, dass eine effektive Umsetzung der Strategie gewährleistet werden kann (vgl. dazu Merchant & Van der Stede, 2023; Feichter & Grabner, 2020).

(1) Umsetzung über Ergebnisse: Formulieren und Herunterbrechen strategischer Ziele

Unternehmen formulieren ihre Strategie in der Regel in Form von strategischen Zielen. Häufig enthalten auch bereits Mission Statements die wichtigsten strategischen Ziele, wie etwa im obigen Beispiel von Disney das Ziel der Branchenführerschaft oder im Falle von Southwest ein positives Kundenimage, Effizienz der Leistungserstellung und hohe Profitabilität. Üblicherweise wird die Strategie in mehrere derartige strategische Ziele übersetzt.

Um die Verbindlichkeit der Ziele zu erhöhen und um die Zielerreichung besser planen und nachverfolgen zu können, werden Ziele üblicherweise in Form von Messgrößen operationalisiert. Profitabilität kann beispielsweise in Form des Gewinnes oder als Steigerung des Börsenkurses bzw. des Unternehmens-Börsenwertes (Marktkapitalisierung) operationalisiert werden. Eine angestrebte Branchenführerschaft kann in Form von Marktanteilen definiert werden. Da es in der Strategie im Kern um die Wertschaffung für die wesentlichen Stakeholder geht, ist es allerdings sinnvoll, nicht nur strategische Ziele für die Eigentümerwertschaffung, also die Produzentenrente (z. B. Gewinn, Börsenkurs) und Kundenziele im Hinblick auf die Konsumentenrente (Marktanteil, Kundenzufriedenheit, Markenimage etc.) zu definieren, sondern für alle relevanten Stakeholder strategische Wertschaffungsziele festzulegen (vgl. Speckbacher, Bischof & Pfeiffer, 2003).

Die strategischen Ziele auf Gesamtunternehmensebene werden üblicherweise auf Ziele für Teilbereiche im Unternehmen und gelegentlich sogar auf Teamziele und individuelle Ziele „heruntergebrochen". Oft erfolgt dies in Zielvereinbarungsgesprächen, wo Führungskräfte mit den ihnen zugeordneten Arbeitskräften gemeinsam festlegen, durch welche Ziele und Ergebnisse sie zur Erreichung der übergeordneten strategischen Ziele am besten beitragen können. Dabei werden meist Zielwerte (Targets) definiert, und auch die dafür benötigten Ressourcen werden vereinbart (beispielsweise wie viel ein bestimmter Bereich von einer Leistung produzieren soll, wie viel verkauft werden soll und welche Finanzmittel und Personalressourcen dafür benötigt werden). Der Planungsprozess der Vereinbarung von Zielen und die Zuordnung dafür erforderlicher Ressourcen auf Unternehmensteilbereiche wird auch als *Budgetierung* bezeichnet. Hierbei ist darauf zu achten, dass es sich bei den festgelegten Zielen tatsächlich um strategisch relevante Ziele handelt, deren Zusammenhang mit den übergeordneten strategischen Zielen des Unternehmens ersichtlich ist.

Häufig werden Teams oder einzelne Arbeitskräfte auch zu zielgerechtem Handeln motiviert, indem diese bei Zielerreichung Bonuszahlungen oder andere Belohnungen bekommen (leistungsabhängige Bezahlung, Anreize). Das beschriebene Herunterbrechen von Zielen kann auf sehr unterschiedliche Weise erfolgen. Im klassischen „Management by Objectives" wurden oft Ziele „von oben" vorgegeben ohne Einflussmöglichkeiten derjenigen, die diese Ziele erreichen sollten. Die Idee dahinter war, dass das Erreichen von Zielen in jedem Teilbereich einer Hierarchieebene im Unternehmen sicherstellen sollte, dass die

Ziele auf der nächsthöheren Ebene und am Ende die strategischen Ziele auf der Gesamt-unternehmensebene erreicht werden. Modernere Varianten, wie etwa der „Objectives and Key Results (OKR)"-Ansatz setzen nicht mehr so sehr auf einen Top-Down-Ansatz, wo Ziele von oben nach unten heruntergebrochen werden, sondern Ziele werden gemeinsam in einem interaktiven Prozess vereinbart, und Ziele sind auch wesentlich flexibler. Häu-fig liegt der Fokus beim Festlegen strategischer Ziele auch nicht mehr auf „what gets measured, gets done", sondern auf „you learn what you measure". Wird beispielsweise eine Kennzahl für Kundenzufriedenheit definiert, die sich aus den bei Kundenbefragun-gen erhobenen Daten und Mängelrügen zusammensetzt, dann geht es weniger darum, dass diese Kennzahl immer weiter verbessert wird, sondern vielmehr darum, die Kennzahl als Diskussionsgrundlage zu verwenden, was eigentlich genau unter Kundenzufriedenheit verstanden werden soll, warum sich bestimmte Dimensionen der Kundenzufriedenheit unterschiedlich entwickelt haben, und dergleichen mehr.

(2) Umsetzung über Verhaltensvorgaben
Bei der Umsetzung von Strategien über Zielvorgaben ist die Grundidee, dass nur Ergeb-nisse vorgegeben werden, während die für diese Ergebnisse verantwortlichen Individuen, Teams und Unternehmensbereiche am besten selbst entscheiden, wie und mit welchen Aktivitäten sie diese erreichen. Entscheidend ist demnach, was am Ende herauskommt, während man annimmt, dass die handelnden Personen selbst am besten wissen, durch welche Verhaltensweisen sie die Ergebnisse erzielen. Neben solchen ergebnisorientierten Zielvorgaben gibt es in allen Organisationen auch Verhaltensvorgaben. Das beginnt bei der Festlegung von Arbeitszeiten und Anwesenheitszeiten und geht bis hin zu Regelun-gen, wer welche Entscheidungen treffen darf, welche Vorschriften zur Arbeitssicherheit zu berücksichtigen sind oder welche Prozesse bei bestimmten Aufgaben einzuhalten sind (beispielsweise Pflicht zur schriftlichen Dokumentation von Arbeitsabläufen oder Hygie-nevorschriften in Restaurants). Beispielsweise kann ein Unternehmen eine Qualitätsfüh-rerstrategie auch dadurch umsetzen, dass bei der Herstellung von Produkten genaue Ar-beitsabläufe einzuhalten sind, oder Kundenorientierung als strategisches Ziel kann durch einen Katalog von Verhaltensregeln gegenüber Kundinnen und Kunden sichergestellt wer-den.

(3) Umsetzung über Werte und Unternehmenskultur
Die Umsetzung von Strategien in tägliches Handeln kann auch über klar kommunizierte Werthaltungen geschehen. Beispielsweise können Unternehmen eine besonders kunden-orientierte Kultur etablieren, um sich von anderen Unternehmen strategisch zu differen-zieren. In Unternehmen, in denen Kreativität und Innovation als wichtige Werte gesehen werden, kann es auch sinnvoll sein, eine „fehlertolerante Kultur" zu etablieren, wo es nicht als negativ gesehen wird, Dinge auszuprobieren und Fehler zu machen, sondern wo Fehler als Lernmöglichkeit gesehen werden. Genauso können Unternehmen, die eine Kostenfüh-rerstrategie verfolgen, eine Sparsamkeitskultur etablieren.

Das Etablieren einer Kultur kann formell erfolgen, indem ein Regelwerk erstellt wird, das die Werte des Unternehmens, und was diese konkret bedeuten, schriftlich zusammenfasst (Code of Conduct). Besonders wirkungsvoll ist aber, wenn Führungskräfte selbst die Unternehmenskultur vorleben. Fehlertoleranz kann beispielsweise „gelebt" werden, indem Führungskräfte ein Team vor anderen dafür loben, etwas ausprobiert zu haben, obwohl das dann schiefgegangen ist. Sparsamkeitskultur kann beispielsweise (durchaus auch symbolisch) vorgelebt werden, indem Führungskräfte mit dem Fahrrad zur Arbeit kommen, in ihrem Büro die Heizung im Winter niedrig stellen und im Sommer auf eine Klimaanlage verzichten, nicht notwendiges Licht in Gängen abgeschaltet wird und ähnliches. Kultur verbreitet sich und manifestiert sich in Unternehmen, indem Verhalten, das in Einklang mit der Kultur steht, sozial anerkannt wird, indem Geschichten und Beispiele über besonders Werte-konformes Verhalten anerkennend weitererzählt werden und indem Rituale entstehen, die Werte erlebbar machen. Natürlich müssen die Kultur und die gelebten Werte aber zu den Zielvorgaben und Verhaltensregeln passen.

(4) Umsetzung über Personalauswahl und Personalführung
Der Prozess der Strategieumsetzung beginnt aus Personalsicht bei der Personalauswahl. Das betrifft natürlich zunächst den vorigen Punkt, weil Werte und Unternehmenskultur besonders durch die Auswahl von Arbeitskräften mit passenden Werten geprägt werden. Der Personalauswahlprozess wird sich auch zwischen Unternehmen mit einer Qualitätsführerstrategie deutlich unterscheiden von Unternehmen mit einer Kostenführerstrategie. Beispielsweise wird ein Gastronomiebetrieb mit hoher Kundenorientierung besonderen Wert auf freundliches Personal mit guten Umgangsformen legen, während ein Billiganbieter vor allem auf Geschicklichkeit und Effizienz von Personal bedacht sein wird.

Neben der Personalauswahl spielen auch Trainings und Weiterbildungsmaßnahmen eine wichtige Rolle für die Strategieumsetzung. Gerade im Hinblick auf die Vermittlung von strategisch wichtigen Kernkompetenzen sind Trainings wichtig (z. B. Verkaufstrainings). Auch die Frage, ob bei Beförderungen eher internes Personal bevorzugt wird oder Führungspositionen grundsätzlich mit Externen besetzt werden, hat wichtige Implikationen für die Strategieumsetzung. Wenn beispielsweise ein soziales Miteinander, Teilen von Wissen und langfristiges Denken im Vordergrund stehen, können interne Besetzungen vorteilhaft sein, während externe Besetzungen eher Zugang zu neuem Wissen und Diversität fördern können, was Kreativität und Innovation stärken kann.

3.5 Internationalisierung, Strategische Allianzen und Business Ecosystems

In den vergangenen Jahren hat sich der Wettbewerb zwischen Unternehmen zunehmend internationalisiert. Zwischen Ländern bestehen in der Regel wesentliche Unterschiede, die für wirtschaftliche Tätigkeit relevant sind. Solche Unterschiede bestehen nicht nur hinsichtlich Sprache, Kultur und politischen Rahmenbedingungen, sondern auch die rechtlichen Rahmenbedingungen, etwa das Unternehmensrecht, Steuerrecht, Arbeitsrecht oder Umweltrecht, sind unterschiedlich, und es gibt zusätzlich viele institutionelle Unterschiede, etwa hinsichtlich des Bankensystems oder der Bedeutung von Gewerkschaften. Unternehmen, die international tätig sein wollen, müssen diese Rahmenbedingungen bei der Entwicklung und Umsetzung ihrer Strategien im Blick haben.

Entwicklung internationaler Strategien
Zunächst bietet Internationalisierung die Möglichkeit für zusätzliche Größenvorteile, also Economies of Scale. Durch den Export hergestellter Güter und Leistungen in andere Länder werden neue Absatzmärkte erschlossen und dadurch kann in größeren Stückzahlen produziert werden. Unter Economies of Scale versteht man den (bereits im Abschnitt zum Market-based View) angesprochenen Zusammenhang, dass bei zunehmenden Stückzahlen in der Produktion eines bestimmten Produktes die Herstellungskosten pro Stück sinken. Ein wesentlicher Grund dafür sind Lerneffekte. Je häufiger Tätigkeiten bei der Herstellung von Produkten ausgeführt werden, umso besser lernen Arbeitskräfte diese Tätigkeiten und umso besser lernen Unternehmen, Schwachstellen zu vermeiden und den Herstellungsprozess besser zu organisieren. Ein weiterer wichtiger Grund für Economies of Scale ist, dass Maschinen und Fertigungsanlagen besser ausgenutzt werden können. Wenn eine teure Produktionsmaschine, ein Gebäude oder eine Software in der Verwaltung oder ein LKW für die Auslieferung der Produkte sowieso angeschafft werden muss, dann lohnt sich diese Investition mehr, wenn mehr produziert wird (Fixkostendegression). Außerdem haben Unternehmen, die mehr produzieren, eine größere Marktmacht im Einkauf, weil sie Rohstoffe und Bauteile in größeren Mengen einkaufen und dadurch oft günstigere Einkaufspreise erzielen können.

Durch Internationalisierung können Unternehmen aber nicht nur bestehende Produkte in höheren Stückzahlen produzieren und dadurch Economies of Scale erzielen, sondern es entstehen auch Verbundvorteile (Synergieeffekte) durch die Kombination verschiedener Produkte und verschiedener Märkte in unterschiedlichen Ländern, also Economies of Scope. Von Economies of Scope spricht man, wenn ein Unternehmen, das gleichzeitig mehrere Produkte anbietet oder in mehreren Ländern tätig ist, Vorteile realisieren kann gegenüber Unternehmen, die nur eines dieser Produkte anbieten oder nur auf einem der Märkte tätig sind. Beispielsweise können Unternehmen, die in einem Land bereits eine bekannte Marke aufgebaut haben, davon profitieren, dass diese Marke auch schon in anderen Ländern bekannt ist. Internationale Verbundvorteile ergeben sich auch, wenn ein Unternehmen durch internationale Tätigkeit Risiken beispielsweise dadurch reduzieren kann, dass ein Nachfragerückgang durch eine Wirtschaftskrise in einem Land durch eine gleichbleibende oder sogar steigende Nachfrage in einem anderen Land abgefedert wird. Ebenso kann ein Markt für ein bestimmtes Produkt in einem Land unattraktiver werden, weil beispielsweise ein neuer Konkurrent auftritt oder weil der Markt zunehmend gesättigt ist bzw. sich die Bedürfnisse und Wünsche der Konsumentinnen und Konsumenten geändert haben. Auch derartige Risiken können multinationale Unternehmen reduzieren, weil derartige Entwicklungen auf einzelnen Ländermärkten dann durch andere Länder aufgefangen werden können.

Für die Internationalisierung von Unternehmen gibt es unterschiedliche Strategien. Manche Unternehmen produzieren ausschließlich im Heimatland des Unternehmens, konzentrieren auch alle Verwaltungstätigkeiten im Heimatland und internationalisieren ihre Tätigkeiten ausschließlich durch Export der im Heimatland hergestellten Produkte. Der Vorteil dabei ist, dass kaum Investitionen in anderen Ländern mit all den verbundenen Risiken notwendig sind und dass hohe Economies of Scale möglich sind. Allerdings entstehen auch Risiken, wenn Unternehmen nicht vor Ort in den jeweiligen Ländern sind und ihre Produkte und deren Vermarktung nicht auf nationale Besonderheiten anpassen. Beispielsweise hat Red Bull zu Beginn diese Strategie gewählt. Heute ist Red Bull aber in fast 200 verschiedenen Ländern vor Ort präsent. Wenn Unternehmen auch außerhalb des Heimatlandes produzieren, dann haben sie einerseits breiteren Zugang zu Wissen und unterschiedlichen Qualifikationen, und andererseits können sie auch Kostenvorteile ausnutzen, die dadurch entstehen, dass die Arbeitskosten international unterschiedlich sind. Seit jeher war der Zugang zu Arbeitskräften und der Zugang zu Ressourcen wie etwa Bodenschätzen, die im eigenen Land nicht verfügbar waren, ein entscheidender Treiber der Internationalisierung.

Neben den genannten Chancen beinhalten Internationalisierungsstrategien aber auch spezifische Risiken. Neben den offensichtlichen politischen Risiken, etwa durch instabile politische Rahmenbedingungen, und rechtlichen Risiken gibt es auch eine Reihe von wirtschaftlichen Risiken, wie etwa Währungsrisiken. Zudem entstehen Risiken aufgrund der Unterschiede in den Rahmenbedingungen des Wirtschaftens. Beispielsweise könnten Unternehmen versucht sein, ihre Produktion in Länder mit niedrigeren Umweltstandards, sozialen Standards oder Arbeitssicherheitsstandards zu verlegen. Dadurch lassen sich zwar Produktionskosten verringern, aber es entstehen beträchtliche Risiken, weil bei Bekanntwerden von Umweltschäden, Arbeitsunfällen oder Fällen von inakzeptablen Arbeitsbedingungen Kundinnen und Kunden die so hergestellten Produkte ablehnen, auch wenn die Produktion allen Regelungen am jeweiligen Produktionsstandort entspricht.

Umsetzung internationaler Strategien
Internationalisierung von Unternehmen wirkt sich nicht nur auf die Strategieentwicklung aus, sondern auch auf die Strategieimplementierung (vgl. Malmi et al., 2020). Eine Grundfrage des internationalen Managements betrifft die Entscheidung, ob und inwiefern Unternehmensführungs- und Managementpraktiken auf regionale Besonderheiten angepasst werden sollten. Mit anderen Worten, es stellt sich die Frage, ob Managementpraktiken gleichermaßen funktionieren und dieselben Konsequenzen haben, unabhängig davon, ob sie in Europa, USA, Asien, Afrika oder wo auch immer eingesetzt werden (vgl. Feichter & Speckbacher, 2011).

Beispielsweise haben Studien gezeigt, dass Anreizsysteme (beispielsweise Verkaufsprovisionen bei Autohändlern) in unterschiedlichen Ländern unterschiedlich gut von Arbeitskräften angenommen werden und unterschiedlich gut funktionieren. Allgemeiner formuliert, funktionieren bestimmte Vorgehensweisen zur Implementierung einer Strategie durch die Vorgabe von Ergebnissen oder über Verhaltensvorgaben in unterschiedlichen Kulturen unterschiedlich gut. Andererseits hat eine Standardisierung von Regeln und Praktiken Vorteile und es ist naheliegend, dass Arbeitskräfte eine länderspezifische Ausgestaltung von Vorgehensweisen unfair finden, beispielsweise wenn es um Kriterien für Bonuszahlungen oder Lohnerhöhungen geht.

Die Frage für multinationale Unternehmen ist dann, ob sie ihre Strategie mit auf die jeweiligen nationalen Verhältnisse angepassten Anreizsystemen, Ergebnisvorgaben und Verhaltensregeln umsetzen sollen oder eher eine Vereinheitlichung anstreben sollten. Sollte beispielsweise ein US-amerikanisches Unternehmen eine Niederlassung in Asien oder in Europa exakt nach US-amerikanischem Muster führen?

Auch die Frage einer einheitlichen Unternehmenskultur ist offensichtlich nicht einfach zu beantworten, weil Arbeitskräfte auch durch eine nationale Kultur und für ein bestimmtes Land typische Werthaltungen geprägt sind. Werte eines Unternehmens können auch in unterschiedlichen Ländern unterschiedlich interpretiert werden und damit unterschiedliche Konsequenzen für das Handeln haben. Beispielsweise unterscheiden sich Kulturen darin, wie hoch der übliche Respekt von Personen vor einer Führungskraft ist. In manchen Ländern ist es durchaus üblich und sogar erwünscht, seiner Führungskraft auch öffentlich zu widersprechen. In anderen Ländern wäre dies ein unverzeihlicher Gesichtsverlust für die Führungskraft.

Ein Beispiel, wie international tätige Unternehmen neue Ideen und Geschäftsbereiche international etablieren, ist McDonalds mit der Einführung von McCafé. Ausgehend von einem ersten McCafé, das 1993 in Melbourne, Australien, eröffnet worden war, öffneten seit Anfang der 2000er-Jahre bis heute sukzessive Tausende McCafés weltweit. Bei dieser internationalen Expansionsstrategie nutzte McDonalds aus, dass Starbucks erst relativ spät in bestimmte Märkte, z. B. Deutschland und Österreich, eintrat, und so konnten sich McCafés dort relativ unbedrängt etablieren. In den USA taten sich die McCafés hingegen schwerer gegen die dort bereits sehr gut etablierten Starbucks-Cafés.

Auch für die Strategie der „lokalen Anpassung" ist McDonalds ein gutes Beispiel. Als McDonalds Anfang der 2000er-Jahre ins Straucheln kam und vor allem junge Kundschaft an Anbieter mit gesünderem Essen verlor, reagierte McDonalds darauf mit ebenfalls gesünderen Alternativen, wie etwa Salaten, und vor allem auch mit stärker an regionale Essgewohnheiten in den einzelnen Ländern angepasste Wahlmöglichkeiten.

Andererseits gibt es aber auch Beispiele wie Apple, wo eine globale Marke definiert wird und wo die Produkte so gut wie gar nicht auf lokale Besonderheiten angepasst werden (abgesehen von z. B. lokal angepassten Tastaturen). Manche Unternehmen, wie Starbucks, verwenden auch bewusst eine „globale Sprache" mit einem bestimmten Vokabular und Bestellsystem, mit der Absicht, eine gemeinsame Kaffeekultur zum Ausdruck zu bringen.

Strategische Allianzen und Business Ecosystems
Auch Partnerunternehmen können als Teil des Wertschöpfungsprozesses gesehen werden, manchmal sogar die Konkurrenz. Beispielsweise kooperieren Autohersteller oft eng

mit Zulieferfirmen, etwa Lieferanten von elektronischen Bauteilen, um die Zulieferfirmen bereits bei der Entwicklung neuer Automodelle einzubeziehen und gemeinsam Innovationen für neue Automodelle umzusetzen. Handelt es sich bei den Kooperationspartnern um selbständige Unternehmen, die zu strategischen Zwecken kooperieren, dann spricht man von einer strategischen Allianz. In manchen Fällen gründen die in einer strategischen Allianz kooperierenden Unternehmen ein gemeinsames Unternehmen. Beispielsweise können zwei Automobilunternehmen für die gemeinsame Entwicklung leistungsfähigerer Batterien ein neues Unternehmen gründen, an dem sich die kooperierenden Unternehmen gemeinsam beteiligen (sogenanntes Joint Venture).

Die Motive für Unternehmenskooperationen können sehr unterschiedlich sein (vgl. Hoffmann, 2007; Speckbacher, Hoffmann & Neumann, 2015). Oft geht es darum, Entwicklungskosten durch Kooperation zu sparen, Risiken zu senken oder Zugang zu Knowhow zu erhalten. Letztlich geht es immer darum, sich durch Kooperation gegenüber der Konkurrenz einen Vorteil zu verschaffen. So bildete beispielsweise das größte deutsche Versicherungsunternehmen, die Allianz Versicherungen, mit Volkswagen im Jahr 2013 ein Joint Venture, die Volkswagen Autoversicherung AG, um dadurch eine führende Stellung im Markt für Autoversicherungen zu erlangen. An dem neu gebildeten Unternehmen beteiligte sich die Allianz zu 51 % und VW zu 49 %. Manchmal kooperieren auch direkte Konkurrenten. Über viele Jahre hinweg kooperierte Austrian Airlines eng mit der Lufthansa, obwohl es sich um Konkurrenzunternehmen handelte. Beide Unternehmen waren zudem Mitglieder einer übergeordneten strategischen Allianz von Flugunternehmen, der Star Alliance. Teilweise wurden dabei Strecken gemeinsam von Maschinen der Lufthansa und der Austrian Airlines im „Code Sharing" beflogen (anstatt sich gegenseitig Konkurrenz zu machen) und die dabei erzielten Erlöse wurden gemäß einer Vereinbarung zwischen den beiden damals selbständigen Luftfahrtunternehmen aufgeteilt. Im Jahr 2009 übernahm die Lufthansa schließlich Austrian Airlines. Als ein weiteres Beispiel für eine Unternehmenskooperation schloss Austrian Airlines im Jahr 2022 eine Kooperationsvereinbarung mit dem österreichischen Energieunternehmen OMV zum Ausbau der Produktion und Weiterentwicklung nachhaltiger Flugkraftstoffe, sogenannter Sustainable Aviation Fuels (SAF).

Während strategische Allianzen zwischen Unternehmen seit langem typischer Bestandteil von Unternehmensstrategien sind, werden Strategien in jüngerer Zeit nicht mehr nur vom Standpunkt eines Unternehmens und seiner formell eingegangenen Partnerschaften aus betrachtet, sondern es werden bei Unternehmensstrategien zunehmend auch die informellen Beziehungen eines Unternehmens und seine Rolle im größeren „wirtschaftlichen Ökosystem" betrachtet. In Anlehnung an die Natur, wo einzelne Lebewesen Teil einer Lebensgemeinschaft unterschiedlicher, miteinander in Verbindung stehender und teilweise voneinander abhängiger Lebewesen, eines Ökosystems, sind, spricht man hier von Business Ecosystems. Als Apple 2007 das iPhone auf den Markt brachte, war dies weit mehr als eine technische Innovation. Die entscheidende Innovation beim iPhone war die Idee, über den App Store das iPhone als Plattform für unterschiedlichste Apps zu nutzen. Damit war ein sogenanntes Business Ecosystem zum gegenseitigen Vorteil entstanden.

Die Anbieter von Apps, wie beispielsweise Skype oder Facebook und später Instagram, WhatsApp etc. profitierten davon, dass ihre Dienste nun ständig unterwegs genutzt werden konnten und nicht nur per PC oder Notebook. Umgekehrt profitierte Apple (ebenso wie später andere Smartphone-Hersteller) davon, dass man mit dem iPhone viel mehr anfangen konnte als mit einem klassischen Handy.

In einem Business Ecosystem erzeugen unterschiedliche, selbständige Unternehmen (im Beispiel Apple, Skype, Facebook etc.) in einer Art Symbiose gemeinsam einen Kundennutzen. Dabei profitieren die Unternehmen zwar voneinander, aber es entsteht natürlich auch das Problem, wer vom gemeinsamen Wertschöpfungs-Kuchen wie viel abbekommt. Beispielsweise war Google Maps anfangs eine App, die üblicherweise auf dem iPhone genutzt wurde. Google konnte dadurch sehr viele Nutzerdaten sammeln, die u. a. für Werbezwecke und damit als Einnahmequelle interessant waren und die Apple lieber selbst gehabt hätte (viele andere Apps sind zudem mit der Mapping App kombiniert, wodurch der Betreiber der Mapping App viele Möglichkeiten zum Datensammeln und zur Nutzung für Werbung erhält). Daher entwickelte Apple eine eigene Mapping-App, die von 2012 an standardmäßig auf iPhones vorinstalliert war und die Google Maps von iPhones verdrängen sollte.

Google hatte zudem ein zu Apple konkurrierendes Ecosystem als Plattform für Apps aufgebaut. Im Jahr 2005 hatte Google das Unternehmen Android gekauft, und auf dieser Basis wurde dann von Google ein eigenes Betriebssystem für Smartphones entwickelt sowie ein App Store (Google Play) als Konkurrenz zu Apples App Store. Heute werden etwa drei Viertel aller verkauften Smartphones (darunter Samsung) mit Android und Google Play bestückt. Anders als Apple, das seine Smartphones mit einem eigenen Betriebssystem und dem AppStore bestückt, hat z. B. Samsung von Anfang an Android genutzt sowie Google Play und sich damit teilweise abhängig von Google gemacht. Es konkurrieren also heute letztlich zwei Business-Ecosystems miteinander, wobei das eine von Apple dominiert wird und das andere von Google. Im Dominieren eines Ökosystems ist auch ein wichtiger Grund zu sehen, warum Apple und Google heute zu den zehn wertvollsten Unternehmen der Welt gehören.

3.6 Strategien und Wertschöpfung für Stakeholder in Non-Profit-Organisationen

Stellen Sie sich vor, Sie haben die Idee, eine Organisation zu gründen, die in einer sehr armen Gegend in Afrika Projekte für den Bau von Schulen organisiert. Die Idee dahinter ist offensichtlich, dass Bildung der entscheidende Schlüssel zur Überwindung von Armut ist und dass Sie so einen Beitrag zu einer Welt ohne Armut leisten können. Wer sind hier die wesentlichen Stakeholder, für die Wert geschaffen wird? Zuallererst natürlich die Kinder, die derzeit keine Chance auf Bildung haben und dort einmal zur Schule gehen werden. Allerdings können alle Pläne nur umgesetzt werden, wenn genug Geld zur Verfügung steht und auch Menschen, die sich für die Organisation ehrenamtlich engagieren, vielleicht sogar vor Ort Personal und Material für den Bau der Schulen organisieren, mit den Behörden vor Ort verhandeln, Baugenehmigungen einholen usw. Auch das sind alles wesentliche Stakeholder.

Welcher Wert wird für die Stakeholder geschaffen, die Geld oder ihre Arbeitskraft zur Verfügung stellen? Es ist vor allem das gute Gefühl, etwas Gutes zu tun und die Welt ein bisschen besser zu machen.

Eine Wertschaffung entsteht aber nur dann, wenn die betroffenen Stakeholder tatsächlich wahrnehmen, dass ihre finanzielle Spende oder ihr eigener Einsatz als ehrenamtliche Arbeitskraft nicht umsonst war und der gute Zweck auch effektiv erreicht wurde. Der durch die Stakeholder wahrgenommene Wertbeitrag zur Bekämpfung von Armut muss also jedenfalls höherwertig sein, als die von den Stakeholdern eingebrachten Ressourcen in Form von Geld oder persönlicher Arbeitskraft.

Die Wertschaffungslogik unterscheidet sich in einer Non-Profit-Organisation von einem erwerbswirtschaftlichen Unternehmen nur insofern, als es in der Non-Profit-Organisation, anders als etwa im obigen Beispiel der Dr. Kluge Datamining (DKD), keine Eigentümerin gibt, die den Finanzüberschuss (Gewinn) als Belohnung für ihre Tätigkeit erhält. Wer eine Non-Profit-Organisation gründet und mit seinem eigenen Geld finanziert, hat keinen Anspruch auf erzielte finanzielle Überschüsse, weil alle erzielten Überschüsse in der Organisation verbleiben und vollständig dem Zweck der Organisation zugutekommen. Selbst Personen, die Geld für die Organisation spenden, haben, anders als Geldgeber eines erwerbswirtschaftlichen Unternehmens, keinen Anspruch auf Rückzahlung der Spenden oder auf etwaig entstehende Gewinnanteile.

Wie bei erwerbswirtschaftlichen Unternehmen geht es bei Strategien von Non-Profit-Organisationen um die grundlegende Frage, wie dauerhaft Wert für die Stakeholder geschaffen werden kann. Aus Sicht des marktbasierten Ansatzes (Market-based View) ist die Frage zu beantworten, ob tatsächlich Bedarf besteht an den Leistungen, die die Organisation anbietet oder ob es bereits Organisationen („Konkurrenten") gibt, die ähnliche Projekte durchführen. Aus ressourcenbasierter Sicht (Resource-based View) ist zu analysieren, welche Fähigkeiten und Ressourcen die Organisation besonders befähigen, Wert für die Stakeholder zu schaffen.

Nur wenn klar ist, dass Spenden und ehrenamtliche Arbeit von Stakeholdern tatsächlich die erwünschte Wirkung auf das Wohl der Kinder vor Ort haben, wird Wert für die Stakeholder geschaffen. Hierbei wird aber noch deutlicher als in vielen erwerbswirtschaftlichen Unternehmen, dass die erhoffte Wirkung stark von der Tätigkeit anderer Organisationen im „Business Ecosystem" abhängt. Das liegt daran, dass die Bekämpfung von Armut ein wesentlich komplexeres Ziel ist als beispielsweise die Herstellung guter Gerichte in einem Restaurant, und dass daher kaum eine einzelne Organisation allein dieses komplexe Ziel erreichen kann. Daher ist auch wichtig, ob es andere Akteure, vielleicht sogar Kooperationspartner gibt, mit deren Hilfe die Organisation das Ziel der Armutsbekämpfung noch besser erreichen und dadurch noch mehr Wert für die Stakeholder schaffen kann.

Nehmen wir an, es gelingt wirklich, Schulen zu bauen, geeignete Lehrkräfte anzustellen und einen guten Schulbetrieb zu organisieren. Ob der eigentlich beabsichtigte Erfolg

Tab. 3.2 Busines Model Canvas für Non-Profit-Organisationen. (Quelle: Horak und Speckbacher (2022) in Anlehnung an Osterwalder & Pigneur, 2010)

Schlüsselpartnerschaften	Schlüsselaktivitäten	Social Value Proposition	Beziehung mit Zielgruppen („Beneficiaries")	Outcomes und Impact
Was sind unsere wichtigsten Partnerschaften? Zu welchen (Schlüssel-)Ressourcen ermöglichen uns diese Partnerschaften Zugang?	Welche Aktivitäten sind notwendig für die Realisation unserer Value Proposition?	Was ist unser spezifischer Ansatz und Weg, um Wert für unsere Stakeholder zu schaffen? Für welche Stakeholdern bieten wir eine Lösung an und warum schafft diese mehr Wert als Angebote anderer Organisationen? Auf welche gesellschaftlichen Probleme geben wir inwiefern eine Antwort?	Für wen sind wir hauptsächlich da und welche Beziehung zu uns wünschen sich die Zielgruppen unserer Leistungen? Was sind deren Erwartungen an unsere Organisation, wie wollen wir die Beziehungen gestalten?	Für welche Stakeholder schaffen wir Wert und wie? Wie kann man diese Wertschaffung messen und welche Werte sind unseren Stakeholdern wichtig? Welche gesellschaftlichen Veränderungen streben wir an und was ist im Zusammenwirken mit anderen hier genau unser Beitrag?
	Schlüsselressourcen		**Leistungserbringung bei den Zielgruppen**	
	Welche besonderen Ressourcen (Infrastruktur, Knowhow …) besitzen wir urd welche Schlüsselressourcen brauchen wir, um unsere Value Proposition umzusetzen?		Wie machen wir unsere Zielgruppen auf uns aufmerksam? Wie helfen wir unseren Zielgruppen, unsere Leistungen zu erkennen und zu wertschätzen? Welche Kommunikationskanäle nutzen wir? Wie gestalten wir den Zugang zu unseren Leistungen für die Zielgruppen? Wie gestalten wir die Beziehung zu unseren Zielgruppen langfristig und nachhaltig?	

Kostenstruktur

Was sind in unserer Wertschaffungslogik die wichtigsten Kostentreiber und Kostenarten? Was sind die Kosten der Bereitstellung unserer Schlüsselressourcen und zur Aufrechterhaltung unserer Schlüsselaktivitäten?

Finanzierungsquellen

Wie stellen wir die Finanzierung unserer Aktivitäten sicher? Was erwarten unsere Geldgeber von uns und wie stellen wir eine nachhaltige Finanzierung sicher? Welche Risiken gibt es? Wie könnten neue Finanzierungsquellen erschlossen werden?

eintritt, hängt dann von einer Reihe von Faktoren ab. Beispielsweise kann sein, dass die Kinder wegen Unterernährung oder Erkrankungen oft gar nicht in die Schule gehen können. Im Idealfall gibt es andere Non-Profit-Organisationen, die genau darauf spezialisiert sind. Also Non-Profit-Organisationen, die Essen für die Kinder anliefern können oder die Medikamente liefern können und ärztliche Versorgung auch in entlegenen Gebieten organisieren können. Wichtig für den angestrebten Erfolg sind vielleicht auch Organisationen, die das Knowhow haben, Brunnen zu graben und für sauberes Wasser zu sorgen. Zudem bewirkt eine gute Ausbildung noch relativ wenig, wenn die Kinder nach erfolgreicher Beendigung der Schule keine geeignete Berufsausbildung machen können. Im Idealfall gibt es auch hierfür Non-Profit-Organisationen, die die Fähigkeiten und Ressourcen haben, effektiv zu unterstützen. Unter Umständen gibt es sogar eine Non-Profit-Organisation, die darauf spezialisiert ist, junge Menschen in Afrika bei der Gründung eigener Unternehmen zu unterstützen. Am Ende hängte der Erfolg davon ab, dass ein ganzes Ecosystem von Non-Profit-Organisationen zusammen und gemeinsam beiträgt, durch Bildung Einkommensmöglichkeiten zu schaffen und dadurch Hunger und Armut zu bekämpfen.

Sowohl im erwerbswirtschaftlichen Bereich als auch im Non-Profit-Bereich gibt es eine Reihe von Hilfsmitteln, um die hinter einer Strategie steckende Wertschaffungslogik (im erwerbswirtschaftlichen Bereich bezeichnet man diese als Business Model) herauszuarbeiten und übersichtlich zu veranschaulichen. Ein zunehmend häufig genutztes Instrument hierfür ist die Business Model Canvas, die sich in angepasster Form für die Entwicklung und Abbildung der Wertschaffungslogik von Non-Profit-Organisationen einsetzen lässt (siehe Tab. 3.2).

3.7 Reflexion: Strategie und Mythologie

In der griechischen Mythologie war Athene die Göttin der Weisheit und auch der Strategie (in der römischen Mythologie entspricht ihr die Minerva). Um Telemachos, den Sohn des Odysseus, strategisch zu beraten, schlüpfte Athene in die Gestalt des Mentor, eines Freundes von Odysseus. Das Mentoring war geboren, wobei der erste Mentor der Geschichte eine Frau in der Gestalt eines Mannes war. Nachdem Athene der Legende nach auch gewöhnlichen Menschen gelegentlich strategische Weisheit einhauchte (wenn ihr Freund Prometheus sie darum bat), wurden Statuen von Athene gerne an Plätzen errichtet, an denen strategische Weisheit besonders vonnöten ist, beispielsweise vor dem österreichischen Parlamentsgebäude in Wien.

Wiederholungsfragen

Welche der folgenden Aussagen sind richtig?

a) Der **ressourcenbasierte Ansatz** (**Resource-based View**) baut auf der Überlegung auf, dass **Wettbewerbsvorteile** entstehen, indem Unternehmen die **Unvollkommenheit** von **Faktormärkten** nutzen.

b) Nach dem Ansatz von Porter (**Market-based View**) ist ein **Produktmarkt** mit hoher **Verhandlungsstärke** der Zulieferer besonders **attraktiv**.

c) Hohe **Economies of Scale** der **Incumbents** sind eine typische **Markteintrittsbarriere**.

d) Wenn ein Gut auf einem Markt mit **vollkommener Konkurrenz** ge- und verkauft wird, dann entspricht der **Wert des Gutes** seinem **Marktpreis**.

e) **Produktmärkte** mit annähernd vollkommener Konkurrenz sind für Unternehmen sehr unattraktiv, weil dort kaum Wert für die Stakeholder des Unternehmens geschaffen und kaum Geld verdient werden kann.

f) Je vollkommener ein Produktmarkt, umso kleiner ist tendenziell die Konsumentenrente.

g) Die IBM Story zeigt, dass es IBM gelang, **Marktbarrieren** aufzubauen, die anderen Unternehmen den Eintritt in den PC-Markt erschwerten.

h) Das Ausnutzen von **Economies of Scale** ist typisch für eine **Kostenführerstrategie**.

i) Bei einer **Differenzierungsstrategie** für ein Produkt spielt Produktmarketing eine geringere Rolle als bei einer **Kostenführerstrategie**.

j) Wenn das Knowhow einer Mitarbeiterin nur dann sinnvoll genutzt werden kann, wenn sie dieses gemeinsam mit ihren Kolleginnen und Kollegen des Unternehmens für das ganz spezielle Produktionsverfahren des Unternehmens anwenden kann, dann ist das ein Beispiel für das „O" im **VRIO-Konzept**.

k) Wenn eine Ressource die **VRIO-Eigenschaften** besitzt, dann bedeutet dies, dass der entsprechende **Beschaffungsmarkt** für diese Ressource ein nahezu vollkommener Markt ist.

l) Wenn ein Unternehmen (Bsp. DKD) eine benötigte Ressource auf einem vollkommenen Konkurrenzmarkt zum **Marktpreis (Gleichgewichtspreis)** von einem Zulieferunternehmen kaufen kann, dann schafft das Unternehmen für das Zulieferunternehmen keinen Zusatzwert und das Zulieferunternehmen ist strenggenommen kein Stakeholder des Unternehmens.

m) Als **Strategieimplementierung** wird der Prozess des Herunterbrechens einer **Mission** insbesondere in **Zielvorgaben**, **Verhaltensvorgaben** und **Werte** verstanden, an denen sich Führungskräfte und Arbeitskräfte in der täglichen Arbeit orientieren können.

n) **Economies of Scope** sind im Unterschied zu Economies of Scale kein Treiber für die **Internationalisierung von Unternehmen**.

o) Während Apple als **Plattform** für Apps ein **Business Ecosystem** ist, sind Google und Android kein Business Ecosystem, weil unterschiedliche Smartphonehersteller, die sich gegenseitig Konkurrenz machen, Android bzw. Google Play verwenden.

▶ Die Lösung zu den Wiederholungsfragen finden Sie in Kap. 9.

Literatur

Aguilar, F. J. (1967). *Scanning the business environment*. New York: Macmillan.

Barney, J. B., & Hesterly, W. S. (2019). *Strategic management and competitive advantage: concepts and cases* (6. Aufl.). Harlow: Pearson.

Feichter, A., & Speckbacher, G. (2011). Kultur als Kontingenzfaktor in der internationalen Unternehmensführung: Überlegungen zur Kulturabhängigkeit von Anreizsystemen. In J. F. Puck & C. Leitl (Hrsg.), *Außenhandel im Wandel*. Berlin: Springer.

Feichter, C., & Grabner, I. (2020). Empirische Forschung zu Management Control – Ein Überblick und neue Trends. *Schmalenbachs Zeitschrift für betriebswirtschaftliche Forschung, 72*(2), 149–181.

Grabner, I., & Speckbacher, G. (2021). Strategy with purpose. *Controlling, Zeitschrift für erfolgsorientierte Unternehmenssteuerung, 33*, 74–77.

Hamel, G., & Prahalad, C. K. (1994). *Competing for the future: breakthrough strategies for seizing control of your industry and creating the markets of tomorrow*. Boston: Harvard Business School Press.

Hauser, T. (2004). *Muhammad Ali: his life and times*. London: Robson Books.

Hoffmann, W. H. (2007). Strategies for managing a portfolio of alliances. *Strategic Management Journal, 28*, 827–856.

Horak, C., & Speckbacher, G. (2022). Ziele, Werte und Strategien in NPOs. In M. Meyer, R. Simsa & C. Badelt (Hrsg.), *Handbuch der Nonprofit-Organisation. Strukturen und Management*. Stuttgart: Schäffer-Poeschel.

Malmi, T., Bedford, D. S., Brühl, R., Dergård, J., Hoozée, S., Janschek, O., Willert, J., Ax, C., Bednarek, P., Gosselin, M., Hanzlick, M., Israelsen, P., Johanson, D., Johanson, T., Madsen, D. Ø., Rohde, C., Sandelin, M., Strömsten, T., & Toldbod, T. (2020). Culture and management control interdependence: An analysis of control choices that complement the delegation of authority in Western cultural regions. *Accounting, Organizations and Society, 86*, 1–16.

Merchant, K. A., & Van der Stede, W. A. (2023). *Management control systems: performance measurement, evaluation and incentives* (5. Aufl.). Harlow: Pearson.

Osterwalder, A., & Pigneur, Y. (2010). *Business model generator*. New York: Wiley.

Penrose, E. (1959). *The theory of the growth of the firm*. New York: John Wiley & Sons.

Porter, M. E. (1980). *Competitive strategy: techniques for analyzing industries and competitors: with a new introduction*. New York: Free Press.

Speckbacher, G., Bischof, J., & Pfeiffer, T. (2003). A descriptive analysis on the implementation of balanced scorecards in German-speaking countries. *Management Accounting Research, 14*(4), 361–388.

Speckbacher, G., Hoffmann, W. H., & Neumann, K. (2015). Resource relatedness and the mode of entry into new businesses: internal resource accumulation vs. access by collaborative arrangement. *Strategic Management Journal, 36*, 1675–1687.

Finanzwirtschaftliche Perspektive

4

Zusammenfassung

In der finanzwirtschaftlichen Perspektive geht es darum, wie Unternehmen ausrechnen können, welcher Teil der Wertschöpfung unternehmerischer Tätigkeit als finanzieller Gewinn übrigbleibt. Ein Schwerpunkt betrifft dabei auch die Frage, wie sich der finanzielle Wert von Unternehmen ermitteln lässt (Unternehmensbewertung) und wie finanzieller Unternehmenswert und Finanzgewinn zusammenhängen. Die Grundlagen von Investition und Finanzierung widmen sich einerseits der Bewertung von Investitionsprojekten und ganzer Unternehmen aus finanzwirtschaftlicher Sicht, sowie andererseits der Bereitstellung betriebsnotwendigen Kapitals (Finanzierungsentscheidungen).

Vorbemerkungen

In allen bisher verwendeten Beispielen produzieren Unternehmen Güter, mit deren Hilfe ein Kundennutzen geschaffen wird, der nach Abzug des bezahlten Verkaufspreises die Konsumentenrente ergibt. Ford produziert Autos, McDonalds produziert Speisen und Getränke, Red Bull produziert Energy Drinks und Apple produziert Smartphones und andere Technologieprodukte. Der Erlös aus dem Verkauf der Güter wird dazu verwendet, die Leistungen derjenigen Stakeholder zu vergüten, die an der Herstellung der produzierten Güter mitwirken, insbesondere die Arbeitsleistungen von Arbeitskräften und Produktionsfaktoren, die von Zulieferunternehmen bezogen werden.[1]

Wie bereits anhand des konkreten Beispiels zur Wertschöpfung in Abschn. 2.3.1 veranschaulicht (DKD), müssen die zur Herstellung von Produkten notwendigen Leistungen in der Regel bezahlt werden, bevor die hergestellten Produkte verkauft werden können. Henry Ford musste eine ganze Produktionsanlage finanzieren, lange bevor er auch nur

---

[1] Wertschöpfungsprozesse können deutlich komplexer sein als diese eher klassischen Wertschöpfungsprozesse (Value Networks anstatt Value Chains, vgl. hierzu ausführlich Kap. 6).

ein einziges Auto darauf produzieren und verkaufen konnte. Bei technischen Innovationen wie dem ersten iPhone von Apple wird oft jahrelang geforscht und entwickelt,
was viel Geld verschlingt, bevor dann Produktionsanlagen gebaut und das Produkt produziert und verkauft werden kann. Dadurch fließt erst viele Jahre später das vorher in
Forschung, Entwicklung und Aufbau der Produktionsanlagen investierte Geld in Form
von Verkaufserlösen wieder zurück (wenn überhaupt). Um Forschung, Entwicklung und
Produktionsanlagen so lange finanzieren zu können, bis Geld durch den Verkauf zurückfließt, braucht ein Unternehmen Finanzkapital.

Selbst bei wenig innovativen Produkten, aber natürlich erst recht bei völlig neuen
Produkten, wo noch völlig unklar ist, ob diese Produkte einen Markt finden, ist nicht
sicher, ob alle im Rahmen der Produktherstellung geleisteten Zahlungen überhaupt wieder „hereinkommen" in Form von Erlösen aus dem Produktverkauf. Daher kann sich ein
Unternehmen nicht einfach Geld leihen (z. B. bei einer Bank), um diese Finanzierungs-
lücke zwischen Bezahlung der Produktionsfaktoren und dem Verkauf der hergestellten
Güter zu überbrücken. Geld, das man sich leiht, z. B. bei einer Bank, gibt man später wieder zurück und zahlt für die Leihe einen Preis, der Zins heißt. Bei allem, was man mit
geliehenem Geld macht, muss man bedenken, dass es fremdes Geld ist, das einem nicht
gehört und das man wieder zurückgeben muss (daher der Begriff Fremdkapital). Hoch-
riskante Geschäftsideen kann man nicht (nur) mit Fremdkapital finanzieren. Wenn man
Geld in riskante Vorhaben investieren will, dann macht man das normalerweise nur mit
seinem eigenen Geld, nicht mit dem Geld fremder Leute. Daher heißt Risikokapital auch
Eigenkapital. Indem man sein eigenes Geld in ein Unternehmen steckt, wird man (Mit)Ei-
gentümerin oder (Mit)Eigentümer des Unternehmens (auch daraus lässt sich der Begriff
Eigenkapital ableiten), was bedeutet, dass man damit rechnen muss, dass das in das Unternehmen hineingesteckte Eigenkapital ganz oder teilweise verloren geht. Aber man hat auf
der anderen Seite auch das Recht, im Unternehmen die Entscheidungen zu treffen (oder
mitzuentscheiden) und man hat auch Anspruch auf eventuell erzielte Finanzgewinne des
Unternehmens. Ohne Entscheidungsrechte und das Anrecht auf Gewinn wäre vermutlich
niemand bereit, Eigenkapital zur Verfügung zu stellen, das vollständig verloren gehen
kann (dazu mehr in Kap. 8).

Das Rechnungswesen mit seinen drei Grundpfeilern Cashflow-Rechnung, Gewinn-
und Verlustrechnung und Bilanz war ursprünglich eine systematische Aufzeichnung wesentlicher finanzieller Vorgänge aus Sicht der Unternehmenseigentümer. Diese wollen
schließlich wissen, wie es um ihr Eigenkapital, also das Risikokapital, das sie in das
Unternehmen investiert haben, steht, also ob sie zahlungsfähig sind, weitere Kredite benötigen oder gar weiteres Eigenkapital (Cashflow-Rechnung), ob das Unternehmen etwas
verdient oder Verluste macht (Gewinn- und Verlustrechnung) und in welchen Vermögensgegenständen das eigene Geld (Eigenkapital) und das geliehene Geld drinsteckt (Bilanz).

Wer mit diesen Grundpfeilern des Rechnungswesens nicht souverän umgehen kann,
wer also nicht professionell beurteilen kann, ob ein Unternehmen Geld verdient oder
verliert oder gar bald zahlungsunfähig wird, sollte lieber kein Unternehmen gründen. Zumindest sollte man dann Leute um Rat fragen, die sich im Rechnungswesen auskennen.

Der folgende Abschnitt führt in die Begriffe und grundlegenden Prinzipien des Rechnungswesens anhand eines sehr einfachen fiktiven Beispiels einer Unternehmensgründung ein. Danach werden diese Grundlagen noch einmal allgemein dargestellt und es werden einige wichtige Finanzkennzahlen (Ratios) dargestellt, mit deren Hilfe sich die Informationen aus Cashflow-Rechnung, Gewinn- und Verlustrechnung und Bilanz griffig analysieren und beurteilen lassen. In einem Abschnitt zum Internen Rechnungswesen (Management Accounting) wird anhand eines weiteren fiktiven Beispiels in grundlegende Konzepte der Kostenrechnung eingeführt. Der letzte Abschnitt des Kapitels widmet sich Investitionsentscheidungen und Finanzierungsentscheidungen, sowie der Unternehmensbewertung, also der Frage, wie man den finanziellen Wert ganzer Unternehmen abschätzen kann. Ein besonders wichtiges Konzept ist hierbei die Kapitalwertmethode.

4.1 Fallbeispiel Pronto Taxi Klara: Was verdient man mit einem Einpersonen-Taxiunternehmen?

Klara hat ihr Studium abgeschlossen und möchte sich selbständig machen. Schon während ihres Studiums hat sie als Aushilfs-Taxifahrerin den Taxischein erworben und sie liebt Autos und Autofahren. Um ihren ökologischen Fußabdruck dennoch gering zu halten, wohnt sie in einer kleinen Einzimmerwohnung, verzichtet auf Flugreisen, hat nur ein uraltes Smartphone, und nutzt nur minimal Cloud-Speicherplatz.

Ihr ist klar, dass Taxifahren keine schöpferisch innovative Idee ist und dass sie als Einzelunternehmerin, die nur ein einziges Taxi betreibt, damit nicht reich werden wird. Aber wenn es zum Leben reicht, ist ihr das genug. Später wird sie sowieso noch ein Masterstudium machen und dann, wenn sie eine kreative Idee hat, ein schöpferisch innovatives Unternehmen gründen.

Aus einer Erbschaft hat sie 50.000 € Startkapital (alle Geldbeträge in €). Wenn sie das Geld auf der Bank anlegen würde, dann könnte sie von den Zinsen jedenfalls nicht leben. Ein Anlageberater hat ihr von einer Anlagemöglichkeit erzählt, wo sie „mit sehr geringem Risiko" 5 % Zinsen jährlich erzielen könnte, das sind 2.500 € im Jahr. Ein bisschen mehr als diese nächstbeste Alternative (Opportunitätskosten) wird ein eigenes Taxiunternehmen dann hoffentlich schon erwirtschaften, zumal Klara ja neben dem Startkapital von 50.000 auch ihre eigene Arbeitskraft als Taxifahrerin in ihr Unternehmen einbringen will.

Aber wie viel würde ungefähr für sie pro Jahr übrigbleiben? Das ist die große Frage und dazu muss sie erst einmal Informationen einholen und planen.

Aus ihrem Studium weiß Klara, dass man kein Unternehmen ohne Businessplan gründen soll. Allerdings ist die Geschäftsidee „Taxiunternehmen" nicht wirklich neu. Ihr ist klar, dass sie mit ihrem kleinen Taxiunternehmen eher eine Arbitrageunternehmerin sein wird als eine schöpferische Unternehmerin. Was den Preis betrifft, zu dem sie die Leistung anbieten wird, gibt es keinen großen Spielraum, weil die Taxitarife weitgehend vorgegeben sind. Die „Profit Formula" liegt damit auf der Hand: Was sie von ihren Kunden einnimmt, muss mindestens reichen, um das Taxi zu bezahlen, sowie Benzin, Reparaturen usw. abzudecken. Und dann soll natürlich ein möglichst großer Gewinn übrigbleiben. Aber wie rechnet man aus, wieviel Gewinn voraussichtlich übrigbleiben wird und wovon hängt das ab?

Klara beschließt, ihre Kontakte zu Taxiunternehmen aus ihrer Tätigkeit als Gelegenheits-Taxifahrerin im Studium zu nutzen und sich dort zu erkundigen. Mit diesen Daten will sie dann einen Finanzplan als Kern ihres Businessplans erstellen. Der Finanzplan erfasst alle erwarteten Zahlungsflüsse, also Zahlungen die „hereinkommen" (Einzahlungen, Cash Inflow) und Zahlungen, die rausgehen (Auszahlungen, Cash Outflow).

Als erstes fragt Klara eine befreundete Taxifahrerin, wie viel Geld sie durch Taxifahren in etwa einnehmen kann. Das hängt natürlich davon ab, wo sie ihre Leistung anbietet und vor allem wann und wie lange sie bereit ist zu arbeiten. Sie entschließt sich, in der Innenstadt zu fahren, etwa um 9:00 anzufangen und nur bis 14:00 zu arbeiten. Am Samstag und Sonntag will sie gar nicht arbeiten.

Die befreundete Taxifahrerin schaut in ihren Aufzeichnungen nach und gemeinsam kommen sie anhand dieser Erfahrungswerte zur Schätzung, dass Klara unter den gemachten Annahmen durchschnittlich damit rechnen kann, von ihren Fahrgästen etwa 3.000 Cash (Einzahlungen, Umsatzerlöse) pro Monat einzunehmen. Im Jahr sind das dann $3.000 * 12 = 36.000$. Bei der Schätzung ihrer durchschnittlichen laufenden Auszahlungen für Benzin, Reparaturen, Versicherung usw. verlässt sie sich ebenfalls auf die Erfahrungen ihrer Freundin und sie schätzen die laufenden Cash-Abflüsse (Auszahlungen) auf durchschnittlich etwa 500 pro Monat, also $500 * 12 = 6.000$ pro Jahr.

Natürlich muss Klara auch noch berücksichtigen, dass sie ja zuerst das Taxi beschaffen muss. Das Auto, das ihr vorschwebt, kostet neu 40.000. Die Auszahlung für das Taxi ist keine laufende Auszahlung, sondern sie macht die Auszahlung ja nur einmal und dann wird das Taxi mehrere Jahre genutzt (wie lange, das muss Klara erst noch entscheiden). Das nennt man eine Investition. Während der Umsatz und die laufenden Auszahlungen den operativen Cashflow ergeben, gehört die Auszahlung für die Anschaffung des Taxis in den Cashflow aus Investitionstätigkeit.[2]

Klara will das Taxi nur fünf Jahre nutzen, danach will sie ein neues. Dazu recherchiert sie im Internet und findet eine Seite, auf der sie ermitteln kann, dass ihr Autotyp nach 5 Jahren mit der von ihr geplanten Kilometerleistung noch ca. 15.000 Wiederverkaufswert bringen wird. Das Nachfolgemodell ihres Autos kostet in 5 Jahren sicher ein bisschen mehr, Klara rechnet dann mit 45.000. Der Cashflow aus Investitionstätigkeit beträgt folglich im ersten Jahr -40.000, in den Jahren 2, 3 und 4 jeweils null, und im Jahr 5 beträgt dieser $15.000 - 45.000 = -30.000$.

---

[2] Die englische Bezeichnung für Auszahlungen ist Expenditures. Anschaffungsauszahlungen für Investitionen heißen Capital Expenditure, kurz CAPEX. Die Ausgaben für den operativen Betrieb (Betriebskosten) werden hingegen als OPEX (Operating Expenditure) bezeichnet, CAPEX und OPEX zusammen als TOTEX (Total Expenditure).

Damit ergibt sich folgender Plan für die Cashflows:

Cashflow-Rechnung

	Jahr 1	Jahr 2	Jahr 3	Jahr 4	Jahr 5
Umsatzerlöse (geschätzt)	36.000	36.000	36.000	36.000	36.000
Laufende Auszahlungen (geschätzt)	–6.000	–6.000	–6.000	–6.000	–6.000
Operativer Cashflow	30.000	30.000	30.000	30.000	30.000
+ Cashflow aus Investitionstätigkeit	–40.000	0	0	0	–30.000
= Free Cashflow	–10.000	30.000	30.000	30.000	0

Im ersten Jahr hat das Taxiunternehmen folglich einen Finanzmittelbedarf i. H. v. 10.000. In den Jahren 2, 3 und 4 bleiben jeweils 30.000 übrig. Im Jahr 5 gleichen sich Einzahlungen und Auszahlungen gerade aus.

Heißt das, dass der Unternehmenserfolg im ersten Jahr negativ sein wird, dass das Unternehmen im ersten Jahr also schlecht läuft und einen Verlust erzielt, und dann ab dem zweiten Jahr einen Gewinn erzielt? Natürlich nicht. Die obige Rechnung bezieht sich nur auf den Zahlungsmittelüberschuss, auf den Unternehmenserfolg kann daraus nicht direkt geschlossen werden.

Wenn der operative Cashflow positiv ist, dann bedeutet das, dass das Unternehmen „aus eigener Kraft", das heißt aus der laufenden Geschäftstätigkeit, Investitionen tätigen kann. Dabei kann es sich um Ersatzinvestitionen handeln (z. B. das alte Taxi durch ein neues ersetzen) oder um Erweiterungsinvestitionen (ein weiteres Taxi kaufen). Wenn Klara einen sehr hohen operativen Cashflow erzielt, dann könnte sie zum Beispiel ein zweites Auto kaufen und einen Fahrer einstellen oder sie könnte auch das Geld in eine neue Idee für ihr Unternehmen, z. B. die Entwicklung einer Taxi-Buchungs-App investieren.

Wenn der Free Cashflow positiv ist, dann erwirtschaftet das Unternehmen unter Berücksichtigung der Investitionstätigkeit einen finanziellen Überschuss. Ein negativer Free Cashflow muss keineswegs bedeuten, dass das Unternehmen schlecht gewirtschaftet hat. Es könnte auch sein, dass viel investiert wurde (so wie im ersten Jahr, wo das Taxi gekauft wurde). Andererseits muss ein positiver Free Cashflow nicht bedeuten, dass das Unternehmen gut gewirtschaftet hat. Selbst wenn die Geschäftstätigkeit schlecht läuft, kann man einen positiven Free Cashflow generieren, wenn man Vermögensgegenstände verkauft (desinvestiert). Zum Beispiel könnte Klara den Free Cashflow im zweiten Jahr drastisch erhöhen, wenn sie das Taxi verkaufen würde. Desinvestitionen generieren zwar kurzfristig Cash, aber möglicherweise zu Lasten des Fortbestandes des Unternehmens (Klara könnte jedenfalls ohne Taxi das Unternehmen nicht weiterführen). Insofern sagt der Cashflow eines bestimmten Jahres nicht viel darüber aus, ob das Unternehmen erfolgreich ist in diesem Jahr.

Der operative Cashflow und auch der Free Cashflow geben wichtige Informationen über die Liquidität und die „Finanzkraft" des Unternehmens. Bei einem negativen operativen Cashflow kann man die Zahlungsfähigkeit sichern, indem man Vermögensgegenstände, die nicht unbedingt erforderlich sind, verkauft (Desinvestition). Wenn der gesamte Free Cashflow negativ ist und keine weiteren Desinvestitionen sinnvoll/möglich sind, dann kann immer noch Geld „von außen" beschafft werden. In unserem Beispiel stehen von Anfang an 50.000 von außen zur Verfügung, nämlich das Geld, das Klara geerbt hat. Hätte sie dieses Geld nicht gehabt, dann hätte sie auch einen Kredit aufnehmen können. Finanzflüsse, die dadurch entstehen, dass ein Kredit aufgenommen oder zurückgezahlt wird, oder dass die Eigentümer des Unternehmens Geld zur Verfügung stellen oder bekommen, nennt man Cashflow aus Finanzierungstätigkeit.[3]

Die Zahlungsfähigkeit (Liquidität) ist jedenfalls eine conditio sine qua non, ohne geht es nicht. Wenn ein Unternehmen seine Zahlungsverpflichtungen nicht mehr erfüllen kann, umgangssprachlich ausgedrückt also pleite ist, dann bedeutet das Insolvenz und damit das Ende des Unternehmens.

4.1.1 Von Cashflows zum Gewinn: Die Gewinn- und Verlustrechnung

Wie stellt man nun fest, ob Klara mit ihrem Taxiunternehmen etwas „verdient", ob und wie viel Gewinn sie erzielt? Der erste Weg der Gewinnermittlung ist die Gewinn- und Verlustrechnung (GuV).[4] Die Idee hinter der GuV ist, den in Geld ausgedrückten Wert der erstellten Güter und Leistungen (dieser wird als Ertrag bezeichnet), dem in Geld ausgedrückten Verbrauch an Gütern und Leistungen (dieser wird als Aufwand bezeichnet) in einer bestimmten Periode (z. B. ein Jahr) gegenüberzustellen. Obwohl man bei verbrauchten Gütern eher an Rohstoffe oder Material denkt, bei erstellten Gütern eher an Produkte, kann man Güter auch breiter definieren, sodass damit auch (Dienst)Leistungen, wie in unserem Beispiel eine Taxifahrt, oder bei verbrauchten Gütern eine Reparaturleistung, gemeint sind. Im Folgenden wird dieser breitere Begriff von Gütern verwendet.

Was ist im Taxibeispiel der Wert der erstellten Güter? Erstellt werden Taxifahrten und der Geldwert dieser Taxifahrten kann angesetzt werden mit dem Preis, zu dem diese verkauft werden. Auch wenn es Argumente für einen höheren oder niedrigeren Wertansatz

---

[3] Wie später noch ausgeführt wird, ist eine Finanzierung eine „negative Investition", das heißt, eine Investition, bei der sich die Vorzeichen der Zahlungen umdrehen. Wenn man zum Beispiel einen Anlagegegenstand, etwa eine Maschine, verkauft, dann wird dadurch Geld frei und bereitgestellt, was man als Finanzierung bezeichnet. Im Sinne der Cashflow-Definitionen ist dieser Vorgang aber dem Cashflow aus Investitionstätigkeit zuzuordnen, nicht dem Cashflow aus Finanzierungstätigkeit. Eine Desinvestition ist letztlich eben eine „negative Investition", damit aber eine Finanzierung.

[4] Im Englischen bezeichnet man die GuV als Profit & Loss Statement (P&L) oder Income Statement. Letzteres drückt aus, dass das Einkommen der Eigentümer, in unserem Fall das Einkommen von Klara, ermittelt wird. Bewertete Güterverbräuche im Sinne der GuV werden als Expenses (Aufwand) bezeichnet, im Unterschied zu Expenditures (Auszahlungen). Oft wird mit diesen Begriffen schlampig umgegangen. Auch wenn Aufwände manchmal in gleicher Höhe auch Auszahlungen sind (wie im obigen Beispiel des Benzinverbrauchs oder der Reparaturen), ist ein präziser Umgang mit diesen Begriffen wichtig, um Verwechslungen zu vermeiden.

geben kann, so ist der tatsächlich erzielte Preis zumindest ein nachvollziehbarer und nach-
prüfbarer Wertansatz. Insofern entspricht der Geldwert der in einem Jahr erstellten oder
produzierten Güter den Umsatzerlösen (36.000). Um diese Güter zu produzieren, werden
Güter verbraucht. Im Taxibeispiel werden für die „Produktion" der Taxifahrten zum Beispiel Benzin, Versicherungsleistungen, Reparaturleistungen und natürlich auch das Auto
(Taxi) verbraucht. Auch hier ist der bezahlte Preis ein sinnvoller und nachvollziehbarer
Wertansatz. Der Wert der verbrauchten Güter kann im Falle des Benzins also einfach mit
dem Geldwert des Benzins (was man dafür bezahlt hat) angesetzt werden, ebenso im Falle der Versicherungsleistungen und der Reparaturleistungen. Beim Auto muss man aber
beachten, dass das Auto annahmegemäß für 40.000 gekauft, dann 5 Jahre genutzt, und
dann wieder für 15.000 verkauft wird. Das bedeutet, dass der Geldwert des Verbrauchs
über die 5 Jahre gerechnet 40.000 − 15.000 = 25.000 entspricht. Dieser Güterverbrauch
über die 5 Jahre der Nutzung muss nun auf die Jahre der Nutzung verteilt werden, sodass
man den Aufwand pro Jahr erhält. Dieser Aufwand wird als Abschreibung bezeichnet.
Von linearer Abschreibung spricht man, wenn man von einem gleichmäßigen Verbrauch
über die Nutzungsdauer ausgeht, das heißt, wenn man im obigen Beispiel jedes Jahr 5.000
als Abschreibung ansetzt.

Der Gewinn im ersten Jahr ergibt sich dann folgendermaßen:

Gewinn- und Verlustrechnung (GuV)

	Ertrag (Umsatzerlöse)	36.000
−	Aufwand für Benzin etc. (Materialaufwand)	6.000
−	Aufwand für Taxi (Abschreibung)	5.000
=	Gewinn	25.000

Für die anderen Jahre ergibt sich ebenfalls ein Gewinn von 25.000, weil die Umsätze
und Auszahlungen in jedem Jahr gleich sind und die 25.000 für das Auto jedem der 5 Jahre
gleichmäßig mit 5.000 zugerechnet werden (Lineare Abschreibung). Der Gewinn ist damit
der finanzielle Wert der in einem bestimmten Jahr erstellten Güter (Taxifahrten) abzüglich
des finanziellen Wertes der dafür verbrauchten Güter (anteilsmäßiger Verbrauch des Taxis,
Benzin, Reparaturen etc.).

Wichtig ist hierbei, dass sowohl der finanzielle Wert der Gütererstellung als auch alle Güterverbräuche grundsätzlich auf Basis der erfolgten Zahlungen aus der Cashflow-
Rechnung ermittelt werden. Der Wert der erstellten Güter (Taxifahrten) wird mit den dafür
dem Unternehmen zufließenden Umsatzerlösen angesetzt. Der Materialaufwand wird auf
Basis der Auszahlungen für Benzin etc. angesetzt. Sowohl bei den Umsatzerlösen als auch
bei den Auszahlungen für Benzin etc. müssen der Zeitpunkt des Zahlungsanfalls und der
Zeitpunkt der Gütererstellung/des Güterverbrauchs nicht unbedingt gleich sein. Bei einer
Taxifahrt wird normalerweise gleich nach der Fahrt bezahlt, es könnte aber auch sein,
dass Fahrgäste erst später bezahlen oder schon im Vorhinein. Wenn Klara beispielsweise
im Jahr 2024 eine Kundin befördert, diese aber erst 2025 den Fahrpreis von 50 bezahlt,
dann gehört die Gütererstellung, also der Ertrag von 50, in das Jahr 2024, während die
Einzahlung von 50 erst dem Cashflow des Jahres 2025 zuzurechnen ist. Ebenso könnte

Klara vielleicht Benzin im Jahr 2024 kaufen und in einem Tank in ihrer Garage lagern, aber dieses Benzin erst 2025 verbrauchen. Dann wäre die Auszahlung für das Benzin dem Cashflow des Jahres 2024 zuzurechnen, der anteilige Verbrauch des Benzins aber dem Jahr 2025. Insgesamt muss aber natürlich wieder die Summe der Aufwendungen für Benzinverbrauch über alle Jahre des Verbrauchs der Summe der Zahlungen für den Kauf des Benzins entsprechen.

Bei Investitionsgütern, die abgeschrieben werden, fallen Zahlungszeitpunkt und Verbrauch immer auseinander. Grundsätzlich werden aber auch für die Ermittlung der Abschreibung die Zahlungen herangezogen, die für die Bereitstellung des Taxis angefallen sind.

Insgesamt wurden für die Bereitstellung des Taxis über die 5 Jahre der Nutzung hinweg $40.000 - 15.000 = 25.000$ bezahlt und genau dieser Betrag von 25.000 wird insgesamt auch abgeschrieben. Im obigen Beispiel wurden die (Netto)Zahlungen also einfach gleichmäßig auf die Jahre verteilt, d. h. die 25.000 wurden anteilsmäßig den einzelnen Jahren gemäß dem angenommenen anteiligen Güterverbrauch zugeordnet. Man hätte diese Zuordnung natürlich auch anders vornehmen können. Zum Beispiel hätte man im ersten Nutzungsjahr des Taxis einen höheren Güterverbrauch annehmen können und z. B. 7.000 als Abschreibung ansetzen können, im zweiten Jahr z. B. 6.000, im dritten 5.000 im vierten 4.000 und im fünften 3.000. Im Unterschied zur gleichmäßigen (linearen) Abschreibung von je 5.000 wäre das dann eine degressive Abschreibung. Wichtig ist aber, dass die Summe der jährlichen Abschreibungsbeträge wieder die 25.000 ergibt, die insgesamt für die Nutzung des Taxis über die 5 Jahre bezahlt werden. Hätte man das Taxi degressiv abgeschrieben anstatt linear, dann hätte das in den einzelnen Jahren zu anderen Gewinnen geführt. Schon mit diesem Beispiel wird klar, dass es keine „objektiv richtige" Berechnung der Abschreibung gibt, sondern diese hängt von Annahmen ab. Demzufolge gibt es auch keine objektiv richtige Berechnung des Gewinns. Sicher weiß man in der Regel nur die Anschaffungsauszahlung. Nur die bereits realisierten Cashflows sind objektiv erfassbar. Wie lange man ein Auto oder eine Maschine nutzen wird und wie viel man am Ende der Nutzungsdauer noch als Wiederverkaufserlös bekommen wird, weiß man am Anfang nicht und man muss jeweils eine sinnvoll erscheinende Annahme machen. Klara hätte beispielsweise genauso gut annehmen können, dass sie das Taxi 10 Jahre nutzen wird und nach den 10 Jahren das Auto verschrotten muss, also keinen Wiederverkaufserlös bekommt. Dann hätte sie die 40.000 Anschaffungswert auf 10 Jahre abschreiben können und käme bei linearer Abschreibung auf 4.000 als Abschreibung pro Jahr.

Wenn eine GuV nicht wie im vorliegenden Beispiel für interne Planungszwecke gemacht wird (man bezeichnet das als internes Rechnungswesen oder Management Accounting), sondern um externe Stakeholder zu informieren oder um den Unternehmensgewinn als Grundlage für die Besteuerung zu ermitteln (externes Rechnungswesen, Finanzbuchhaltung, Financial Accounting), dann gibt es in der Regel rechtliche Vorschriften dafür, welche Nutzungsdauer man ansetzen darf, wann man welche Wiederverkaufserlöse ansetzen kann und welche Abschreibungsverfahren (linear, degressiv, progressiv) man verwenden darf. Diese rechtlichen Regeln sollen sicherstellen, dass externe Stakeholder die Daten besser nachvollziehen und zwischen verschiedenen Unternehmen vergleichen können und dass die Daten allgemein verlässlicher für Außenstehende sind.

In unserem Beispiel stellt Klara die GuV aber nur für sich selbst auf, um einschätzen zu können, wie viel Gewinn sie mit dem Taxiunternehmen machen kann und daher kann sie natürlich alle Annahmen so machen, wie sie selbst es sinnvoll findet. Bei Rechnungen und Auswertungen für rein interne Zwecke spricht man dementsprechend vom internen Rechnungswesen (Management Accounting).

4.1.2   Vermögenswerte (Aktiva), Kapitalherkunft (Passiva) und Gewinn als Vermögensvergleich

Wie setzt sich das Vermögen von Klaras Taxiunternehmen zu Beginn des ersten Jahres zusammen, nachdem Klara mit Hilfe ihrer Erbschaft von 50.000 das Unternehmen gegründet hat?

Taxi	40.000
Bankkonto	10.000
Verbindlichkeiten (Schulden)	0

Das Unternehmensvermögen beträgt also 40.000 + 10.000 = 50.000.

In Bilanzform dargestellt:

Aktiva		Passiva	
Taxi	40.000	Eigenkapital	50.000
Bankguthaben	10.000	Verbindlichkeiten (Schulden)	0

Diese (Eröffnungs-)Bilanz sagt aus, dass sich das Bruttovermögen des Unternehmens auf zwei Vermögensgegenstände aufteilt (Taxi und Bankguthaben) und dass das Geld für diese beiden Vermögensgegenstände von Klara selbst stammt. Geld, das von Klara selbst stammt, heißt Eigenkapital, Geld, das sie nur geliehen hat und wieder zurückgeben muss (Schulden, man nennt diese auch Verbindlichkeiten), heißt Fremdkapital. In Klaras Bilanz gibt es keine Schulden, und daher entspricht das Bruttovermögen des Unternehmens dem Reinvermögen (Nettovermögen), also dem Eigenkapital. Hätte Klara Schulden, dann müsste man diese von den Aktiva (Bruttovermögen) abziehen, um das Reinvermögen zu erhalten.

Wie sieht das Vermögen von Klara laut Bilanz nun am Ende des Jahres aus? Unter der Annahme, dass Klara nichts aus dem Unternehmen entnimmt, ist ihr Bankguthaben durch den erzielten Umsatz von 40.000 angewachsen, allerdings gingen 6.000 von ihrem Konto weg für Tanken, Reparaturen etc. Also:

Bankkonto: 10.000 + 36.000 (Umsatz) − 6.000 (Auszahlungen) = 40.000

Was das Taxi betrifft, so muss man dessen Wert am Ende des ersten Jahres ermitteln. Bekannt ist nur, dass das Taxi bei der Anschaffung zu Beginn des ersten Jahres 40.000 wert war – weil dies der Anschaffungspreis war. Außerdem wurde ja ermittelt, dass das Taxi nach 5 Jahren Nutzung noch 15.000 wert sein wird. Man kann nun wieder ganz ähnlich wie vorher bei der Ermittlung des Güterverzehrs im Rahmen der GuV argumentieren: Während der fünf Jahre seiner Nutzung nimmt der Wert des Taxis offensichtlich von 40.000 auf 15.000 ab. Das entspricht einer Abnahme des Wertes von durchschnittlich 5.000 pro Jahr über die fünf Jahre hinweg. Das ist wieder die lineare Abschreibung.

Man könnte wieder argumentieren, dass ein Auto normalerweise in den ersten Jahren der Nutzung mehr Wert verliert und daher eine degressive Abschreibung realistischer ist als eine lineare. Wichtig ist nur, dass man in GuV und Bilanz immer dieselben Annahmen macht, also im Fall des Taxis dasselbe Abschreibungsverfahren zugrunde legt. Andernfalls kommt man nicht auf denselben Gewinn in GuV und Bilanz. Also wird der Wert des Taxis am Ende des ersten Jahres folgendermaßen angesetzt:

$$\text{Taxi} = 40.000 \text{ (Anschaffungspreis)} - 5.000 \text{ (Abschreibung)} = 35.000$$

Damit ergibt sich als Unternehmensreinvermögen am Ende des ersten Geschäftsjahres

$$35.000 \text{ (Taxi)} + 40.000 \text{ (Bankguthaben)} - 0 \text{ (Schulden)} = 75.000$$

Das Unternehmensreinvermögen ist also von anfangs 50.000 auf 75.000 am Jahresende angestiegen, und diese Steigerung des Unternehmensreinvermögens von 25.000 ist der Gewinn. Dementsprechend lautet die Schlussbilanz am Ende des ersten Geschäftsjahres:

Aktiva		Passiva	
Taxi	35.000	Eigenkapital	50.000
Bankguthaben	40.000	Gewinn	25.000
		Verbindlichkeiten (Schulden)	0

Der Gewinn ergibt sich auf der Passivseite als Differenz, weil die Summe der Aktiva immer der Summe der Passiva entsprechen muss. Alles, was im Unternehmen an Vermögen da ist, muss ja mit Geld von Klara selbst (Eigenkapital), aus erwirtschafteten Gewinnen (diese gehören ja auch Klara und sind daher Eigenkapital) oder durch Schulden finanziert worden sein.

Klara könnte nun den Gewinn aus dem Unternehmen entnehmen. Das wäre leicht möglich, indem sie 25.000 von ihrem Bankkonto entnimmt. Nach der Gewinnentnahme würde die Bilanz dann folgendermaßen aussehen:

Aktiva		Passiva	
Taxi	35.000	Eigenkapital	50.000
Bankguthaben	15.000	Verbindlichkeiten (Schulden)	0

Das Unternehmen hätte dann zu Anfang des zweiten Jahres dasselbe Reinvermögen (denselben Wert) wie zu Beginn des ersten Jahres. Der Gewinn ist also der Geldbetrag, den man dem Unternehmen maximal entnehmen kann, ohne dass der durch das Reinvermögen (Eigenkapital) gemessene Unternehmenswert sinkt. Wird der ganze Gewinn oder zumindest ein Teil des Gewinnes im Unternehmen belassen, dann spricht man von Gewinnthesaurierung. Der nicht entnommene Gewinn wird dem Eigenkapital zugeschlagen.

Wenn Klara keinen Gewinn entnehmen würde, dann würde die Anfangsbilanz des zweiten Jahres wie folgt lauten:

Aktiva		Passiva	
Taxi	35.000	Eigenkapital	75.000
Bankguthaben	40.000	Verbindlichkeiten (Schulden)	0

4.1.3 Wenn die Unternehmensgründung nicht ohne Fremdkapital geht

Angenommen, Klara hätte nicht 50.000 Startkapital gehabt, sondern nur 30.000 und sie hätte trotzdem dasselbe Auto gekauft. Dann hätte sie sich 10.000 bei einer Bank leihen müssen, um das Auto zu finanzieren. Auf den operativen Cashflow hätte das keine Auswirkung, dieser wäre nach wie vor 36.000 in jedem Jahr. Auch auf den Cashflow aus Investitionstätigkeit hätte das keine Auswirkung. Dieser wäre nach wie vor −40.000 im ersten Jahr, 0 in den drei darauffolgenden Jahren und −30.000 im fünften Jahr. Damit würde sich auch der Free Cashflow als Summe von operativem Cashflow und Cashflow aus Investitionstätigkeit nicht ändern. Was sich ändert, ist nur der Cashflow aus Finanzierungstätigkeit. Man kann sich das so vorstellen: Der Free Cashflow ist der Cashflow, der mit den Assets, die auf der Aktivseite der Bilanz stehen, erwirtschaftet wird. Falls diese Assets teilweise über Schulden finanziert wurden, dann muss ein Teil des Free Cashflows verwendet werden, um die Zinsen für diese Schulden zu bezahlen und irgendwann müssen auch die Schulden selbst zurückgezahlt werden. Nur der Rest der Free Cashflows „gehört" der Eigenkapitalgeberin. Der Free Cashflow ist also sozusagen ein Brutto-Zahlungsüberschuss, der durch die Assets des Unternehmens erwirtschaftet wird, ohne zu berücksichtigen, dass ein Teil dieser Assets ja gar nicht der Eigentümerin gehört, und damit gehört natürlich auch das, was mit diesen Assets erwirtschaftet wird, nicht der Eigentümerin allein. Wie man an obigem Beispiel sieht, könnte man auch sagen, der Free Cashflow ist der Zahlungsüberschuss, den das Unternehmen insgesamt erwirtschaften würde, wenn es ausschließlich über Eigenkapital finanziert wäre.

Hätte Klara nur 30.000 Startkapital gehabt und für die Finanzierung des Taxis einen Bankkredit über 10.000 aufgenommen, dann würde die Eröffnungsbilanz wie folgt aussehen:

Aktiva		Passiva	
Taxi	40.000	Eigenkapital	30.000
Bankguthaben	0	Bankverbindlichkeiten (Fremdkapital)	10.000

Aus dieser Bilanz erkennt man, dass Klara zwar ein Taxi besitzt, das 40.000 wert ist, ein Viertel dieses Taxis (10.000) „gehört" aber gewissermaßen nicht Klara selbst, sondern der Bank. Genauer gesagt: Beim Autokauf von 40.000 waren 30.000 Eigenfinanzierung und 10.000 Fremdfinanzierung. Damit beträgt das Bruttovermögen des Unternehmens (Summe der Aktiva) zwar 40.000, allerdings muss man davon die 10.000 Schulden abziehen und das Reinvermögen von Klara beträgt dann 30.000. Das Reinvermögen entspricht immer der Summe der Aktiva abzüglich aller Verbindlichkeiten und damit dem Eigenkapital. Natürlich hätte Klara auch zur Sicherheit, um später nicht in Zahlungsschwierigkeiten zu kommen, einen Bankkredit über 20.000 aufnehmen können. Dann würde eben unter Fremdkapital 20.000 stehen und dafür unter Bankguthaben 10.000. Das Reinvermögen (Eigenkapital) bliebe aber bei 30.000, weil Klara ja nicht vermögender wird, wenn sie zusätzlich 10.000 Kredit aufnimmt, die sie sicherheitshalber auf ihr Girokonto oder in ihre Kasse legt.

Allerdings ist zu beachten, dass Klara den aufgenommenen Kredit verzinsen muss. Nehmen wir an, die Zinsen betragen 5 % pro Jahr, dann sind das für einen Kredit von 10.000 € pro Jahr 500 € an Zinsen. Diese Zinsen sind ein Werteverzehr, also ein Aufwand, der dafür anfällt, dass die Bank das Geld (10.000 €) Klara für einen bestimmten jährlich zu zahlenden Preis (den Zins, also 500 €) zur Nutzung überlässt. Die Zinszahlungen an die Bank (500 €) vermindern dann Klaras jährlichen Gewinn.

4.2 Die drei Grundpfeiler des finanziellen Rechnungswesens

4.2.1 Cashflow-Rechnung: Abbildung des Betriebsgeschehens durch Ein- und Auszahlungen

Zahlungsströme sind die Basis für das gesamte Rechnungswesen. Das finanzielle Rechnungswesen bildet alle Vorgänge im Unternehmen durch die Zahlungsflüsse ab, die der jeweilige Vorgang auslöst. Im Nachhinein sind Zahlungen objektiv nachprüfbar anhand von Zahlungsbelegen. Wenn alle Bewertungen in GuV und Bilanz auf der Grundlage von Zahlungen vorgenommen werden, dann sind auch die Erträge und Aufwendungen sowie alle Aktiva und Passiva im Nachhinein insgesamt nachprüfbar. Die Nachprüfbarkeit anhand von Zahlungsbelegen stellt nicht nur die Vertrauenswürdigkeit der Daten sicher, sondern auch ihre Vergleichbarkeit zwischen Unternehmen und im Zeitablauf. Das ist vor allem im externen Rechnungswesen wichtig, wenn also GuV und Bilanz zur Information „Externer" verwendet werden, beispielsweise als Information für Banken, die die Kreditwürdigkeit des Unternehmens prüfen, oder zur Steuerermittlung (vgl. zum Folgenden z. B. Weber & Weißenberger, 2021).

Wenn alle Wertansätze auf der Basis von Zahlungen erfolgen, dann spricht man von einer pagatorischen Rechnung (lat.: pagare = zahlen). GuV und Bilanz sind grundsätzlich als pagatorische Rechnungen konzipiert.

Ein „nicht pagatorischer" Wertansatz wäre es zum Beispiel, wenn Klara argumentieren würde, dass sie das Auto zwar für 40.000 gekauft hat, dass das aber ein Sonderpreis war und das Auto eigentlich 50.000 wert ist. Würde sie in der Bilanz dann 50.000 für das Auto ansetzen und auch die Abschreibung in der GuV ausgehend von 50.000 ansetzen, dann wäre das kein pagatorischer Wertansatz. Ein anderes Beispiel wäre, wenn Klara zum Beispiel einen „kalkulatorischen Unternehmerinnenlohn" für sich in der GuV ansetzen würde. Wenn Klara nicht in ihrem eigenen Unternehmen Taxifahren würde, dann würde sie zum Beispiel in einem anderen Taxiunternehmen als angestellte Taxifahrerin arbeiten und da würde sie ja Geld verdienen. Sie könnte also den entgangenen Arbeitslohn als Opportunitätskosten ansetzen und berechnen, ob in ihrem Taxiunternehmen auch dann noch ein Gewinn erwirtschaftet würde, wenn man diesen kalkulatorischen Unternehmerinnenlohn ansetzt. Im externen Rechnungswesen rechnet man normalerweise aber nur mit pagatorischen Werten. Um Verwechslungen zu vermeiden, wird im internen Rechnungswesen der bewertete Güterverbrauch (der auch kalkulatorische Kosten beinhalten kann) als Kosten bezeichnet, nicht als Aufwand, während man bei der bewerteten Gütererstellung meist von Leistungen spricht, anstatt von Erträgen. Hierauf wird später noch eingegangen.

Wie bereits beispielhaft verdeutlicht, unterscheidet man in der betriebswirtschaftlichen Praxis verschiedene Arten von Cashflows (siehe hierzu Tab. 4.1).

Tab. 4.1 Cashflow-Rechnung. (Quelle: Eigene Darstellung)

Umsatzerlöse		*Operativer Cashflow*
− Laufende Auszahlungen für die Herstellung der produzierten Güter, insbes. an Zulieferer und Beschäftigte (z.B. Rohstoffe, Betriebsmittel, Werbung, Löhne)	*Operativer Cashflow (Cashflow der laufenden Geschäftstätigkeit)*	+
− Sonstige laufende Einzahlungen und Auszahlungen		*Cashflow aus Investitionstätigkeit*
Einzahlungen aus dem Abgang (Desinvestition) von Anlagevermögen (z.B. Grundstücke, Gebäude, Maschinen)	*Cashflow aus Investitionstätigkeit*	=
− Auszahlungen für neue Investitionen und Ersatzinvestitionen in Anlagevermögen (z.B. Grundstücke, Gebäude, Maschinen)		*Free Cashflow*
Einzahlungen aus Zuführungen zum Eigenkapital (z.B. Eigenkapitalerhöhung durch Aufnahme weiterer Eigentümer/innen)		
− Auszahlungen an Unternehmenseigentümer/innen (z.B. Gewinnausschüttung, Dividenden)	*Cashflow aus Finanzierungstätigkeit*	
+ Einzahlungen aus der Aufnahme von Krediten oder der Begebung von Anleihen		
− Auszahlungen für die Tilgung von Krediten oder von Anleihen		

Der operative Cashflow misst die Fähigkeit des Unternehmens, aus der laufenden Geschäftstätigkeit heraus Geld zu erwirtschaften, das für Investitionen, für die Rückzahlung von Schulden oder für Ausschüttungen an die Eigentümer/innen des Unternehmens verwendet werden kann.

Der Cashflow aus Investitionstätigkeit misst, in welchem Umfang investiert oder desinvestiert wurde. Ist der Cashflow aus Investitionstätigkeit negativ, dann bedeutet das, dass zusätzliches Geld investiert wurde. Ist dieser positiv, so heißt das, dass mehr desinvestiert wurde als investiert wurde. In der Regel kann man bei wachsenden Unternehmen von einem negativen Cashflow aus Investitionstätigkeit ausgehen, weil bei Wachstum in der Regel in neue Gebäude oder Maschinen investiert wird, während ein positiver Cashflow aus Investitionstätigkeit darauf hinweist, dass Anlagevermögen abgebaut wurde. Derartige Desinvestition kann zwar auch bedeuten, dass unnötige Vermögensbestandteile abgebaut wurden und die Effizienz gesteigert wurde. Oft ist dies aber eher ein Zeichen dafür, dass das Unternehmen schrumpft oder in Zahlungsschwierigkeiten ist und sich Geld über den Verkauf von Anlagevermögen beschaffen muss.

Der Free Cashflow, also die Summe aus operativem Cashflow und Cashflow aus Investitionstätigkeit, misst, wie viel Geld, nach Tätigen der Investitionen, für das Bedienen der Ansprüche der Eigenkapitalgeber und der Fremdkapitalgeber zur Verfügung steht. Fremdkapitalgeber sind in der Regel bevorrechtigt. Kreditgeber haben z. B. per Kreditvertrag vertraglich zugesicherte Ansprüche auf Zinszahlungen und auf die Rückzahlung des Kredits. Nur im Konkursfall sind diese Ansprüche gefährdet. Im Unterschied dazu bekommen die Eigenkapitalgeber (Unternehmenseigentümer) nur dann das Geld, das sie in das Unternehmen gesteckt haben, wieder zurück, wenn das Unternehmen „gut läuft". Der Free Cashflow ist der Betrag, der in einer Periode (z. B. einem Jahr) zur Verfügung steht, um die Ansprüche der Fremdkapitalgeber zu bedienen (Zinsen und Tilgung von Krediten) und darüber hinaus noch Ausschüttungen an die Eigentümer zu tätigen.

Während ein positiver Free Cashflow dazu verwendet werden kann, Kreditzinsen zu bezahlen, Schulden zurückzuzahlen oder Ausschüttungen an Eigentümer/innen zu finanzieren, bedeutet natürlich ein negativer Free Cashflow noch nicht, dass das Unternehmen nicht mehr zahlungsfähig ist und seine Zahlungsverpflichtungen nicht bedienen kann. Das Unternehmen kann ja auch neue Kredite aufnehmen, oder es kann neues Eigenkapital in das Unternehmen eingebracht werden. Allerdings bedeutet ein negativer Free Cashflow sehr wohl, dass das Unternehmen durch seine Geschäftstätigkeit das von den Eigen- und Fremdkapitalgebern zur Verfügung gestellte Geld sukzessive „verbrennt". Das ist bei jungen Unternehmen, die erst neue Produkte entwickeln und diese am Markt etablieren wollen, nicht ungewöhnlich. Allerdings fragt sich dann, wie lange das Geld der Kapitalgeber reichen wird und wie viel jedes Jahr verbrannt wird, bevor dann endlich nennenswerte Umsatzerlöse erzielt werden und das Unternehmen aus eigener Kraft lebensfähig wird (→ Cash Burn Rate).

Der Cashflow aus Finanzierungstätigkeit bezieht sich auf die Zahlungsströme zwischen dem Unternehmen und seinen Kapitalgebern. Wenn Eigenkapitalgeber oder Fremdkapitalgeber dem Unternehmen zusätzliches frisches Geld zur Verfügung stellen, dann erhöht

sich der Cashflow aus Finanzierungstätigkeit, wenn Geld an Eigenkapitalgeber ausgeschüttet wird oder wenn bestehende Kredite getilgt werden, dann sinkt dieser.

4.2.2 Gewinn- und Verlustrechnung: In welchem Wert wurden Güter produziert, in welchem Wert wurden dafür Güter verbraucht?

Die Cashflow-Rechnung erfasst Geldflüsse zwischen dem Unternehmen und seinen Stakeholdern. Cashflows sind in der Regel im Nachhinein objektiv durch Zahlungsbelege do-
kumentiert. Im Unterschied dazu stellt die GuV für eine Abrechnungsperiode die in Geld
bewertete Gütererstellung (Ertrag) dem in Geld bewerteten Güterverbrauch (Aufwand)
gegenüber. Bewertungen sind in der Regel subjektiv, das heißt zwei Personen, die die
Bewertung unabhängig voneinander vornehmen, kommen nicht notwendigerweise zum
selben Ergebnis. Zum Beispiel hängt die Bewertung des Güterverzehrs durch die mehrjährige Nutzung eines Vermögensgegenstandes (Abschreibung) von der angenommenen
Nutzungsdauer des Vermögensgegenstandes ab und auch davon, ob man annimmt (wie
im obigen Taxibeispiel), dass der Güterverbrauch gleichmäßig über die Nutzungsdauer
erfolgt oder nicht. Während im Nachhinein überprüfbar ist, wie lange der Vermögensgegenstand tatsächlich genutzt wurde, ist grundsätzlich nicht objektiv nachprüfbar, wie der
Werteverzehr genau erfolgt ist, das heißt, wie viel etwa im Beispiel des Taxiunternehmens
in welchem Jahr genau anteilsmäßig von dem Taxi verbraucht wurde.

Eine üblicherweise gemachte Annahme bei der Bewertung von Gütererstellung und
Güterverbräuchen in der GuV ist, dass diese auf Basis der Zahlungen erfolgt, die beim
Verkauf der erstellten Güter erzielt wurden, bzw. auf Basis der Zahlungen, die für die
Anschaffung der verbrauchten Güter angefallen sind. Im obigen Taxibeispiel wird et-
wa der Benzinverbrauch bewertet, indem der Kaufpreis für das verbrauchte Benzin zum
Zeitpunkt des Kaufes zugrunde gelegt wird. Auch dann, wenn zum Zeitpunkt des Verbrauchs der dann aktuelle Benzinpreis beispielsweise viel höher gewesen wäre. Genauso
wird die Abschreibung auf der Basis des ursprünglichen Kaufpreises des Taxis bewertet
(„Historical Cost"). Diese Annahme wird, wie bereits erwähnt, als pagatorisches Prinzip
bezeichnet, alle Erträge und Aufwendungen basieren letztlich auf den tatsächlich erfolgten Zahlungen. Gilt das pagatorische Prinzip, dann sind Erträge und Aufwendungen nur
umverteilte, zeitlich „hin- und hergeschobene" Einzahlungen und Auszahlungen aus der
Cashflow-Rechnung auf die Jahre, in denen die Gütererstellung oder der Güterverbrauch
stattgefunden hat. Beispielsweise kann Benzin für das Taxi durchaus in einem anderen Geschäftsjahr verbraucht werden, als es gekauft wurde. Der Verbrauch (Aufwand) ist dann
interpretierbar als der Teil der Auszahlung für den Kauf des Benzins, der anteilsmäßig
dann angesetzt wird, wenn das Benzin verbraucht wird. Auch die Auszahlung für den
Kauf des Taxis (abzüglich der Einzahlung für den Verkauf) wird anteilsmäßig den Jahren
als Aufwand zugerechnet, in denen der Verbrauch erfolgt. Wenn eine Taxifahrt im aktuellen Jahr erstellt wird, dann wird in der Regel der Verkaufspreis dieser Taxifahrt dem

aktuellen Jahr als Gütererstellung (Ertrag) zugeordnet, auch wenn die Taxifahrt erst im kommenden Jahr bezahlt würde (Einzahlung).

Bei der Ermittlung des Jahresgewinns ist zu beachten, dass die berücksichtigte Gütererstellung (Ertrag) und der Güterverbrauch (Aufwand) „zusammenpassen" müssen. Im Englischen spricht man vom Matching Principle. Damit ist folgendes gemeint: Bei der Gewinnermittlung darf man von den Umsatzerlösen (Erträgen) eines bestimmten Jahres nur diejenigen Aufwendungen abziehen, die tatsächlich zur Erstellung eben dieser Umsätze angefallen sind (englisch: Cost of Goods Sold, deutsch: Kosten der abgesetzten Leistungen, *Umsatzkostenverfahren*). Wenn man für die Berechnung der Erträge eines Jahres nur die tatsächlich in diesem Jahr verkauften Produkte berücksichtigt, dann dürfen auch nur die Aufwände berücksichtigt werden, die zur Herstellung derjenigen Produkte entstanden sind, die auch wirklich verkauft wurden. Wird ein Teil der hergestellten Produkte in dem Jahr nicht verkauft (z. B. Autos, die „auf Halde" produziert wurden), dann darf man die Güterverbräuche zur Herstellung dieser Produkte nicht als Aufwendungen dieses Jahres berücksichtigen. Andernfalls würde ja das „Mengengerüst" nicht zusammenpassen und die Umsätze würden sich nicht auf dieselben Produkte/Produktmengen beziehen wie die Aufwendungen.

Man muss aber nicht unbedingt die tatsächlich verkauften Gütermengen als Bezugspunkt nehmen, sondern man kann auch alle in einer Periode angefallenen Güterverbräuche als Aufwendungen berücksichtigen und diesen Aufwendungen dann die mit diesen Güterverbräuchen erstellten Güter als Ertrag gegenüberstellen, unabhängig davon, ob diese verkauft wurden. In diesem Fall muss man dann auch unfertige Produkte als Ertrag berücksichtigen sowie nicht verkaufte fertige Erzeugnisse, die mit diesen Güterverbräuchen erstellt wurden, sonst stimmt die Rechnung nicht. Diese Form der GuV bezeichnet man als *Gesamtkostenverfahren*. Während das Umsatzkostenverfahren im angelsächsischen Raum schon immer üblich war, wird im deutschsprachigen Raum oft das Gesamtkostenverfahren angewendet. Im obigen Taxibeispiel (siehe Abschn. 4.1) macht das aber keinen Unterschied, weil es keine halbfertigen oder nicht verkauften Taxifahrten gibt. Abschn. 4.4.1 enthält ein einfaches Beispiel, anhand dessen man sehr anschaulich den Unterschied zwischen Gesamtkosten- und Umsatzkostenverfahren verstehen kann (siehe hierzu auch Tab. 4.2).

4.2.3   Die Bilanz: Wie setzt sich das Vermögen des Unternehmens zusammen, wie wurde es finanziert und um wie viel hat es zugenommen?

Während die GuV alle Erträge und Aufwendungen einer Periode enthält (Periodenrechnung), zeigt die Bilanz das Brutto- und Reinvermögen an einem Stichtag. Die GuV ist also eher ein „Film", während die Bilanz eher ein „Standbild/Foto" ist. Dazu summiert die Bilanz auf der Aktivseite die Geldwerte der Vermögensgegenstände des Unternehmens zum jeweiligen Stichtag auf.

Tab. 4.2 Gliederung der GuV nach Gesamtkosten- und Umsatzkostenverfahren lt. HGB/UGB. (Quelle: Eigene Darstellung)

Gesamtkostenverfahren		Umsatzkostenverfahren	
	Umsatzerlöse		Umsatzerlöse
+/-	Erhöhung oder Verminderung des Bestands an fertigen und unfertigen Erzeugnissen	–	Herstellungskosten der zur Erzielung der Umsatzerlöse erbrachten Leistungen (z.B. Materialaufwand, Personalaufwand und Abschreibungen, soweit diese Aufwände für die Herstellung der verkauften Güter und Leistungen angefallen sind)
+	andere aktivierte Eigenleistungen		
+	sonstige betriebliche Erträge (z.B. Erträge aus dem Abgang von Gegenständen des Anlagevermögens oder aus der Auflösung von Rückstellungen)		
		=	*Bruttoergebnis vom Umsatz*
–	Materialaufwand (Aufwendungen für Roh-, Hilfs- und Betriebsstoffe und für bezogene Waren) und Aufwand für bezogene Leistungen	–	Vertriebskosten
		–	allgemeine Verwaltungskosten
–	Personalaufwand (Löhne und Gehälter, Sozialabgaben, Aufwendungen für Altersversorgung und für Unterstützung)	+/-	sonstige betriebliche Erträge sonstige betriebliche Aufwendungen
–	Abschreibungen (auf Sachanlagen sowie immaterielle Vermögensgegenstände des Anlagevermögens und auch „unübliche" Wertverluste von Vermögensgegenständen des Umlaufvermögens)		
–	sonstige betriebliche Aufwendungen		
=	*Betriebserfolg/Earnings before Interest and Taxes (EBIT)*		
+	Erträge aus Beteiligungen		*Finanzergebnis*
+	Erträge aus anderen Wertpapieren und Ausleihungen des Finanzanlagevermögens		
+	sonstige Zinsen und ähnliche Erträge		
–	Abschreibungen auf Finanzanlagen und auf Wertpapiere des Umlaufvermögens		
–	Zinsen und ähnliche Aufwendungen		
=	*Ergebnis vor Steuern (Earnings before Taxes, EBT)*		
+/-	Steuern vom Einkommen und vom Ertrag		
=	*Ergebnis nach Steuern*		
+/-	sonstige Steuern		
=	*Jahresüberschuss/Jahresfehlbetrag*		

Auf der Passivseite steht, woher das Geld stammt, mit dem diese Vermögensgegenstän-de finanziert wurden. Damit ist klar, dass die Summe aller Aktiva (Vermögen) der Summe aller Passiva (Kapital) entsprechen muss. Als Vermögen werden auf der Aktivseite in der Regel materielle Vermögenswerte („greifbare" Vermögenswerte, tangible Assets) aufge-führt und immaterielle Vermögenswerte (intangible Assets, Intangibles), deren Wert gut nachvollziehbar, zum Beispiel durch den Kaufpreis, ermittelt werden kann. Ein Beispiel dafür sind erworbene Patente oder Markenrechte.

Eine Marke, die ein Unternehmen selbst im Laufe der Jahre durch gute Produktqua-lität und Marketingmaßnahmen aufgebaut hat, Knowhow oder neue Ideen für Produkte sind zwar auch immaterielle Vermögenswerte, allerdings ist sehr schwer zu sagen, was diese wert sind, und daher werden diese im Sinne der „kaufmännischen Vorsicht" in der Regel nicht als Vermögen auf der Aktivseite aufgeführt. Das Kapital auf der Passivsei-te ist ein abstrakter Begriff. Wenn eine Unternehmerin zum Beispiel ein Grundstück, ein Gebäude und Maschinen zu 50 % mit ihrem Eigenkapital finanziert hat und zu 50 % mit einem Bankkredit, dann steckt sozusagen in allen Vermögensgegenständen zur Hälfte das eigene Geld der Unternehmerin drin und zur Hälfte das Geld der Bank. Man könnte sa-gen, dass der Unternehmerin von allen Vermögensgegenständen eigentlich nur die Hälfte selbst „gehört" (auch wenn sie rechtlich gesehen alleinige Eigentümerin aller Vermögens-gegenstände ist), die andere Hälfte wurde mit dem von der Bank geliehenen Geld bezahlt.

Auf der Aktivseite der Bilanz werden die Vermögensgegenstände (Aktiva, englisch: Assets) des Unternehmens einzeln mit ihrem Geldwert aufgelistet. Die Gliederung erfolgt dabei nach Liquidierbarkeit, wobei auf der Aktivseite diejenigen Vermögensgegenstände weiter oben stehen, die am schwierigsten „zu Geld zu machen" (liquidierbar) sind, wäh-rend weiter unten einfach liquidierbare Vermögensgegenstände stehen bis hin zu Bank-guthaben und Bargeld. Vermögensgegenstände, die bestimmt sind, dauernd (über mehrere Jahre hinweg) dem Geschäftsbetrieb zu dienen, die also immer wieder durch Gebrauch genutzt werden, gehören zum Anlagevermögen. Dabei wird unterschieden zwischen ab-nutzbaren Anlagegegenständen, deren Nutzung durch technischen Verschleiß oder wirt-schaftlichen Werteverzehr zeitlich begrenzt ist (z. B. Gebäude, Kraftfahrzeuge, Maschi-nen, Betriebs- und Geschäftsausstattung, aber auch erworbene Software und Patente) und nicht abnutzbaren Anlagegegenständen (z. B. Grundstücke). Abnutzbare Anlagegegen-stände werden planmäßig abgeschrieben. Daneben gibt es außerplanmäßige Abschrei-bungen, wenn bei einem Vermögensgegenstand eine nicht durch planmäßige Nutzung bedingte Wertminderung eintritt, beispielsweise durch einen Unfall oder Beschädigung, weil der Gegenstand technisch überholt ist oder weil aus anderen Gründen dessen Ge-brauchswert oder Marktwert stark reduziert ist.

Im Unterschied zum Anlagevermögen umfasst das Umlaufvermögen alle Vermögens-gegenstände, die zur Veräußerung, Verarbeitung oder zum Verbrauch bestimmt sind. Dazu gehören beispielsweise Vorräte an Rohstoffen für die Produktion, Betriebsstoffen (z. B. Benzin) oder Waren, und noch nicht verkaufte fertige Erzeugnisse. Ein wichtiger Posten sind die Forderungen aus Lieferungen und Leistungen, die entstehen, wenn das Unter-nehmen hergestellte Produkte oder Leistungen verkauft hat, aber diese noch nicht bezahlt wurden. Ein Sonderposten auf der Aktivseite sind die aktiven Rechnungsabgrenzungsposten. Diese entstehen, wenn das Unternehmen im „alten Jahr" zum Beispiel bereits Mieten oder Versicherungen für das kommende Jahr bezahlt hat. Dadurch entsteht eine Art „Forderung" bezüglich einer Leistung im kommenden Jahr (Nutzungsrecht gemieteter Gebäude oder Versicherungsleistungen). Anders ausgedrückt: Das Unternehmen bekommt im nächsten Jahr eine Leistung, für die im jetzigen Jahr schon bezahlt wurde. Das Recht auf diese Leistung im kommenden Jahr ist ein durch Kauf erworbenes (immaterielles) Vermögen.

Auf der Passivseite steht, woher das Kapital stammt, mit dem die Vermögensgegenstände auf der Aktivseite finanziert wurden. Wer Kapital zur Finanzierung des Vermögens und der Geschäftstätigkeit des Unternehmens bereitstellt (dies kann in Form von Geld- oder Sacheinlagen geschehen), verbindet mit dieser Bereitstellung in der Regel auch Ansprüche. Dementsprechend heißen die Passiva in der englischen Bezeichnung Claims. Die Fremdkapitalgeber wollen jedenfalls das bereitgestellte Geld wieder zurück, plus eine Verzinsung für die Geldüberlassung. Das Eigenkapital ist hingegen Risikokapital und es besteht keinerlei Garantie für die Eigenkapitalgeber, dass sie dieses wieder zurückbekommen. Daher sind mit der Eigenkapitalbereitstellung in der Regel Mitspracherechte und Kontrollrechte verbunden, wie das bereitgestellte Kapital investiert wird.

Grundsätzlich ist die Passivseite nach „Fristigkeit" gegliedert, also danach, wie lange das Kapital dem Unternehmen zur Verfügung steht. Darum steht ganz oben auf der Passivseite das Eigenkapital, weil dieses unbefristet zur Verfügung steht.

Das Eigenkapital gliedert sich in zwei Teile. Erstens das Kapital, das von den Eigentümerinnen und Eigentümern selbst in das Unternehmen eingebracht wurde, und zweitens das Kapital, das durch die Unternehmenstätigkeit als Gewinn erwirtschaftet und im Unternehmen belassen (thesauriert) wurde.

Für die in das Unternehmen eingebrachten Teile des Eigenkapitals gibt es unterschiedliche Bezeichnungen, je nach Gesellschaftsform. Kapitalgesellschaften geben bei der Gründung oder bei einer Kapitalerhöhung Anteile mit einem bestimmten Nennwert aus. Mit dem Erwerb von Anteilen erwirbt man Eigentum am Unternehmen im Umfang des Nennwertes der erworbenen Anteile. Das dadurch dem Unternehmen zugeflossene Eigenkapital (also Nennwert der Anteile mal Anzahl der Anteile) wird allgemein als Nennkapital oder gezeichnetes Kapital bezeichnet und heißt bei einer Aktiengesellschaft Grundkapital, bei einer GmbH Stammkapital. Wenn beispielsweise eine Aktiengesellschaft Aktien zum Nennwert von 80 € ausgibt, dann umfasst das gezeichnete Kapital den Betrag, der sich aus der Anzahl ausgegebener Aktien mal 80 € ergibt. Da Aktien häufig über dem Nennwert ausgegeben werden (den Aufpreis nennt man Agio), wird der bei der Ausgabe insgesamt eingenommene „Aufpreis" als Kapitalrücklage bilanziert. Beide Positionen zusammen sind also das Kapital, das dem Unternehmen direkt von den Eigentümern zugeflossen ist. Dabei ist zu bedenken, dass sich eine Steigerung des Kurses einer Aktie nach Ausgabe nicht mehr auf die Bilanz auswirkt, weil durch den Handel von Aktien ja nicht dem Unternehmen Geld zufließt, sondern der Verkäufer einer Aktie bekommt den Kaufpreis vom Käufer. Bei Personengesellschaften gibt es diese Untergliederung nicht.

Die nächste Position des Eigenkapitals sind Gewinnrücklagen und Bilanzgewinn. Der Gewinn eines Unternehmens kann (teilweise) an die Eigentümer des Unternehmens als Vergütung für die Kapitalbereitstellung ausgeschüttet werden (einen festen Zins bekommen diese ja nicht) oder einbehalten werden. Der einbehaltene Teil des erwirtschafteten Gewinns kommt in die Gewinnrücklagen. Insofern kann zusätzliches Eigenkapital nicht nur von außen von den Eigenkapitalgebern zugeführt werden, sondern auch dadurch, dass erwirtschaftete Gewinne nicht ausgeschüttet werden, sondern im Unternehmen verbleiben (sogenannte Gewinnthesaurierung, Selbstfinanzierung).

Unterhalb des Eigenkapitals stehen auf der Passivseite der Bilanz die Schulden des Unternehmens und diese werden ebenfalls nach Fristigkeit gegliedert, also danach, wie lange das Unternehmen über das Kapital verfügen kann. Normalerweise ist vertraglich festgelegt, wie lange ein Gläubiger (beispielsweise eine Bank) dem Unternehmen Geld zur Verfügung stellt und welchen Zins das Unternehmen darauf zu leisten hat. Eine Ausnahme davon bilden Rückstellungen, die die erste Position des Fremdkapitals in der Bilanz sind. Rückstellungen sind Zahlungsverpflichtungen (Verbindlichkeiten), die der Art nach bekannt sind, aber nicht genau der Höhe nach. Zum Beispiel geben Unternehmen ihren Beschäftigten manchmal Zusagen über eine betriebliche Altersversorgung. Diese Pensionszusagen sind eine Zahlungsverpflichtung des Unternehmens, deren Höhe von verschiedenen Faktoren abhängt, unter anderem davon, wie lange die Beschäftigten leben werden. Insofern kann die Höhe von Pensionsrückstellungen nur versicherungsmathematisch geschätzt werden. Ein weiteres Beispiel sind Gewährleistungsrückstellungen für eventuelle Schäden, die an verkauften Produkten oder durch verkaufte Produkte auftreten. Auch hier kann nur geschätzt werden, in welcher Höhe Kundenansprüche entstehen und geltend gemacht werden. Bei Steuerrückstellungen weiß man, dass ein Steueraufwand auf das Unternehmen zukommt, allerdings ist die Höhe noch nicht genau bekannt.

Als Gegenstück zu den aktiven Rechnungsabgrenzungsposten auf der Aktivseite gibt es auf der Passivseite passive Rechnungsabgrenzungsposten. Dies sind Erträge, die das Unternehmen im „alten Jahr" erhalten hat, die wirtschaftlich aber ins Folgejahr gehören. Ein typisches Beispiel dafür ist, wenn das Unternehmen im alten Jahr Mietzahlungen im Voraus erhält, also für die Überlassung eines Gebäudes im kommenden Jahr. Das Unternehmen hat also Geld erhalten, die dem Geld entsprechende Leistung (Überlassung des Gebäudes) „schuldet" das Unternehmen aber noch. Rückstellungen, Verbindlichkeiten und passive Rechnungsabgrenzung zusammen werden als Fremdkapital bezeichnet, weil es sich aus Sicht der Eigentümerinnen und Eigentümer des Unternehmens um Kapital handelt, das von „Fremden" stammt (siehe hierzu auch Tab. 4.3).

Wie bereits ausgeführt, ist zwischen dem externen und dem internen Rechnungswesen zu unterscheiden. Das externe Rechnungswesen hat die Funktion, alle Stakeholder des Unternehmens, insbesondere die Eigen- und Fremdkapitalgeber, über die Finanz-, Ertrags-, und Vermögenslage des Unternehmens im abgelaufenen Geschäftsjahr zu informieren. Das zentrale Instrument für diese Information ist der Jahresabschluss, dessen Kern Bilanz

Tab. 4.3 Bilanzgliederung nach HGB/UGB. (Quelle: Eigene Darstellung)

Aktiva	Passiva
A. Anlagevermögen I. Immaterielle Vermögensgegenstände (z.B. Patente) II. Sachanlagen (z.B. Grundstücke und Gebäude, Anlagen und Maschinen) III. Finanzanlagen (z.B. Beteiligungen, Wertpapiere) **B. Umlaufvermögen** I. Vorräte (z.B. Roh-, Hilfs- und Betriebsstoffe, unfertige und fertige Erzeugnisse, Waren) II. Forderungen (insbes. aus Lieferungen u. Leistungen) III. Wertpapiere IV. Kassenbestand, Bankguthaben **C. Aktive Rechnungsabgrenzungsposten**	**A. Eigenkapital** I. Gezeichnetes Kapital II. Kapitalrücklage III. Gewinnrücklagen IV. Jahresüberschuss/Bilanzgewinn **B. Rückstellungen** (z.B. Pensionsrückstellungen, Steuerrückstellungen) **C. Verbindlichkeiten** (z.B. Anleihen, Verbindlichkeiten gegenüber Kreditinstituten; erhaltene Anzahlungen auf Bestellungen, Verbindlichkeiten aus Lieferungen und Leistungen) **D. Passive Rechnungsabgrenzungsposten**

und GuV sind. Abhängig von der jeweiligen Rechtsform des Unternehmens und anderen Kriterien, beispielsweise ob es sich um einen Konzern handelt und ob das Unternehmen an einer Börse notiert ist, umfasst der Jahresabschluss gegebenenfalls weitere Informationen: Einen Anhang, der Erläuterungen zu Bilanz und GuV enthält, einen Lagebericht zu Geschäftsverlauf, Geschäftsergebnis und Risiken des Unternehmens und eine Cashflow-Rechnung.

Weil der Jahresabschluss eines Unternehmens ein verlässliches, mit anderen Unternehmen vergleichbares Bild über die Finanz-, Ertrags, und Vermögenslage geben soll, das unternehmensexternen Stakeholdern als nützliche Entscheidungsgrundlage dient, und auch deren Interessen schützt, muss dieser nach allgemein bekannten Regeln erstellt werden. Besondere Bedeutung im deutschsprachigen Raum haben die Grundsätze ordnungsmäßiger Buchführung (GoB), bei denen es sich teilweise um rechtlich verbindliche Regeln, teilweise fixierte, aber nicht rechtlich verbindliche Regeln, und teilweise um ungeschriebene Regeln handelt. Die wichtigsten gesetzlichen Rechnungslegungsvorschriften enthalten das Handelsrecht (HGB, UGB) und das Aktienrecht (AktG). Diese Vorschriften betreffen nicht nur die Darstellung und den Aufbau des Jahresabschlusses (insbesondere Gliederung von Bilanz und GuV), sondern auch, wie Bewertungen vorzunehmen sind (z. B. wann wie abzuschreiben ist).

Im deutschen und österreichischen Recht ist der Gläubigerschutz („wer dem Unternehmen Geld geliehen hat, soll dieses möglichst wieder zurückbekommen") ein wesentliches übergeordnetes Prinzip der Rechnungslegung und in Verbindung damit das Vorsichtsprinzip, wonach die Lage des Unternehmens jedenfalls nicht besser dargestellt werden soll, als sie ist. Insbesondere dürfen demnach nur Gewinne ausgewiesen werden, die tatsächlich realisiert wurden (Realisationsprinzip), während bei Risiken und Verlusten auch unrealisierte, aber absehbare Verluste zu berücksichtigen sind (diese Ungleichbehandlung wird als Imparitätsprinzip bezeichnet). Die Gläubiger sollen sich insbesondere darauf verlassen können, dass die in der Bilanz aufgeführten Vermögensgegenstände wirklich im angegebenen Wert (als Sicherheit für Kredite) existieren, und dass das Unternehmen nicht mehr Schulden hat, als aus der Bilanz ersichtlich. Außerdem dient der Grundsatz der Kapitalerhaltung bei Kapitalgesellschaften dem Gläubigerschutz, wonach die Eigentümer nicht beliebig Werte aus dem Unternehmen entnehmen dürfen, sondern nur maximal die erzielten Gewinne.

Die zunehmende Bedeutung internationaler Rechnungslegungsnormen (z. B. International Financial Reporting Standards – IFRS) und bei Unternehmen, die an einer US Börse gelistet sind, auch der United States General Accepted Accounting Principles (US-GAAP) hat allerdings dazu geführt, dass das Vorsichtsprinzip in den vergangenen Jahren zunehmend an Bedeutung verloren hat und dafür die Decision Usefulness in den Vordergrund rückt, also die Forderung, dass der Jahresabschluss eine nützliche Grundlage für Anlageentscheidungen von Investoren bieten soll. Eine strikte Anwendung des Vorsichtsprinzips bei einem Vermögensgegenstand könnte z. B. dazu führen, dass dieser in der Bilanz mit einem deutlich geringeren Wert steht, als dessen aktueller Marktwert wäre (z. B. bei einem Wertpapier) oder als dessen Nutzungswert für das Unternehmen ist (z. B. könnte eine Maschine schon auf Null abgeschrieben, aber immer noch nutzbar sein, was man umgangssprachlich oft als „stille Reserve" bezeichnet). Investoren könnten vielleicht bessere Investitionsentscheidungen treffen, wenn sie aus der Bilanz realistische Werte der Vermögensgegenstände entnehmen könnten als Werte, bei denen man nicht sieht, ob eine stille Reserve dahintersteckt. Umgekehrt kann aber die Bewertung von Vermögensgegenständen mit Anschaffungswerten zu überhöhten Werten führen, weil sich Werte und Nutzungsmöglichkeiten von Vermögensgegenständen schnell verändern können. (Diese und ähnliche Fragen werden unter Stichworten wie „Fair Value Accounting" oder „Impairment Test" diskutiert.)

Vor allem zeigen die obigen Ausführungen aber eine grundlegende Erkenntnis: Rechnungslegungsvorschriften bieten immer nur einen Rahmen für die Bewertung, und innerhalb dieses Rahmens gibt es vielerlei Spielräume bei der Erstellung des Jahresabschlusses. Letztlich ist der Wert von Vermögensgegenständen immer subjektiv, das heißt, dieser hängt davon ab, wer diesen bewertet, wie die Rahmenbedingungen der Bewertung sind und welche Annahmen gemacht werden. Wenn Sie Schuhe um 120 € gekauft haben, dann mag sein, dass genau diese Schuhe für Sie persönlich doppelt so viel wert sind und Sie notfalls auch bereit gewesen wären, den doppelten Preis zu zahlen. Wenn Sie die Schuhe „im Konkursfall" dringend verkaufen müssen, dann bekommen Sie vielleicht keine 50 € mehr dafür. Bei vielen Vermögensgegenständen in Unternehmen ist es ähnlich. Mit einer guten Geschäftsidee ist es vielleicht möglich, mit Hilfe der Rohstoffe, Maschinen etc. tolle Produkte zu fertigen und viel Geld damit zu verdienen. Ohne gute Geschäftsidee oder in einer Krise sind selbst teuer beschaffte Rohstoffe und Maschinen fast gar nichts mehr wert. Insofern ist der Wert eines Unternehmens immer subjektiv und nicht objektiv ermittelbar. Da der Gewinn die Steigerung des Unternehmenswertes im Sinne des bilanziellen Reinvermögens/Eigenkapitals (Vermögen minus Schulden) ist, ist damit auch der Gewinn eine subjektive Größe. Durch Rechnungslegungsvorschriften sollen die Bewertungsspielräume reduziert werden und dadurch soll die Ermittlung des Unternehmensvermögens und des Gewinns ein wenig „objektiviert" werden. Trotzdem bleibt jede Bewertung immer subjektiv und unterschiedliche Personen, die ein Unternehmen bewerten (z. B. beim Ver-/Kauf des Unternehmens) werden in der Regel zu unterschiedlichen Wertansätzen kommen.

4.3   Die Aufbereitung finanzieller Informationen: Einige wichtige Finanzkennzahlen

Um die im Rechnungswesen, insbesondere in Bilanz, GuV und Cashflow-Rechnung dargestellten Informationen für Entscheidungen aufzubereiten, werden verschiedene Finanzkennzahlen (Financial Ratios) verwendet. Finanzkennzahlen werden von Shareholdern, Banken und anderen Stakeholdern bei der Analyse des Jahresabschlusses verwendet, im Unternehmen ziehen Führungskräfte und Verantwortliche Finanzkennzahlen heran, um Entscheidungen zu treffen, und Finanzkennzahlen werden auch als Basis für die erfolgsabhängige Vergütung verwendet. In der Regel setzen Finanzkennzahlen unterschiedliche Größen aus dem Rechnungswesen zueinander in Beziehung, wodurch Vergleiche zwischen Unternehmen, Vergleiche mit einem Branchendurchschnitt oder Vergleiche im Zeitablauf erleichtert werden. Zu jeder Kennzahl gibt es verschiedene Ansätze der Berechnung und es gibt nicht die „einzig richtige" Berechnungsformel. Letztlich sind ja auch die zugrundeliegenden Größen (z. B. Gewinn) nicht eindeutig und diese können auf unterschiedliche Art mit unterschiedlichen Ansätzen (z. B. Abschreibungsverfahren) berechnet werden. Insofern muss bei der Interpretation von Finanzkennzahlen immer genau geschaut werden, wie diese im jeweiligen Fall definiert wurden und wie die zugrundeliegenden Größen genau ermittelt wurden (vgl. zum Folgenden z. B. Coenenberg et al., 2016).

Besonders bekannt sind Rentabilitätskennzahlen, die eine Gewinngröße (z. B. den Betriebserfolg/EBIT oder den Bilanzgewinn) zum eingesetzten Kapital ins Verhältnis setzen. Es wird also berechnet, wie viel Gewinn im Durchschnitt jede investierte Geldeinheit erwirtschaftet, wie rentabel also mit dem eingesetzten Kapital gewirtschaftet wird.

Eine in der Praxis seit mehr als 100 Jahren weitverbreitete Rentabilitätskennzahl ist der Return on Investment (ROI). Eine übliche Art der Definition lautet:

$$\text{ROI} = \frac{\text{Erfolg}}{\text{Investiertes Kapital}}$$

Im Rahmen der Bilanzanalyse wird der ROI oft als Gesamtkapitalrentabilität interpretiert. Als Erfolg im Zähler wird dann der Gewinn vor Abzug der Fremdkapitalzinsen verwendet. Oder man nimmt den Gewinn (wo die Fremdkapitalzinsen schon abgezogen wurden) und addiert die Fremdkapitalzinsen wieder hinzu, verwendet also im Zähler „Gewinn + Fremdkapitalzinsen". Das investierte Kapital ist das Gesamtkapital des Unternehmens, das man als Summe der Aktiva oder als Summe aller Passiva ermitteln kann.

Eine ähnliche (etwas „jüngere") und ebenfalls sehr häufig verwendete Rentabilitätskennzahl ist der Return on Capital Employed (ROCE), der folgendermaßen berechnet
werden kann:

$$\text{ROCE} = \frac{\text{EBIT}}{\text{Capital Employed}}$$

Sowohl der ROI als auch der ROCE berechnen, wie viel Gewinn das eingesetzte Kapital
durchschnittlich erwirtschaftet hat. Beim ROI nimmt man als Berechnungsbasis im Nenner das gesamte im Unternehmen investierte Kapital und als Ergebnis dieser Investition im
Zähler den mit Hilfe dieses Kapitaleinsatzes erzielten Erfolg. Weil der ROCE in der obigen Definition im Zähler als Gewinngröße das EBIT verwendet (also anders als der ROI
keine Finanzerträge berücksichtigt), ist es auch sinnvoll, in der Kapitalgröße im Nenner
keine Finanzanlagen einzubeziehen. Das Capital Employed umfasst daher üblicherweise nur dasjenige eingesetzte Kapital, das direkt im Unternehmen selbst investiert wurde,
nicht aber Kapital, das in Wertpapiere oder Finanzanlagen (z. B. Aktien) angelegt wurde.
Dazu muss man auf der Aktivseite nachschauen, welche Beträge man hier abziehen muss.

Vielfach wird der ROCE auch folgendermaßen definiert:

$$\text{ROCE} = \frac{\text{Operating Profit (vor oder nach Steuern)}}{\text{Operating Assets}}$$

Operating Profit ist der Teil des Gewinns, der allein durch die eigentliche Kerntätigkeit
des Unternehmens erzielt wurde. Beim Operating Profit bleiben also nicht nur Erträge aus
Finanzanlagen unberücksichtigt, sondern beispielsweise auch Mieterträge aus Gebäuden,
die nicht für den Betriebszweck (z. B. für das Betreiben eines Taxiunternehmens) genutzt
werden. Folglich sollten dann die diesen Erträgen zugrundeliegenden Assets nicht in den
Operating Assets enthalten sein. Im Beispiel wären also nicht nur Finanzanlagen und
Wertpapiere vom insgesamt im Unternehmen investierten Kapital abzuziehen, sondern
auch der Wert der vermieteten Gebäude. Dazu muss man auf der Aktivseite der Bilanz
schauen, welche Vermögenswerte abgezogen werden sollten und welche nicht. Daraus
erkennt man erneut, dass es „die einzig richtige" Definition von Finanzkennzahlen nicht
gibt. Bei der internen Verwendung müssen Unternehmen auf eine einheitliche Definition
achten (was oft gar nicht so einfach ist) und bei der Analyse und dem Vergleich verschiedener Unternehmen muss man als Investor aufpassen, dass man die Kennzahlen in allen
Unternehmen, die man vergleichen will, gleich berechnet hat, damit man nicht „Äpfel mit
Birnen" vergleicht.

Eine dritte sehr weitverbreitete Kennzahl ist der Return on Equity (ROE), der nicht
den Gewinn auf das gesamte eingesetzte Kapital berechnet, sondern den Gewinn auf das
eingesetzte Eigenkapital bezieht:

$$\text{ROE} = \frac{\text{Gewinn}}{\text{Eigenkapital}}$$

Während der ROI und der ROCE die Rentabilität des gesamten eingesetzten Kapitals berechnen, berechnet der ROE die Rentabilität des eingesetzten Eigenkapitals, was aus Sicht der Eigenkapital-Geber, also der Eigentümer des Unternehmens, die relevantere Größe ist. Allerdings eignet sich der ROE nicht so gut zum Vergleich von Geschäftsbereichen eines Unternehmens (z. B. Autoproduktion und LKW-Produktion), weil man nicht wirklich ermitteln kann, wie viel Eigenkapital und Fremdkapital in den einzelnen Unternehmensbereichen drinsteckt. Hier ist der ROI sinnvoller, um zum Beispiel die Leiterin eines Geschäftsbereiches daran zu messen ist, wie rentabel sie mit dem gesamten dem Bereich zugeordneten Kapital (egal ob dieses von den Eigentümern oder einer Bank finanziert wurde) gewirtschaftet hat.

Wie man weiter erkennt, haben die obigen Rentabilitätskennzahlen für Vergleichszwecke einen großen Vorteil: Weil der durchschnittlich pro eingesetzter Geldeinheit erzielte Gewinn ermittelt wird, werden Unternehmen mit unterschiedlicher Größe vergleichbar und man kann auch die Unternehmensentwicklung im Zeitablauf besser beurteilen. Pointiert gesprochen: Wenn ein Unternehmen dreimal so viel Gewinn erzielt wie ein anderes Unternehmen, dann kann das auch daran liegen, dass das Unternehmen fünfmal so groß ist, aber auf das eingesetzte Kapital weniger erwirtschaftet. Wenn es um reine Finanzinvestitionen geht, dann bezeichnet man den Zuwachs des investierten Geldes bezogen auf den eingesetzten Geldbetrag auch als Rendite.

Im einfachen obigen Beispiel des Taxiunternehmens hat Klara im ersten Jahr einen Gewinn von 25.000 erzielt. Hier stellt sich die Frage, ob man bei der Berechnung des ROI den Gewinn auf das ursprünglich eingesetzte Kapital von 50.000 beziehen soll, oder auf das Kapital am Ende des Jahres von 75.000, weil sich das eingesetzte Kapital ja im Laufe des Jahres erhöht hat. In der Praxis nimmt man hier oft das durchschnittliche im Unternehmen investierte Kapital von $(50.000 + 75.000)/2 = 62.500$.

Der ROI ergibt sich dann als $25.000/62.500 = 0,4$. Eine investierte Geldeinheit hat also im Durchschnitt 0,4 Geldeinheiten erwirtschaftet. In Prozent ausgedrückt sind das 40 %. Das ist sehr viel, aber man darf nicht vergessen, dass der Gewinn auch die Arbeitsleistung von Klara über das ganze Jahr beinhaltet. Die 40 % sind also keine reine Finanzrendite im Sinne einer prozentualen Vermehrung des eingesetzten Geldes, sondern eben eine Kennzahl, bei der der erzielte Gewinn auf das eingesetzte Kapital bezogen wird, obwohl der Gewinn auch durch (unvergütete) Arbeitsleistung erzielt wird.

Da es in Klaras Unternehmen ohnehin keine Finanzerträge (und auch keine Steuern) gibt, entspricht hier der ROI dem ROCE. Weil das gesamte eingesetzte Kapital Eigenkapital ist, entspricht in diesem einfachen Beispiel der ROI auch dem ROE.

Bei der Interpretation von Rentabilitätskennzahlen ist zu bedenken, dass die Rentabilität nichts über das Risiko aussagt. Ebenso wie es bei einer privaten Geldanlage einen großen Unterschied macht, ob man 3 % auf sein angelegtes Geld sicher bekommt oder nur als Erwartungswert einer riskanten Anlage, ist auch bei Rentabilitätskennzahlen das Risiko zu berücksichtigen. Wird aus Bilanzkennzahlen eine Rentabilität im Nachhinein errechnet, dann kennt man zwar die vergangene Rentabilität, aber man weiß nicht, ob die Rentabilität bei genau gleichen Entscheidungen im Unternehmen auch viel niedriger oder höher hätte sein können und ob im nächsten Jahr wieder eine ähnliche Rentabilität erwartet werden kann. Jede unternehmerische Tätigkeit ist mit Risiko verbunden, und eine hohe Rendite muss nicht unbedingt auf eine erfolgreiche Unternehmenstätigkeit hindeuten, wenn dabei sehr hohe Risiken eingegangen wurden und die hohe Rendite daher „nur durch glückliche Umstände" erzielt wurde, die im nächsten Jahr genauso gut ausbleiben können. In der Regel ist es so, dass man eine höhere Rendite nur erzielen kann, wenn man höhere Risiken eingeht. Insofern ist Risiko in der Regel die (unangenehme) Kehrseite von finanzieller Performance.

Wird der Gewinn nicht auf das eingesetzte Kapital bezogen, sondern auf den erzielten Umsatz, dann erhält man die Umsatzrentabilität. Diese gibt an, wie viel Gewinn mit jeder Geldeinheit an Umsatz durchschnittlich erwirtschaftet wird:

$$\text{Umsatzrentabilität} = \frac{\text{Gewinn}}{\text{Umsatz}}$$

Neben Rentabilitätskennzahlen spielen noch Liquiditätskennzahlen eine wichtige Rolle:

$$\text{Liquiditätsgrad} = \frac{\text{Flüssige Mittel}}{\text{Kurzfristige Verbindlichkeiten}}$$

Der Liquiditätsgrad drückt aus, welcher Teil der kurzfristig fälligen Verbindlichkeiten durch verfügbare flüssige Mittel zurückgezahlt werden könnte. Ein Liquiditätsgrad von 1 bedeutet, dass man alle kurzfristigen Mittel mit verfügbaren flüssigen Mitteln zurückzahlen könnte. Als „flüssige Mittel" kann man dabei verschiedene Größen zugrunde legen. Wenn man sich die Bilanzgliederung anschaut, dann sind die Positionen des Umlaufvermögens definitionsgemäß relativ schnell in Geld (Cash) umwandelbar. Sofort als Geld verfügbar, also „sehr flüssige Mittel", sind Kassenbestände und täglich fällige Bankguthaben. Auch Wertpapiere können zum Teil sofort in Geld umgewandelt werden. Werden diese sofort in Geld umwandelbaren Teile des Umlaufvermögens in der obigen Formel als „flüssige Mittel" verwendet, dann spricht man auch von der Liquidität ersten Grades. Zählt man auch die Forderungen hinzu (die in der Regel nur zum Teil sofort „eingetrieben" werden können), dann spricht man von der Liquidität zweiten Grades, setzt man das gesamte Umlaufvermögen als flüssige Mittel an, dann spricht man von der Liquidität dritten Grades. Manchmal nimmt man statt des Quotienten aus Umlaufvermögen und kurzfristigen Verbindlichkeiten auch deren Differenz. Diese Größe, also Umlaufvermögen minus kurzfristige Verbindlichkeiten, wird als Working Capital bezeichnet und dessen Aussage ist sehr ähnlich wie die der Liquidität dritten Grades. Ist das Umlaufvermögen größer als das nur kurzfristig zur Verfügung stehende Fremdkapital (d. h. Liquidität dritten Grades größer 1, Working Capital positiv), dann bedeutet das gleichzeitig, dass das gesamte Anlagevermögen durch längerfristig zur Verfügung stehendes Fremdkapital und Eigenkapital finanziert ist.

Eine sehr gebräuchliche Finanzkennzahl ist auch der Verschuldungsgrad (Gearing, Leverage Ratio), der das Verhältnis von Fremdkapital zu Eigenkapital angibt:

$$\text{Verschuldungsgrad} = \frac{\text{Fremdkapital (Verbindlichkeiten} + \text{Rückstellungen)}}{\text{Eigenkapital}}$$

4.4 Internes Rechnungswesen: Entscheidungen treffen und das Unternehmen steuern

4.4.1 Kimyas Geschäftsidee: Kann man von Kunst leben?

Wie kalkuliert man den Preis für ein Produkt?

Klaras Freundin Kimya hat nach ihrem Studium an der Kunstakademie Modedesign studiert und sie hat eine Geschäftsidee, die sie mit Hilfe von Klaras betriebswirtschaftlicher Hilfe umsetzen will. Kimya ist eine begeisterte und künstlerisch begabte Streetart-Sprayerin. Sie hat die Idee, aus einfarbigen T-Shirts mit Hilfe von waschechten Farbsprays und einer dafür umgebauten Dampfbügelpresse einzigartige Mode-Kunstwerke zu machen, die sie in ihrem eigenen Unternehmen produzieren und als „arTshirts" verkaufen will.

Für die umweltfreundlich und fair produzierten unbedruckten T-Shirts bezahlt Kimya im Einkauf pro Stück 12, die Spezialfarbe kostet pro T-Shirt im Durchschnitt 2 (alle Geldwerte hier und im Folgenden in €). Die speziell umgebaute Dampfbügelpresse, mit der sie die Farbe dauerhaft fixiert, hat einen Anschaffungspreis von 22.500. Kimya plant, diese Dampfbügelpresse 5 Jahre zu nutzen. Wenn dann das Geschäft gut läuft, dann möchte sie in 5 Jahren komplett auf ein neues Verfahren umstellen, bei dem sie reine Naturfarben statt der derzeit verwendeten Sprayfarben verwenden kann. Dazu braucht sie dann aber eine teurere Spezialdruckpresse zur Fixierung, die sie sich jetzt noch nicht leisten kann.

Klara berät Kimya in allen betriebswirtschaftlichen Fragen. Die erste Frage, die Kimya hat, ist: Werde ich mit dem Unternehmen Gewinn machen? Klara erklärt, dass das in diesem Fall nicht zu beantworten ist, weil ja völlig unklar ist, zu welchem Preis man die arTshirts wird verkaufen können. Das war bei ihrer eigenen Unternehmensgründung einfacher, weil der Preis für Taxifahrten mehr oder weniger vorgegeben ist. Nach einiger Überlegung beschließen Klara und Kimya, die arTshirts nicht selbst zu verkaufen, sondern sich einen Vertriebspartner zu suchen. Kimya kennt eine Modeboutique, die grundsätzlich interessiert schien, aber sofort fragte: „Zu welchem Preis liefert ihr?" und „Wie viele könnt ihr produzieren?" Auf Kimyas Nachfrage wurde gesagt, dass die Menge jedenfalls bei mehreren Tausend Stück pro Jahr liegen müsste, und je nach Exklusivität des Designs wäre ein marktüblicher Preis im B2B-Bereich zwischen 15 und 40 für ein Unikat-T-Shirt, je nachdem, wie „besonders" das T-Shirt ist (mit B2B war gemeint, dass Kimya als Unternehmerin nicht an Konsumenten verkaufen würde, sondern an ein anderes Unternehmen, die Modeboutique; damit ist es nicht Business-to-Consumer B2C, sondern Business-to-Business).

Für die Preiskalkulation versuchen Kimya und Klara, die Selbstkosten pro hergestelltem arTshirt zu ermitteln. Die Materialstückkosten liegen offensichtlich bei 12 für das unbedruckte T-Shirt und 2 für die Sprayfarben, also 14 für Fertigungsmaterial. Kimya meint, dass sie für ein arTshirt weniger als eine halbe Stunde reine Produktionszeit braucht. Sie muss sich aber vorher immer eine Idee für das Motiv überlegen und so schafft sie pro Tag 10 Stück, wenn sie mal etwas Übung hat, dann vielleicht sogar bis zu 20 pro Tag. Wenn man dann mit 200–250 Arbeitstagen pro Jahr rechnet, wären es 2.000 bis zu maximal 5.000 arTshirts pro Jahr.

Klara rechnet vor: Angenommen, wir würden für den Anfang mal 2.000 Stück pro Jahr produzieren. Die Abschreibung der Dampfbügelpresse ist bei einem Anschaffungspreis von 22.500 und einer Nutzung über 5 Jahre 4.500 pro Jahr. Das macht bei 2.000 hergestellten Shirts dann anteilig 2.25 pro Shirt. Somit hätten wir als Selbstkosten 12 + 2 + 2.25 = 16.25. Der Stromverbrauch für die Dampfbügelpresse ist vernachlässigbar gering und laut Hersteller hält diese locker 5 Jahre ohne Wartung durch. Danach muss sie sowieso verschrottet werden, weil Kimya auf ein neues Verfahren umstellt und niemand die alte umgebaute Dampfbügelpresse kaufen wird.

Allerdings ist in dieser Rechnung natürlich die Arbeitszeit von Kimya als Unternehmerin noch nicht reingerechnet. Diese darf man zwar im externen Rechnungswesen nicht ansetzen, weil Kimya sich ja nicht wirklich selbst einen Lohn bezahlt. Mit anderen Worten: Es handelt sich nicht um pagatorische Kosten.

Aber man kann die Kosten in einer Kalkulation berücksichtigen. Wenn Kimya die Stück-Selbstkosten kalkuliert, um zu sehen, welchen Preis pro arTshirt sie mindestens verlangen muss, damit wirklich alle Kosten abgedeckt sind, dann ist es schon sinnvoll, dass sie auch den Wert ihrer eigenen Arbeitszeit einkalkuliert (und gesetzliche Vorschriften gibt es im internen Rechnungswesen ohnehin nicht).

Klara schlägt vor, zur Berechnung der kalkulatorischen Unternehmerinnen-Lohnkosten ein Opportunitätskostenkalkül zugrunde zu legen. Klara nimmt an, Kimya würde statt im eigenen Unternehmen für ein Modedesignunternehmen arbeiten und mit einer vergleichbaren Arbeitszeit pro Monat schätzungsweise 3.000 verdienen.[5] Das wären auf 12 Monate gerechnet 36.000 pro Jahr. Rechnet man das wiederum auf 2.000 hergestellte arTshirts um, dann wären das 18 pro Shirt als „kalkulatorischer Unternehmerinnenlohn". Damit ergeben sich folgende Selbstkosten:

---

[5] Der Einfachheit halber werden im gesamten Beispiel Steuern und Sozialabgaben nicht berücksichtigt.

Selbstkostenkalkulation pro hergestelltem arTshirt bei 2.000 St.	€
Fertigungsmaterial (Unbedruckte Shirts, Spray)	14,00
Dampfbügelpresse	+ 2,25
Kalkulatorischer Fertigungslohn (kalk. Unternehmerinnenlohn)	+ 18,00
Selbstkosten pro arTshirt	= 34,25

Die Selbstkosten sind unter den gemachten Annahmen gleichzeitig die *Preisuntergrenze*, unter der Kimya die Shirts nicht verkaufen sollte. Mit einem bescheidenen Gewinnaufschlag ergäbe das dann folgendes Angebot, mit dem die beiden zu ihrem Vertriebspartner, der Modeboutique, gehen: 2.000 Stück je 35. Natürlich bringen sie gleich ein paar arTshirt-Samples mit.

Die Modeboutique scheint sehr interessiert, die Geschäftsführerin sagt aber, dass sie bei diesem Produkt maximal einen Preis von 30 zahlen wird. Allerdings wäre die Modeboutique sehr interessiert, mehr als 2.000 Stück pro Jahr geliefert zu bekommen, und die Geschäftsführerin sichert Kimya zu, jährlich bis zu höchstens 3.000 Stück zu einem Preis von je 30 abzunehmen, wenn Kimya es schaffen würde, die arTshirts zu diesem Preis zu liefern. Kimya ist frustriert. So knapp am Erfolg vorbei.

Auf dem Heimweg will Klara die schwer enttäuschte Kimya aufrichten und meint, vielleicht könne diese es ja doch schaffen, pro Jahr 3.000 Stück zu produzieren, dann könnte es vielleicht klappen. Kimya erwidert ein bisschen zynisch, „ja genau, wenn man pro Stück Verlust macht, dann macht es eben die Masse, Frau Betriebswirtin! Das verstehe ja sogar ich als Künstlerin, dass ich nur noch mehr Verlust mache, wenn ich mehr Shirts jeweils unter meinen Selbstkosten verkaufe". Eben nicht, sagt Klara – wegen der *Fixkostendegression*.

Daheim rechnet Klara vor. „Angenommen, Du würdest 3.000 Stück pro Jahr schaffen. Dann können wir mit denselben Kosten für die Dampfbügelpresse rechnen, weil das ja Fixkosten sind, also Kosten, die unabhängig von der produzierten Menge anfallen. Beim kalkulatorischen Unternehmerinnenlohn (Fertigungslohn), den wir angesetzt haben, kann man es so oder so sehen. Wenn Du mehr Stück produzierst, dann musst Du vermutlich auch mehr Stunden arbeiten und man könnte argumentieren, wir müssten dann auch einen höheren kalkulatorischen Unternehmerinnenlohn ansetzen. Andererseits könnte man auch sagen, dass du ja als Mitarbeiterin eines Modedesignunternehmens ein Fixgehalt bekommen würdest, wo du auch mal Überstunden machen musst, die dir nicht extra bezahlt werden. Vielleicht würdest du für 3.000 produzierte Stück sowieso ungefähr so viel arbeiten müssen, wie wenn du Angestellte eines Modedesignunternehmens wärst. Letztlich ist halt immer die Frage, was wäre eine vergleichbare Alternative zu deiner Tätigkeit als selbständige Unternehmerin und da haben wir etwas Spielraum. Ich würde sagen, wir kalkulieren das mal sportlich und bleiben bei 36.000 kalkulatorischem Unternehmerinnenlohn für dich. Außerdem haben wir ja die Lernkurve noch gar nicht berücksichtigt.

Wenn Du erst einmal 100 oder 200 oder 300 arTshirts produziert hast, dann wirst Du das immer schneller schaffen, weil Du ja immer besser lernst, wie Du das am besten machst. Vielleicht schaffst Du also tatsächlich 3.000 arTshirts pro Jahr mit normalen Arbeitszeiten. Die variablen Stückkosten, also die 14 für die unbedruckten Shirts inklusive Farbe müssen wir natürlich wie vorher ansetzen, weil diese pro gefertigtem Stück entstehen, also variabel sind. Die Kosten für die Dampfbügelpresse sind aber jedenfalls Fixkosten, die sich bei einer höheren Stückzahl auf mehr produzierte Einheiten verteilen und damit pro Stück fallen. Mit 4.400 Abschreibung für die Dampfbügelpresse pro Jahr wären das pro Stück dann 4.500/3.000 = 1,5, also nur noch 1,50 statt 2,25. Und wenn wir auch deinen kalkulatorischen Fertigungslohn von 36.000 als Fixkosten ansetzen, dann ergäbe das bei 3.000 Stück 36.000/3.000 = 12, also nur noch 12 pro hergestelltem arTshirt.

Selbstkostenkalkulation pro hergestelltem arTshirt bei 3.000 St.		€
Fertigungsmaterial (Unbedruckte Shirts, Spray)		14,00
Dampfbügelpresse	+	1,50
Kalkulatorischer Fertigungslohn	+	12,00
Selbstkosten pro arTshirt	=	27,50

Das wäre dann klar unter dem Preis, den uns die Boutique bietet und wir machen dann auch noch einen Gewinn von 2,50 pro Shirt. Eben wegen der Fixkostendegression." Kimya meint nur: „Wow, das klingt wie Zauberei! Wenn das stimmt, dann hat sich dein BWL-Studium voll gelohnt. Mach ich jetzt wirklich Gewinn, wenn ich 3.000 Stück pro Jahr schaffe?" Klara nickt und erklärt Kimya, dass sie laut Finanzbuchhaltung noch viel mehr Gewinn machen wird, weil da dann der kalkulatorische Fertigungslohn (das sind Opportunitätskosten, aber nicht Aufwand) nicht angesetzt wird. Allerdings muss Kimya als Unternehmerin vom erzielten buchhalterischen Gewinn (dem Gewinn in GuV und Bilanz) ja auch leben können.

Kimya und Klara gehen gleich noch zur Leiterin der Modeboutique und fixieren das Geschäft: Kimya kann gemäß Vertrag maximal 3.000 arTshirts pro Jahr zum Preis von 30 pro Shirt an die Boutique verkaufen. Danach wird erstmal gefeiert.

Einige Tage später hat Kimya eine große Bitte an Klara. Sie möchte Klara gerne als Buchhalterin und Controllerin anstellen, die sich um alles Betriebswirtschaftliche kümmert, damit sie selbst sich auf die Herstellung der arTshirts konzentrieren kann und weil sie gesehen hat, wie wichtig eine kompetente betriebswirtschaftliche Beraterin ist. Obwohl Klara das gerne ohne Bezahlung machen würde, hat sich Kimya bereits bei einem Gründerinnen-Portal erkundigt und besteht darauf, Klara für einen Minijob in ihrem Unternehmen einzustellen für 500 pro Monat, also 6.000 pro Jahr. Klara kann das Geld gut gebrauchen, weil ihr Taxiunternehmen nicht so wahnsinnig viel Gewinn erwirtschaftet, und Kimya genießt es auch ein bisschen, Arbeitgeberin und damit Chefin von Klara zu sein. Allerdings reduziert der auszubezahlende Lohn für Klara als Mitarbeiterin natürlich den Gewinn von Kimyas Unternehmen.

Bei wie viel Stück beginnt die „Gewinnzone"? Der Break-even-Point

Kimya stellt Klara gleich mal eine Aufgabe und will wissen, was wäre, wenn sie doch nicht 3.000 Shirts produzieren kann, weil sie krank wird oder weil ihr die Ideen für Spraymotive ausgehen. Kimya will sich ja nicht in ein Abenteuer hineinstürzen, wo sie ein zu hohes Risiko eingeht. „Wie viel müsste ich denn mindestens produzieren, um Gewinn zu machen und was passiert, wenn ich weniger produziere?" Klara freut sich über die Frage, die ihr die Gelegenheit bietet, wieder durch einen kleinen Vortrag mit ihren BWL-Kenntnissen zu glänzen: „Kein Problem, wir rechnen den Break-even-Point aus, also die Verkaufsmenge, ab der du Gewinn machst. Das geht ganz einfach: Der Preis pro arTshirt ist 30, die variablen Stückkosten pro Shirt sind 14, das ergibt einen Stückdeckungsbeitrag von 30 − 14 = 16. Der Stückdeckungsbeitrag ist der Betrag, den du pro verkauftem Shirt verdienen würdest, wenn man die Fixkosten nicht berücksichtigt. Die Fixkosten sind pro Jahr insgesamt 4.500, also die Abschreibung für die Dampfbügelpresse, plus mein Gehalt als Verwaltungsangestellte von 6.000, und zusätzlich dein kalkulatorischer Fertigungslohn von 36.000, also insgesamt 46.500. Jetzt musst du schauen, wie oft du die 16 Stückdeckungsbeitrag verdienen musst, bis du damit die Fixkosten hereingeholt hast. Wenn wir die gesamten Fixkosten inklusive kalkulatorischer Unternehmerinnenlohn ansetzen, dann lautet die Rechnung: Wie oft musst du die 16 Stückdeckungsbeitrag verdienen, bis du auf insgesamt 46.500 kommst? Die Lösung: 46.500/16 = 2.906,25 Stück. Mit 2.907 Stück hast Du also die gesamten Fixkosten in Höhe von 46.500 abgedeckt. Anders ausgedrückt: Wenn du 2.907 Stück verkaufst, dann ist dein Umsatz 2.907 mal 30, also 87.210 und deine Stückkosten betragen 2.907 mal 14, also 40.698. Das macht einen Gesamtdeckungsbeitrag von 87.210 − 40.698 = 46.512. Deine Fixkosten sind 46.500, also machst du bei 2.907 verkauften Stück genau 12 Gewinn. Mit jedem zusätzlich verkauften Shirt machst du 16 Gewinn, weil die Fixkosten ja schon abgedeckt sind.

Du musst aber bedenken, dass der kalkulatorische Fertigungslohn eine rein kalkulatorische Größe ist, mit der wir deine Opportunitätskosten berücksichtigen, also den Lohn, der dir dadurch entgeht, dass du deine Arbeitszeit in dein eigenes Unternehmen steckst und daher nicht als Mitarbeiterin eines anderen Unternehmens Geld verdienen kannst. Wirklich bezahlen musst du das ja nicht. Du könntest auch sagen, mir macht mein eigenes Unternehmen so viel Freude, dass ich dafür bereit bin, auf Einkommen zu verzichten. Lass mich das Ganze also etwas differenzierter betrachten:

Der Deckungsbeitrag pro verkauftem arTshirt ist 16. Wie viele Shirts musst du pro Jahr mindestens verkaufen, um wenigstens die (Fix-)Kosten für die Dampfbügelpresse abzudecken? Das sind 4.500/16 = 281,25 Stück. Wieviel Stück musst Du verkaufen, um die Fixkosten für die Dampfbügelpresse und zusätzlich meine Lohnkosten als deine kaufmännische Angestellte abzudecken? Das sind dann (4.500 + 6.000)/16 = 656,25 Stück. Um auch noch deinen kalkulatorischen Unternehmerinnenlohn zu erwirtschaften, musst du, wie schon errechnet, (4.500 + 6.000 + 36.000)/16 = 2.906,25 Stück pro Jahr produzieren.

Als Ergebnis bedeutet das, dass du dir keine großen Sorgen machen musst. Die Kosten für die Dampfbügelpresse wirst du ganz sicher wieder über deine Umsätze hereinholen, weil du ja 282 Stück pro Jahr sicher schaffen wirst. Mit jedem arTShirt, das du mehr verkaufst, kannst du meinen Lohn und deinen Lohn wenigstens teilweise aus deinen Umsätzen finanzieren. Und wenn alles top läuft und du 2.907 Stück oder mehr schaffst, dann bist du wirklich in der Gewinnzone. Ist also kein so großes Risiko, das du da eingehst, weil du zum Glück relativ geringe ,unvermeidbare' Fixkosten hast.''

Ein Jahr später: Kimyas erster Jahresabschluss
Das erste Jahr ist vorbei. Kimya hat extrem hart gearbeitet, weil sie immer dachte, sie schafft die 3.000 Stück nicht. Am Ende hat sie dann sogar 4.000 Stück geschafft, von denen sie wie vereinbart 3.000 Stück zu 30 verkauft hat, was einen Umsatz von 90.000 bedeutet, 1.000 fertige arTshirts liegen auf Lager, weil mit der Modeboutique ein Absatz von maximal 3.000 Stück zu 30 vereinbart war. Das gibt Kimya einen Puffer für das nächste Jahr, wo sie dann endlich auch mal Urlaub machen kann.

Während die verkauften arTshirts natürlich zum Verkaufspreis bewertet werden, sind die auf Lager produzierten arTshirts in Bilanz und GuV mit Herstellungskosten zu bewerten. Hier ist zu beachten, dass Bilanz und GuV pagatorische Rechnungen sind und rein kalkulatorische Kosten (im Beispiel der kalkulatorische Unternehmerinnenlohn) nicht berücksichtigt werden dürfen. Die Herstellungskosten ergeben sich pro Stück also aus den 14 für Roh-T-Shirt incl. Sprayfarbe und aus den anteiligen Kosten für die Dampfbügelpresse von 4.500/4.000 Stück = 1,125 Stück, also in Summe 15,125.

Der Materialaufwand (Roh-Shirts und Sprayfarbe) beträgt insgesamt für alle produzierten 4.000 Shirts 4.000 mal 14, also 56.000. Dazu kommt dann noch der Verwaltungs-Personalaufwand (Klaras Arbeitslohn) in Höhe von 6.000 und die Abschreibungen für die Dampfbügelpresse von 4.500.

Cashflow-Rechnung

Umsatzerlöse **90.000** − Laufende Auszahlungen für die Herstellung der produzierten Güter, insbes. an Zulieferer und Beschäftigte (z.B. Rohstoffe, Betriebsmittel, Werbung, Löhne) **56.000 + 6.000 = 62.000** − Sonstige laufende Einzahlungen und Auszahlungen **0**	*Operativer Cashflow* **28.000**	*Operativer Cashflow* +
Einzahlungen aus dem Abgang (Desinvestition) von Anlagevermögen (z.B. Grundstücke, Gebäude, Maschinen) **0** − Auszahlungen für neue Investitionen und Ersatzinvestitionen in Anlagevermögen (z.B. Grundstücke, Gebäude, Maschinen) **22.500**	*Cashflow aus Investitionstätigkeit* **−22.500**	*Cashflow aus Investitionstätigkeit* = *Free Cashflow* **5.500**

Nun erstellt Klara GuV und Bilanz. Da Kimya weder Kredite aufgenommen noch Geld angelegt hat (wir nehmen an, Kimya hatte Ersparnisse in Höhe von 30.000, die sie als

Eigenkapital ins Unternehmen einbringen konnte) oder Beteiligungen an anderen Unternehmen hält, enthält ihre GuV keine Positionen zum „Finanzergebnis". Der Einfachheit halber sind Steuerzahlungen vernachlässigt.

Klara erstellt die GuV nach dem Umsatzkostenverfahren. Beim Umsatzkostenverfahren beziehen sich Erträge und Aufwände nur auf die tatsächlich verkauften arTshirts. Von den Umsätzen, also den mit Verkaufspreisen bewerteten verkauften Shirts (90.000), werden nur die „Herstellungskosten der zur Erzielung der Umsatzerlöse erbrachten Leistungen" (englisch: Costs of Goods Sold) angesetzt, aber nicht diejenigen Aufwendungen, die für die Herstellung der auf Lager produzierten arTshirts entstanden sind.

Die 3.000 verkauften Shirts haben direkt der Herstellung zurechenbare Stückkosten von je 15,125 pro Stück verursacht, was insgesamt 45.375 ergibt. Klaras Lohn in Höhe von 6.000 ist als allgemeine Verwaltungskosten gesondert als Gesamtbetrag abzuziehen, weil es sich dabei nicht um direkt der Herstellung der Shirts zuordenbare Lohnkosten handelt. Hätte Klara bei der Herstellung der arTshirts mitgearbeitet, dann hätte man den Personalaufwand in Form ihres Lohnes anteilsmäßig auf die produzierten Shirts umgelegt (so wie das bei der Abschreibung der Dampfbügelpresse gemacht wurde).

Gewinn- und Verlustrechnung (GuV) nach Umsatzkostenverfahren

	Umsatzerlöse	90.000
–	Herstellungskosten der zur Erzielung der Umsatzerlöse erbrachten Leistungen	45.375
–	allgemeine Verwaltungskosten	6.000
=	Betriebserfolg = Jahresüberschuss (keine Finanzerträge/-aufwendungen u. Steuern)	38.625

Kimya möchte natürlich wissen, ob bei Anwendung des Gesamtkostenverfahrens wirklich auch derselbe Jahresüberschuss herausgekommen wäre. Beim Gesamtkostenverfahren wird berücksichtigt, dass zusätzlich zu den 3.000 verkauften Shirts noch 1.000 Shirts auf Lager produziert wurden. Fertige Erzeugnisse, die noch nicht verkauft wurden, sind mit deren Herstellungskosten zu bewerten, also mit 15,125 pro Stück, was dann bei 1.000 Stück insgesamt 15.125 ergibt. Der Materialaufwand wird beim Gesamtkostenverfahren ebenfalls auf alle hergestellten Shirts bezogen, also auf 4.000 Stück mal die Materialstückkosten von 14 (Material war ja nur Roh-Shirt und Spray-Farbe), was dann 56.000 ergibt. Personalaufwand wird unabhängig davon, ob dieser für die Herstellung der Produkte oder in der Verwaltung anfällt, als eigener Posten ausgewiesen, in diesem Fall ist das nur der Lohn für Klara als Verwaltungsmitarbeiterin (6.000). Auch die Abschreibungen für die Dampfbügelpresse werden noch als eigener Posten abgezogen:

Gewinn- und Verlustrechnung (GuV) nach Gesamtkostenverfahren

	Umsatzerlöse	90.000
+	Erhöhung des Bestandes an fertigen Erzeugnissen	15.125
–	Materialaufwand	56.000
–	Personalaufwand	6.000
–	Abschreibungen	4.500
=	Betriebserfolg = Jahresüberschuss (keine Finanzerträge/-aufwendungen u. Steuern)	38.625

Natürlich ist Kimya wieder einmal beeindruckt, dass tatsächlich dasselbe Ergebnis her-auskommt, obwohl die GuV nach dem Gesamtkostenverfahren ganz anders aussieht als nach dem Umsatzkostenverfahren. Eigentlich ist das aber ganz einfach, weil beim Ge-samtkostenverfahren die zusätzlichen Erträge in Form der Erhöhung des Bestandes an fertigen Erzeugnissen wieder als Aufwand abgezogen werden, indem genau der für die Herstellung der 1.000 Stück zusätzlich anfallende Materialaufwand und die anteiligen Abschreibungen wieder abgezogen werden. Die 1.000 auf Lager produzierten Stück wur-den ja gerade mit deren Herstellungskosten als Ertrag angesetzt (15.125) und genau diese Herstellungskosten werden als zusätzlicher Aufwand abgezogen, weil sich der Aufwand beim Gesamtkostenverfahren ja auf alle hergestellten Shirts bezieht, nicht nur auf die ver-kauften Shirts.

In der Bilanz müssen die Fertigerzeugnisse sowieso als Vermögensposten berücksich-tigt werden, und insofern hat es keine Auswirkung auf die Bilanz, ob die GuV nach Gesamtkostenverfahren oder Umsatzkostenverfahren erstellt wurde.

Kimyas Eröffnungsbilanz:

Aktiva			Passiva
Maschinen (Dampfbügelpresse)	22.500	Eigenkapital	30.000
Bankguthaben	7.500	Bankverbindlichkeiten	0
Summe Aktiva	30.000	*Summe Passiva*	30.000

Kimyas Schlussbilanz nach dem ersten Jahr:

Aktiva			Passiva
Maschinen	18.000	Eigenkapital	30.000
Vorräte (fertige Erzeugnisse)	15.125	Bankverbindlichkeiten	0
Bankguthaben	35.500		
		Gewinn	38.625
Summe Aktiva	68.625	*Summe Passiva*	68.625

4.4.2   Kostenrechnung und Controlling

Entscheidungen treffen: Entscheidungsunterstützungsfunktion
des Rechnungswesens
Traditionell wird die Kostenrechnung – ganz im Sinne der entscheidungsorientierten BWL – als Instrumentarium gesehen, mit dessen Hilfe diejenigen Personen, die ein Unternehmen oder Teilbereiche eines Unternehmens führen, Entscheidungen vorberei-ten und faktenorientiert treffen. Typische Entscheidungen sind dabei die Entscheidung, zu welchem Preis man Produkte anbieten kann (Selbstkostenkalkulation und Ange-

botserstellung bei Ausschreibungen), wie viel man von einem Produkt produzieren soll (Break-even-Analyse), ob es sinnvoll ist, einen kurzfristigen Zusatzauftrag für ein Produkt anzunehmen, und welche Produkte man in welchen Mengen herstellen soll (Produktionsprogrammentscheidungen). Alle diese Entscheidungen sind unternehmensinterne Entscheidungen, also Entscheidungen, die von Führungskräften, die im Unternehmen arbeiten, getroffen werden, und daher gehört die Kostenrechnung zum internen Rechnungswesen (vgl. zum Folgenden z. B. Ewert et al., 2023 oder Fischer et al., 2015).

Während es für das externe Rechnungswesen sehr detaillierte gesetzliche Vorgaben gibt, damit sich Externe (Shareholder, Banken und andere Stakeholder) auf die insbesondere im Jahresabschluss publizierten Daten verlassen können, ist man im internen Rechnungswesen frei so zu rechnen, wie man es für richtig hält. Damit man nicht durcheinanderkommt, bezeichnet man den in Geld bewerteten Güterverbrauch im internen Rechnungswesen als Kosten (statt Aufwand im externen Rechnungswesen) und die in Geld bewertete Gütererstellung als Leistungen (statt Ertrag im externen Rechnungswesen).

Abgesehen davon, dass im internen Rechnungswesen Auswertungen meist viel detaillierter nach einzelnen Produkten und für einzelne Unternehmensbereiche gemacht werden, wohingegen das externe Rechnungswesen eher einen Gesamtüberblick über die finanzielle Lage des Unternehmens liefern soll, nimmt man im internen Rechnungswesen weitgehend dieselben Wertansätze wie im externen Rechnungswesen. Das ist schon alleine deshalb sinnvoll, um im Unternehmen eine möglichst einheitliche und eindeutige Datenbasis zu haben. Zum Beispiel rechnet man normalerweise mit denselben Lohnkosten (Lohnaufwand), mit denselben Materialkosten (Materialaufwand) und denselben Abschreibungen. Dann ist egal, ob man die Bezeichnung Aufwand oder Kosten verwendet. Ohnehin werden die Begriffe oft schlampig verwendet, manchmal hört man sogar seltsame Begriffe wie „Kostenaufwand" oder „Unkosten". Etwas haarig wird es, wenn man z. B. Abschreibungen in der Kostenrechnung anders ermittelt als in der GuV (etwa, weil von geschätzten Wiederbeschaffungswerten abgeschrieben wird, was im externen Rechnungswesen nicht zulässig ist, oder eine andere Nutzungsdauer oder ein anderer Restwert zugrunde gelegt wird). Man spricht dann von „Anderskosten". Das ist aber eher eine Ausnahme. Häufiger kommt es vor, dass man in der Kostenrechnung einen Werteverzehr ansetzt, der im externen Rechnungswesen nicht angesetzt werden darf, weil dieser nicht pagatorisch ist, also zu keiner Zahlung führt. Man nennt diese Kosten dann kalkulatorische Kosten (was bedeuten soll, dass man die Kosten nur in der Kosten-Kalkulation ansetzt, aber nicht im externen Rechnungswesen). Das typische Beispiel sind hier Opportunitätskosten wie etwa der kalkulatorische Unternehmerlohn (wie viel Geld hätte ich verdient, wenn ich, statt ein Unternehmen zu leiten, einen Job als Angestellte hätte?) oder kalkulatorische Zinsen (was hätte ich für mein Geld an Zinsen erwirtschaftet, wenn ich es nicht als Eigenkapital in mein Unternehmen gesteckt hätte?).

In der Kostenrechnung werden meist drei Bereiche unterschieden:

- *Kostenartenrechnung*: Welche Arten von Kosten sind in welcher Höhe angefallen (z. B. Materialkosten, Personalkosten, Abschreibungen)?

- *Kostenstellenrechnung*: In welchen Bereichen des Unternehmens sind die Kosten angefallen (z. B. Materialbeschaffung, Produktionsbereiche, Verwaltung oder Vertrieb)?
- *Kostenträgerrechnung*: Für welche Produkte oder Dienstleistungen sind die Kosten angefallen (die Kalkulation der Herstellungskosten eines Produktes ist eine typische Kostenträgerrechnung)?

Man könnte diese Bereiche auch als Stufen der Kostenrechnung bezeichnen, weil man in der Regel zuerst alle angefallenen Kosten nach Kostenarten erfasst, dann diese auf Unternehmensbereiche zuteilt und zuletzt die Produkte/Dienstleistungen kalkuliert. Die Kostenartenrechnung unterscheidet verschiedene Arten des Werteverzehrs, ähnlich wie bei den Aufwendungen in der GuV, nur meistens wesentlich detaillierter.

In der Kostenstellenrechnung teilt man die angefallenen Kosten auf Kostenstellen, also auf Verantwortungsbereiche im Unternehmen zu. Bei Kostenstellen kann es sich beispielsweise um Funktionsbereiche (Beschaffung, Produktion, Verwaltung, Absatz etc.), regionale Unternehmensbereiche (Filialen, Niederlassungen in Europa, Asien etc.), Sparten (Bereich Mobilität, Bereich Infrastruktur, Bereich Energietechnik etc.), aber auch um kleinere Teilbereiche und Abteilungen eines Unternehmens handeln.

Kostenträger sind die vom Unternehmen erstellten Leistungen, also die hergestellten Produkte oder Dienstleistungen. Der Begriff Kostenträger drückt aus, dass die erstellten Leistungen des Unternehmens die angefallenen Kosten tragen müssen in dem Sinne, dass man mit den Leistungen am Markt einen Preis erzielt, durch den die angefallenen Kosten mindestens wieder hereingeholt werden. In der Kostenträgerrechnung werden die angefallenen Kosten auf die erstellten Leistungen zugeteilt.

Wenn es um die Zuordnung von Kosten zu Kostenstellen und Kostenträgern geht, dann unterscheidet man zwischen Kostenstelleneinzelkosten und Kostenstellengemeinkosten. Einzelkosten (direct costs) sind Kosten, die dem jeweiligen Objekt, also der Kostenstelle oder dem Kostenträger, direkt „ursächlich" zugeordnet werden können, Gemeinkosten (indirect costs) sind Kosten, wo das nicht geht. Bei der Zuteilung von Kosten auf Kostenstellen in der Kostenstellenrechnung handelt es sich beispielsweise bei Personal, das direkt der Kostenstelle zugeordnet ist, um Kostenstelleneinzelkosten. Bei Miete, die für ein ganzes Gebäude bezahlt wird, in dem unterschiedliche Kostenstellen (Abteilungen) ihre Räume haben, oder bei der Versicherung für dieses Gebäude handelt es sich Kostenstellengemeinkosten. Bei Gemeinkosten verwendet man in der Regel einen Verteilungsschlüssel zur Kostenzuteilung. Im Beispiel der Gebäudemiete/-versicherung könnte man die Gesamtkosten nach genutzten Quadratmetern den einzelnen im Gebäude angesiedelten Kostenstellen zuordnen. Wenn Leistungsverflechtungen (also ein Austausch von Gütern oder Dienstleistungen) zwischen Kostenstellen bestehen, dann kann man diese Leistungen intern mit Hilfe von Verrechnungspreisen zwischen den Kostenstellen verrechnen.

Ein klassisches Lehrbuchbeispiel der Kostenverrechnung ist ein Produzent von Tischen und Stühlen, der eine Kostenstelle Rohstoffbeschaffung, je eine Kostenstelle „Vorprodukte der Stuhlproduktion" und „Vorprodukte der Tischproduktion", sowie je eine Kostenstelle „Endmontage Stühle" und „Endmontage Tische" hat. Alle Kosten, die bei der Rohstoffbeschaffung anfallen, insbesondere Personalkosten, Lagerkosten und beschaffte Rohmaterialien (z. B. Holz), könnte man dann auf die beiden Vorprodukt-Kostenstellen gemäß deren Bedarf an Rohstoffen weiterverrechnen. Beispielsweise könnte man einen Verrechnungspreis pro Kubikmeter Holz ansetzen, der auch einen Teil der Personalkosten für die Holzbeschaffung enthält. So könnte man die Kostenstelle Rohstoffbeschaffung von allen entstandenen Kosten „entlasten", indem man diese Kosten auf die beiden nachgelagerten Kostenstellen weiterverrechnet. Die beiden Vorprodukt-Kostenstellen erzeugen dann unter Einsatz der Rohstoffe sowie von Maschinen und Personal Vorprodukte (z. B. Tischplatten, Tischbeine, Stuhlbeine, Sitzflächen und Lehnen). Die dafür angefallenen Kosten werden dann wieder in Form eines Verrechnungspreises pro Tischplatte, Tischbein usw. an die Endmontage weiterverrechnet, die dann aus den Vorprodukten Tische und Stühle herstellt.

Ein etwas praxisnäheres Beispiel wäre Folgendes: Viele Unternehmen haben eine interne Unternehmensberatung oder sie haben interne Weiterbildungsabteilungen, die Schulungen durchführen. Wenn beispielsweise die Marketing-Abteilung des Unternehmens Beratungsleistungen der internen Beratung in Anspruch nimmt, dann entrichtet die Kostenstelle Marketing einen Preis pro Stunde Beratungsleistung an die Kostenstelle „Interne Unternehmensberatung". Man tut also so, als ob es sich bei den unterschiedlichen Kostenstellen um selbständige Unternehmen handeln würde, wo der eine Bereich an den anderen eine Dienstleistung verkauft. Natürlich fließt aber kein Geld. Allerdings kann auf Basis der Verrechnungspreise dann ein „Gewinn" der Kostenstelle Interne Unternehmensberatung errechnet werden, indem man von den mit dem Verrechnungspreis bewerteten Leistungen (Anzahl Stunden Beratungsleistungen mal den Verrechnungspreis pro Stunde) die Kosten der Abteilung Interne Unternehmensberatung (Personalkosten, Büroräume, Laptops etc.) abzieht. So kann man dann auch feststellen, ob es sich lohnt, eine interne Unternehmensberatung zu haben, oder ob man lieber entsprechende Beratungsleistungen von außerhalb des Unternehmens „einkaufen" soll (sogenannte Make-or-Buy Entscheidung, vgl. dazu das Kap. 6 zur Produktionsperspektive). Die Zuteilung von Kosten auf Kostenstellen und deren Weiterverrechnung zwischen Kostenstellen (durch Verrechnungspreise) und schließlich deren Verrechnung auf Kostenträger bezeichnet man als innerbetriebliche Leistungsverrechnung.

Ebenso wie in Bezug auf Kostenstellen gibt es auch in Bezug auf Kostenträger Einzelkosten und Gemeinkosten. Ein typisches Beispiel für Kostenträgereinzelkosten ist das Fertigungsmaterial, das ja direkt im Produkt drinsteckt. Bei Kostenträgereinzelkosten lässt sich klar nachvollziehbar feststellen, wie viel von den angefallenen Kosten dem jeweiligen Produkt zuzurechnen ist. Anders ist das bei den Kostenträgergemeinkosten. Zum Beispiel sind die Abschreibungen für Maschinen (man bezeichnet diese auch als Fertigungsgemeinkosten) Kostenträgergemeinkosten, wenn mit der Maschine unterschiedliche Produkte gefertigt werden und daher nicht klar ist, wie die Maschinenkosten anteilig den Produkten zugeteilt werden sollen. Hier kann man wieder mit Zuteilungsschlüsseln arbeiten. Zum Beispiel kann man die Abschreibung für Maschinen proportional zu den Materialkosten (die sich ja als Einzelkosten eindeutig dem jeweiligen Produkt zuordnen lassen) zuschlagen. Im obigen Beispiel des Möbelproduzenten: Wenn in einem Tisch doppelt so viel Holz (Materialeinzelkosten) drinsteckt wie in einem Stuhl und sowohl Tische als auch Stühle mit derselben Hobelmaschine gefertigt werden, dann ist naheliegend, auch die Abschreibung für die Hobelmaschine im Verhältnis 2:1 auf Tische und Stühle zuzurechnen (man spricht dann oft von Zuschlagssätzen bzw. Zuschlagskalkulation).

Gemeinkosten, die nicht direkt auf die Produkte zugeordnet werden können und die nicht direkt bei der Herstellung anfallen (also keine Herstellungskosten sind), wie beispielsweise Verwaltungskosten oder Kosten für allgemeine Werbung und Vertrieb, kann man bei der Selbstkostenkalkulation ebenfalls mit Verrechnungssätzen den Kostenstellen zuschlagen, wenn man die Selbstkostenkalkulation auf Vollkostenbasis durchführt (Genaueres zu Vollkosten und Teilkosten weiter unten). Definitionsgemäß sind Gemeinkosten aber nicht ursächlich zurechenbar, und Zurechnungsschlüssel sind lediglich ein Hilfsmittel, um Kosten, die man eigentlich nicht zurechnen kann, trotzdem einigermaßen sinnvoll zuzurechnen.

Eine ebenfalls sehr gebräuchliche Unterscheidung ist die zwischen variablen Kosten und Fixkosten. Variable Kosten sind Kosten, die sich mit der produzierten Menge eines Produktes oder einer Dienstleistung verändern, fixe Kosten sind Kosten, bei denen das nicht so ist. Im obigen Beispiel der Möbelproduktion sind die Kosten für das Holz variable Kosten, weil man umso mehr Holz braucht, je mehr produziert wird. Da das Holz auch eindeutig dem Produkt zugeordnet werden kann, sind es variable Einzelkosten. Eindeutig nicht variabel ist die Miete für die Produktionshalle, weil die Mietkosten genauso anfallen, wenn weniger oder gar nichts produziert wird. Die Abschreibung für die Hobelmaschine verändert sich auch nicht, wenn mehr oder weniger produziert wird, es handelt sich also auch um Fixkosten (das gilt nur, wenn die Fertigungsmenge keinen Einfluss auf die Nutzungsdauer der Maschine hat). Allerdings könnte es sein, dass der Produktionsbetrieb bei stark ansteigender Produktionsmenge irgendwann eine zweite Hobelmaschine braucht. Man spricht dann von sprungfixen Kosten, weil die Kosten bis zu einer bestimmten Produktionsmenge fix sind und dann „hochspringen" um die Kosten einer weiteren Hobelmaschine. Die Gehälter für das Personal in der Produktion sind fix, wenn es feste monatliche Gehälter sind. Wenn nach Stunden oder gar nach gefertigter Stückzahl bezahlt wird, dann sind es variable Kosten. Wie das Beispiel der Gehälter zeigt, sind Fixkosten meistens nur innerhalb eines bestimmten Zeitraums fix, auf lange Sicht werden diese zumindest teilweise zu abbaubaren Kosten. Wenn dauerhaft weniger produziert wird, dann kann Personal entlassen werden, bei mehreren Hobelmaschinen kann man eine Maschine verkaufen und selbst die Produktionshalle kann eventuell verkleinert werden, sodass weniger Miete anfällt. Miete, Abschreibungen und Gehälter sind, zumindest kurzfristig betrachtet, Fixkosten und zugleich Kostenträgergemeinkosten. Während es sich bei den genannten Fixkosten um Kostenträgergemeinkosten handelt, können auch variable Kosten Kostenträgergemeinkosten sein. Zum Beispiel sind die Stromkosten für die Hobelmaschine von der Fertigungsmenge abhängig, also variabel, aber in der Praxis nicht eindeutig den produzierten Stühlen oder Tischen zuzuordnen.

Zieht man vom Preis eines Produktes die variablen Stückkosten (variable Kosten pro hergestelltem Stück) ab, dann erhält man den Stückdeckungsbeitrag. Das ist der Betrag, den man pro verkauften Stück verdient, wenn man die Fixkosten unberücksichtigt lässt. Der Break-even-Point ist die Verkaufsmenge, bei der man gerade so viel Deckungsbeitrag verdient hat, dass alle Fixkosten abgedeckt sind. Sobald die Verkaufsmenge den Break-even-Point übersteigt, macht man Gewinn.

Sehr gebräuchlich in der Unternehmenspraxis ist auch die Unterscheidung zwischen Vollkostenrechnung und Teilkostenrechnung. Wie der Name bereits sagt, bedeutet Vollkostenrechnung, dass man alle angefallenen Kosten berücksichtigt, während Teilkostenrechnung bedeutet, dass man nur einen Teil der Kosten, zum Beispiel nur die variablen Kosten oder nur Einzelkosten berücksichtigt. In der Kalkulation von Produkten bedeutet Vollkostenrechnung, dass sämtliche angefallenen Kosten auf die Kostenträger verrechnet werden, also nicht nur die ursächlich klar zuordenbaren Kosten (Einzelkosten), sondern dass auch alle Gemeinkosten mit Hilfe von Verrechnungsschlüsseln auf die Kostenträger verrechnet werden. Da Fixkosten kurzfristig gesehen nicht abgebaut werden können, werden für kurzfristige Entscheidungen oft nur die variablen Kosten als Entscheidungsgrundlage herangezogen. Wenn ein Möbelproduzent zum Beispiel nicht ausgelastet ist und ein Angebot bekommt, eine bestimmte Anzahl zusätzlicher Stühle zu produzieren, dann ist jeder Preis über den variablen Herstellungskosten vorteilhaft. Wenn der Produzent den Auftrag nicht annimmt, bleibt dieser sowieso auf den Fixkosten „sitzen". Wenn der Preis also über den variablen Stückkosten liegt (d. h. der Deckungsbeitrag ist positiv), dann wird wenigstens ein Teil der Fixkosten wieder hereingewirtschaftet.

Die obigen Beispiele zu den Begriffen Einzelkosten/Gemeinkosten, variable Kosten/Fixkosten und Vollkosten/Teilkosten dienen dem besseren Verständnis des zugrundeliegenden Prinzips, es geht nicht um reine Begrifflichkeiten. Allgemein betrachtet geht es um zwei verschiedene Prinzipien:

- Bei der Unterscheidung zwischen Einzelkosten und Gemeinkosten geht es um die Frage, ob Kosten einem Kostenobjekt ursächlich zugeordnet werden können oder nicht. Die gebräuchlichsten Kostenobjekte sind dabei Kostenstellen (also Teilbereiche des Unternehmens) und Kostenträger (Produkte, Dienstleistungen). Ebenso kann man aber auch andere Objekte für die Kostenzuordnung verwenden, beispielsweise durchgeführte Projekte, Kunden (welche Kosten verursacht ein bestimmter Kunde oder eine Kundengruppe) oder Aktivitäten (z. B. eine Maßnahme zur Qualitätskontrolle oder zur Verbesserung der Arbeitssicherheit). Genau genommen müsste man dann immer das Objekt dazusagen, also z. B. Projekteinzelkosten oder Arbeitssicherheitsgemeinkosten, so wie oben im Falle der Kostenstellen und Kostenträger. Zugegebenermaßen wird in der Praxis aber oft nicht so sauber zwischen den Begriffspaaren Kostenträgereinzelkosten–Kostenträgergemeinkosten und variable Kosten–Fixkosten unterschieden und Kostenträgereinzelkosten werden oft als variable Kosten bezeichnet (Kostenträgereinzelkosten sind ja auch definitionsgemäß variabel). Bei den Gemeinkosten nimmt man es nicht ganz so genau und bezeichnet diese oft als Fixkosten (obwohl es wie oben erwähnt auch variable Gemeinkosten gibt).

- Bei der Unterscheidung zwischen variablen Kosten und Fixkosten geht es darum, ob Kosten bezüglich einer Kosteneinflussgröße variabel oder fix sind. Die gebräuchlichste Kosteneinflussgröße ist die Menge an hergestellten Einheiten des Produktes oder der Dienstleistung (man nennt diese Menge manchmal auch „Beschäftigung" und spricht dann von beschäftigungsvariablen/-fixen Kosten). Wenn man von variablen und fixen Kosten spricht, dann ist meistens die Herstellungsmenge als Kosteneinflussgröße gemeint. Genauso kann man aber auch andere Kosteneinflussgrößen verwenden und in Bezug auf diese Einflussgröße dann von fixen oder variablen Kosten sprechen. Statt dem Begriff Kosteneinflussgröße hat sich in Anlehnung an den englischsprachigen Begriff Cost Driver auch der Begriff Kostentreiber eingebürgert. Neben der Produktionsmenge sind mögliche Kosteneinflussgrößen (Kostentreiber): geleistete Stunden bei Beratungsleistungen, Anzahl von Internettransaktionen, Anzahl von betreuten Kundinnen in einer Vertriebsabteilung oder Anzahl betreuter Führungskräfte als Kostentreiber einer Personalabteilung. Ganz allgemein kann man als Kosteneinflussgröße auch eine Entscheidung nehmen. Wenn die Entscheidung beispielsweise darin besteht, ob Kimya zusätzlich 50 ArTshirts für ein Künstlerinnen-Event produzieren soll, dann kann man von Entscheidungs-variablen Kosten (z. B. Kosten für Roh-Shirts und Farbe sowie Anfahrtskosten zum Event) und Entscheidungs-fixen Kosten (z. B. Kosten für Dampfbügelpresse und Verwaltungskosten) sprechen.

Dass sich die Unterscheidung nach Kostenobjekten und Kosteneinflussgrößen überlappen kann, ist schon deshalb klar, weil ein Kostenobjekt (z. B. ein Produkt), auf das Kosten zugeordnet werden können, gleichzeitig eine Kosteneinflussgröße sein kann (genauer: die Menge des hergestellten Produktes ist eine Kosteneinflussgröße).

Verhalten zielgerichtet steuern: Verhaltenssteuerungsfunktion des Rechnungswesens

Hauptzweck des externen Rechnungswesens ist, alle Stakeholder des Unternehmens, insbesondere die Eigen- und Fremdkapitalgeber, über die Finanz-, Ertrags-, und Vermögenslage des Unternehmens zu informieren, um fundierte Entscheidungen in Bezug auf die Zusammenarbeit mit dem Unternehmen zu ermöglichen. Das interne Rechnungswesen dient hingegen der Steuerung des Unternehmens. Unternehmenssteuerung mit Hilfe von Informationen aus dem internen Rechnungswesen wird häufig auch als *Controlling* (to control = steuern) oder Management Control bezeichnet. Management Accounting kann sowohl das interne Rechnungswesen als auch Unternehmenssteuerung mit Hilfe des internen Rechnungswesens bedeuten. Wir verwenden hier den in der Praxis verbreiteten Begriff Controlling. Controlling umfasst zwei Arten von Steuerung. Erstens hat das interne Rechnungswesen die Aufgabe, Informationen für Führungskräfte im Unternehmen zu liefern, damit diese die richtigen Entscheidungen treffen können, um das Unternehmen besser auf die Unternehmensziele hin zu steuern (Entscheidungsunterstützungsfunktion,

Decision Facilitating Role). Zweitens soll das interne Rechnungswesen Informationen zur zielgerichteten Beeinflussung des Verhaltens von im Unternehmen tätigen Personen liefern (Verhaltenssteuerungsfunktion, Behavior Influencing Role).

Entscheidungsunterstützungsfunktion: Aus Sicht der entscheidungsorientierten BWL geht es in der BWL um das Treffen von Entscheidungen. Insbesondere Führungskräfte in Unternehmen müssen täglich Entscheidungen treffen, also von mehreren möglichen Handlungsalternativen diejenige wählen, mit der die Unternehmensziele am besten erreicht werden. Das interne Rechnungswesen liefert Informationen, um die Alternativen, zwischen denen eine Entscheidung getroffen werden muss, zu beschreiben, und um besser zu verstehen, wie sich eine Entscheidung auf (finanzielle) Ziele auswirkt. Wenn beispielsweise entschieden werden muss, welche Produkte hergestellt werden sollen, dann kann das interne Rechnungswesen Informationen liefern, welche Kosten bei der Produktion auftreten, welche Risiken bei der Beschaffung von Rohstoffen bestehen, welche Preise voraussichtlich am Markt erzielt werden und welche Gewinne entsprechend bei welchen Produkten zu erwarten sind.

Verhaltenssteuerungsfunktion: Die Verhaltenssteuerungsfunktion knüpft hingegen an die verhaltensorientierte Sicht der BWL an. Ausgangspunkt ist die folgende einfache Überlegung: Die in einem Unternehmen handelnden Menschen wissen nicht immer, was von ihnen genau erwartet wird, sie verfügen oft nicht über alle Fähigkeiten und Ressourcen, um ihre Aufgaben gut zu erledigen, und sie sind auch nicht immer motiviert, sich im Sinne des Unternehmens zu verhalten, sondern verfolgen manchmal eigene Interessen. Verhaltenssteuerung umfasst alle Maßnahmen, mit deren Hilfe versucht wird, Verhalten im Unternehmen so zu beeinflussen, dass die Wahrscheinlichkeit erhöht wird, die Unternehmensziele zu erreichen.

Ein typischer Prozess, in dem versucht wird, mit Hilfe von Informationen aus dem Rechnungswesen zu planen und gleichzeitig Verhalten zu steuern, ist die Budgetierung. Im Rahmen des Budgetierungsprozesses setzen sich normalerweise Führungskräfte (in der Regel mindestens einmal im Jahr) mit dem Personal in ihrem Verantwortungsbereich zusammen und besprechen mit diesem, welche Ziele der Bereich erreichen muss, und gemeinsam wird dann geplant, wie man diese Ziele erreichen kann und welche Mittel dafür notwendig sind. Budgetierung bedeutet also, dass man gemeinsam plant, welche Ziele die einzelnen Teilbereiche eines Unternehmens in einer kommenden Periode mit welchen Ressourcen (z. B. Personalausstattung, Geld) erreichen sollen, wie man dabei am besten vorgeht und wie die einzelnen Teilbudgets aufeinander abgestimmt werden. Letztlich geht es also darum, dass alle im Unternehmen besser wissen, was von ihnen erwartet wird, dass notwendige Ressourcen für die Aufgabenerfüllung zugeteilt werden und dass im Idealfall auch alle motiviert sind, sich im Sinne dieser vereinbarten Ziele für das Unternehmen einzusetzen. Gleichzeitig sollen im Rahmen der Budgetierung auch die Teilbereiche des Unternehmens koordiniert, also auf das gemeinsame Ziel ausgerichtet werden. Dazu werden beispielsweise die im jeweiligen Bereich in der Vorperiode angefallenen Kosten (aus der Kostenstellenrechnung) analysiert, es wird geplant, welche Kosten wofür in der kommenden Periode anfallen werden und welche Leistungen der Bereich dafür erbringen soll, und welche Ziele (z. B. Gewinn) erreicht werden sollen.

Ein Problem dabei ist, dass es in solchen Budgetierungsverfahren oft „strategisches" Verhalten gibt. Zum Beispiel kommt es oft vor, dass versucht wird, die Zielvorgaben nach unten zu verhandeln, damit man sich leichter tut, die Ziele zu erreichen oder um einen Puffer zu haben, wenn es aus irgendeinem Grund schlecht laufen sollte. Manchmal gibt es auch Führungskräfte, die sich wichtiger fühlen, wenn sie viele Ressourcen zugewiesen bekommen, viele Personalressourcen, viele Büros und viel Finanzbudget. Dann stellen diese Führungskräfte Projekte vielleicht etwas zu optimistisch dar, damit sie für ihren Bereich mehr Budget dafür bekommen. Das führt wiederum dazu, dass die übergeordneten Bereiche, die über das Budget entscheiden, erst einmal die Forderungen nach Ressourcen nach unten zu drücken versuchen und die Ziele möglichst hochschrauben, weil sie schon mit strategischem Verhalten der anderen Seite rechnen. Zum Beispiel bekommen Bereiche, die in der Vorperiode sehr sparsam gewirtschaftet haben oder sehr erfolgreich waren, das nächste Mal weniger Budget, weil sie ja ohnehin anscheinend nicht so viel brauchen oder die Zielvorgaben werden erhöht, weil diese in der Vorperiode ja ohnehin weit übererfüllt wurden (sogenanntes „Target Ratcheting").

Weil es so schwierig ist zu unterscheiden, ob Forderungen nach mehr Ressourcen berechtigt sind oder nicht, und ob Ziele angemessen sind, wird manchmal einfach auch nur das Vorjahresbudget fortgeschrieben. Eine solche Fortschreibung von Budgets macht ein Unternehmen sehr unflexibel und behindert innovative Ideen.

Die Forschung im Controlling beschäftigt sich unter anderem damit, wie man Ziele setzt und wie man Ziele mit Anreizen verbindet (z. B. Belohnung für Zielerreichung). Zum Beispiel ist eine wichtige Frage, wann Ziele und Belohnungen für die Zielerreichung auf Teambasis oder auf individueller Basis festgelegt werden sollen. Teamziele und Teamanreize erhöhen die Motivation zur Zusammenarbeit im Team, aber sie erzeugen auch Probleme und Frustration im Team, wenn einzelne Teammitglieder sich als „Free Rider" verhalten, also keinen angemessenen Beitrag zum Teamerfolg leisten. Auch wenn es im Controlling viel um Rechnungswesen und Zahlen geht, spielt Psychologie für die Verhaltenssteuerung eine große Rolle, und je besser man typische Verhaltensmuster von Menschen versteht, umso besser kann man den beschriebenen Fehlanreizen und Hemmnissen für die Motivation entgegenwirken.

4.5 Corporate Finance: Investition, Finanzierung und Unternehmensbewertung

4.5.1 Pronto Taxi Klara als Investitions- und Finanzierungsproblem

Nachfolgend wird das Eingangsbeispiel Pronto Taxi Klara wieder aufgegriffen. Die prognostizierten Cashflows waren wie folgt:

Cashflow Prognose

	Jahr 1	Jahr 2	Jahr 3	Jahr 4	Jahr 5
Umsatzerlöse (geschätzt)	36.000	36.000	36.000	36.000	36.000
Laufende Auszahlungen (geschätzt)	–6.000	–6.000	–6.000	–6.000	–6.000
Operativer Cashflow	30.000	30.000	30.000	30.000	30.000
+ Cashflow aus Investitionstätigkeit	–40.000	0	0	0	–30.000
= Free Cashflow	–10.000	30.000	30.000	30.000	0

Wir führen jetzt eine Investitionsrechnung für die Investition in das Taxi durch. Der obige Free Cashflow bezieht sich auf die Investitionstätigkeit (den Kauf des Taxis) und zusätzlich auch auf die operativen Ein-/Auszahlungen aus dem Betrieb des Taxis. Die 10.000, die Klara aus ihrer Erbschaft auf das Bankkonto einzahlt und dort die ganzen 5 Jahre liegen lässt lassen wir aus Vereinfachungsgründen unberücksichtigt.

Während die obige Cashflow-Rechnung aber die Cashflows während der jeweiligen Jahre, also periodenbezogen, erfasst, rechnen wir nun die Cashflows jeweils Zeitpunkten zu. Die 40.000 für das Taxi muss Klara sofort am Anfang des ersten Geschäftsjahres zahlen und daher rechnet man diese Investitionsauszahlung dem Startzeitpunkt der Planung zu – diesen Zeitpunkt „Time Zero" bezeichnen wir als $t = 0$.

Die 30.000, die im Laufe des Jahres erwirtschaftet werden (operativer Cashflow) fließen Klara jeweils erst nach und nach im Laufe des jeweiligen Jahres zu. Man rechnet diese dann als Rückflüsse aus der Investition in das Taxi üblicherweise jeweils dem Jahresende zu und damit den Zeitpunkten $t = 1$, $t = 2$ usw. Außerdem gehen wir bei der folgenden Rechnung davon aus, dass Klara im fünften Jahr kein neues Taxi mehr kauft, sondern nach dem fünften Jahr ihr altes Taxi verkauft. Es geht also nur um die Investition in ein Taxi, eine Ersatzinvestition gibt es nicht. Das macht die Rechnung einfacher, weil man dann nur über fünf Jahre rechnen muss, also einen klar definierten Planungszeitraum hat. Folglich muss man dem Zeitpunkt $t = 5$ noch die Einzahlung aus dem Verkauf des Taxis (15.000) zuschlagen bzw. man muss berücksichtigen, dass kein neues Taxi für 45.000 gekauft wird. In $t = 5$ beträgt der Cashflow dann 45.000. Abb. 4.1 zeigt die Cashflows auf die Zeitpunkte $t = 0, 1, \ldots, 5$ zugeordnet.

Unter der Annahme, dass Klara am Ende des 5. Jahres ihr Taxi verkauft und das Taxiunternehmen auflöst (d. h. liquidiert), beschreibt der in obiger Abbildung dargestellte

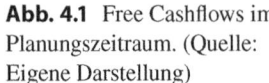

Abb. 4.1 Free Cashflows im Planungszeitraum. (Quelle: Eigene Darstellung)

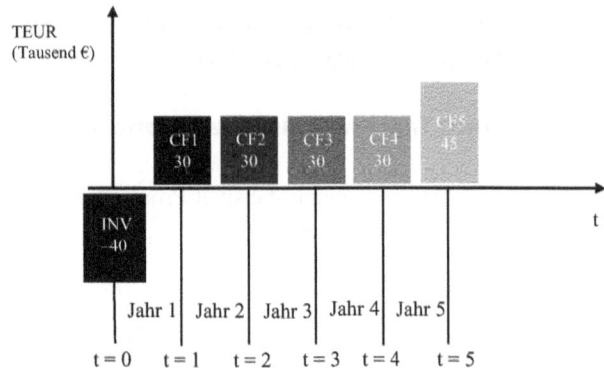

Zahlungsstrom (−40.000, 30.000, 30.000, 30.000, 30.000, 45.000) die wirtschaftliche Tätigkeit von Klaras Unternehmen über die gesamten 5 Jahre ihrer Geschäftätigkeit. Mit anderen Worten: Bei alleiniger Berücksichtigung der finanziellen Konsequenzen kann man die gesamte Geschäftstätigkeit von Klaras Taxiunternehmen über die 5 Jahre auf diesen Zahlungsstrom reduzieren. Zum Zeitpunkt $t = 0$ hat Klara 40.000 in das Taxi investiert und mit dieser Investition und unter Berücksichtigung ihrer eigenen Arbeitszeit als Taxifahrerin erzeugt sie im Beispiel den Zahlungsstrom (−40.000, 30.000, 30.000, 30.000, 30.000, 45.000). Der prognostizierte Wert dieses Zahlungsstroms enthält also nicht nur den Nutzungswert des Taxis inklusive dessen Liquidationswert (Verkaufswert), sondern auch den Wert von Klaras Arbeitsleistung. Was ist nun der Wert dieses Zahlungsstroms aus Sicht des Zeitpunkts der Investition, also der Wert in $t = 0$? Man könnte auf den ersten Blick meinen, dass man die Zahlungen nur aufsummieren muss, das ist aber falsch. Die Zahlungen fallen ja zu unterschiedlichen Zeitpunkten an und ein Euro, den man heute bekommt/bezahlen muss, ist etwas anderes als ein Euro, den man in einem Jahr oder gar in 5 Jahren bekommt/bezahlen muss.

Folgende Überlegung hilft weiter: Wenn Klara nicht das Taxiunternehmen gegründet hätte und die 40.000 in das Taxi investiert hätte, dann hätte Klara ihr Geld aus der Erbschaft in einen Wertpapierfond investiert, der voraussichtlich 5 % Verzinsung pro Jahr gebracht hätte. Unter der Annahme, dass die Verzinsung tatsächlich 5 % gewesen wäre, wären aus jedem in $t = 0$ investierten € 1,05 € in $t = 1$, also ein Jahr später, geworden sowie $1,05 * 1,05 = 1,05^2 = 1,1025$ zwei Jahre später in $t = 2$ und so weiter.

Umgekehrt könnte man dann genauso argumentieren, dass 1 € in $t = 2$ für Klara dann denselben Wert hat wie $1/(1,05 * 1,05) \approx 0,907$ € in $t = 0$. Allgemein ausgedrückt: x € (die Klara bekommt oder zahlen muss) in $t = n$ haben in $t = 0$ den Wert $x/(1 + r)^n$. Man sagt dann der Betrag x wird vom Jahr $t = n$ diskontiert (abgezinst) auf das Jahr $t = 0$ mit Hilfe des Diskontierungsfaktors r. In unserem obigen Beispiel gilt $r = 0,05$, das heißt r ist 5 %.

Der Wert der Free Cashflow Zahlungsreihe in $t = 0$ im obigen Beispiel ist also:

$$-40.000 + \frac{30.000}{1+r} + \frac{30.000}{(1+r)^2} + \frac{30.000}{(1+r)^3} + \frac{30.000}{(1+r)^4} + \frac{45.000}{(1+r)^5}$$

Wenn man $r = 0{,}05$ einsetzt, dann erhält man daraus den Wert 101.637. Diesen Wert nennt man den Kapitalwert des Zahlungsstromes, im Englischen Net Present Value (NPV). Das „Net" drückt dabei aus, dass es der Wert der Rückflüsse nach Abzug der Anfangsinvestition (40.000) ist. Durch die Investition in das Taxi und dessen Nutzung wurde in den 5 Jahren der Nutzung, auch aufgrund der Arbeit von Klara, also ein Wert geschaffen, der aus heutiger Sicht (in $t = 0$) 101.637 beträgt.

Den Barwert (Gegenwartswert) der zukünftigen Rückflüsse aus dem Unternehmen, also im Beispiel den Barwert des Zahlungsstroms (30.000, 30.000, 30.000, 30.000, 45.000) bezeichnet man auch als Discounted Cashflow (DCF), da es ein abgezinster Cashflow ist. Der DCF lässt sich interpretieren als Wert des Taxiunternehmens einschließlich des Taxis und der Arbeitskraft von Klara – und zwar aus subjektiver Sicht von Klara. Der so ermittelte Wert des Taxiunternehmens ist subjektiv, weil erstens die prognostizierten Free Cashflows von Klara prognostiziert wurden (jemand anderes hätte vielleicht anders prognostiziert) und weil der Diskontierungsfaktor aus der Verzinsung der aus Sicht von Klara „nächstbesten" Alternativinvestition, also aus Klaras individuellen Opportunitätskosten ermittelt wurde. Jemand anderes hätte vielleicht andere Anlagealternativen, und müsste dann einen anderen Diskontierungsfaktor verwenden.

Nehmen wir nun an, Klara würde ihr Taxiunternehmen als „reines Investitionsobjekt" betrachten und nicht selbst als Taxifahrerin arbeiten wollen. Nehmen wir also an, Klara würde eine Taxifahrerin einstellen, der sie dann einen Arbeitslohn bezahlen müsste. Angenommen, Klara würde eine Taxifahrerin einstellen, die so wie sie selbst auch werktags von 9–14 Uhr Taxi fährt und damit die gleichen Umsätze erzielen würde wie sie selbst. Nehmen wir weiter an, Klara müsste der Taxifahrerin dafür ein Jahresgehalt von 24.000 zahlen. Dann müsste man jedes Jahr von den operativen Cashflows 24.000 als Auszahlung für das Gehalt der Taxifahrerin abziehen. Damit würde sich dann folgender Wert ergeben:

$$-40.000 + \frac{6.000}{1+r} + \frac{6.000}{(1+r)^2} + \frac{6.000}{(1+r)^3} + \frac{6.000}{(1+r)^4} + \frac{21.000}{(1+r)^5}$$

Für $r = 0{,}05$ erhält man das Ergebnis -2.270. Weil der Kapitalwert negativ ist, ist der auf $t = 0$ bezogene Wert der Rückflüsse also geringer als die in $t = 0$ getätigte Investition von 40.000 und folglich ist die Investition in das Taxi nicht vorteilhaft. Nun könnte man wieder ein Break-even-Point-Kalkül benutzen und ausrechnen, wie viel Gehalt Klara der Taxifahrerin maximal zahlen darf, um keinen Verlust zu machen.

Nebenbei bemerkt: Man kann hier auch schön einen der Gründe sehen, warum Uber so erfolgreich ist. Wäre die von Klara eingestellte Taxifahrerin eine Uber-Fahrerin, die ihr eigenes Auto als Taxi nutzt, dann würden unter sonst gleichen Annahmen in $t = 0$ die -40.000 und in $t = 5$ die 15.000 entfallen. Die „Uber-Zahlungsreihe" sähe dann deutlich attraktiver für Klara aus.

Bleiben wir aber im gegebenen Beispiel. Besonders interessant wäre auszurechnen, für welchen Diskontierungsfaktor r der Wert des Zahlungsstromes genau Null ist. Das ist nicht nur mathematisch interessant, weil es sich in unserem Fall um die Nullstelle eines Polynoms vom Grade 5 handelt,[6] sondern auch praktisch relevant, weil die Lösung der sogenannte interne Zinsfuß ist:

$$-40.000 + \frac{6.000}{1+r} + \frac{6.000}{(1+r)^2} + \frac{6.000}{(1+r)^3} + \frac{6.000}{(1+r)^4} + \frac{21.000}{(1+r)^5} = 0$$

Der interne Zinsfuß ist die durchschnittliche Rendite einer Investition über mehrere Perioden (bei einer Finanzierung funktioniert das genauso, man nennt den internen Zinsfuß dann auch Effektivzins der Finanzierung – eine in der Praxis sehr wichtige Kennzahl zum Vergleich verschiedener Finanzierungsformen). Die Lösung für r in der obigen Gleichung ist offensichtlich derjenige Diskontierungsfaktor, bei dem der Kapitalwert der Zahlungsreihe Null ist. Oder anders ausgedrückt: r ist der Diskontierungsfaktor, bei dem der auf $t = 0$ bezogene Wert der Rückflüsse genau der Investition in $t = 0$ entspricht. Warum das so ist, versteht man am einfachsten bei einer einperiodigen Zahlungsreihe: Für eine Investition in Höhe von I, die nach einem Jahr einen Rückfluss in Höhe von $CF1$ generiert, ist der interne Zinsfuß gegeben durch:

$$-\mathrm{I} + \frac{CF1}{1+r} = 0$$
$$\Leftrightarrow CF1 = \mathrm{I} * (1+r)$$
$$\Leftrightarrow \quad r = \frac{CF1 - \mathrm{I}}{\mathrm{I}}$$

Das ist genau der sehr einfache Fall der Einperioden-Rendite, die man berechnet, indem man den Rückfluss einer Investition abzüglich des ursprünglichen Investitionsbetrages durch den Investitionsbetrag teilt. Einfach ausgedrückt: Wie viel hat man hinzuverdient bezogen auf den investierten Geldbetrag? Wenn man beispielsweise 200 heute investiert und 215 in einem Jahr zurückbekommt, dann errechnet man die (Einperioden-)Rendite durch $(215 - 200)/200 = 15/200 = 0,075$, also 7,5 %. (Geübte hätten das allein vom Hinschauen ohne Rechnen gesehen: wenn man 15 auf 200 verdient, dann verdient man 7,5 auf 100, also 7,5 %.)

Die obige Gleichung im 5-Perioden Fall ist also einfach die Verallgemeinerung der Einperioden-Rendite auf den 5-Perioden Fall. Im Zweiperiodenfall hätte man übrigens:

$$-\mathrm{I} + \frac{CF1}{1+r} + \frac{CF2}{(1+r)^2} = 0.$$

---

[6] In unserem Fall gibt es glücklicherweise eine eindeutige Nullstelle, d. h. eine eindeutige (reelle) Lösung für r, was daran liegt, dass die Zahlungsreihe nur einmal das Vorzeichen wechselt (die Zahlung in $t = 0$ ist negativ, die Zahlung in $t = 1$ positiv, danach sind alle Zahlungen positiv).

Wenn man diese Gleichung mit $(1 + r)^2$ multipliziert, dann erhält man ein Polynom zweiten Grades in der Form, für die man in der Schule eine Formel zur Nullstellenbestimmung gelernt hat (mancherorts als „Mitternachtsformel" bezeichnet). Bereits für Investitionen über 3 Jahre ist die Formel sehr kompliziert und ab 5 Jahren, also für ein Polynom vom Grad 5, gibt es gar keine Auflösung durch endliche Wurzelausdrücke mehr. Um r dann auszurechnen, muss man sich an die Lösung „herantasten" (iteratives Verfahren).

Nehmen wir das obige Beispiel:

$$-40.000 + \frac{6.000}{1 + r} + \frac{6.000}{(1 + r)^2} + \frac{6.000}{(1 + r)^3} + \frac{6.000}{(1 + r)^4} + \frac{21.000}{(1 + r)^5} = 0$$

Wie kann man r iterativ berechnen? Wir wissen bereits, dass die linke Seite der Gleichung für $r = 0{,}05$ den Wert -2.270 hat. Man erkennt auf einen Blick, dass der Wert der linken Seite ansteigen wird, wenn man einen geringeren Diskontierungssatz nimmt, weil alle Rückflüsse einen positiven Wert haben. Aus betriebswirtschaftlicher Sicht gilt bei „normalen Investitionen", die nach einer Investitionsauszahlung ausschließlich positive Rückflüsse bringen, dass der Kapitalwert größer wird, wenn der Diskontierungsfaktor kleiner ist. Wir probieren $r = 0{,}03$ als Diskontierungsfaktor aus und erhalten den Wert 417. Nun wissen wir, dass dasjenige r, für das der obige Kapitalwert Null wird, irgendwo zwischen 3 % und 5 % liegt, also $0{,}03 < r < 0{,}05$. Für $r = 0{,}033$ hat obiger Kapitalwert den Wert $-3{,}22$. Das ist schon sehr nahe an 0 dran. Die Nullstelle ist also ein bisschen kleiner als 0,033 oder 3,3 %. Klara erzielt mit ihrem Taxiunternehmen also eine durchschnittliche jährliche Rendite von knapp unter 3,3 %. Wer es noch genauer haben will, kann oben $r = 0{,}032$ einsetzen usw. Das iterative Verfahren, das wir soeben angewendet haben, wurde von Isaac Newton etwas verfeinert (Newton Verfahren). Dieses lässt sich sehr einfach programmieren. Lediglich bei Investitionen, die nicht nur einmal das Vorzeichen wechseln, gibt es Probleme, weil es dann auch mehrere (reelle) Nullstellen geben kann, die Lösung also nicht eindeutig ist.

Schauen wir uns die Sache genauer an: Angenommen, Klara will erweitern und ein zweites Taxi kaufen, das dann eine fest angestellte Taxifahrerin fährt. Wie könnte sie dieses zweite Taxi finanzieren? Die offensichtlichste Finanzierungsmöglichkeit wäre ein Bankkredit. Nehmen wir an, Klara bekäme von ihrer Bank das Angebot für einen Kredit über 40.000 für 5 Jahre mit 3 % Zins. Nehmen wir weiter an, Klara würde für das zweite Taxi mit ungefähr denselben Umsätzen, Betriebskosten (Benzin, Reparaturen etc.) rechnen wie für das erste Taxi. Nach obiger Rechnung würde sie unter Berücksichtigung der Lohnzahlungen für die Taxifahrerin dann eine Rendite von knapp 3,3 % erzielen. Geld für 3 % aufzunehmen und für fast 3,3 % zu investieren, klingt nach einem guten Geschäft. Ist es das wirklich?

Den Zahlungsstrom für einen Kredit von 40.000 über 5 Jahre erhält man durch folgende Überlegung: In $t = 0$ bekommt Klara von der Bank 40.000. In $t = 1$ bezahlt sie zum ersten Mal Zinsen für das erste Jahr, also 3 % von 40.000 (das sind 1.200). In $t = 2, 3, 4, 5$ zahlt sie ebenso Zinsen in Höhe von 1.200 und in $t = 5$ muss sie außerdem den Kredit zurückzahlen.

Die Finanzierung hat also die Zahlungsreihe (40.000, −1.200, −1.200, −1.200, −1.200, −41.200).

Wüssten wir nicht ohnehin schon, dass der Zins des Kredites 3 % ist, dann könnte man mit dem gleichen Verfahren wie oben den internen Zins dieser (und jeder anderen) Kreditfinanzierung ausrechnen. Der interne Zins dieser Zahlungsreihe (weil es eine Finanzierung ist, sagt man Effektivzins) ist wirklich 3 %, weil für $r = 0{,}03$ gilt:

$$40.000 - \frac{1.200}{1+r} - \frac{1.200}{(1+r)^2} - \frac{1.200}{(1+r)^3} - \frac{1.200}{(1+r)^4} - \frac{41.200}{(1+r)^5} = 0$$

Nun aber zurück zur Investition. Die angenommene Zahlungsreihe der Investition war (−40.000, 6.000, 6.000, 6.000, 6.000, 21.000). Man kann leicht nachprüfen, dass es sich selbst dann für Klara ausgeht, wenn sie die Zinszahlungen jeweils aus den laufenden Zahlungsüberschüssen von 6.000 leistet und jeweils die restlichen 4.800 einfach in ihrer Kasse liegen lässt, d. h., sie könnte am Ende den Kredit inklusive Zinsen zurückzahlen. Könnte sie die jeweils in $t = 1$, 2, 3 und 4 übrigbleibenden 4.800 irgendwie zu einem positiven Zins anlegen, dann würde ihr am Ende tatsächlich ein bisschen Geld bleiben.

Die Sache hat aber einen Haken: Man darf nicht vergessen, dass die prognostizierten Cashflows nur geschätzt, aber nicht sicher sind. Zinsen für aufgenommene Kredite muss man aber auch bezahlen, wenn das Geschäft schlechter als prognostiziert läuft. Insofern könnte Klara sehr leicht in massive Schwierigkeiten geraten, wenn sie ein zweites Taxi anschafft und dadurch unvermeidbare Auszahlungen für den Arbeitslohn der Taxifahrerin hat und auch noch unvermeidbare Auszahlungen für die Zinsen des Kredites und dessen Rückzahlung. Wenn dann die prognostizierten Umsätze aus irgendeinem Grund nicht erreicht werden, dann kann ein Konkurs drohen.

Was könnte Klara tun, um dieses Risiko zu vermeiden, wo könnte sie noch Geld hernehmen, um ein zweites Taxi zu finanzieren? Neben einem Kredit, also Fremdkapital, ist Eigenkapital eine naheliegende Finanzierungsmöglichkeit. Klara hat ja noch 10.000 aus ihrer Erbschaft, die sie in ein zweites Taxi stecken könnte. Das reicht aber nicht. Sie könnte weiteres Eigenkapital beschaffen, indem sie Personen sucht, die sich an ihrem Taxiunternehmen beteiligen wollen. Es wird sich aber niemand beteiligen an ihrem Taxiunternehmen, wenn sie diesen Teilhabern nicht auch etwas von ihrem Gewinn abgibt. Immerhin ist das weniger riskant, denn wenn sie keinen Gewinn macht, weil das Geschäft schlecht läuft, dann muss sie auch keinen Gewinn abgeben. Bei einem Kredit muss sie hingegen immer Zinsen zahlen, egal wie schlecht das Geschäft läuft.

Neben den beiden genannten Möglichkeiten, sich Geld in Form zusätzlichen Eigenkapitals (Geld, das sie selbst zusätzlich ins Taxiunternehmen hineinsteckt oder das neue Miteigentümer hineinstecken) oder in Form von Fremdkapital zu beschaffen, gibt es noch eine ganz andere Möglichkeit: Klara erwirtschaftet ja jedes Jahr Gewinne mit ihrem Taxiunternehmen. Sie könnte also ein paar Jahre warten, bis sie aus ihren Gewinnen genug erwirtschaftet hat, und mit diesem Geld kann sie dann ein neues Taxi kaufen. Diese Möglichkeit nennt man Innenfinanzierung, weil das Geld direkt aus dem Unternehmen, also von innen kommt.

Im Gegensatz dazu heißt die Finanzierung durch Eigenkapital, das einem Unternehmen neu hinzugeführt wird (und das nicht aus dem Unternehmen heraus erwirtschaftet wurde) ebenso wie die Finanzierung durch Kredite Außenfinanzierung. Außenfinanzierung kann also Eigenkapital oder Fremdkapital sein. Bei einer Außenfinanzierung durch Eigenkapital vermeidet Klara einerseits das große Risiko durch Kreditaufnahme und zweitens muss sie dann auch nicht neue Miteigentümer aufnehmen, die ihr vielleicht auch noch dreinreden, wie sie ihr Taxiunternehmen führen soll. Nachteil der Innenfinanzierung ist, dass Klara die Gewinne dann nicht verbrauchen darf, sondern im Unternehmen belassen muss („Gewinnthesaurierung").

4.5.2 Investitionsrechnung

Investitionsentscheidungen sind Entscheidungen über Transaktionen, die mit einer Auszahlung beginnen, auf die Einzahlungen folgen (vgl. zum Folgenden auch Damodaran, 2014). Eine typische Investitionsentscheidung im privaten Bereich ist eine Investition in Aktien oder eine Wohnung, die dann vermietet und später verkauft wird. Man zahlt Geld für Aktien oder für eine Wohnung in der Hoffnung, dass man dadurch möglichst hohe Rückflusse, also Einzahlungen, erzielt. In Unternehmen wird in Gebäude oder Maschinen investiert (Auszahlung), mit deren Hilfe dann Produkte hergestellt werden, die verkauft werden, sodass das investierte Geld für die Gebäude oder Maschinen mindestens wieder hereingeholt wird.

Ob eine Investition vorteilhaft ist oder nicht, rechnet man aus, indem man den Kapitalwert der Zahlungsreihe berechnet, der auch oft als Net Present Value (NPV) oder Discounted Cashflow (DCF) bezeichnet wird (I ist die Anfangsinvestition, *CF* bezeichnet die Rückflüsse (Cashflows), *r* ist der Diskontierungsfaktor, *T* bezeichnet die Anzahl der Perioden, über die Rückflüsse aus der Investition entstehen):

$$
\mathrm{NPV} = -\mathrm{I} + \frac{CF_1}{1+r} + \frac{CF_2}{(1+r)^2} + \frac{CF_3}{(1+r)^3} + \ldots + \frac{CF_T}{(1+r)^T}
$$

Zur Berechnung des Kapitalwertes werden offensichtlich zwei Informationen benötigt: Erstens die Zahlungsreihe (beginnend mit der Investition I, auf die dann die Rückflüsse *CF* folgen), und zweitens der Diskontierungszinssatz *r*. Im realen Leben sind Zahlungsreihen in den meisten Fällen nicht gegeben und man kann diese nur prognostizieren. Der Diskontierungszinssatz ist ebenso nicht einfach gegeben.

Die Zahlungsreihe ist eine Prognose, also eine Einschätzung der Zukunft. In Ausnahmefällen ist diese Einschätzung objektiv – z. B. weiß man bei Zahlen-Lotto-Tippspielen, mit welcher Wahrscheinlichkeit bei welchem Einsatz (Investition) welche Rückflüsse auftreten und wann man diese bekommt. Auch wenn eine Investition gar kein Risiko beinhaltet (was bei seriösen Banken für die Anlage von Geld auf dem Sparkonto gilt), ist objektiv gegeben, wie viel man an Zinsen bekommt (meistens nicht sehr viel) und wann man das angelegte Geld wieder zurückbekommt. Bei einer Investition in eine Mietwohnung kennt man in der Regel den Kaufpreis, also die Investitionsauszahlung in $t = 0$, und wenn die gekaufte Wohnung bereits vermietet ist, dann kennt man auch die späteren jährlichen Mieteinnahmen objektiv. Allerdings ist dann ungewiss, zu welchem Preis man die Mietwohnung später wiederverkaufen kann. Dazu könnte man die Steigerung der Wohnungswerte der vergangenen Jahre als Grundlage für die Schätzung nehmen, wenngleich sich beispielsweise ein Trend jährlicher Preissteigerungen auch jederzeit wieder umkehren kann und die Preise auch wieder fallen können. Abgesehen davon, dass der zukünftige Wiederverkaufswert also unsicher ist, kann man auch unterschiedlicher Meinung darüber sein, mit welcher Wahrscheinlichkeit welche Wiederverkaufswerte möglich sind. Der Wiederverkaufswert ist also nicht nur unsicher, sondern auch subjektiv (anders als die Ausgänge beim Zahlenlotto, die nur unsicher, aber mit objektiven Wahrscheinlichkeiten bestimmbar sind). In den meisten Fällen sind Einschätzungen zukünftiger Cashflows subjektiv, das heißt unterschiedliche Personen können mit guten Gründen unterschiedliche Einschätzungen haben.

Der Diskontierungsfaktor ist ebenfalls in aller Regel eine subjektive Größe, das heißt, der Diskontierungsfaktor hängt ebenfalls davon ab, WER die Investitionsentscheidung trifft. Im obigen Beispiel haben wir argumentiert, dass Klara als Diskontierungsfaktor 5 % nehmen kann, weil sie ihr Geld (als Alternative mit in etwa gleichem Risiko wie das Taxiunternehmen) zu 5 % angelegt hätte, wenn sie dieses nicht in ihr Taxiunternehmen investiert hätte. Andere Personen können andere Investitionsalternativen zu anderen Konditionen haben, und andere Personen haben vielleicht, anders als Klara, gar kein Geld übrig, sondern ohnehin bereits einen Überziehungskredit zu 10 % bei ihrer Bank in Anspruch genommen. Wenn eine Person für jeden Euro, den sie in $t = 0$ investieren will, ein Jahr später 1,10 € zurückzahlen muss (Kreditzins 10 %), dann sind die Opportunitätskosten dieser Person offensichtlich 10 %, also $r = 0,1$ und damit doppelt so hoch wie bei Klara. Für diese Person können dann ganz andere Investitionsentscheidungen optimal sein als für Klara. Wichtig ist also: Der Diskontierungsfaktor zur Berechnung des Kapitalwertes ist eine subjektive Größe und diese entspricht den Opportunitätskosten derjenigen Person, die den Kapitalwert berechnet. Nicht immer ist so einfach zu bestimmen, was für eine bestimmte Person die richtigen Opportunitätskosten sind, mit denen diese bei der Kapitalwertberechnung abzinsen muss. Manchmal nimmt man vereinfachend einen Zinssatz für mehrjährige Geldanlagen oder den Zins für Kredite. Aber erstens hängen Anlagezins und Kreditaufnahmezins von verschiedenen Faktoren ab (d. h. diese sind nicht einfach gegeben), zweitens müssten Investoren, die Geld übrighaben, den Anlagezins zugrunde legen, und Investoren, die einen Kredit aufgenommen haben, den Kreditzins (siehe das obige Beispiel), und drittens darf man eine riskante Investitionsalternative eigentlich nicht mit einem „sicheren" Zinssatz abzinsen. In der Praxis gibt es etablierte Verfahren, wie man einen „risikoangepassten" Diskontierungsfaktor bestimmt, z. B. das sogenannte Capital Asset Pricing Model.

Eine weitere sehr wichtige Größe zur Bewertung von Investitionen ist der interne Zins. Der interne Zins ist die Verallgemeinerung der „normalen" einperiodigen Rendite auf den

Mehrperiodenfall. Der interne Zins errechnet sich als die Lösung für r der Gleichung

$$-I + \frac{CF_1}{1+r} + \frac{CF_2}{(1+r)^2} + \frac{CF_3}{(1+r)^3} + \ldots + \frac{CF_T}{(1+r)^T} = 0.$$

Der interne Zins (manchmal auch: interner Zinsfuß) gibt an, welche durchschnittliche Verzinsung das durch die Zahlungsreihe ($-I$, CF_1, CF_2, CF_3, $\ldots$, CF_T) gegebene Investitionsprojekt über T Jahre generiert. Der interne Zinsfuß ist nur unter bestimmten Bedingungen eindeutig (nur ein Vorzeichenwechsel), andernfalls kann dieser mehrdeutig sein. Wie man anhand des obigen Beispiels leicht nachvollziehen kann, gilt folgender Zusammenhang: Wenn ein Investor einen bestimmten Diskontierungsfaktor zugrunde legt, dann ist (wenn ein eindeutiger interner Zins existiert) der mit diesem Diskontierungsfaktor berechnete Kapitalwert genau dann größer als Null (was bedeutet, dass das Investitionsprojekt vorteilhaft ist), wenn der interne Zins des Investitionsprojektes größer als der zugrunde gelegte Diskontierungsfaktor ist. Daraus folgt für Investitionsalternativen mit eindeutigem internen Zins, dass von zwei Investitionsalternativen diejenige mit dem höheren internen Zins vorteilhafter ist.

Im Falle einer Finanzierung (Aufnahme eines Kredites F mit vereinbarten Zins- und Tilgungszahlungen Z) lässt sich der interne Zins analog berechnen als Lösung für r in der Gleichung:

$$F + \frac{-Z_1}{1+r} + \frac{-Z_2}{(1+r)^2} + \frac{-Z_3}{(1+r)^3} + \ldots + \frac{-Z_T}{(1+r)^T} = 0.$$

Der interne Zins heißt dann Effektivzins und dieser ist wieder eindeutig gegeben, wenn auf die Einzahlung F aus Sicht der Person, die den Kredit aufnimmt, nur noch Auszahlungen (Zins, Tilgung des Kredits) folgen. Von zwei Finanzierungen (gegeben durch zwei Zahlungsreihen über gleiche Zeiträume) ist diejenige Finanzierung günstiger, deren Effektivzins geringer ist.

4.5.3 Finanzierung

Finanzierungsentscheidungen betreffen die Bereitstellung von betriebsnotwendigem Kapital. Soweit das Kapital in Form von Geld (Finanzkapital) zur Verfügung gestellt wird, beginnen Finanzierungsentscheidungen mit einer Einzahlung, auf die dann in der Regel Auszahlungen folgen. Im Prinzip ist eine Finanzierung auch durch Kapital in Form von Realkapital (Grundstücke, Gebäude, Maschinen oder Patente) möglich, was aber eher die Ausnahme ist. Andererseits kann Geld auch dadurch beschafft werden, dass Vermögensgegenstände verkauft werden. Die wohl typischste und alltäglichste Finanzierungsentscheidung ist die Aufnahme eines Kredits. Dadurch bekommt man zuerst Geld, dafür muss man später Zinsen zahlen und am Ende muss auch der Kredit getilgt, also zurückgezahlt werden. In Unternehmen beschafft man sich meistens Geld, um es wieder zu investieren. Investition und Finanzierung hängen also eng zusammen.

Zur Systematisierung von Finanzierungsformen werden diese danach unterschieden, ob das bereitgestellte Kapital aus dem Unternehmensprozess stammt (Innenfinanzierung) oder von außerhalb (Außenfinanzierung). Dabei bedeutet „aus dem Unternehmensprozess", dass das Kapital entweder aus dem operativen Cashflow erwirtschaftet wurde (also im Wesentlichen aus den Umsatzerlösen abzüglich der dafür notwendigen laufenden Auszahlungen) oder aus dem Verkauf von Vermögensgegenständen stammt, die dem Unternehmen gehören (Cashflow aus Investitionstätigkeit). Insofern sind die Quellen des Free Cashflow gleichzeitig die Quellen der Innenfinanzierung, der Free Cashflow gibt das Volumen der Innenfinanzierung an. Im Unterschied zur Innenfinanzierung muss bei der Beschaffung von Kapital über Außenfinanzierung ein Vertrag, also ein Finanzierungskontrakt, mit den Kapitalgebern abgeschlossen werden, in dem festgelegt wird, wie viel Kapital dem Unternehmen zufließt und was das Unternehmen im Gegenzug dafür tun muss, insbesondere also, inwiefern das Unternehmen das beschaffte Kapital wieder zurückzahlen muss und inwiefern ein Entgelt für die Kapitalüberlassung (z. B. Zinsen) zu bezahlen ist.

Bei der Außenfinanzierung unterscheidet man analog zur Passivseite der Bilanz danach, ob das Kapital in Form von Eigenkapital (Eigenfinanzierung) oder Fremdkapital (Fremdfinanzierung) beschafft wird. Eine Eigenfinanzierung erfolgt zunächst bei der Gründung des Unternehmens. Aber auch später, wenn etwa Kapital für besonders riskante oder besonders umfangreiche Investitionsprojekte benötigt wird, ist die Beschaffung von zusätzlichem Eigenkapital von den bisherigen Eigenkapitalgebern oder auch von neuen Eigenkapitalgebern durchaus üblich. Wie dies genau erfolgt, hängt stark von der Rechtsform des Unternehmens ab. Beispielsweise in einer OHG nach deutschem Recht erfordert die Aufnahme neuer Gesellschafter eine Neuregelung des Gesellschaftsvertrags, in Kapitalgesellschaften ist hingegen die Aufnahme neuer Gesellschafter einfacher. Zum Beispiel kann in einer Aktiengesellschaft das Eigenkapital erhöht werden, indem auf Beschluss der bisherigen Aktionäre neue Aktien gegen Geld ausgegeben werden.

Der wichtigste Unterschied zwischen Außenfinanzierung durch Eigenkapital oder Fremdkapital ist, dass die Fremdkapitalgeber insofern bevorzugt sind, als sie im Konkursfall das dem Unternehmen zur Verfügung gestellte Geld vorrangig zurückbekommen, während die Eigenkapitalgeber ihr bereitgestelltes Kapital nur zurückbekommen, wenn nach Bedienung des Fremdkapitals noch etwas übrig ist. Fremdkapitalgeber erhalten zudem vertraglich garantierte Zinszahlungen für die Überlassung des Kapitals, während die Vergütung der Kapitalüberlassung bei den Eigenkapitalgebern vom Erfolg des Unternehmens abhängt. Insofern tragen die Eigenkapitalgeber das gesamte Geschäftsrisiko – bei gutem Geschäftsverlauf bekommen sie zwar einen Anteil am Gewinn, bei schlechtem Geschäftsverlauf bekommen sie aber keine Vergütung für die Kapitalüberlassung. Im Konkursfall verlieren sie unter Umständen sogar das gesamte dem Unternehmen überlassene Kapital. Die Fremdkapitalgeber bekommen hingegen vertraglich zugesicherte Zinsen und nur im Konkursfall können sie das überlassene Kapital ganz verlieren. Weil sie das gesamte Geschäftsrisiko tragen, haben Eigenkapitalgeber umfangreiche Entscheidungsrechte im Unternehmen. Die Ansprüche der Fremdkapitalgeber sind hingegen weitgehend über Verträge und zusätzliche Sicherheiten abgesichert. Die Eigenkapitalgeber können letztlich die Unternehmensentscheidungen treffen, entweder direkt als Geschäftsführer oder indirekt, indem sie eine Geschäftsführung zur Vertretung ihrer Interessen einsetzen.

Im Falle der Aktiengesellschaft können die Anteile am Eigenkapital (Aktien) am Kapitalmarkt ge- und verkauft werden, wodurch sich bei börsennotierten Aktiengesellschaften durch Angebot und Nachfrage ein Aktienkurs, das heißt, ein Marktpreis pro Aktie ergibt. Indem man diesen Aktienkurs multipliziert mit der Anzahl der Aktien, die dieses Unternehmen ausgegeben hat, kann man den Marktwert des jeweiligen Unternehmens, die sogenannte Marktkapitalisierung (Market Capitalization), berechnen. Dies ist ein grober Anhaltspunkt, was das gesamte Unternehmen „aus Sicht des Kapitalmarktes" wert ist. Allerdings ist zu beachten, dass dieser Wert stark schwanken kann, und natürlich kann man ein Unternehmen nicht wirklich zu diesem Wert kaufen, weil durch sukzessiven Aufkauf der Aktien ja der Kurs sukzessive in die Höhe getrieben würde und dadurch zusätzliche Aktienkäufe immer teurer würden. Dennoch ist die Marktkapitalisierung ein interessanter Indikator für den Wert von Unternehmen. Anfang 2025 waren Apple und Nvidia mit einer Marktkapitalisierung von über 3.500 Mrd. US-$ die wertvollsten Unternehmen der Welt, eng gefolgt von Microsoft, Alphabet (Google) und Amazon.

Bei Fremdfinanzierung ist zwischen langfristiger und kurzfristiger Fremdfinanzierung zu unterscheiden – je nachdem, wie lange das beschaffte Kapital dem Unternehmen zur Verfügung steht (Eigenkapital steht hingegen immer langfristig zur Verfügung). Die gängigste Form der langfristigen Fremdfinanzierung ist die Aufnahme eines langfristigen Kredites (oft auch als Darlehen bezeichnet) bei einer Bank. Dies geschieht im Rahmen eines Kreditvertrages, der einerseits den ausbezahlten Kreditbetrag festlegt und andererseits, wann und in welcher Höhe die Zins- und Tilgungszahlungen vom Kreditnehmer zu leisten sind. Außerdem werden häufig Sicherheiten vereinbart, zum Beispiel in Form von Grundschuldeinträgen auf Grundstücke oder Gebäude des Unternehmens. Auch Informationspflichten des Unternehmens über relevante Entwicklungen werden oft vereinbart, Rücksprachepflichten bei weiterer Aufnahme von Krediten oder Beschränkungen von Entnahmen aus dem Unternehmen.

Langfristige Fremdfinanzierung kann auch in Form von Anleihen erfolgen. Während bei Kreditfinanzierung Banken Geld aus den Einlagen ihrer Kunden an Unternehmen verleihen, umgehen Anleihen die Bank als Intermediär, und Geldanleger können die am Kapitalmarkt gehandelten Anleihen eines Unternehmens als Geldanlage kaufen, wodurch sich das Unternehmen direkt bei den Anlegern verschuldet. Da in diesem Fall die Funktion von Banken bei der Kreditwürdigkeitsprüfung entfällt, ist die Ausgabe (Emission) von Anleihen an eine Reihe von Emissionsvoraussetzungen gebunden, sodass diese Form der Fremdfinanzierung in der Regel nur für große Kapitalgesellschaften in Frage kommt. Während Aktien auf dem Aktienmarkt (Stock Market) gehandelt werden, werden Anleihen auf dem Rentenmarkt (auch als Anleihenmarkt oder Bond Market bezeichnet) gehandelt. Aktienmarkt und Rentenmarkt zusammen werden als Kapitalmarkt bezeichnet. Auf dem Rentenmarkt werden neben Unternehmensanleihen auch Staatsanleihen gehandelt. Obwohl sich Anleihen durch fest vereinbarte jährliche Zinszahlungen (sog. Coupons) auszeichnen (man spricht daher auch von „Fixed-Income" Produkten), beinhalten diese immer das Risiko, dass der Schuldner (z. B. Unternehmen oder Staat) nicht zahlungsfähig ist. Je höher dieses Risiko und umso geringer also die Bonität des Schuldners, umso höher ist in der Regel die (Effektiv)Verzinsung der jeweiligen Anleihe. Neben den beschriebenen Formen der langfristigen Fremdfinanzierung gibt es eine Reihe weiterer Formen und Mischformen wie etwa Wandelanleihen (Convertible Bonds), die dem Inhaber neben fixen Zinszahlungen auch das Wahlrecht einer teilweisen Umwandlung in Aktien des ausgebenden Unternehmens gewähren. Bei der kurzfristigen Fremdfinanzierung zählen zu den besonders üblichen Formen kurzfristige Bankkredite, aber auch erhaltene Anzahlungen von Kunden (insbesondere bei Großprojekten, etwa im Schiffbau und Anlagenbau sind umfangreiche Anzahlungen von Kunden vor Fertigstellung üblich) oder Verbindlichkeiten aus Lieferungen und Leistungen (das Unternehmen hat beispielsweise Rohstoffe geliefert bekommen, diese aber noch nicht bezahlt).

Am unabhängigsten kann das Unternehmen über die Verwendung von Mitteln aus der Innenfinanzierung entscheiden. Bei Fremdfinanzierung durch Kredite muss mit den Kreditgebern verhandelt werden, diese wollen in der Regel zumindest wissen, wofür der Kredit verwendet wird, und die Kreditvergabe kann an Bedingungen geknüpft sein, die den Entscheidungsspielraum bei Investitionen einschränken. Zudem verlangen die Kreditgeber oft Sicherheiten. Im Falle der Eigenfinanzierung geht es vielfach auch um die Verteilung der Entscheidungsrechte in der Unternehmensführung. Selbst in Aktiengesellschaften und anderen Kapitalgesellschaften, wo eine Trennung zwischen Eigentum am Unternehmen und Unternehmensführung besteht (das heißt, die Anteilseigner sind nicht gleichzeitig Geschäftsführer), bedeutet die Aufnahme neuer Eigenkapitalgeber oft, dass diese dann auch mitreden wollen, wodurch die Entscheidungsrechte der bestehenden Eigenkapitalgeber tendenziell reduziert werden. Wenn bestehende Eigenkapitalgeber zusätzliches Eigenkapital zur Verfügung stellen, dann muss die Geschäftsführung zudem sehr genau erklären, wie das Kapital verwendet wird und welche Chancen und Risiken dabei bestehen.

Der einfachste und direkteste Weg, die einzelnen Finanzierungsquellen eines Unternehmens zu erkennen, ist der Blick auf die Cashflow-Rechnung. Der Free Cashflow ist die Quelle der Innenfinanzierung, der Cashflow aus Finanzierungstätigkeit liefert ein Bild zur Außenfinanzierung durch Eigenkapital (Eigenfinanzierung) und Fremdkapital (Fremdfinanzierung). Finanzierungsvorgänge sind aber auch in Bilanz und GuV abgebildet. Wie bereits weiter oben beschrieben, gibt die Bilanz auf der Aktivseite Auskunft über die Vermögensgegenstände im Besitz des Unternehmens und die Passivseite gibt Auskunft, wie diese Vermögensgegenstände finanziert wurden.

4.5.4 Optimaler Verschuldungsgrad und Leverage-Effekt

Eine der spannendsten Fragen der Unternehmensfinanzierung ist die Frage nach dem optimalen Verschuldungsgrad, also nach dem idealen Verhältnis von Fremdkapital zu Eigenkapital. Da Finanzierung als Bereitstellung von betriebsnotwendigem Kapital definiert wurde, scheint naheliegend, dass diese Bereitstellung von Kapital möglichst günstig erfolgen soll, dass man also die Kapitalkosten zu minimieren versucht. Während man beim Fremdkapital als Kosten der Bereitstellung den durchschnittlichen (Effektiv-)Zins aller Fremdkapitalpositionen als Kapitalkosten ansetzen kann, ist beim Eigenkapital gar nicht so einfach zu ermitteln, was die Kosten des Eigenkapitals sind. Für Eigenkapital werden ja keine festen Zinsen bezahlt, sondern die Vergütung der Kapitalbereitstellung erfolgt über eine Beteiligung an den Gewinnen des Unternehmens. Wenn ein Unternehmen Eigenkapital benötigt, dann ist die Frage, welche Rendite mögliche Eigenkapitalgeber erwarten, damit sie angesichts des Risikos Kapital bereitstellen würden. Es gibt Kapitalmarktmodelle, wie etwa das Capital Asset Pricing Model (CAPM), die versuchen zu ermitteln, welche Rendite Eigenkapitalgeber für das einem bestimmten Unternehmen beizumessende Risiko am Kapitalmarkt erwarten können. Anders als beim Fremdkapital handelt es sich dabei aber nicht um pagatorische Zinsen, sondern um kalkulatorische Opportunitätskosten. Die Frage ist dann, bei welchem Verschuldungsgrad die durchschnittlichen (Eigenkapital- und Fremdkapital-)Kosten minimal sind.

Man kann auch etwas anders an die Frage herangehen. Aus Sicht der Eigentümer des Unternehmens (Eigenkapitalgeber) stellt sich die Frage, wann die Aufnahme zusätzlichen Fremdkapitals sinnvoll ist. Aus Sicht der Eigentümer ist die (weitere) Aufnahme von Fremdkapital sinnvoll, wenn dadurch die (erwartete) Rentabilität des eingesetzten Eigenkapitals erhöht werden kann. Dazu ein Beispiel:

Angenommen, Sie haben 100.000 als (Eigen-)Kapital und bekommen von Ihrem Bankberater das Angebot über einen Kredit von 500.000 für 10 Jahre zu 3 % Verzinsung, also 15.000 Zinsen jährlich. Nun können Sie eine Wohnung für 600.000 kaufen, die jährliche Mieteinnahmen von 30.000 erwirtschaftet. 30.000 von 600.000 sind 5 %. Der Return on Investment ist also 5 %. Hätten Sie 600.000 Eigenkapital gehabt und alles in die Wohnung gesteckt, dann hätten Sie dementsprechend einen Return on Equity von 5 % erzielt. Durch die Verschuldung erhöhen Sie Ihre Eigenkapitalrendite sogar, obwohl Sie noch Kreditzinsen zahlen müssen. Zieht man von den Mieteinnahmen i. H. v 30.000 nämlich die Zinszahlungen von 15.000 ab, dann verbleiben 15.000. Bezogen auf das eingesetzte Eigenkapital von 100.000 ergibt das einen Return on Equity von 15.000/100.000 = 0,15, also ganze 15 %. Dreimal so viel wie bei reiner Eigenkapitalfinanzierung! Das klingt sehr clever. Noch cleverer klingt es, wenn man davon ausgeht, dass derzeit die Immobilienpreise steigen. Wenn Sie also die Wohnung in 10 Jahren verkaufen, bekommen Sie dafür vielleicht sogar 650.000, zahlen den Kredit von 500.000 zurück und bezogen auf die in die Wohnung investierten 100.000 haben Sie nochmal 50.000 verdient.

Was ist aber, wenn Ihre Mieterin nach 3 Monaten kündigt und Sie die Wohnung nicht mehr zum selben Preis vermieten können? Vielleicht gibt es eine Wirtschaftskrise und sowohl die Mieten als auch die Wohnungspreise fallen. Wenn Sie die Wohnung wenigstens für 15.000 neu vermieten können, dann können Sie zumindest die Zinsen an die Bank zahlen, die Rendite ist dann aber Null. In der Wohnung sind vielleicht Reparaturen fällig und aufgrund der anhaltenden Wirtschaftskrise sinken die Wohnungspreise. Vielleicht verliert

Ihre neue Mieterin aufgrund der Wirtschaftskrise ihren Job und kann die Miete nicht mehr zahlen. Vielleicht können Sie die Wohnung nach 10 Jahren nur noch für 400.000 verkaufen und Sie bitten die Bank um einen Überbrückungskredit, damit Sie etwas Zeit gewinnen und auf ansteigende Wohnungspreise warten können. Die Bank will aber ihr Geld zurück, weil der Wert der Wohnung ja gefallen ist und damit die Sicherheit für den Kredit weg ist, sodass die Bank befürchten muss, dass Sie den Kredit nicht zurückzahlen können. Also müssen Sie schweren Herzens die Wohnung für 400.000 verkaufen, Ihr Eigenkapital von 100.000 ist damit weg und den Kredit können Sie nur zurückzahlen, wenn Ihnen jemand 100.000 leiht. Das war dann gar nicht clever.

Das Beispiel verdeutlicht den sogenannten Leverage-Effekt, also die Möglichkeit, durch eine Verschuldung die (Eigenkapital-)Rendite nach oben zu hebeln (zu „leveragen"), wenn der Zinssatz für das aufgenommene Geld geringer ist als die Rendite, zu der dieses Geld investiert werden kann. Das Beispiel zeigt aber auch, dass nicht nur die mögliche Rendite nach oben gehebelt wird, sondern auch das Risiko. Wie entsteht der Leverage-Effekt? Im obigen Beispiel wird Geld (500.000) für 3 % aufgenommen und in ein Projekt investiert, das 5 % erwirtschaftet. Damit verdienen Sie jedes Jahr 2 % auf die kreditfinanzierten 500.000, was Ihre Eigenkapitalrendite (ROE) nach oben hebelt. Dabei darf man aber keinesfalls übersehen, dass die prognostizierte Rendite der Wohnung (die 5 %) nur eine *erwartete* Rendite, also ungewiss ist, während die Zinszahlungen an die Bank gewiss sind. Geld, das man für 3 % aufnimmt, für 5 % zu investieren klingt super, jedes Jahr sicher 3 % zahlen zu müssen und damit *vielleicht* 5 % zu erwirtschaften klingt schon weniger gut.

Der Return on Equity (also die Rendite, die Eigentümer auf ihr Eigenkapital erzielen) steigt, wenn sich ein Unternehmen zusätzlich verschuldet zu einem Zinssatz, der geringer ist als die Rendite, mit der das Geld investiert wird. Man könnte also meinen, dass sich ein Unternehmen so lange zusätzlich verschulden soll, solange man das Geld zu einem Zins bekommt, der geringer ist als die Rendite, die man durch Investition des Geldes erzielt. Das gilt aber nur in einer Welt ohne Risiko. In einer realen Welt mit Risiko scheitert diese einfache Überlegung. Erstens würde man von keiner seriösen Bank 500.000 zum Kauf einer Wohnung bekommen, wenn man selber nur 100.000 und keine weiteren Sicherheiten hat, und wenn eine Bank dieses Risiko doch eingehen würde, dann wohl nur zu einem sehr hohen Kreditzins, der im obigen Beispiel wohl deutlich über 3 %, vielleicht sogar über 5 % gelegen hätte, und dann lohnt sich die Sache sowieso nicht mehr. Zweitens steigt durch zusätzliche Verschuldung das Risiko für die Eigenkapitalgeber stark an, wie man an obigem Beispiel gesehen hat.

4.5.5 Unternehmensbewertung

Die Bewertung ganzer Unternehmen ist gleichsam die Königsdisziplin in der Finanzperspektive, weil sie auf dem Rechnungswesen sowie der Investitions- und Finanzierungslehre aufbaut und sich dabei sehr grundsätzlichen Fragen widmet. Um die Schwierigkeit der Unternehmensbewertung zu verstehen, führe man sich vor Augen, dass bereits die Feststellung des Wertes sehr einfacher Vermögensgegenstände, wie etwa einer Maschine, schwierig ist. Zunächst muss man zwischen Wert und Preis unterscheiden. Wenn eine Maschine zu einem bestimmten Preis, sagen wir 100.000 gekauft wurde, dann bedeutet dies, dass der Käufer der Maschine einen Wert von mindestens 100.000 beimisst, der Verkäufer einen Wert von höchstens 100.000 – andernfalls wäre der Kauf nicht zustande gekommen. Der Kaufpreis ist damit auch zum Zeitpunkt des Kaufes nur eine grobe Näherung für den Wert der Maschine, der typischerweise subjektiv, also Ansichtssache ist. Während im privaten Bereich der Wert einer Sache auch eine reine Geschmacksfrage sein kann (gefällt mir ein Gemälde? Mag ich eine bestimmte Eissorte?), geht es bei der Bewertung von Vermögensgegenständen in der Betriebswirtschaft sehr häufig weniger um Geschmacksfragen als um Fragen der zukünftigen Nutzung, also was man mit dem Vermögensgegenstand anfangen kann, was man damit erwirtschaften kann. Ebenso wie Geschmäcker sind Nutzungsmöglichkeiten sehr subjektiv, d. h. unterschiedliche Personen und Unternehmen können für gegebene Vermögensgegenstände ganz unterschiedliche Nutzungsmöglichkeiten haben. Mit einer Spezialmaschine kann vielleicht nur ein spezialisiertes Unternehmen mit dem entsprechenden Knowhow überhaupt etwas anfangen. Damit kann diese Spezialmaschine für das spezialisierte Unternehmen einen Wert haben, der weit über den Beschaffungspreis von 100.000 hinausgeht, während die Maschine für andere Unternehmen vielleicht sogar völlig wertlos ist. Man könnte nun die Maschine, wie in der Bilanzlogik üblich, zunächst mit dem Anschaffungspreis als Wert ansetzen und in der Folge unter Annahme einer bestimmten Nutzungsdauer abschreiben. Ebenso könnte man sich aber auch fragen, was man für die Maschine im Falle der Liquidation des Unternehmens noch bekommen könnte, wenn man diese einzeln verkauft oder als Bestandteil des Unternehmens. Das hängt wiederum davon ab, was ein neuer Eigentümer mit der Maschine anfangen könnte. Systematisiert man die obigen Überlegungen, so zeigt sich Folgendes:

Im externen Rechnungswesen, wo Nachprüfbarkeit ein wichtiges Kriterium ist (Außenstehende sollen sich auf die Wertansätze verlassen können), kann ein Wertansatz zu ursprünglichen Anschaffungspreisen oder Herstellungskosten (reduziert um etwaige Abschreibungen) sinnvoll sein. Werden alle Vermögensgegenstände eines Unternehmens nach den (handelsrechtlichen) Regeln des externen Rechnungswesens bewertet (Summe der Aktiva als Bruttowert des Unternehmens) und werden davon die „Schulden" (Fremdkapital) des Unternehmens abgezogen, dann erhält man den (Netto-)Wert des Unternehmens aus Sicht der Eigentümer und dieser Wert entspricht nach der Bilanzlogik dem Eigenkapital. Offensichtlichste Kritikpunkte an diesem Wertansatz sind die Vergangenheitsbezogenheit (ursprüngliche Anschaffungs-/Herstellungskosten), die Einzelbewertung (das gesamte Unternehmen sollte eigentlich mehr wert sein als die Summe der Werte seiner Teile) und die Nichtberücksichtigung immaterieller Vermögenswerte (Knowhow der Menschen im Unternehmen, Reputation des Unternehmens, Wert von Marken, Kundenstamm des Unternehmens usw.). Alle diese Kritikpunkte sind kaum vermeidbar, wenn die Nachprüfbarkeit der Wertansätze als wichtiges Prinzip erachtet wird.

Aus Sicht der Investitionsrechnung ist der Wert einer Sache zu ermitteln durch die diskontierten Zahlungen (Cashflows), die bei Nutzung der Sache erzielt werden können. Bei einer Maschine, mit deren Hilfe Produkte produziert werden, sind dies beispielsweise die Verkaufserlöse der hergestellten Produkte abzüglich der bei der Produktion anfallenden Kosten (vgl. das obige Beispiel zu Klaras Taxiunternehmen, Abschn. 4.1). Bei einem ganzen Unternehmen würde man entsprechend die zukünftig erwirtschafteten Free Cashflows zugrunde legen und diese mit einem geeigneten Diskontierungsfaktor abzinsen. Dies ergäbe dann den Discounted Cashflow als Ansatz für den Bruttowert des Unternehmens, von dem dann wieder der Wert der Schulden abzuziehen wäre. Dieser Wertansatz ist zwar zukunftsbezogen, es ist eine Gesamtbewertung (die zukünftigen Cashflow beinhalten auch Synergieeffekte als die durch Zusammenwirken der Vermögensgegenstände entstehenden Werte) und es sind auch immaterielle Vermögenswerte enthalten (die zukünftigen Cashflows enthalten beispielsweise zusätzliche Umsätze aufgrund des Knowhows oder aufgrund einer starken Produktmarke). Die große Frage ist aber, wie man die zukünftigen Cashflows geeignet prognostizieren kann. Es ist sofort einsichtig, dass solche Prognosen extrem anfällig für Manipulationen wären, wenn auf deren Grundlage etwa Steuern ermittelt werden müssten oder Kreditvergabeentscheidungen getroffen würden.

Als dritter wesentlicher Wertansatz kann zumindest bei börsennotierten Unternehmen die Marktkapitalisierung herangezogen werden. Im Grunde haben alle Personen und Institutionen, die am Kapitalmarkt Kauf- und Verkaufsentscheidungen über Aktien treffen, individuelle Erwartungen darüber, welche Überschüsse ein Unternehmen in Zukunft erwirtschaften wird. Diese Erwartungen können sehr unterschiedlich sein. Auf Basis dieser Erwartungen werden dann Kauf-/Verkaufentscheidungen getroffen und daraus bilden sich dann Aktienkurse. Die Aktienkurse beinhalten damit alle verfügbaren Informationen. Sollte eine besonders clevere Aktienanalystin mit Hilfe ihrer Informationen und Rechenmodelle zu der Überzeugung kommen, dass eine Aktie unterbewertet ist, dann wird sie diese kaufen und der Kurs steigt entsprechend. Andererseits ist der Kapitalmarkt auch anfällig für vielerlei psychologische Effekte, und Kaufentscheidungen spiegeln nicht immer rein rationales Verhalten, sondern manchmal auch Selbstüberschätzung oder Panik wider. Andererseits vereinen Marktwerte von Unternehmen zwei ganz wesentliche Vorteile: Es sind zukunftsgerichtete Gesamtbewertungen, die auch immaterielle Vermögenswerte berücksichtigen und sie sind nachprüfbar.

Alle drei Bewertungsansätze führen in aller Regel zu ganz unterschiedlichen Bewertungen von Unternehmen. Obwohl Discounted Cashflows genauso wie die Marktkapitalisierung zusätzlich zu den materiellen Werten auch immaterielle Werte berücksichtigen und manchmal ein Vielfaches des Buchwertes (Bewertung in der Bilanz) von Unternehmen betragen können, kann es ebenso vorkommen, dass der Buchwert eines Unternehmens dessen Discounted Cashflow oder dessen Marktkapitalisierung übersteigt. Investitionstheoretisch bedeutet das, dass das Unternehmen negative Kapitalwerte realisiert (die Rückflüsse aus den Vermögensgegenständen haben einen geringeren Wert als die ursprüngliche Investition im Sinne der Anschaffungs-/Herstellungskosten). Das kann etwa bei einem Unternehmen der Fall sein, dessen Technologien überholt sind, sodass die hergestellten Produkte nicht mehr gekauft werden.

Gewinn und Unternehmenswert hängen sehr eng zusammen. Der Gewinn ist die Steigerung des Unternehmenswertes in einer bestimmten Periode (z. B. ein Jahr). Der Unternehmenswert nach den Kriterien der Bilanz ist das Eigenkapital und dessen Steigerung in einer Periode, das ist der Bilanzgewinn. Ermittelt man hingegen den Wert eines Unternehmens als Discounted Cashflow, dann ist die Steigerung dieses Barwertes der zukünftig erwirtschafteten Cashflows als Gewinn zu interpretieren. Aus Kapitalmarktsicht ergibt sich der Gewinn einer bestimmten Periode schließlich als Anstieg der Marktkapitalisierung, zuzüglich ausgeschütteter Dividenden. Da der Unternehmenswert auf sehr unterschiedliche Weise ermittelt werden kann und jeweils von subjektiven Bewertungen und Umständen abhängt, ist entsprechend auch der Unternehmensgewinn als Steigerung des Unternehmenswertes eine subjektive Größe, die auf unterschiedliche Weise ermittelt werden kann.

4.6 Reflexion

4.6.1 Kapitalismus, Unternehmertum und Gewinn

Eine Frage im Zusammenhang mit der Finanzperspektive ist, wem die Produzentenrente, also der Finanzgewinn zusteht. In unserem Eingangsbeispiel ist die Taxiunternehmerin Klara die Produzentin, sie produziert als Unternehmerin die Taxifahrten für die Kundschaft und sie erzeugt damit eine Produzentenrente und eine Konsumentenrente (der Wert der Taxifahrt ist für die Kundschaft größer als der dafür bezahlte Preis). Im zweiten Beispiel ist Kimya die Produzentin, die Kunst-T-Shirts produziert. Beide sind aber nicht nur Unternehmerinnen, sondern auch Eigentümerinnen des jeweiligen Unternehmens, weil sie alleine das ganze Eigenkapital ins Unternehmen eingebracht haben. Was wäre, wenn diese beiden Funktionen getrennt wären, wenn also z. B. Klara kein Startkapital aus ihrer Erbschaft in Höhe von 50.000 eingebracht und das Start-Eigenkapital stattdessen von einer Freundin zur Verfügung gestellt worden wäre?

Dazu muss man zuerst bedenken, was Eigenkapital im Vergleich zu Fremdkapital bedeutet. Wer Fremdkapital zur Verfügung stellt (z. B. eine Bank), bekommt einen vereinbarten Zins für das geliehene Geld, selbst dann, wenn das Unternehmen Verlust macht und die Zahlung des Fremdkapitalzinses diesen Verlust noch erhöht. Ein Verlust verringert das Eigenkapital. Für Eigenkapital bekommt man hingegen keinen festen Zins, sondern einen Anteil am Gewinn. Wenn kein Gewinn erzielt wird, dann bekommt man für sein bereitgestelltes Eigenkapital in der Regel nichts. Nur im Konkursfall kann es sein, dass auch der Fremdkapitalzins nicht mehr bezahlt wird oder sogar ein Teil des Fremdkapitals verloren ist. Das passiert aber erst, wenn das ganze Eigenkapital aufgebraucht ist und wenn durch den Verkauf aller Vermögensgegenstände weniger erzielt wird, als für die Bedeckung der Schulden, z. B. ausstehende Lohnzahlungen, Steuerschulden, Fremdkapitalzinsen, gebraucht wird (je nach Gesellschaftsform können diejenigen, die Eigenkapital ins Unternehmen eingebracht haben, sogar noch mit ihrem Privatvermögen für Schulden haften, vgl. Abschn. 2.2.3). Das bedeutet, dass das Eigenkapital das gesamte Unternehmensrisiko trägt. Fremdkapital, oder gar Lohnzahlungen oder Steuerschulden, sind nur im Konkursfall gefährdet und selbst da vorrangig – Banken, Arbeitskräfte oder der Fiskus und alle anderen Stakeholder sind also selbst im Konkursfall bevorrechtigt.

Nehmen wir nun also an, Klara hätte nicht ihr eigenes Geld in das Taxiunternehmen gesteckt, sondern dieses mit Hilfe einer Freundin gegründet, die das Eigenkapital (50.000) bei der Gründung zur Verfügung gestellt hätte. In diesem Fall würde Klara wohl nicht als Taxifahrerin arbeiten, ohne dafür ein Gehalt zu verlangen. Falls sie ein angemessenes Gehalt dafür bekäme, dann würde sie im Normalfall kein großes Risiko tragen, höchstens das Risiko, dass sie ihren Job verliert, wenn das Taxiunternehmen nicht gut läuft. Ihre Freundin würde als Eigenkapitalgeberin hingegen das ganze Unternehmensrisiko tragen und sie könnte ihr ganzes investiertes Geld in Höhe von 50.000 verlieren, wenn das Unternehmen nicht gut läuft. Beispielsweise könnten Probleme mit dem Taxi auftreten und hohe, unvorhergesehene Reparaturkosten entstehen. Vielleicht gibt es auch neue Konkurrenz (Uber) und die geplanten Umsätze könnten sich als viel zu optimistisch herausstellen. Das alles ist normales unternehmerisches Risiko, das von denjenigen getragen wird, die das Eigenkapital zur Verfügung stellen. Für die Übernahme dieses Risikos würde Klaras Freundin als Eigenkapitalgeberin natürlich eine Vergütung zustehen, der Gewinn. Die Planungsrechnung in Abschn. 4.5.1 weist darauf hin, dass der Gewinn nach Abzug eines Taxifahrergehaltes sehr gering sein kann, wenn überhaupt positiv. Wenn Klara die Idee für das Unternehmen gehabt hat und auch weiterhin Innovationen umsetzt, um das Taxiunternehmen erfolgreicher zu machen (z. B. eine Buchungsplattform entwickelt, ein Werbevideo dreht o. ä.), dann könnte sie dafür von ihrer Freundin als Eigenkapitalgeberin auch ein Geschäftsführerinnengehalt bekommen. Dadurch würde aber der Gewinn noch geringer bzw. ein Verlust würde wahrscheinlicher. Üblich ist auch, dass die Geschäftsführung (in diesem Falle Klara) zusätzlich zum Fixgehalt einen Bonus erhält, wenn das Unternehmen gut läuft. Damit wird die Geschäftsführung am Erfolg des Unternehmens beteiligt und es besteht ein Anreiz, sich unternehmerisch für den Erfolg einzusetzen. Bei Misserfolg gibt es dann für die Geschäftsführung keinen Bonus, aber immerhin noch das Fixgehalt. Damit bleibt das Misserfolgsrisiko wieder allein an Klaras Freundin als Eigenkapitalgeberin hängen.

Man kann sich jetzt überlegen, welchen Gewinn Klaras Freundin im Durchschnitt erzielen müsste, damit sie überhaupt bereit wäre, ihr Geld für das Taxiunternehmen als Eigenkapital, mit allen damit verbundenen Risiken, zur Verfügung zu stellen. In Abschn. 4.5.1 wurde eine ähnliche Überlegung angestellt. Welche Rendite würde man für 50.000 bei alternativer Verwendung mit einem vergleichbaren Risiko erzielen können? Würde eine alternative Veranlagung der 50.000 beispielsweise durch Investition in einem Wertpapierfonds bei geringerem Risiko womöglich sogar eine höhere erwartete Rendite versprechen, dann würde wohl niemand das Geld als Eigenkapital in das Taxiunternehmen stecken.

Denkbar wäre natürlich auch, dass Klara als Geschäftsführerin und Taxifahrerin viele tolle Ideen hat, wie sie das Taxiunternehmen erfolgreich macht. Vielleicht würde dann sogar eine zweite und dritte Taxifahrerin angestellt, weil es so gut läuft. Dann könnte es natürlich sein, dass Klaras Freundin 20 % oder noch viel mehr pro Jahr auf ihre 50.000 Eigenkapital erzielt. Wäre das dann fair, wenn die Ideen alle von Klara stammen und ihre Freundin nur das Kapital zu Verfügung stellt, also reine Kapitalistin ist? Zunächst ist klar, dass niemand Eigenkapital zur Verfügung stellen würde, wenn man damit keine Chance auf angemessene Renditen hätte, sondern nur das Risiko, alles zu verlieren. Zudem wäre Klara dann gegenüber ihrer Freundin in einer sehr guten Verhandlungsposition. Wenn sie eine so tolle Geschäftsführerin ist und das Unternehmen wegen ihr so hohe Gewinne macht, dann könnte sie ihre Freundin leicht überzeugen, ihr ein viel höheres Geschäftsführerinnengehalt zu geben und sie würde das wohl auch bekommen. Herausragende Personen, die in einer Geschäftsführungsposition ein Unternehmen prägen und durch ihre Ideen und Entscheidungen selbst in schwierigen Situationen Gewinne erwirtschaften, werden oft an diesem Erfolg beteiligt und bekommen dann hohe Bonuszahlungen.

4.6.2 Gewinn- und Verlustrechnung: Ist Unternehmensführung ein Nullsummenspiel?

Die Gewinn- und Verlustrechnung (GuV) scheint nahezulegen, dass der Vorteil einer Stakeholdergruppe automatisch der Nachteil einer anderen Stakeholdergruppe ist, was man üblicherweise als Nullsummenspiel bezeichnet. In der Logik der GuV scheinen höhere Preise für die hergestellten Produkte/Leistungen zwar die Konsumentenrente zu verringern, dafür erlauben sie dem Unternehmen, höhere Löhne an die Arbeitskräfte zu zahlen oder höhere Preise an Zulieferunternehmen, oder es erhöht sich der Gewinn (Produzentenrente). Höhere Preise für Rohstoffe oder höhere Arbeitslöhne scheinen aber unweigerlich den Gewinn zu verringern.

Diese Sichtweise stimmt aber nur sehr bedingt. Erstens stimmt sie nur kurzfristig. Langfristig betrachtet können natürlich höhere Löhne auch zu höherer Leistungsbereitschaft von Arbeitskräften führen oder besser qualifizierte und motivierte Arbeitskräfte bewerben sich beim Unternehmen, wenn dieses höhere Löhne zahlt. Dadurch verbessert sich vielleicht die Qualität der Produkte oder die Servicequalität, wodurch nicht nur höhere Produktpreise gerechtfertigt sind, sondern sich vielleicht zusätzlich die Konsumentenrente erhöht. Ebenso bedeuten höhere Beschaffungspreise zwar kurzfristig höhere Aufwendungen, aber langfristig vielleicht auch bessere und vertrauensvollere Lieferantenbeziehungen, bessere Qualität von Rohstoffen und höhere Bereitschaft von Zulieferunternehmen, Innovationen umzusetzen, die dann den Wert der Produkte erhöhen. Zweitens stimmt diese Sichtweise nur dann, wenn man sich ausschließlich auf finanzielle Aspekte beschränkt. Die Konsumentenwertschöpfung hängt nicht nur vom Produktpreis ab, sondern bei vielen Produkten auch davon, ob das Produkt umweltfreundlich und unter fairen Arbeitsbedingungen hergestellt wurde. Lohndumping, also sehr niedrige Löhne für Arbeitskräfte in der Produktion, und Auspressen von Zulieferunternehmen, die unter starkem Preisdruck vielleicht auch versprochene Ökostandards nicht mehr einhalten können, ermöglichen zwar niedrige Produktpreise, aber vielleicht trotzdem keinen höheren Konsumentennutzen.

Vor allem gilt aber, dass die GuV nur die finanzielle Wertschöpfung aus Eigentümersicht misst, also die finanzielle Produzentenrente, aber sie misst nicht die gesamte Wertschöpfung im Unternehmen. Die GuV erfasst zwar die Zahlungen beim Verkauf der Produkte (Umsatz), aber sie misst nicht die Konsumentenrente. Ebenso misst die GuV zwar die Gehaltszahlungen an Arbeitskräfte und die Zahlungen an Zulieferunternehmen, aber sie misst nicht die Arbeitnehmerrente und auch nicht die Zuliefererrente. Insofern ist die GuV kein geeignetes Instrument, um den Wertschöpfungsprozess in Unternehmen abzubilden (vgl. dazu das Beispiel der Dr. Kluge Datamining (DKD) in Abschn. 2.3.1).

Natürlich ist es aus Eigenkapitalgebersicht ein offensichtliches Ziel, den Gewinn zu maximieren – genauso wie es aus Konsumentensicht ein offensichtliches Ziel ist, die Konsumentenrente zu maximieren, wie Arbeitskräfte die Arbeitnehmerrente maximieren wollen und wie Zulieferunternehmen die Zulieferrente maximieren wollen. Innovationen sind genau das Gegenteil eines „Nullsummenspiels", weil ihr Ziel darin besteht, Trade-offs zwischen Stakeholdern zu überwinden, also gleichzeitig Wert für mehrere Stakeholder zu schaffen.

Wiederholungsfragen

Welche der folgenden Aussagen sind richtig?

a) Wenn ein Unternehmen in einer bestimmten Abrechnungsperiode laut **GuV** einen **Gewinn** erzielt, dann kann der **Free Cashflow** in dieser Abrechnungsperiode nicht negativ sein.

b) Wenn ein Taxiunternehmen ein neues Taxi durch Aufnahme eines Kredits kauft, dann verringert das den **Free Cashflow** und erhöht den **Cashflow aus Finanzierungstätigkeit**.

c) Wenn in einem Taxiunternehmen Benzin gekauft wird, dann ist das eine **Auszahlung**, die erst dann zu einem **Aufwand** wird, wenn das Benzin verbraucht wird.

d) Das Finanzergebnis wird bei einer GuV-Gliederung nach **Umsatzkostenverfahren** und nach **Gesamtkostenverfahren** auf dieselbe Weise ermittelt.

e) Wenn ein Taxiunternehmen ein neues Taxi auf Kredit kauft, dann bleibt der **ROI** unverändert.

f) Wenn ein Unternehmen Geld anlegt und dafür Zinsen bekommt, dann erhöhen diese Zinsen das **EBIT**.

g) **Rückstellungen** sind **Verbindlichkeiten**, die der Höhe nach bekannt sind, aber nicht der Art nach.

h) Der **Wert eines Unternehmens** laut **Bilanz** entspricht dem **Reinvermögen**, also der Summe der Aktiva als Bruttowert des Unternehmens, abzüglich der **Verbindlichkeiten (Fremdkapital)**.

i) Der Wert eines börsennotierten Unternehmens im Sinne der **Marktkapitalisierung** lässt sich durch den **Nennwert** (Nominalwert) der **Aktien** mal Anzahl der Aktien ermitteln.

j) Die **Marktkapitalisierung** eines Unternehmens ist immer höher als der Wert des Unternehmens laut Bilanz.

k) Ermittelt man den Wert eines Unternehmens als Gegenwartswert der prognostizierten, zukünftig erwirtschafteten Cashflows (**Discounted Cashflow**) so enthält dieser Wert keine **immateriellen Vermögenswerte** (z. B. Markenwerte).

l) Wenn der **Buchwert eines Unternehmens** den Wert des Unternehmens nach der **Discounted Cashflow-Methode** übersteigt, dann kann man in der Regel daraus schließen, dass das Unternehmen Investitionen mit **negativen Kapitalwerten** getätigt hat.

m) Der **Break-even-Point** ist die kleinste Produktionsmenge, bei der der Gesamtdeckungsbeitrag mindestens die Fixkosten abdeckt.

n) Der **Break-even-Point** lässt sich ausrechnen, indem man die Fixkosten durch die variablen Stückkosten teilt.

o) **Kalkulatorische Kosten** sind Güterverbräuche, die nur im externen Rechnungswesen, aber nicht in der **Kostenrechnung** angesetzt werden.

Angenommen, Sie kaufen ein neues Auto. Der Autohändler bietet Ihnen an, entweder sofort 30.000 € zu bezahlen oder das Auto auf Raten zu kaufen, indem Sie jetzt 10.000 € zahlen, in einem Jahr 10.500 € und in zwei Jahren 11.000 €. Sie können Geld in beliebiger Höhe für jeweils ein Jahr oder auch für zwei Jahre zu 5 % Jahreszins anlegen und zum selben Zinssatz aufnehmen. Welche der folgenden Aussagen sind richtig?

p) Es ist besser, gleich 30.000 € zu bezahlen.

q) 11.025 € in zwei Jahren zu zahlen ist gleichwertig damit, 10.000 € sofort zu zahlen.

r) Damit die Sofortzahlung besser als der Ratenkauf wird, müsste bei sonst unveränderten Daten die im 2. Jahr zu zahlende Rate mehr als 11.025 € betragen.

s) Wenn mein Anlage- und Aufnahmezins nicht 5 % wäre, sondern 8 %, dann wäre meine Entscheidung dieselbe.

Angenommen, Sie bekommen das Angebot, 200.000 € für ein Jahr zu investieren mit einer garantierten Rückzahlung nach einem Jahr in Höhe von 211.000 €. Sie haben 1 Mio. € Eigenkapital. Geld können Sie bei Ihrer Bank in beliebiger Höhe zu 5 % pro Jahr anlegen und zu 8 % jährlicher Verzinsung können Sie jederzeit einen Kredit in beliebiger Höhe aufnehmen. Welche der folgenden Aussagen ist (sind) richtig?

t)   Der interne Zins der oben beschriebenen Investitionsmöglichkeit ist 5,5 %.

u)   Der Kapitalwert (NPV) der oben beschriebenen Investition beträgt etwa 952 €.

v)   Wenn ich kein Eigenkapital hätte und zur Finanzierung der oben beschriebenen Investition einen Kredit aufnehmen müsste, dann sollte ich die Investition nicht durchführen.

▶   Die Lösung zu den Wiederholungsfragen finden Sie in Kap. 9.

Literatur

Coenenberg, A. G., Fischer, T. M., & Günther, T. (2016). *Kostenrechnung und Kostenanalyse* (9. Aufl.). Stuttgart: Schäffer-Poeschel.

Damodaran, A. (2014). *Applied corporate finance* (4. Aufl.). Wiley.

Ewert, R., Wagenhofer, A., & Rohlfing-Bastian, A. (2023). *Interne Unternehmensrechnung* (9. Aufl.). Berlin Heidelberg: Springer Gabler.

Fischer, T. M., Möller, K., & Schultze, W. (2015). *Controlling*. Stuttgart: Schäffer-Poeschel.

Weber, J., & Weißenberger, B. E. (2021). *Einführung in das Rechnungswesen* (10. Aufl.). Stuttgart: Schäffer-Poeschel.

Kundenperspektive

5

Zusammenfassung

Die Kundenperspektive widmet sich der Frage, wie und in welcher Form Unternehmen durch Innovationen Kundenwert schaffen. Schwerpunkte bilden die Vermarktung digitaler Güter und die Möglichkeiten des digitalen Marketings, wie etwa Influencer-Marketing, Social Shopping und Affiliate-Marketing, sowie die Gewinnung und Analyse von Daten zur Customer Journey. Im Fokus steht auch die Rolle des Marketings bei der Nutzung neuer Wertschöpfungsmöglichkeiten, die durch sozial und ökologisch ausgerichtete Kundenbedürfnisse entstehen.

5.1 Beispiele

Kaum ein Produkt steht so für die Bedeutung von Marketing wie Red Bull. Bemerkenswert ist zunächst, dass mit der „Erfindung" von Energy Drinks nicht etwa ein bestehendes Bedürfnis erstmals oder besser als bisher gedeckt wurde. Vielmehr wurde ein neues Kundenbedürfnis kreiert, und mit dem Markt für Energy Drinks wurde ein ganz neuer Markt geschaffen.

Natürlich gilt das zumindest teilweise auch für viele andere Produkte. Als Henry Ford das Model T einführte, gab es zwar bereits einen Markt für Autos in den USA mit einer ganzen Reihe von Autoherstellern, aber Autos waren unzuverlässig und vor allem sehr teuer und damit unerschwinglich für die Mehrzahl von Familien. Der Markt für Autos war daher sehr klein. Das Model T war zuverlässig und vor allem unglaublich preisgünstig, sodass einfachen Familien in den USA individuelle Mobilität zu einem sehr geringen Preis ermöglicht wurde. Damit war der relevante Markt für das Model T enorm groß, letztlich konnten sich fast alle Familien ein solches Auto leisten, und da es kein anderes Verkehrsmittel gab, das so große Mobilität zu so geringen Kosten ermöglichte, waren fast alle Familien potentiell interessiert an diesem Produkt. Ähnlich war es mit Fast Food.

G. Speckbacher, *Innovationen für gemeinsamen Gewinn*,
https://doi.org/10.1007/978-3-658-48783-6_5

Als die McDonalds-Brüder ihr erstes Restaurant in San Bernardino eröffneten, waren sie ebenfalls nicht die ersten, die Hamburger, Fries und Soft Drinks anboten, aber Ray Kroc machte Fast Food unter der Marke McDonalds zu einem Massenmarkt. Auch was Computer betrifft, war die Einführung von Personal Computern eher eine Erweiterung des Marktes von „Büro-Computern" auf privat genutzte Computer. In den 1970er Jahren wurden Computer fast ausschließlich von Unternehmen genutzt, Kleincomputer außerhalb von Unternehmen wurden nur von wenigen Computer-Freaks genutzt. IBM und Apple machten mit ihren Produkten aus diesem kleinen Markt für Freaks einen Massenmarkt für erschwingliche und leicht bedienbare Computer, später auch Tablets und Smartphones.

Energy Drinks sind insofern auch im Vergleich zum Model T, Fast Food und Personal Computern besonders, weil es zumindest in Europa und USA vorher überhaupt keine Energy Drinks gab. Der Nutzen des Konsums von Energy Drinks ist viel weniger offensichtlich als der Nutzen individueller Mobilität, der Nutzen von erschwinglichem Fast Food oder der Nutzen einfacher Anwendungssoftware wie Textverarbeitung, Tabellenkalkulation und Datenbanken zum Abspeichern, Sortieren und Auswerten von Adressen, Telefonnummern und vielem mehr. Es war auch viel unklarer, an welche Zielgruppe sich der neu kreierte Energy Drink Red Bull überhaupt richten sollte. Die Frage „Who is your customer?", also die Frage nach der Zielgruppe oder dem relevanten Markt ist aber der Ausgangspunkt im Marketing. Bei der Definition des relevanten Marktes geht es um die Abgrenzung des Marktes, der mit einem Produkt angesprochen werden soll, also um die Festlegung von Kundengruppen, die für ein bestimmtes Produkt und damit auch für die zu ergreifenden Marketingmaßnahmen als bedeutend angesehen werden und auf die man sich konzentrieren will. Der relevante Markt wird oft wieder in Marktsegmente zerlegt, also Teil-Kundengruppen, die sich in für die Vermarktung wesentlichen Eigenschaften ähnlich sind. Beispielsweise zielten die Marketing-Kampagnen von Red Bull zunächst auf relativ kleine Marktsegmente ab, die für einen Energy Drink besonders empfänglich erschienen. So richteten sich Werbekampagnen und Sponsoring an die Techno-Szene, Mountainbiker und Snowboarder, und an ausgewählte Extremsportarten wie Base-Jumping. Als Red Bull allmählich bekannter wurde, stieg das Unternehmen auch in den Breitensport ein und engagierte sich beispielsweise im Eishockey und im Fußball. Schätzungsweise fließen bei Red Bull zwischen einem Viertel und einem Drittel des Umsatzes in das Marketing.

Anders als beispielsweise das Model T, das nicht nur zuverlässiger, sondern vor allem wesentlich billiger als alle anderen verfügbaren Autos war (eine typische Kostenführerstrategie), unterscheidet sich Red Bull von den Zutaten her kaum von anderen Energy Drinks, ist aber wesentlich teurer. Worin besteht also die besondere Qualität von Red Bull, die den höheren Preis rechtfertigt? Dass man bereit ist, für Red Bull den drei- bis vierfachen Preis eines von den Inhaltsstoffen her gleichwertigen No-Name Energydrinks zu bezahlen, liegt vor allem an der Marke. Red Bull hat von Anfang an einen großen Teil des Umsatzes in Marketing investiert, um eine Marke aufzubauen. Nach Coca-Cola und Pepsi gilt Red Bull als drittwertvollste Softdrinkmarke der Welt.

Während der Erfolg von Red Bull also sehr offensichtlich durch Marketing getrieben ist, könnte man bei der Gründergeschichte von Henry Ford zumindest auf den ersten

Blick den Eindruck haben, dass es auch ohne Rücksichtnahme auf Kundenbedürfnisse geht. Von Henry Ford ist der Spruch überliefert „Any customer can have a car painted any color that he wants so long as it is black" (Curcio, 2013). Bedeutet das, dass Henry Ford Kundenwünsche egal waren und er trotzdem Erfolg hatte? Am ehesten kann man diesen Spruch symbolisch verstehen als einen Fokus auf die durch Standardisierung und Massenproduktion erzielbaren Kostenvorteile zu Lasten der Berücksichtigung individueller Kundenwünsche bei der Produktgestaltung. Anstatt Desinteresse an Kundenwünschen bringt dieser Spruch also vielmehr auf den Punkt, dass Henry Ford alles dem Ziel niedriger Herstellungskosten und damit dem Ziel eines geringen Verkaufspreises unterordnete. Produktkomplexität und Variantenvielfalt machen die Produktion teuer, während Standardisierung bei der Herstellung Kosten spart. Der besondere Kundennutzen des Model T bestand hauptsächlich in einem extrem niedrigen Kaufpreis. Er bestand nicht im „Customized Marketing", also in der Anpassung des Produktes an individuelle Kundenwünsche. Der Erfolg von Ford war überwiegend durch den damals höchst innovativen Herstellungsprozess (Fließbandfertigung), also durch eine Prozessinnovation, getrieben, weniger durch ein ausgeklügeltes Marketing wie bei Red Bull.

Fasst man den Begriff des Marketings allerdings etwas weiter, so erkennt man, dass für den Erfolg von Ford Marketing in Form der Vertriebsorganisation wichtig war, also in der Art, wie die produzierten Autos an die Kundschaft gebracht wurden. Henry Ford etablierte ein großes Netzwerk aus unabhängig, als rechtlich und wirtschaftlich selbständige Unternehmen handelnden Vertriebspartnern, die seine Autos nach vorgegebenen Rahmenbedingungen und Standards verkauften. Diese Form der Vermarktung wird als Franchising bezeichnet. Ford als Franchise-Geber verkaufte die hergestellten Autos nicht selbst, sondern über Autohändler als rechtlich und wirtschaftlich selbständige Franchise-Nehmer. Hierdurch musste Ford nicht selbst in den Aufbau eines Vertriebsnetzwerkes investieren, das Vertriebsnetz wuchs sehr schnell, und es wurde in ganz USA überall sehr einfach, einen Ford Model T zu kaufen. Obwohl heute McDonalds als Paradebeispiel für ein Franchising System gilt, hat Henry Ford schon viele Jahre vor McDonalds seinen Autovertrieb als Franchise organisiert.

5.2 Marketing und Kundenwertschöpfung

Der aus Österreich stammende, 2005 verstorbene US-amerikanische Management-Guru Peter Drucker hat die Aufgabe des Marketings wie folgt umrissen: „There is only one valid definition of business purpose: *to create a customer*" (Drucker, 1975, S. 31). Demnach geht es im Marketing um das Schaffen einer nachhaltigen Kundenwertschöpfung, ohne die auch keine Produzentenrente (Gewinn) entstehen kann. Aus Sicht des innovationsorientierten Ansatzes der BWL könnte man etwas allgemeiner formulieren, dass es im Marketing um die Steigerungen der Konsumentenrente bei gleichzeitiger Wertschaffung für andere Stakeholder geht. Der besondere Fokus des Marketings liegt aber natürlich darauf zu verstehen, wie die Konsumentenrente zustande kommt, wie also Kundenwert entsteht und aus welchen Wertdimensionen sich dieser zusammensetzt. Während nur Produkte, die einen Customer Value schaffen, überhaupt eine Produzentenrente ermöglichen, kann man sich aus Unternehmenssicht auch die Frage stellen, welchen Wert eine Kundenbeziehung langfristig für das Unternehmen schafft. Der sogenannte Customer Lifetime Value ist die gesamte voraussichtliche Produzentenrente, die ein Unternehmen über die volle „Lebensdauer" einer bestimmten Kundenbeziehung erwirtschaften kann. Ein hoher Customer Lifetime Value bedeutet, dass es sich um eine aus Sicht des Unternehmens sehr wertvolle Kundenbeziehung handelt, bei der man dann mehr in Kundenbindungsmaßnahmen investieren wird, wie beispielsweise eine bevorzugte Behandlung bei Reklamationen, außergewöhnliche Preisnachlässe oder Werbegeschenke.

5.2.1   Kundenwert eines Produktes: Nutzungswert, sozialer Wert, emotionaler Wert

Um zu verstehen, wie eine Konsumentenrente geschaffen wird, ist wichtig, sich genauer damit zu befassen, worin Kundenwertschöpfung besteht, wie diese entsteht und inwiefern sie sich in Geld ausdrücken lässt. Nehmen wir das Beispiel des iPhone X, anhand dessen in Kap. 1 die Begriffe Produzentenrente und Konsumentenrente eingeführt wurden. In diesem Beispiel wurde angenommen, dass eine Käuferin das iPhone für 1.000 € kauft und dass sie bereit gewesen wäre, maximal 1.500 € für das iPhone zu bezahlen (Willingness to Pay). Daraus wurde geschlossen, dass die Konsumentenrente 500 € beträgt. Mit Hilfe der Willingness to Pay der Käuferin kann der subjektive Wert des iPhones für die Käuferin in Geld ausgedrückt werden in dem Sinne, dass die Käuferin indifferent wäre zwischen 1.500 € in bar und dem Besitz des iPhones, beides ist ihr gleich viel wert.

Woher kommt aber diese Werteinschätzung der Käuferin, was sind Faktoren, die den auf diese Käuferin bezogenen Wert des iPhones bestimmen? Einerseits haben Produkte wie ein iPhone einen praktischen Nutzungswert. Die Käuferin kann das iPhone für viele Dinge verwenden. Sie kann damit telefonieren oder Nachrichten schreiben, Fotos posten und dadurch Kontakte mit anderen Menschen pflegen. Sie kann auch mit dem iPhone Produkte bestellen, diese bezahlen, sie kann Fotos und Videos machen und sie kann das iPhone vielleicht sogar beruflich für ihren Job verwenden. Man könnte diesen praktischen Gebrauchswert weiter unterteilen, beispielsweise danach, ob das iPhone Mittel für einen wertvollen Zweck ist (z. B. Zusatzverdienst durch Nutzung im Job, Wert der Zeitersparnis beim Bestellen von Produkten usw.) oder ob der Gebrauch an sich Freude bereitet (z. B. Spaß beim Fotografieren und beim Posten der Fotos).

Neben dem praktischen Gebrauchswert hat das iPhone vermutlich auch einen sozialen Wert, der über die konkrete Nutzung beispielsweise in sozialen Netzwerken wie Instagram hinausgeht. Man freut sich, wenn andere sehen, dass man ein tolles neues iPhone hat, man zeigt anderen Funktionen, die dieses iPhone hat und die seine Vorgängerversionen nicht hatten. Dieser soziale Wert hängt stark von gemeinsamen Wertvorstellungen ab. Für ein teures, neues Smartphone und teure Markenkleidung wird man in manchen sozialen Gruppen bewundert, andere soziale Gruppen würden hingegen die mit dem Kauf solcher Produkte verbundene Ressourcenverschwendung kritisieren oder auf die sozialen Missstände bei deren Produktion (z. B. Kinderarbeit) verweisen. Der soziale Wert von Produkten hängt also von den sozialen Normen und Wertvorstellungen der Menschen ab, die uns umgeben und die uns wichtig sind.

Eng verbunden mit solchen sozialen Nutzendimensionen ist der emotionale Wert eines Produktes. Man fühlt sich vielleicht einfach glücklich, wenn man das Produkt anfasst und damit herumspielt. Manche Produkte sprechen unsere Emotionen auch dadurch an, dass wir durch deren Besitz ausdrücken, was wir sind oder was wir gerne sein würden. Als Teenies haben wir vielleicht geraucht, weil wir uns dabei erwachsen, unabhängig und frei fühlten, und auch im Erwachsenenalter drücken viele mit Modeartikeln ein Lebensgefühl aus. Man spricht hier auch von „Expressive Value". Das alles ist kaum messbar und es gibt keine objektiven Maßstäbe, mit denen man solche Wertdimensionen von Produkten ermitteln kann.

Erstens sind die praktischen Nutzungsmöglichkeiten eines Produktes ebenso wie dessen sozialer und emotionaler Wert von Mensch zu Mensch verschieden. Zweitens verändern sich diese Werte auch ständig. Oft freut man sich über ein Produkt mehr, solange es neu ist, während die praktischen Nutzungswerte zunehmen, wenn man damit besser umgehen kann. Wenn die Käuferin beim Kauf der Meinung war, dass ihr das iPhone 1.500 € wert war, dann war das nur ihre Schätzung zum Kaufzeitpunkt. Später kann sie diese Meinung vielleicht ändern, weil sie von einigen Funktionen des Smartphones vielleicht enttäuscht ist und womöglich sogar lieber ein anderes hätte.

Es kann auch sein, dass sie einen anderen Freundeskreis kennenlernt, in dem andere Wertvorstellungen vorherrschen. Vielleicht wird in diesem neuen Freundeskreis ein teures neues iPhone als Ressourcenverschwendung gesehen und als Ausdruck einer Wegwerfgesellschaft. Die Einschätzung der Käuferin, aus der sich ihre Konsumentenrente ergibt, ist damit sehr subjektiv, also sehr stark durch persönliche Nutzungsmöglichkeiten, Vorlieben, Gefühle, soziale Wertvorstellungen usw. bestimmt. Ob diese Werteinschätzung vernünftig oder angemessen ist, lässt sich objektiv kaum beantworten. Manchmal kaufen und konsumieren wir sogar Produkte, von denen wir eigentlich wissen, dass sie uns unmittelbar schaden, wie beispielsweise sehr zuckerhaltige Softdrinks, Zigaretten oder Bratwürste. Wir haben in einer freien Gesellschaft auch die Freiheit unvernünftig zu sein, und auch unvernünftiger oder gar selbstzerstörerischer Konsum kann subjektiv als erstrebenswert und nutzensteigernd empfunden werden.

5.2.2 Werteinschätzungen sind beeinflussbar

Zu berücksichtigen ist dabei, dass wir uns alle in unseren Werteinschätzungen manipulieren lassen. Wenn andere Menschen etwas gut oder nicht gut finden, beeinflusst uns das. Mit Marketing versuchen Unternehmen nicht nur, uns zu informieren, sondern oft auch unsere Werteinschätzungen bewusst zu manipulieren. Wenn ein Werbevideo für ein Produkt gute Gefühle von Freiheit, Abenteuer oder Luxus vermittelt, dann übertragen wir diese Gefühle auf das beworbene Produkt und sind vielleicht eher bereit, dieses zu kaufen und zu konsumieren. Oder die Werbung suggeriert uns, dass man ein Produkt unbedingt haben muss, um sozial anerkannt zu sein. Auch Influencer werden bei der Vermarktung von Produkten, wie der Name schon sagt, eingesetzt, um uns zu beeinflussen in unserer Beurteilung des Wertes eines Produktes. Man kann zwar versuchen, sich eine von Werbung möglichst wenig manipulierte Meinung zu bilden, aber ganz kann man sich davon kaum lösen.

Daraus ergeben sich wichtige Schlussfolgerungen für die Konsumentenrente, die ja die Differenz zwischen dem rein subjektiv empfundenen Konsumwert und dem Preis des Produktes bezeichnet. Die Wertschöpfung im Sinne des Generierens einer Konsumentenrente bezieht sich auf eine rein subjektive Konsumentenwahrnehmung – unabhängig davon, inwiefern deren Beweggründe als vernünftig oder moralisch gut eingestuft werden können. Wenn Individuen Bedürfnisse und Vorlieben haben, die für sie selbst gesundheitsschädlich und sozial/ökologisch schädlich sind, dann können Produkte, die eigentlich langfristig für sie selbst und die Umwelt schädlich sind, eine positive Konsumentenrente und auch eine positive Produzentenrente ermöglichen.

Um zu vermeiden, dass Unternehmen durch Marketing Bedürfnisse und Vorlieben in schädlicher Weise beeinflussen, kann der Staat (bzw. dessen demokratisch gewählte Repräsentanten) bestimmte Regeln festlegen, an die sich dann die Unternehmen halten müssen. So wird beispielsweise Werbung für bestimmte Produkte (z. B. stark zuckerhaltige Softdrinks oder Zigaretten) eingeschränkt oder ganz verboten. Um Manipulation durch Werbung einzuschränken und um Informationen über Produkte besser und vertrauenswürdiger zu machen, werden zudem Regeln festgelegt, wie Unternehmen für ihre Produkte werben dürfen (z. B. wann vergleichende Werbung zulässig ist, in welcher Form Influencer darauf hinweisen müssen, dass sie für ihre Empfehlungen bezahlt werden, wie Inhaltsstoffe zu kennzeichnen sind usw.).

5.2.3 Innovative Kundenwertschöpfung

Aus der oben beschriebenen Abhängigkeit des Konsumwertes von subjektiven Einstellungen, Werthaltungen und Gefühlen ergeben sich große Chancen für eine soziale und ökologische Wertschöpfung. Selbst Produkte, deren praktischer Nutzungswert aus Konsumentensicht womöglich geringer ist, die dafür aber umweltfreundlicher sind (man denke etwa an vegane Bratwürste, umweltfreundliche Kosmetik oder Fahrräder im Vergleich zu Mopeds), können einen größeren Konsumnutzen schaffen, weil der geringere Nutzwert (schlechterer Geschmack, geringere Wirkung, geringere Bequemlichkeit) durch höhere soziale Anerkennung, ein besseres Gefühl beim Konsum oder durch erhoffte langfristige Effekte auf die eigene Gesundheit mehr als ausgeglichen wird. Oft haben sozialere und ökologischere Produkte auch gar keinen schlechteren Nutzwert, sie sind nur etwas teurer in der Produktion (man denke etwa an Fair Trade Kaffee oder an Bio-Obst). Wenn die genannten Konsumnutzendimensionen (soziale Anerkennung des ökologischen Konsums, gutes Gefühl beim Konsum) durch die Produktgestaltung und durch die Vermarktung unterstützt und gefördert werden, dann kann der höhere Verkaufspreis sowohl eine höhere Produzentenrente als auch eine höhere Konsumentenrente ermöglichen. Sich verändernde Werte in der Gesellschaft, wie etwa ein wachsendes ökologisches Konsumbewusstsein, höheres Gesundheitsbewusstsein und soziale Orientierung bieten große neue Chancen zu innovativer Wertschöpfung durch junge Unternehmen, die diese Trends als erste aufnehmen und gezielt Produktwertdimensionen wie Umweltbewusstsein, Gesundheitsbewusstsein und soziale Orientierung ansprechen, diese Wertdimensionen geschickt vermarkten und dadurch auf neuen Wegen Konsumentenrenten ermöglichen.

Bereits die klassische Bedürfnispyramide von Abraham Maslow (1981; siehe hierzu auch Abb. 5.1) geht davon aus, dass Menschen zuerst versuchen, ihre Grundbedürfnisse (z. B. Essen, Trinken, Wohnraum) zu decken, und wenn diese weitgehend gedeckt sind, dann richten Menschen ihre Aufmerksamkeit auf Sicherheitsbedürfnisse (z. B. Schutz vor Gefahren, sicheres Einkommen, Stabilität im Alltag). Wenn auch diese Sicherheitsbedürfnisse größtenteils gedeckt sind, dann wird das Bedürfnis nach sozialen Beziehungen bestimmender (Zugehörigkeit zu Familie, Freundeskreis, Partnerschaft), sowie darauf aufbauend, das Bedürfnis nach sozialer Anerkennung und Wertschätzung innerhalb der sozialen Gruppen, denen man sich zugehörig fühlt. Ganz oben in der Bedürfnispyramide stehen

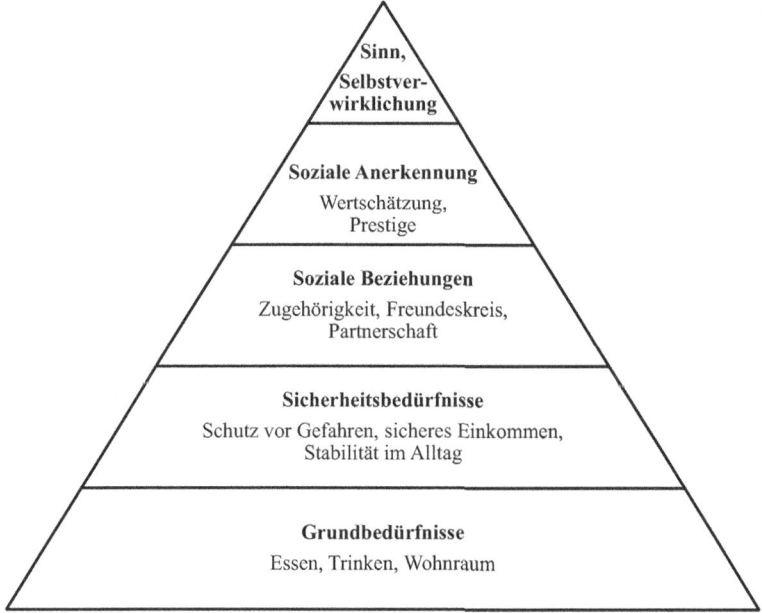

Abb. 5.1 Maslow'sche Bedürfnispyramide. (Quelle: Eigene Darstellung in Anlehnung an Maslow, 1981)

schließlich Sinnfindung und Selbstverwirklichung. In einer Wohlstandsgesellschaft, in der bei einer Großzahl von Menschen Grundbedürfnisse und Sicherheitsbedürfnisse weitgehend gedeckt sind, werden demzufolge Kaufentscheidungen in zunehmendem Maße von sozialen Bedürfnissen nach Zugehörigkeit und Anerkennung sowie Bedürfnissen nach Sinnfindung und Selbstverwirklichung bestimmt.

Beispielsweise Kleidung deckt unsere Grundbedürfnisse und Sicherheitsbedürfnisse bereits dann, wenn die Kleidung ihre grundlegenden Funktionen erfüllt. Skibekleidung soll zum Beispiel warmhalten, bequem sein und bei Stürzen Sicherheit bieten. Das erfüllen aber viele Produkte. Ein attraktives Design oder eine Marke, die von anderen anerkannt oder vielleicht sogar bewundert wird, könnte unser Bedürfnis nach sozialer Zugehörigkeit und vielleicht sogar unsere Status- und Prestigebedürfnisse befriedigen. Allerdings ist unwahrscheinlich, dass man durch attraktives Design und eine tolle Marke auch die höchste Stufe der Bedürfnispyramide (Selbstverwirklichung, Sinnfindung) ansprechen kann. In einer sozialen Gruppe, in der soziale und ökologische Nachhaltigkeit als Wert anerkannt werden, könnte ökologisch und sozial (z. B. mit umweltverträglichen Materialien und fairen Löhnen) hergestellte und entsprechend zertifizierte Skibekleidung mit einem passenden Design nicht nur Zugehörigkeit zur Gruppe signalisieren und Anerkennung finden, sondern man könnte vielleicht auch mit besserem Gewissen seinem Sport nachgehen, und ein damit verbundener verantwortungsvoller Lebensstil könnte durchaus auch die höchste Stufe der Bedürfnispyramide ansprechen. Dieser Zusatznutzen, den andere Produkte nicht bieten, könnte wiederum selbst bei höherem Verkaufspreis eine höhere Konsumentenrente ermöglichen.

Kundenwertschöpfung durch Innovation muss nicht unbedingt in Form eines höheren Nutzungswertes durch technische Neuerungen oder neue Materialien erfolgen oder durch Schaffen einer Lifestyle-Marke wie Red Bull. Kundenwertschöpfung kann – gerade weil die Bedürfnisse auf höheren Stufen der Maslow'schen Bedürfnispyramide eine immer größere Rolle in einer Wohlstandsgesellschaft spielen – zunehmend dadurch entstehen, dass Produkte sozial und ökologisch produziert werden und dass dies im Marketing genutzt wird, um gezielt soziale Bedürfnisse und Sinn-Bedürfnisse anzusprechen. Soziale Netzwerke und Influencer-Marketing können hierbei eine wichtige Rolle spielen. Im Idealfall kann eine Kundenwertschöpfung gerade dadurch entstehen, dass das Produkt ökologisch und sozial produziert wurde, was dann auch eine zusätzliche Wertschöpfung für die am Herstellungsprozess beteiligten Produktionsunternehmen und deren Arbeitskräfte bedeutet, und bei einem angemessenen Preis auch eine zusätzliche Produzentenrente.

5.3 Wie entwickelt man ein Marketingkonzept?

Um bei der Entwicklung eines Marketingkonzeptes alle wichtigen Entscheidungen und deren Zusammenwirken im Blick zu behalten, hat sich die einfache und anschauliche Gliederung der zu treffenden Entscheidungen nach den 4 P's – Product, Price, Promotion und Place – bewährt. Während die Gliederung in 4 P's, trotz verschiedener Erweiterungsversuche, heute ebenso relevant ist wie zur Zeit ihrer Entstehung und Verbreitung vor über 50 Jahren, sind die im Rahmen der 4 P's zu treffenden Entscheidungen heutzutage sehr viel anders als damals (vgl. Kingsnorth, 2022). Die 4 P's veranschaulichen auch sehr klar, dass ein Marketingkonzept aus vielen Entscheidungen besteht, die sich alle gegenseitig beeinflussen. Daher spricht man bei den 4 P's auch vom Marketing-Mix. Es geht um den besten Mix von Entscheidungen innerhalb der vier P's und zwischen den 4 P's.

Während die 4 P's eine Gliederung der aus Anbietersicht zu treffenden Entscheidungen sind, muss bedacht werden, wie diese Entscheidungen am Ende aus Kundensicht über Berührungspunkte (Touchpoints) mit der Marke bzw. mit dem Produkt erlebt werden – vom ersten Kontakt mit der Marke oder dem Produkt bis hin zum Kauf, zur Verwendung und zum Wiederkauf. Die Abfolge dieser Berührungspunkte wird als Customer Journey bezeichnet.

Product

Beim ersten „P" geht es um alle Entscheidungen, die sich auf die Gestaltung der angebotenen Produkte und Leistungen auf den verschiedenen Absatzmärkten beziehen (Produkt- und Programmpolitik). Welche Produkte oder Leistungen sollen also für welche Zielgruppen angeboten werden? Wie soll das Produkt aussehen und wie soll es präsentiert werden? Sollen Produktvarianten angeboten werden? Will man, so wie Henry Ford in der Anfangszeit des Model T, nur eine Standardproduktvariante anbieten oder Varianten, wie etwa Limousine, Coupé, Cabrio etc.? Oder im Falle von Red Bull: Soll auch eine sugarfree Variante angeboten werden und vielleicht auch eine Summer Edition? Was ist ein geeigneter Produktname und sollen für unterschiedliche Produktvarianten unterschiedliche Namen vergeben werden oder sogar spezielle Marken etabliert werden? Von VW gibt es beispielsweise einen Golf oder einen Polo und Untervarianten von Golf und Polo werden z. B. mit dem Zusatz GTI versehen. Unternehmen wie Unilever oder Procter & Gamble setzen bei vielen Fast Moving Consumer Goods (Konsumgüter, die in der Regel schnell konsumiert und wieder gekauft werden, wie z. B. Getränke, Drogerieartikel oder verpacktes Essen) auf starke Produktmarken, die aus Konsumentensicht gar nicht mehr mit dem Unternehmen Unilever oder Procter & Gamble in Verbindung gebracht werden, wie z. B. Dove, Axe, Knorr, Head & Shoulders, Pampers oder Ariel. Das Speiseeis Magnum wird von Unilever sogar unter regional unterschiedlichen Dachmarken vermarktet, in Deutschland unter Langnese, in Österreich unter Eskimo und in der Schweiz unter Lusso.

Eine Frage der Produktgestaltung ist auch, ob das Produkt in der After-Sales-Phase Garantieleistungen oder Kundendienst-Leistungen enthält und inwieweit nach dem Kauf eine Kundenbetreuung stattfinden soll. Beispielsweise könnten mit dem Verkauf einer Software Serviceleistungen angeboten werden, wie beispielsweise Schulungen für die Verwendung der Software. Dabei ist zu bedenken, ob für unterschiedliche Marktsegmente unterschiedliche Produktvarianten angeboten werden sollen. Beispielsweise kann ein Anbieter von Sprachreisen bestimmte Angebote speziell auf Bedürfnisse von Personen mittleren Alters mit relativ hohem Einkommen abstimmen und andere Angebote eher auf die Bedürfnisse von Studierenden.

Aus Sicht der strategischen Perspektive (Kap. 3) ist dabei vor allem zu bedenken, ob und wie sich das angebotene Produkt von Konkurrenzprodukten unterscheidet, was also das Produkt bietet, was andere Produkte nicht auch bieten (Differenzierungsstrategie). Das Ziel der Produktgestaltung im Rahmen einer Differenzierungsstrategie ist letztlich, dass das jeweilige Produkt die Bedürfnisse und Erwartungen der Zielgruppe, die das Produkt kaufen soll, besser bedient als die verfügbaren Konkurrenzprodukte, sodass ein möglichst hoher Konsumentennutzen entsteht. Bei einer Kostenführerstrategie wird hingegen in der Regel ein eher einfaches Standardprodukt angeboten, wobei der zusätzliche Kundennutzen dann dadurch entsteht, dass der Preis geringer ist als bei Konkurrenzprodukten (dazu mehr unter *Price*).

Immer wichtiger werden im Marketing sogenannte digitale Güter, also Güter, die in rein elektronischer Form existieren und verkauft werden können. Die Bedeutung der Digitalisierung von Gütern für die Betriebswirtschaft und insbesondere für das Marketing kann man sich leicht anhand von Beispielen vergegenwärtigen. Breits Ende des 19. Jahrhunderts, etwa zur selben Zeit, als die ersten Autos erfunden wurden, gab es die ersten Schallplatten, die auf einem Grammophon abgespielt wurden. In den 1950er-Jahren kamen dann die wesentlich leichteren und praktischeren Vinyl-Schallplatten auf den Markt, die wir heute noch verwenden. Ab den 1960er-Jahren gab es dann sogenannte Musikkassetten die auf Kassettenrekordern abgespielt wurden. Zwar konnte man Musik durch Musikkassetten sehr kostengünstig vervielfältigen und weitergeben und die Weitergabe war technisch möglich, ohne für Urheberrechte zu bezahlen (was oft als Eigenschaft von digitalen Gütern genannt wird), aber Musik war noch kein digitales Gut. Obwohl Musik auf CDs, anders als bei Schallplatten und Kassettenrekordern, erstmals in Form digitaler Daten gespeichert wurde, sind CDs kein digitales Gut, weil die digitalisierte Musik zusammen mit einem Tonträger verkauft wurde. Erst mit der Erfindung der mp3-Technologie durch das Fraunhofer-Institut wurde Musik ab den 1990er-Jahren zum rein digitalen Gut, das sich praktisch kostenlos weitergeben und vervielfältigen ließ. Plötzlich entstanden nun Internetplattformen, auf denen man (teilweise legal, teilweise illegal) Musik jederzeit herunterladen konnte. Ab 2001 brachte Apple den auf der MP3-Technologie basierenden iTunes Music Store gemeinsam mit dem iPod als Abspielgerät auf den Markt. Musik war nun zum rein digitalen Gut geworden. Nur fünf Jahre später kamen die ersten Streamingdienste, wie etwa Spotify, auf den Markt, wodurch sich Musik als Produkt massiv veränderte – Musikalben und Musikstücke wurden nicht mehr, wie noch zu Zeiten der Schallplatte und der CD, zur dauerhaften Nutzung gekauft, sondern nach Bedarf konsumiert.

Ein anderes „klassisches" Beispiel für ein digitales Gut ist Software. Auch hier wird immer häufiger die Software nicht gekauft, sondern im Rahmen von SaaS-Verträgen (Software as a Service) – ähnlich wie beim Musikstreaming – genutzt, ohne dass man die Software selbst besitzt. Wie im Beispiel von Musikstücken hat auch Software die Eigenschaft, dass die Kosten der Produktion relativ unabhängig davon sind, wie viele Stück produziert werden. Die Produktionskosten sind also weitgehend Fixkosten, während die Kosten der Erstellung zusätzlicher Einheiten (variable Kosten der Vervielfältigung) nahezu Null sind. Bei vielen Arten von Anwendungssoftware ist zudem typisch, dass der Kundennutzen der Verwendung des Gutes steigt, wenn auch andere das Gut besitzen. Beispielsweise hat der große Erfolg des Microsoft Office-Softwarepakets damit zu tun, dass dieses so stark verbreitet ist und dadurch zu einem Standard wurde, der dessen Nutzung extrem erleichtert. Vervielfältigungskosten von nahezu Null kombiniert mit steigendem Kundennutzen bei steigendem Verbreitungsgrad (sogenannte Netzwerkeffekte) lassen den Marktanteil zu einer entscheidenden Größe werden. Apps, wie etwa der Messengerdienst WhatsApp, sind ebenfalls ein gutes Beispiel für Software, bei der ein Vervielfältigen der Anwenderzahl praktisch nichts kostet, aber den zusätzlichen Anwendernutzen stark erhöht. Je mehr Menschen eine solche App nutzen, umso nützlicher wird diese aufgrund von Netzwerkeffekten für alle. Letztlich handelt es sich bei diesen Netzwerkeffekten um positive externe Effekte von Konsumentscheidungen (vgl. Kap. 8), weil die Entscheidung einer Person, das Netzwerk zu nutzen, einen positiven Effekt auf den Nutzen des Netzwerkes für alle anderen hat. Solche Netzwerkeffekte bei Gütern führen auch dazu, dass oft nur wenige anbietende Unternehmen übrigbleiben, manchmal nur eines (sog. „Winner takes all"-Phänomen).

Price

Beim Pricing, also bei der Preispolitik, geht es um die Frage, wie viel man für sein Produkt verlangt. Diese Frage ist viel komplexer, als man auf den ersten Blick vermuten würde. Zunächst sollte man wissen, was ein Produkt in der Herstellung kostet, weil ein Preis unterhalb der Herstellungskosten höchstens bei bestimmten Aktionen (Einführungspreis, Schlussverkauf) für einen beschränkten Zeitraum sinnvoll sein kann, aber nicht auf Dauer (vgl. dazu Kap. 4).

Außerdem sollte man bei der Preisfestsetzung wissen, was vergleichbare Produkte (wenn es solche gibt) bei der Konkurrenz kosten. Schließlich stellt sich auch die Frage, wie viel die Zielgruppe, an die sich das Produkt richtet, zu zahlen bereit ist und wie sie auf Preisänderungen reagiert. Falls man die entsprechenden Daten aus Kundenbefragungen hat, kann man Letzteres durch die sogenannte Preiselastizität der Nachfrage messen, die ausdrückt, um wie viel Prozent die nachgefragte Menge des Produktes sinkt, wenn der Preis des Produktes um ein Prozent erhöht wird (im Normalfall wird von einem Gut weniger gekauft, wenn dessen Preis steigt). Zusätzlich ist zu entscheiden, ob und in welcher Form es Rabatte geben soll (z. B. Preisnachlässe im Rahmen von Werbeaktionen oder Mengenrabatte), und ob für unterschiedliche Kundensegmente unterschiedliche Preise gelten sollen. Beispielsweise gibt es bei Spotify ein Premium-Abo und Abos zu verschiedenen Preisen für Familien oder Studierende. Während ein Premium-Abo in der Regel besondere Vorteile beinhaltet (z. B. Amazon Prime), kann es auch günstigere Angebote für dasselbe Produkt bzw. dieselben Leistungen geben, beispielsweise Angebote für weniger zahlungskräftige Kundensegmente, wie etwa Studierende. Das nennt man dann Preisdifferenzierung. Letztlich werden dabei Produktvarianten (Premium-Abo, Studierenden-Abo) für bestimmte Marktsegmente maßgeschneidert und zu Preisen verkauft, die auf das jeweilige Marktsegment angepasst sind. Die Digitalisierung von Gütern bietet auch neue

Möglichkeiten zur Marktsegmentierung und Preisdifferenzierung. Beispielsweise ist es technisch möglich, Preise für Flüge oder Hotels danach zu differenzieren, von welchem Standort aus und mit welchem Device (z. B. iPhone oder Tablet) gebucht wird. Das kann sinnvoll sein, wenn vom Standort oder vom Device auf die Zahlungsbereitschaft geschlossen werden kann.

Eine weitere Entscheidung ist, wie Preise präsentiert werden, beispielsweise, ob man sich einzelne Leistungen bei einem Mobilfunkvertrag, wie etwa das freie Datenvolumen, Datengeschwindigkeit und das Smartphone selbst einzeln kaufen kann (à-la-carte-pricing) oder ob man nur die Wahl zwischen verschiedenen Angebotspaketen hat. Schließlich ist auch zu bedenken, dass das Pricing in der Regel eine dynamische Entscheidung ist. Über den Lebenszyklus des Produktes, also von dessen Einführung am Markt bis zu dessen Verschwinden vom Markt, werden in der Regel unterschiedliche Ziele mit dem Pricing verfolgt.

Beispielsweise könnte man eine Strategie der Marktpenetration verfolgen, indem man zunächst einen niedrigen Einführungspreis bietet (der vielleicht sogar unter den Herstellungskosten liegt), hierdurch versucht, Marktanteile zu gewinnen und bekannt zu werden, und anschließend kontinuierlich den Preis erhöht. Besonders interessant ist ein solches Vorgehen bei (digitalen) Gütern mit den oben beschriebenen Netzwerkeffekten. Kostet beispielsweise bei einer neuen Software die Vervielfältigung nichts, dann kann es sinnvoll sein, die Software zunächst weit unter den (weitgehend fixen) Herstellungskosten zu verkaufen, um Marktanteil zu gewinnen. Je mehr davon verkauft wird, auf umso mehr Einheiten verteilen sich dann die (fixen) Produktionskosten, wodurch die Stückkosten sinken (Fixkostendegressionseffekt).

Je höher der Marktanteil, umso höher wird dann zudem der Kundennutzen, wodurch später, wenn die Software zum Standard wurde, der Preis noch weiter erhöht werden kann. Bei Produkten am Ende des Lebenszyklus wird oft auch eine Abschöpfungsstrategie (Skimming) verfolgt, indem Preise gesenkt werden und noch so viel Umsatz wie möglich erzielt werden soll. Eine andere Möglichkeit des Pricings besteht darin, dass Preise (z. B. für Flugreisen oder Hotels) ständig angepasst werden und z. B. teurer werden, je näher das Buchungsdatum am Flugdatum oder Übernachtungsdatum ist – unter der Annahme, dass bei kurzfristig notwendigen Buchungen die Zahlungsbereitschaft höher ist.

Zum Pricing gehören auch fragwürdige Strategien, wie etwa Drip Pricing. Vor allem bei Online-Käufen wird gelegentlich zuerst ein relativ geringer Preis gezeigt, der das Kundeninteresse wecken soll und der dann durch verschiedene Zuschläge im Verlauf des Kaufprozesses, bis hin zum Erheben eines Aufpreises für Kreditkartenzahlungen, erhöht wird. Die Idee dahinter ist, dass einerseits der zu Anfang gezeigte Preis als psychologischer Anker wirkt, durch den die Kaufentscheidung getroffen wird, und dass man dann, nachdem man alle Daten eingegeben hat, trotz der Zuschläge den Kauf nicht mehr abbricht. Da Drip Pricing für Airlines in der Europäischen Union verboten wurde, versuchen einige Airlines über freiwillige Zusatzleistungen (zusätzliches Gepäck, freie Sitzplatzauswahl, Buchungsklasse mit zusätzlichem Umbuchungsrecht etc.) einen ähnlichen Effekt unter Umgehung des Drip Pricing Verbotes zu erreichen.

Promotion

Bei Promotion geht es um alle Maßnahmen, durch die um (positive) Aufmerksamkeit für das Produkt geworben wird. Häufig wird bei Promotion auch von Kommunikationspolitik gesprochen, weil es darum geht, Informationen über das Produkt so an anvisierte Zielgruppen zu kommunizieren, dass deren Bereitschaft zum Kauf des Produktes erhöht wird. Ebenso wie das Pricing sind auch Entscheidungen zur Promotion dynamische Entscheidungen, das heißt, sie verändern sich typischerweise über den Lebenszyklus des Produktes. Bei der Einführung des Produktes am Markt kommt der Promotion entscheidende Bedeutung zu, während mit zunehmender Bekanntheit des Produktes, und erst recht am Ende des Lebenszyklus, wenn zunehmend auf Nachfolgeprodukte umgestiegen wird, typischerweise immer weniger für die Promotion ausgegeben wird.

Die vielleicht offensichtlichste Form der Promotion ist Werbung für das Produkt durch Werbeanzeigen in Zeitungen, Werbespots z. B. im Fernsehen oder im Kino und Online-Werbung. Während Werbung in Zeitungen oder im Fernsehen und Werbung durch Werbeprospekte an Bedeutung verlieren (viele Unternehmen, wie etwa Ikea, verzichten inzwischen ganz auf das Verschicken gedruckter Werbeprospekte), hat Online-Werbung, also Werbung im Internet, in den letzten Jahren stark an Bedeutung gewonnen. Beispielsweise werden Werbebanner auf Internetseiten eingeblendet, bezahlte Suchergebnisse werden bei Suchmaschinen (z. B. Google) ganz oben gelistet, oder bei Videos auf Plattformen wie YouTube werden Werbevideos vor Anzeige des eigentlichen Videos gezeigt oder in Unterbrechungen des Videos (In-Stream Video Ads). Im Social Media Marketing wird Werbung über soziale Netzwerke wie X, LinkedIn, TikTok oder Instagram verbreitet. In Rahmen von Sales-Promotion-Aktionen werden beispielsweise Flyer mit Sonderangeboten, Gutscheine oder Gratis-Produktproben verteilt. Sehr übliche Formen der Sales-Promotion sind auch Gewinnspiele oder Rabattaktionen, wo über einen bestimmten Zeitraum Preisnachlässe gewährt werden. Bonuspunktaktionen, wo man z. B. bei einer bestimmten gekauften Menge von Kaffeegetränken ein Freigetränk erhält, sind ebenfalls Sales-Promotion und gleichzeitig kann dadurch die Kundenbindung gestärkt werden. Wichtig bei solchen Sales-Promotion-Aktionen ist, dass die richtige Zielgruppe angesprochen wird und dass die „unerwünschten Nebenwirkungen" (z. B. Imageverlust, weil Produkte „verramscht" werden oder die Aktion als unfair und verwirrend empfunden wird, weil man beim Kauf vorher nach Aktionen suchen muss, um nicht zu viel zu bezahlen).

Ein weiterer wichtiger Bestandteil der Promotion ist das Sponsoring. Hier werden Personen, Organisationen oder einzelne Veranstaltungen gezielt finanziell oder anderweitig unterstützt, in der Erwartung, dass dadurch bestimmte Produkte bekannter werden und die Kaufbereitschaft steigt. Red Bull ist hier ein sehr offensichtliches Beispiel, wo zunächst ein sehr zielgruppenspezifisches Sponsoring bestimmter Sportevents erfolgte und später, als größere Mittel für das Sponsoring verfügbar waren und die Ziel-Käufergruppen erweitert wurden, in großem Umfang Sportevents, Fußballvereine oder Formel 1-Teams mit großen Summen unterstützt wurden.

Eine enorm steigende Bedeutung kommt dem Influencer Marketing zu. Nach der Jugend-Digitalstudie 2024 haben mehr als die Hälfte der 16–18-jährigen Jugendlichen in Deutschland im vergangenen halben Jahr Produkte gekauft, die von Influencern auf Plattformen wie YouTube oder Instagram beworben wurden, wobei im Durchschnitt hierfür 167 € pro Monat für Online-Käufe ausgegeben wurden. Eine wachsende Bedeutung hat das Social Shopping, also der Kauf direkt über soziale Netzwerke wie WhatsApp, YouTube, Instagram, TikTok oder Snapchat. Die Hauptmotive hierfür sind besonders gut passende oder neuartige Produkte und der bequeme Zugang über soziale Netzwerke. Gekauft werden online vor allem Videospiele, Unterhaltungselektronik und Mode. Jugendliche verbringen durchschnittlich etwa 70 h pro Woche im Internet. Bemerkenswert ist, dass sich bei Jugendlichen im Vergleich zu früheren Jahren eine Verhaltensänderung hin zu nachhaltigerem Kaufverhalten zeigt, indem vermehrt versucht wird, Rücksendungen und Verpackungsmüll zu vermeiden und zumindest bei gleichwertigen Produkten die nachhaltiger produzierte Alternative zu wählen (Digitalstudie, 2024).

Grundsätzlich bedeutet Influencer Marketing, dass versucht wird, die Glaubwürdigkeit, Vorbildwirkung und Expertise von Personen (beispielsweise Social Media-Nutzer mit vielen Followern) zu nutzen, um eine Werbebotschaft offen oder versteckt zu kommunizieren. Beispielsweise können Influencer Modeartikel, die sie neu gekauft haben, auf YouTube vorstellen und erzählen, warum sie diese gut finden (sogenannte Hauls). Auch in Tutorials können Produkte gegen Bezahlung platziert werden, oder scheinbar objektive Reviews von Produkten enthalten unterschwellige Werbung für das Produkt. Fitness-Influencer können beispielsweise auf Instagram in Posts Werbung für Fitnessmode, Fitnessgeräte oder Nahrungsergänzungsprodukte machen. Influencer, die für gratis zugeschickte Produkte in Posts Werbung machen oder für Produktplatzierungen Geld erhalten, müssen dies allerdings kenntlich machen (z. B. durch ein „sponsored by . . . ").

Man kann einwenden, dass sich Influencer dafür bezahlen lassen, das Vertrauen ihrer Follower auszunutzen, um diese zum Kauf von Produkten zu verleiten. Allerdings werden Influencer nur dann langfristig viele Follower haben, wenn sie deren Vertrauen nicht missbrauchen. Wenn Influencer Produkte empfehlen, von denen ihre Follower enttäuscht sind, dann schädigt das deren Vertrauen. Positiv betrachtet helfen Influencer dabei, Suchkosten zu verringern, indem sie Produkte für ihre Follower vorselektieren, neue Anregungen geben und Erfahrungen teilen. Influencer können zudem auch Trends zu gesundheitsbewusstem Verhalten verstärken, zu sozial und ökologisch verantwortungsvollerem Kaufverhalten motivieren und allgemein einen positiven Einfluss auf Werte und Konsumverhalten ihrer Follower haben.

Zunehmend Bedeutung hat in den vergangenen Jahren das Affiliate-Marketing gewonnen. Auch hier ist Amazon ein Pionier und Marktführer. Das Affiliate-Marketing ist eine Zusammenarbeit zwischen einem Verkäufer (z. B. Amazon) und einem Affiliate. Wenn man z. B. als Influencer, Blogger oder sonstiger Content Provider eine Internetseite betreibt oder ein Social Media-Profil hat, dann kann man Affiliate werden, indem man ein Werbemittel (z. B. einen Link zu Amazon oder ein Amazon-Banner) auf seiner Website einbindet. Sobald jemand auf das Werbemittel klickt und danach einen Einkauf bei

Amazon tätigt, bekommt man eine prozentuale Umsatzbeteiligung (etwa 1–5 %, je nach Produktkategorie, bei Mode umsatzabhängig sogar etwa 10 %). Über Cookies wird nachverfolgt, ob der Kauf direkt nach Besuch der Website erfolgt ist. Der Kauf muss innerhalb eines Tages nach Besuch der Website erfolgen (nach 24 h erlischt das Cookie) und es darf nachher kein anderer Affiliate angeklickt werden, sonst bekommt der letzte angeklickte Affiliate die Verkaufsprovision („last cookie wins"). Als Beispiel könnte man eine Website betreiben, auf der man bestimmte Modeartikel vorstellt und bewertet. Am Ende der Bewertung könnte ein Link zu den bewerteten Produkten auf Amazon platziert werden. Falls jemand dann nach Besuch dieser Website bei Amazon einkauft, bekommt man eine Provision.

Place
Place bezeichnet bei den 4 P's den Ort, wo man das Produkt kaufen kann. Eine Grundüberlegung bei Entscheidungen zu Place ist, dass sich ein Produkt umso besser verkauft, je einfacher es aus Kundensicht zu bekommen ist. Unter Umständen sind daher mehrere, auf die jeweilige Kundensituation angepasste Vertriebswege sinnvoll. Während beispielsweise die flächendeckende Verfügbarkeit in jedem Lebensmittelgeschäft und in Tankstellen sicherstellt, dass Red Bull für den Konsum unterwegs und daheim gut verfügbar ist, erreicht man durch das Angebot in Bars und Clubs weitere Zielgruppen. Anders als im Fall von Unterhaltungselektronik, Modeartikeln oder Musik, sind Energy Drinks ein Produkt, bei dem das Internet als Vertriebsweg eine relativ geringe Rolle spielt. Der Vertrieb von Autos erfolgt noch immer – ähnlich wie schon zu Zeiten Henry Fords – zu großen Teilen über Autohändler und vergleichsweise wenig über das Internet. Autohersteller verkaufen Autos zum Teil auch im Direktvertrieb und man kann sich dann das Auto (ohne Zwischenhändler) direkt beim Produzenten abholen. Diese Beispiele zeigen, dass es auch bei Entscheidungen zu Place nicht „den besten Vertriebskanal" gibt, sondern es kommt immer auf das Produkt selbst und auf die Zielgruppen an, wo und über welche Vertriebskanäle ein Produkt am besten angeboten wird. Allgemein bezeichnet man mit Vertrieb alle Aktivitäten, mit deren Hilfe Unternehmen ihre Produkte und Dienstleistungen zu den Kundinnen und Kunden bringen. Statt Place wird dementsprechend im Deutschen oft der Begriff Vertriebspolitik (manchmal auch Distributionspolitik) verwendet.

In den vergangenen Jahren ist die Bedeutung des Internets im Vertrieb stark gestiegen. Werden Produkte mit elektronischer Unterstützung (über das Internet) verkauft, so spricht man von Electronic Commerce oder kurz E-Commerce. Weitgehend gleichbedeutend mit E-Commerce sind die Begriffe Online-Handel, Internethandel und elektronischer Handel. Über E-Commerce können sowohl physische Güter (z. B. Kleidung, Schuhe, Bücher), Dienstleistungen (z. B. Flüge, Hotelübernachtungen, Rechtsberatung) als auch rein digitale Güter (Musik, Filme, Software) verkauft werden. Physische Güter müssen im Falle einer Online-Bestellung und -bezahlung noch angeliefert werden, beispielsweise über ein Logistikunternehmen wie UPS oder DHL. Bei Dienstleistungen werden z. B. Tickets elektronisch ausgestellt oder das Internet dient als Plattform zur Kontaktaufnahme, Kommunikation und Bezahlung. Bei rein digitalen Produkten werden sogar die Produkte selbst über das Internet angeliefert, wodurch dann die Vertriebskosten praktisch null sind.

Personen oder Unternehmen, die eine E-Commerce-Plattform aufbauen wollen, können dafür eine E-Commerce-Software nutzen, mit deren Hilfe man relativ einfach einen individuell gestalteten Online-Shop (eine E-Commerce-Website) erstellen kann, wo man dann seine Produkte präsentieren und auch vermarkten kann. Anbieter wie Shopify bieten neben der entsprechenden Software für den Online-Shop auch das gesamte Fulfillment an, also alle Aktivitäten von der Bestellung eines Produktes über die Zahlungsabwicklung bis hin zum Versand und zur Abwicklung von Retouren und sogar die Lagerhaltung. Das Fulfillment physischer Produkte kann natürlich auch beispielsweise über Amazon erfolgen.

5.4 Von den 4 P's zur Customer Journey

Obwohl die Ursprünge des Konzepts der Customer Journey ähnlich weit zurückliegen wie bei den 4 P's, hat dieses Konzept durch die gestiegene Bedeutung von E-Commerce und Online-Handel in den vergangenen Jahren an Bedeutung gewonnen. Insbesondere für die Customer Journey-Analyse, also die Nachverfolgung der Customer Journey über alle Berührungspunkte (Touchpoints) mit dem Produkt hinweg, und die Auswertung von Daten hierüber, bieten sich durch die zunehmende Digitalisierung im Marketing neue Möglichkeiten. Während die 4 P's die Marketingentscheidungen eher aus Unternehmenssicht betrachten, soll die Customer Journey bewusst die Kundenperspektive einnehmen und darstellen, wie alle Marketingaktivitäten für ein Produkt kundenseitig erlebt werden.

Grundsätzlich beginnt die Customer Journey beim ersten Kontakt mit einem Produkt oder einer Marke. Dieser Erstkontakt kann über verschiedene Touchpoints erfolgen, beispielsweise indem man das erste Mal von Bekannten über die Marke oder das Produkt erfährt, indem man über Influencer vom Produkt erfährt, durch eine Werbeanzeige oder einen Werbespot vom Produkt erfährt oder auch, indem man beim Surfen im Internet zufällig auf das Produkt stößt. Diese erste Phase der Customer Journey, bei der man erstmals mit dem Produkt in Berührung kommt, wird oft als Awareness bezeichnet, man wird auf das Produkt aufmerksam. Der Erstkontakt mit dem Produkt, der zu weiteren Aktivitäten (z. B. Suche nach Produktinformationen) führt, wird auch als Trigger bezeichnet. Während sich Erstkontakte über eine im Internet angeklickte Werbeanzeige als Touchpoint relativ einfach nachverfolgen und steuern lassen, hat man beispielsweise bei Erstkontakten durch Empfehlungen von Bekannten relativ wenig Kontrolle über den Touchpoint. Nach dem Erstkontakt, der Awareness für das Produkt schafft, kommt die Phase der Consideration, wo man sich über verschiedene Produktalternativen informiert und sich gegebenenfalls schließlich für das Produkt entscheidet und den Kauf abwickelt (Transaktionsphase/Purchase), oder eine Entscheidung gegen das Produkt bzw. für ein Alternativangebot trifft. In der auf die Transaktionsphase folgenden After-Sales-Phase werden Erfahrungen aus der Nutzung des Produktes gesammelt, worüber beispielsweise Rezensionen geschrieben werden, in sozialen Medien Erfahrungsberichte geteilt werden oder auch „offline" Erfahrungen mit dem Produkt beispielsweise an Freunde weitergegeben werden. Die Maßnahmen zur Kundenbetreuung und Kundenbindung nach dem Kauf bezeichnet man als After-Sales-Management.

Während die Customer Journey grundsätzlich alle Touchpoints mit dem Produkt oder der Marke umfasst, ist bei den Online-Touchpoints das Tracking, also die Rückverfolgung von kundenbezogenen Daten für die Customer Journey-Analyse deutlich einfacher. Ziel ist dabei, mehr über das Kundenverhalten zu erfahren. Eine grundlegende Frage ist beispielsweise, ob bestimmte Werbemaßnahmen tatsächlich zu mehr Produktkäufen führen. Oftmals scheint eine Online-Marketingstrategie auf den ersten Blick erfolgreich, weil beispielsweise ein Werbebanner oft angeklickt wird oder weil durch ein bezahltes Listing bei Google oder Amazon die Klicks auf eine Produkt-Webpage sprunghaft ansteigen. Viel Traffic bedeutet aber noch nicht viel Umsatz. Manchmal stellt sich heraus, dass die Umsätze trotz vieler Klicks nicht gestiegen sind. Im Online-Marketing spricht man hier von Conversion Rates. Wie viele Personen, die einen Link anklicken, informieren sich dann ausführlich auf der Website über das Produkt (Conversion Rate von Awareness zu Consideration), und wie viele davon kaufen dann tatsächlich das Produkt (Conversion Rate von Consideration zu Transaction/Purchase)? Dabei werden statistische Methoden zur Analyse der Customer Journey immer wichtiger und zunehmend werden hierfür auch Machine-Learning-Algorithmen eingesetzt. Genauso wichtig ist aber, aus der immer größer werdenden Fülle von Daten die richtigen Schlüsse zu ziehen, wie man durch ein verändertes Online-Marketing (z. B. Gestaltung der Webpage) die Customer Journey so verbessern kann, dass das eingesetzte Marketing-Budget nicht nur Klicks generiert, sondern auch Kaufentscheidungen für das Produkt fördert, sowie die Kundenzufriedenheit mit dem Produkt und Weiterempfehlungen.

5.5 User Innovation

So unterschiedlich das Model T und Red Bull als Produkte sind, so sehr ähneln sich diese im Hinblick darauf, wer die grundlegende Idee hervorgebracht sowie die Innovation und damit die Wertschöpfung am Markt durchgesetzt hat. In beiden Fällen hat ein Unternehmer ein mögliches Kundenbedürfnis erahnt und ein innovatives Produkt auf den Markt gebracht, das dieses Bedürfnis erfüllte. Red Bull hat dabei das Kundenbedürfnis für Energy Drinks und damit den entsprechenden Markt erst erschaffen. Bedeutet das, dass große Innovationen entstehen, indem visionäre Entrepreneure bewusst aktuell geäußerte Kundenbedürfnisse ignorieren und vielmehr neue Kundenbedürfnisse erschaffen? Auf den ersten Blick könnte man ein berühmt gewordenes Zitat von Steve Jobs, in dem er sich auf Henry Ford bezieht, so interpretieren: „Some people say, ‚Give the customers what they want.' But that's not my approach. Our job is to figure out what they're going to want before they do. I think Henry Ford once said, ‚if I'd asked customers what they wanted, they would have told me, A faster horse¡ People don't know what they want until you show it to them. That's why I never rely on market research. Our task is to read things that are not yet on the page." (Isaacson, 2011, S. 806–807).

Tatsächlich ist es aber so, dass Henry Ford ebenso wie Steve Jobs und dessen Apple-Mitgründer Steve Wozniak ihre berühmt gewordenen Produkte aus der Nutzerperspektive entwickelten. Henry Ford hat selbst Autos zusammengebaut, fuhr mit diesen Autorennen und bastelte ständig an Verbesserungen herum, lange bevor er das Model T produzierte. Gleiches gilt für Steve Jobs und Steve Wozniak. Sie bastelten und tüftelten jahrelang an Computern herum und sie waren Teil einer damals noch kleinen Community von Computerfreaks. Als frühe Nutzer ihrer eigenen Produkte wussten sie genau, worauf es ankommt, um die Produkte alltagstauglich zu machen. Natürlich ist richtig, dass sich außer den Mitgliedern der kleinen User Communities der frühen Auto- bzw. Computerfreaks kaum jemand vorstellen konnte, wie und wozu man ein Auto oder einen Personal Computer im Alltag überhaupt nutzen kann. Daher hätte eine breit angelegte Marktanalyse wohl wenig Sinn gemacht. Man könnte aus den Lebensgeschichten von Henry Ford und Steve Jobs bzw. Steve Wozniak also gerade den Schluss ziehen, dass man sich mit den Nutzungsmöglichkeiten einer Innovation aus Konsumentensicht intensiv selbst beschäftigen sollte, bevor man diese für andere wertschöpfend nutzbar auf den Markt bringen kann.

Wenn User beim ständigen Herumbasteln an Produktprototypen bei deren Nutzung Ideen entwickelten, aus denen dann neue Produkte entstehen, dann spricht man von User Innovation oder Consumer Innovation. User Innovation wird dabei als Gegensatz zur Innovation von Produkten in Forschungs- und Entwicklungsabteilungen von Unternehmen gesehen, also als Gegensatz zur „Producer Innovation" (vgl. Keinz, Hienerth & Lettl, 2012; Moreau, Franke & Hippel, 2018). Diese Abgrenzung ist aber eigentlich zu strikt, weil Innovationsprozesse fast immer beide Elemente, wenn auch in unterschiedlichen Gewichtungen, enthalten. Letztlich ist ein (Produkt-)Innovationsprozess immer ein langwieriger Prozess, bei dem der Startpunkt in der Regel ein Problem bzw. ein Bedürfnis aus User-Sicht ist, dem dann Herausforderungen der technischen Machbarkeit aus Producer-Perspektive gegenüberstehen und bei dem dann drittens die wirtschaftliche Umsetzbarkeit zu bedenken ist. So wie beim Model T, das auf verschiedenen von Henry Ford selbstgebauten und von ihm u. a. in Rennen getesteten Autos aufbaute, oder die ersten Apple-Computer, die von Steve Wozniak aus einfachsten Komponenten zusammengelötet und getestet wurden, werden in Innovationsprozessen oft erste Prototypen entwickelt, anhand derer User-Perspektive, Producer-Perspektive und wirtschaftliche Umsetzbarkeit studiert und getestet werden können. Anhand von Prototypen kann man oft auch Möglichkeiten der Nutzung (aber auch technische Herausforderungen) erkennen, die man vorher nicht bemerkt hatte. Daraufhin kann der Prototyp dann angepasst werden usw. Dieses beschriebene Zusammenspiel von User-, Producer- und betriebswirtschaftlicher Perspektive wird heutzutage oft als Design Thinking propagiert, und es werden verschiedene strukturierte Vorgehensweisen hierzu von Beratungsunternehmen angeboten.

Da Innovationsprozesse auf das gleichzeitige Schaffen einer Konsumentenrente und einer Produzentenrente ausgerichtet sind, ist naheliegend, dass diese in der Regel zu gewissen Teilen eine Co-Creation zwischen Usern und Producern sind. Selbst wenn Inno-

vationen ohne direkte Kundeneinbindung in den Innovationsprozess von der Forschungs-
und Entwicklungsabteilung eines Unternehmens entwickelt werden, dann fließen in diesen
Entwicklungsprozess praktisch immer Erfahrungen der Verkaufsabteilung des Unternehmens über Kundenbedürfnisse ein oder Ergebnisse aus Marktstudien. Wenn man nicht
selbst, so wie Henry Ford oder Jobs/Wozniak ein Lead User, also ein frühzeitiger User
in einer wachsenden Trend-Community von Usern ist, dann muss man sich eingehend,
z. B. im Wege der Marktforschung, mit Kundenbedürfnissen beschäftigen. Der Nachteil
ist dabei, dass es aus Kundensicht nicht immer einfach ist, mögliche Bedürfnisse klar zu
benennen, und für Unternehmen ist es umgekehrt schwer, die aus Marktstudien gewon-
nenen Erkenntnisse in Produkte umzusetzen. Ein interaktiver Prozess, bei dem ständig
Kundenfeedback in den Innovationsprozess einfließt, ist hier erfolgversprechender. Zudem können anhand von ersten Prototypen für das Produkt auch Nutzungsmöglichkeiten
und Herausforderungen identifiziert werden, die erst am Objekt auftreten und erkannt werden und die man abstrakt, ohne Prototyp, schlecht formulieren oder erklären könnte.

Relativ einfach und daher sehr üblich ist die Beteiligung von Usern bei der Entwicklung von Software, wo Kundenerfahrungen in der Regel ständig in den Entwicklungsprozess einfließen. Das deutsche Softwareunternehmen DATEV, das vor allem für seine Personalabrechnungs- und Finanzbuchhaltungssoftware bekannt ist, führt regelmäßige
Lead User-Workshops durch, bei denen Softwareanwender eingeladen werden, um über
ihre Erfahrungen bei der Nutzung zu berichten und um Verbesserungsvorschläge zu machen, die in die Weiterentwicklung der Software einfließen. Zudem wird bei der Weiterentwicklung der Software aktiv auf Co-Creation mit Usern gesetzt.

Gerade im Business-to-Business (B2B)-Bereich sind Innovationskooperationen die Regel. So kooperieren Autohersteller in der Regel mit Zulieferunternehmen bei der Entwicklung neuer Automodelle, und viele Innovationen, die in einem neuen Automodell stecken,
sind von Zulieferunternehmen gemeinsam mit dem Autohersteller als Kunden entwickelte
Innovationen. Bei derartigen gemeinsamen Innovationsprozessen von Zulieferer- und Abnehmerunternehmen sind die Anreize zur Innovation relativ klar. Sowohl das Zuliefer-
als auch das Abnehmerunternehmen können durch ein innovativ verbessertes Produkt einen Wettbewerbsvorteil haben, Kundennutzen schaffen und Geld verdienen. Hingegen
haben Endkunden nur den Anreiz, durch innovative Ideen für ein verbessertes Produkt
ihre eigene Nutzung des Produktes zu verbessern oder sie haben einfach Spaß an der Problemlösung. Letztlich können einzelne User von der individuellen Wertschöpfung einer
Innovation für sie selbst profitieren, während ein Unternehmen, das Innovationen umsetzt, um diese am Markt zu verkaufen, theoretisch von der gesamten Wertschöpfung für
alle potenziellen User profitieren kann. Dementsprechend können Unternehmen in ihren
Forschungs- und Entwicklungsabteilungen auch mehr Ressourcen für die Innovation einsetzen als einzelne User.

Wesentlich ist die Erkenntnis, dass die durch eine Innovation erfolgende Wertschöpfung im Sinne der Produzentenrente und der Konsumentenrente in vielen Fällen nicht
alleinige Leistung des Unternehmens ist, das diese Innovation vermarktet. Je mehr es sich
bei Innovationen aber um User Innovation handelt, je mehr also kundenseitige Kreativität

und Entwicklungsarbeit in die Innovation einfließen, umso mehr stellt sich (im Sinne der verhaltensorientierten BWL) die Frage nach der Motivation. Unternehmen können erfolgreiche Innovationen teilweise millionenfach verkaufen, und für jedes dieser verkauften Produkte können sie einen Teil des entstandenen Kundennutzens in Form der Produzentenrente verdienen. Ein einzelner User, der beispielsweise eine tolle Idee zur Verbesserung der von ihm benutzten DATEV Software hat, diese Idee DATEV mitteilt und vielleicht sogar das Glück hat, dass DATEV diese Idee sofort umsetzt, hat aber davon nur einen viel geringeren Vorteil, weil sich nur seine eigene Konsumentenrente durch die neue Idee zur Verbesserung des Produktes erhöht. Die Frage ist, ob dieser Anreiz groß genug ist, um den Nutzer zu bewegen, an neuen Lösungen herumzutüfteln. Um einen entsprechenden Anreiz für neue Kundenideen zu schaffen, müsste ihm DATEV zumindest einen Teil des durch die Idee generierten zusätzlichen Nutzens aller anderen DATEV Nutzer vergüten. Natürlich könnte man auch einwenden, dass in manchen Fällen, wie etwa bei Wikipedia, die User völlig ohne Vergütung Beiträge liefern, einfach aus innerer Freude am Teilen von Wissen, Freude an der Problemlösung oder dergleichen.

Wiederholungsfragen

Welche der folgenden Aussagen sind richtig?

a) Wenn man beim Gebrauch eines Produktes Spaß hat, dann ist das ein typisches Beispiel für den **Expressive Value** des Produktes.

b) Bei **Promotion** geht es um alle Maßnahmen, mit deren Hilfe um (positive) Aufmerksamkeit für das Produkt geworben wird.

c) Eine niedrige **Conversion Rate** im **Online-Marketing** bedeutet, dass viel Traffic auf einer Website zu viel Umsatz führt.

d) Als Conversion Rate bezeichnet man im Online-Marketing die Anzahl der **Trigger** pro **Touchpoint**.

e) Im Business-to-Business (**B2B**)-Bereich sind Innovationskooperationen sehr selten.

f) Der **Customer Lifetime Value** bezeichnet den Wert, den ein Kunde im Laufe seines Lebens durch die Geschäftsbeziehung mit einem bestimmten Unternehmen für sich selbst generiert.

g) Ähnlich wie bei **SaaS-Verträgen** (Software as a Service) werden beim Musikstreaming Nutzungsrechte anstatt Eigentum am zugrundeliegenden Produkt verkauft.

h) Als **Drip Pricing** bezeichnet man eine im **Online-Handel** typische Strategie der Preisreduktion bei Mehrfachkäufen.

i) **Last Cookie Wins** bezeichnet eine Methode zur Zuteilung einer Verkaufsprovision im **Affiliate Marketing**.

j) Wenn ein Autohersteller seinen Vertrieb in Form von **Franchising** organisiert, dann bedeutet das, dass die Autos über ein Netzwerk aus rechtlich und wirtschaftlich selbständig handelnden Partnerunternehmen verkauft werden, die sich jedoch an Rahmenbedingungen halten müssen.

▶   Die Lösung zu den Wiederholungsfragen finden Sie in Kap. 9.

Literatur

Curcio, V. (2013). *Henry Ford*. Oxford: Oxford University Press.

Digitalstudie (2024). Postbank Jugend-Digitalstudie 2024. https://www.presseportal.de/pm/6586/5932326. Zugegriffen: 20. Mai 2025.

Drucker, P. (1975). *The practice of management*. New Delhi: Allied Publishers.

Isaacson, W. (2011). *Steve Jobs*. Waterville: Thorndike Press.

Keinz, P., Hienerth, C., & Lettl, C. (2012). Designing the organization for user innovation. *Journal of Organization Design*, *1*(3), 20–36.

Kingsnorth, S. (2022). *Digital marketing strategy: an integrated approach to online marketing* (3. Aufl.). London: Kogan Page Ltd.

Maslow, A. H. (1981). *Motivation und Persönlichkeit* (16. Aufl.). Reinbek: Rowohlt.

Moreau, C. P., Franke, N., & von Hippel, E. (2018). The paradigm shift from producer to consumer innovation: Implications for consumer research. In P. N. Golder & D. Mitra (Hrsg.), *Handbook of research on new product development* (S. 81–99). Cheltenham: Edward Elgar Publishing.

Produktionsperspektive

6

Zusammenfassung

Die Produktionsperspektive befasst sich damit, wie bei der Herstellung von Gütern und Leistungen, insbesondere durch Prozessinnovationen, Wert für Stakeholder geschaffen wird. Ausgehend von der traditionellen Produktionstheorie und dem Konzept der Wertschöpfungskette wird schrittweise entwickelt, wie moderne Plattform-orientierte Geschäftsmodelle durch digitale Technologien nicht nur eine Produzentenrente (Finanzgewinn) und Konsumentenwert schaffen, sondern Wert für ein ganzes Business Ecosystem.

6.1 Beispiele

So wie man den Erfolg von Red Bull vor allem als Marketing-getrieben bezeichnen könnte, so ist der Erfolg des Model T sehr stark dadurch getrieben, dass dieses Auto in einem perfekt optimierten Produktionsprozess mit Hilfe damals neuer Technologien der Fließbandfertigung hergestellt wurde. Tatsächlich war der Produktionsprozess für das Model T damals eine revolutionäre Prozessinnovation.

Was war bei dieser Prozessinnovation die Grundidee? Die Grundidee stammte von Frederick Taylor, dem Begründer des sogenannten Scientific Management, später auch als Taylorismus bezeichnet. Taylor hatte etwa zu der Zeit, als Henry Ford mit seiner Autoproduktion begann, sein Buch über Scientific Management herausgebracht. Henry Ford engagierte Frederick Taylor, um ihm zu helfen, die Arbeitsabläufe in seiner Autoproduktion weiter zu optimieren. Frederick Taylor vertrat die Auffassung, dass die Produktivität menschlicher Arbeit stark gesteigert werden kann, wenn Arbeitsabläufe in sehr kleine Arbeitsschritte aufgeteilt werden, die dann jeweils von einer Person immer wieder und mit einem optimalen Bewegungsablauf ausgeführt werden. Um die optimalen Bewegungsabläufe herauszufinden, wurde mit unterschiedlichen Personen und unterschiedlichen Be-

G. Speckbacher, *Innovationen für gemeinsamen Gewinn*,
https://doi.org/10.1007/978-3-658-48783-6_6

wegungsabläufen mit Stoppuhr im Rahmen von Studien zum Bewegungsablauf so lange herumexperimentiert, bis keine Verbesserungen mehr möglich waren. Die entsprechende Person hatte dann die Tätigkeit mit dem optimalen Bewegungsablauf immer wieder, den ganzen Arbeitstag lang durchzuführen. Die Grundidee war also eine extreme Arbeitsteilung mit hochgradiger Spezialisierung der Arbeitskräfte auf einen sehr einfachen Arbeitsschritt, den die jeweilige Arbeitskraft optimal ausführen sollte. Auch die Arbeitsteilung zwischen Führungskräften und Arbeitskräften wurde insofern extremer, als Arbeitskräfte sich darauf beschränken sollten, die für sie festgelegten wenigen Arbeitsschritte exakt so wie vorgegeben auszuführen, ohne zu widersprechen. Führungskräfte hatten hingegen die Aufgabe, den Arbeitsprozess immer wieder zu analysieren und zu optimieren. Führungsaufgabe war zudem, die geschicktesten und belastbarsten Arbeitskräfte für die jeweilige Tätigkeit zu finden und einzusetzen. Auch die in der Produktion verwendeten Rohstoffe sollten effektiv und ohne jede Verschwendung eingesetzt werden. Henry Ford hatte zudem die Idee, ein Fließband einzusetzen, so wie dies in Schlachthöfen in Chicago bereits gemacht wurde. Anders als bei der bisherigen Autoproduktion, wo das Fahrgestell des Autos an einer festen Position stand und wo die jeweiligen Arbeitskräfte alle benötigten Teile herbeischaffen mussten, um diese zu montieren, kam nun das Auto zu den Arbeitskräften. Diese montierten die jeweiligen Teile und dann wurde das Auto zum nächsten Arbeitsschritt bewegt. Hierdurch konnten viele Wegzeiten gespart werden und die extreme Arbeitsteilung konnte optimal umgesetzt werden. Die Produktionszeit für ein Model T konnte so von zu Beginn 12 h auf etwa 1,5 h reduziert werden. Um die Vorteile der Massenproduktion und der Standardisierung aller Arbeitsschritte optimal nutzen zu können, wurde zu Beginn nur eine einzige Modellvariante und nur in schwarzer Farbe hergestellt. Später wurden aber auch Autos in anderen Farben und Ausfertigung hergestellt, ein Coupé, ein Cabriolet, eine Limousine und sogar ein „One-Ton-Truck", eine Art Pick-up (Curcio, 2013).

Die Erfolgsgeschichte von McDonalds ist ebenfalls sehr weitgehend auf Prozessinnovationen für ein altbekanntes Standardprodukt (Hamburger) zurückzuführen. Etwa 30 Jahre nachdem Henry Ford für die Autoherstellung die Ideen des Taylorismus angewendet und auf Fließbandproduktion umgestellt hatte, schafften es die Brüder McDonalds durch Zerlegung des Herstellungsprozesses in kleine Arbeitsschritte und Optimierung der Arbeitsabläufe, die benötigte Zeit für die Herstellung eines frisch zubereiteten Hamburgers auf 30 s zu reduzieren. Dazu wurde der Herstellungsprozess ausführlich analysiert und die Bewegungsabläufe wurden immer wieder durchgespielt und optimiert. Ähnlich wie beim Model T wurde auch die Komplexität des Produktionsprozesses extrem reduziert, indem nur noch wenige Produkte hergestellt wurden. Die Brüder McDonalds hatten ohnehin beobachtet, dass 80 % des Umsatzes durch einige wenige Produkte erzielt wurden: Hamburger, Cheeseburger, French Fries, Milkshakes und Kaffee. Um den Produktionsprozess zu vereinfachen und dadurch schneller zu machen, wurde das Angebot auf diese wenigen Produkte reduziert. Zwar waren die Organisation des Vertriebs als Franchising ebenso wie die intensive Werbung weitere Erfolgsfaktoren, aber erst die Innovationen im Herstellungsprozess ermöglichten wirkliches Fast Food zu guter Qualität und damit eine Differenzierung der Produkte von Konkurrenzprodukten. Aber nicht nur der Herstellungsprozess war sehr innovativ, sondern auch andere Teile des Geschäftsmodells, vor allem auch das Franchising-Konzept. Dessen besonderes Merkmal war, dass McDonalds als Franchisor Grundstücke erwarb und an die selbständigen Restaurantbetreibenden als Franchisees verpachtete (umsatzabhängig und teilweise deutlich über Marktpreisen), um eine zusätzliche Einnahmequelle zu haben und die Kontrollmöglichkeiten zu verbessern. Hierdurch wurde McDonalds auch zu einem Immobilienunternehmen (Love, 1995).

Denkt man nun an Red Bull, so stellt sich die Frage, ob auch hier Prozessinnovationen eine Rolle für den Erfolg spielten. Der Produktionsprozess spielte bei Red Bull insofern eine Rolle, als die Entscheidung getroffen wurde, sich auf Marketing als Kernkompetenz zu fokussieren, während im Herstellungsprozess keine Kernkompetenz von Red Bull gesehen wurde. Daher wurde dieser an spezialisierte Partnerunternehmen ausgelagert, die das kostengünstiger und besser können. Die Produktion und Abfüllung von Red Bull wird von der Firma Rauch Fruchtsäfte übernommen – in Österreich in Vorarlberg und in der Schweiz in Widnau. Auch beim Marketing konzentriert sich Red Bull neben der Produkt- und Preisgestaltung vor allem auf Promotion, während der Vertrieb an ein Partnerunternehmen, den Logistikdienstleister Logwin, ausgelagert wurde (Fürweger, 2008).

Die Entscheidung, welche Aktivitäten und Prozesse ein Unternehmen selbst übernimmt, und welche zugekauft werden, ist eine wesentliche Entscheidung der Produktionsperspektive. Diese Entscheidung bezeichnet man als Make-or-Buy-Entscheidung. Wenn ein Unternehmen Aktivitäten nicht selbst ausführt, sondern zukauft, dann bezeichnet man das auch als Auslagern von Aktivitäten oder als Outsourcing.

6.2 Produktionswirtschaftliche Wertschöpfung

Im Marketing geht es im Kern darum, wie Produkte aus Kundensicht wahrgenommen werden und wie durch diese Wahrnehmungen Kundenwert entsteht. Grob gesagt geht es also darum zu verstehen, welche Eigenschaften eines Produktes (bzw. einer Dienstleistung) auf welche Weise aus Kundensicht als wertvoll wahrgenommen werden und wie man diese Wahrnehmung durch geschickte Produktgestaltung, Preisgestaltung Kommunikation und Vertrieb (die 4 P's) beeinflussen kann. Hingegen geht es aus Produktionssicht darum, wie das Produkt überhaupt zustande kommt und wie man bereits im Produktionsprozess in jedem Schritt berücksichtigen kann, inwiefern dieser Schritt zur Kundenwertschöpfung beiträgt. Aus Sicht der Finanzperspektive muss man dabei natürlich immer bedenken, was das Schaffen eines zusätzlichen Kundennutzens zusätzlich kostet und ob diese Zusatzkosten den Kundenwert dann so weit erhöhen, dass die zusätzliche Willingness-to-Pay höher ist als die entstandenen Zusatzkosten. Beispielsweise würde man in ein Smartphone nur dann eine wesentlich bessere Kamera einbauen, wenn dadurch so viel zusätzlicher Kundenwert entsteht, dass die Zusatzkosten für die bessere Kamera über einen höheren Preis mindestens wieder hereinkommen und trotzdem noch zusätzlicher Kundenwert geschaffen wird. Nur in diesem Fall entstehen durch die bessere Kamera eine zusätzliche Konsumentenrente und eine zusätzliche Produzentenrente.

Im folgenden Abschnitt werden verschiedene Modelle vorgestellt, wie man sich den Produktionsprozess vorstellen kann. Das erste und einfachste Modell ist eine Produktionsfunktion. Darauf aufbauend wird die Wert(schöpfungs)kette als Modell von Produktionsprozessen vorgestellt. Die Wertschöpfungskette ist einerseits wichtig, weil man damit Produktionsprozesse viel detaillierter verstehen und analysieren kann als mit dem sehr simplen Modell einer Produktionsfunktion und weil die Wertkette auch in der Unternehmenspraxis ein sehr etabliertes Modell ist. Andererseits ist das Modell der Wertkette aber auch wichtig, weil man mit seiner Hilfe sehr gut verstehen kann, was das Besondere an einem Platform Business ist, was an einer Plattform anders als einer Wertkette ist, und warum gerade die Digitalisierung zur Entwicklung netzwerkartiger Wertschöpfungsstrukturen geführt hat. Allgemeiner formuliert hilft die Wertkette zu verstehen, warum bei einem Fokus auf das gleichzeitige Schaffen einer Konsumentenrente und einer Produzentenrente die Gefahr besteht, dass wesentliche Innovations- und Wertschöpfungspotentiale im Hinblick auf andere Stakeholder nicht erkannt werden.

6.2.1 Traditionelle Produktionstheorie: Produktion bei Arbitrageunternehmertum

Der traditionelle, stark durch mikroökonomische Ansätze in der Volkswirtschaftslehre geprägte Ansatz der Produktionswirtschaft definiert Produktion als Gütertransformation, das heißt, als Umwandlung von Produktionsfaktoren (Inputs, Inputfaktoren) in Güter, die dann von anderen Unternehmen weiterverarbeitet werden oder die direkt konsumiert werden. Beispielsweise könnte man die Produktion eines Hamburgers als Gütertransformation sehen, in der ein Sandwich, gehacktes und mit Pfeffer und Salz gewürztes Rindfleisch, Essiggurken, Zwiebeln, Ketchup und Senfsoße unter Verwendung eines Grills und einiger weiterer Küchenwerkzeuge (Messer, Grillzange) mit Hilfe von menschlicher Arbeitskraft und Strom in Hamburger transformiert werden. Da man pro Hamburger immer 1 Sandwich und 40 g Rindfleisch benötigt, braucht man für n Hamburger folglich n Sandwiches und $n \times 40$ g Rindfleisch usw. Allerdings wäre vorstellbar, dass man bis zu 10 Fleischscheiben gleichzeitig auf dem Grill braten kann. Dann braucht man für 10 Hamburger dieselbe Menge Energie und Grillzeit wie für einen – jedenfalls nicht die 10-fache Menge an Energie und Arbeitszeit. Man könnte nun für jede hergestellte Menge von Hamburgern ermitteln, welche Menge an Sandwiches, Rindfleisch, Arbeitszeit usw. man benötigt und diese Beziehung nennt man dann Produktionsfunktion. Wenn h die Anzahl produzierter Hamburger bezeichnet und man vereinfachend annimmt, dass außer Sandwiches, Rindfleisch, Energie, Grillnutzung und Arbeitszeit keine weiteren Inputs verwendet werden, s die Anzahl von Sandwiches, r die Menge von Rindfleisch, e die Menge an Energie, g die

Grillnutzung und a die Arbeitszeit bezeichnen, dann gilt:

$$h = f(s, r, e, g, a).$$

Effizienz von Produktionsverfahren

Im obigen Beispiel braucht man pro hergestelltem Hamburger immer mindestens ein Sandwich und 40 g Rindfleisch. Man kann für eine bestimmte vorgegebene Menge an Burgern also nicht einfach etwas weniger Sandwich und dafür etwas mehr Rindfleisch nehmen oder umgekehrt. Wenn ein solcher „Abtausch" nicht möglich ist, dann spricht man von einer limitationalen Produktionsbeziehung. Das Gegenstück dazu ist eine substitutionale Produktionsbeziehung. Ein Beispiel dafür ist, wenn man durch eine sorgfältigere Arbeitsweise, d. h. durch Einsatz von mehr Arbeitszeit einen Teil der benötigten Energie einsparen kann (beispielsweise Grill ausschalten, wenn gerade keine Aufträge eingehen). In diesem Fall könnte man also für dasselbe Ergebnis einer gegebenen Anzahl von Burgern etwas mehr Arbeitszeit und dafür etwas weniger Energie einsetzen, oder umgekehrt.

Die wohl offensichtlichste Anforderung an Produktionsprozesse ist, dass nichts verschwendet werden soll. Im obigen Beispiel bedeutet das, dass eine gegebene Menge von Burgern mit möglichst sparsamer Verwendung aller Inputfaktoren (Sandwiches, Rindfleisch, Arbeit, Energie usw.) hergestellt wird. Oder anders formuliert: Mit einer gegebenen Menge aller Inputfaktoren soll eine größtmögliche Menge an Burgern hergestellt werden. Diese Eigenschaft wird als Produktionseffizienz bezeichnet, oft auch als Wirtschaftlichkeitsprinzip oder ökonomisches Prinzip. Im Detail ist das ein bisschen komplizierter, als es zunächst klingt, weil nur im Falle eines einzigen Inputfaktors offensichtlich ist, was „möglichst sparsam" bedeutet. Wie ist Produktionseffizienz aber im obigen Beispiel definiert, wenn man eine bestimmte Menge an Burgern entweder mit weniger Arbeitszeit und dafür mehr Energie, oder mit mehr Arbeitszeit, aber weniger Energie produzieren kann? Beides kann effizient sein, wenn es keine eindeutig sparsamere Alternative gibt. Etwas präziser: Eine Produktionsmöglichkeit ist dann effizient (wirtschaftlich, in Einklang mit dem Wirtschaftlichkeitsprinzip bzw. mit dem ökonomischen Prinzip), wenn es keine andere Produktionsmöglichkeit gibt, durch die derselbe Output mit höchstens gleicher Menge von jedem Inputfaktor und einer kleineren Menge von mindestens einem Inputfaktor hergestellt werden kann. Bei mehreren möglichen Outputs (z. B. Hamburger und Cheeseburger) lässt sich das analog übertragen. Im obigen Beispiel wäre es also sowohl effizient, die gegebene Menge an Burgern mit etwas weniger Arbeitszeit, dafür aber mehr Energiebedarf herzustellen, als auch umgekehrt, sofern es nicht eine Produktionsmöglichkeit gibt, wo man mit weniger Energie und gleicher oder sogar weniger Arbeitszeit auskommt (alle anderen Inputfaktoren als gleich angenommen). Produktionseffizienz bedeutet also, man produziert so, dass nichts verschwendet wird.

Kostenfunktion, Preisuntergrenze

Wenn es für alle Inputfaktoren vorgegebene Preise gibt, dann kann man anhand dieser Preise eine Auswahl zwischen unterschiedlichen effizienten Produktionsmöglichkeiten treffen. Im obigen Beispiel würde man bezüglich Arbeitszeit und Energie folgende Überlegung anstellen: Angenommen, eine Arbeitsstunde hätte einen bestimmten Preis und auch eine Energieeinheit (z. B. Kilowattstunde) hätte einen bestimmten Preis, dann würde man für eine vorgegebene Menge an Burgern diejenige Produktionsmöglichkeit auswählen, bei der die eingesetzte Menge von Arbeitszeit und Energie insgesamt am kostengünstigsten ist. Bei gegebenen Preisen für Arbeit und Energie wird Energie so lange durch zusätzliche Arbeitszeit ersetzt, wie die eingesparte Energie mehr wert ist als die dafür zusätzlich benötigte Arbeit. Mit anderen Worten: Man wählt unter den effizienten Produktionsmöglichkeiten diejenige aus, bei der eine bestimmte Produktionsmenge zu geringstmöglichen Kosten hergestellt werden kann. Ordnet man jeder Produktionsmenge die zur Herstellung dieser Menge mindestens anfallenden Kosten zu, dann heißt diese Zuordnung Kostenfunktion.

Wenn man weiß, wie viel die Herstellung einer bestimmten Produktionsmenge kostet, dann lässt sich daraus ermitteln, ab welchem Verkaufspreis sich die Herstellung lohnt (Preisuntergrenze) und man kann im Falle sinkender Stückkosten bei einem vorgegebenen Marktpreis des Produktes bestimmen, wie viel man mindestens produzieren muss, damit sich die Herstellung lohnt (Break-even-Point). Für Mehrproduktunternehmen stellt sich die Frage, welche Produkte hergestellt werden sollen und in welchen Mengen (Produktionsprogramm). In der Praxis erfolgen derartige Auswertungen und Entscheidungen mit Hilfe von Verfahren der Kostenrechnung (vgl. die Beispiele im Kap. 4, finanzwirtschaftliche Perspektive).

Gewinnmaximierung in Arbitrageunternehmen
In den traditionellen produktionswirtschaftlichen Modellen wird häufig angenommen, dass die Preise für alle Inputfaktoren ebenso wie für alle herstellbaren Produkte durch den Markt vorgegeben sind. Das ist dann der Fall, wenn es sich bei allen Beschaffungs- und Absatzmärkten um (annähernd) vollkommene Konkurrenzmärkte handelt. Zudem wird in diesen Modellen in der Regel von einer gegebenen Produktionsfunktion (oder etwas allgemeiner: gegebener Technologie) ausgegangen. In einer solchen Situation wären Unternehmen reine Arbitrageunternehmen im Sinne Schumpeters, deren einziger Entscheidungsspielraum darin besteht, ihr Produktionsprogramm optimal an die Bedürfnisse des Marktes anzupassen (sog. Mengenanpassung). Unternehmen, die unter diesen Bedingungen nicht den Gewinn, also die Differenz zwischen dem Marktwert der produzierten Güter und den Kosten für die verbrauchten Güter, maximieren, würden früher oder später durch Wettbewerb vom Markt verdrängt. Auf annähernd vollkommenen Konkurrenzmärkten mit gegebenen Marktpreisen für alle Inputfaktoren und produzierten Güter bleibt einem Unternehmen also nichts übrig, als den Gewinn zu maximieren, sonst wird das Unternehmen vom Markt verdrängt.

Allerdings ist eine solche Modellwelt vollkommener Märkte für die BWL lediglich als Referenzmodell nützlich, das heißt als Bezugspunkt, von dem ausgehend dann die eigentlichen betriebswirtschaftlichen Entscheidungsprobleme entwickelt und untersucht werden können. Wie im Kapitel zur strategischen Perspektive ausführlich beschrieben, geht es bei einer betriebswirtschaftlichen Strategie gerade darum, dass ein Unternehmen Zugang zu Ressourcen für die Produktion hat, die *nicht* auf Faktormärkten zu Marktpreisen beschaffbar sind (Resource-based View). Auf der Absatzseite geht es zudem darum, Unternehmen in Branchen zu positionieren, in denen Kundenbedürfnisse noch nicht bereits von anderen Unternehmen bedient werden, die sich gegenseitig Konkurrenz machen (Market-based View). Man könnte also sagen, die betriebswirtschaftliche Strategielehre fängt genau da an, wo die volkswirtschaftlichen Gleichgewichtsmodelle vollkommener Konkurrenz enden. Aus Innovationssicht können Unternehmen dauerhaft nur dadurch Wert schaffen, dass sie neue Produktionsfunktionen, also neue Technologien am Markt durchsetzen. Durch die Verarbeitung marktüblicher Inputfaktoren mit Hilfe bekannter Technologien/Produktionsfunktionen sind nur vorübergehende Arbitragegewinne möglich, aber keine dauerhafte Wertschöpfung für die Stakeholder. Aus Marketing-Sicht würde ein Unternehmen, das Standardprodukte zu deren Marktpreis anbietet, keinen zusätzlichen Kundennutzen generieren, weil man ein sehr ähnliches Produkt auch bei anderen produzierenden Unternehmen zum ähnlichen Preis kaufen kann. Ein vollkommener Markt mit gegebenen Marktpreisen für Inputfaktoren bedeutet auch, dass das Unternehmen keinen Zusatzwert für Zulieferunternehmen schafft. Das gilt auch für Arbeitskräfte als Inputfaktor. Benötigt ein Unternehmen für die Produktion nur eine Standard-Arbeitsleistung zu einem üblichen Marktpreis (z. B. Stundenlohn), dann schafft diese Arbeitsbeziehung weder Wert für die Arbeitskräfte (diese können dieselbe Arbeitsleistung zum selben Arbeitslohn ebenso anderen Unternehmen anbieten) noch für das Unternehmen, weil andere Unternehmen mit ähnlichen technologischen Möglichkeiten diese Arbeitskräfte ganz ähnlich einsetzen können.

Das gilt übrigens ganz analog für finanzwirtschaftliche „Produktionsmodelle". Reduziert man, wie in vielen finanzwirtschaftlichen Unternehmensmodellen üblich, die Tätigkeit von Unternehmen auf die durch diese Tätigkeit generierten Cashflows, dann ist das im Kern ein Unternehmensmodell, bei dem Inputs (negative Cashflows in Form von Investitionen und sonstigen Auszahlungen zu bestimmten Zeitpunkten) in Outputs (Umsätze und andere positive Cashflows zu bestimmten Zeitpunkten) transformiert werden. Alle Inputs und Outputs werden mit Marktpreisen für Zahlungsströme bewertet, die man dann als Diskontierungsfaktoren bezeichnet. Die Summe der mit diesen Marktpreisen bewerteten Output-Mengen, abzüglich der Summe der mit diesen Marktpreisen bewerteten Input-Mengen ergibt den Gewinn. Den Gewinn bezeichnet man in diesem Fall als Kapitalwert, Net Present Value oder Discounted Cashflow bzw. als Shareholder Value, wenn es sich um die gesamten Einzahlungen und Auszahlungen eines Unternehmens über dessen Lebensdauer handelt (vgl. dazu Kap. 4, finanzwirtschaftliche Perspektive). Formal folgen Discounted Cashflow-Modelle also derselben Logik wie produktionswirtschaftliche Modelle bei vollkommenen Gütermärkten. Das übliche Argument für die Shareholder Value-Maximierung ist wieder dasselbe wie in klassischen produktionswirtschaftlichen Modellen: Auf einem vollkommenen Kapitalmarkt müssen Unternehmen den Shareholder Value maximieren, sonst werden sie vom Markt verdrängt.

Modelle mit der Annahme vollkommener Kapitalmärkte sind sehr nützlich bei Bewertungsfragen, und die Untersuchung von Arbitragemöglichkeiten auf Kapitalmärkten ist auch praktisch von großer Bedeutung. Zur Erklärung von Wertschöpfungsprozessen, die über reine Arbitrage hinausgehen, können diese Modelle naturgemäß aber keine Beiträge liefern.

6.2.2 Produktion als Prozess

Die Sichtweise, dass Inputfaktoren mittels eines Produktionsverfahrens, das man als Produktionsfunktion modellieren kann, in Güter/Outputs transformiert werden, ist offensichtlich eine sehr starke Vereinfachung. Dieses Modell gibt lediglich eine sehr grobe und sehr abstrakte Vorstellung davon, wie Produzenten-Wertschöpfung (Produzentenrente) entsteht. Die Wertschöpfung entsteht hier dadurch, dass die produzierten Güter einen höheren (Markt)Wert haben als die für die Produktion eingesetzten Güter.

Tatsächlich besteht der Produktionsprozess aber aus vielen, teilweise parallel und teilweise nacheinander erfolgenden Aktivitäten. Ein Prozess wird in der BWL üblicherweise definiert als eine Abfolge von miteinander in Zusammenhang stehenden Aktivitäten, die zu einem Ergebnis führen. Der Fertigungsprozess für ein Auto besteht beispielsweise aus einer Vielzahl einzelner Aktivitäten, die man, so wie Henry Ford es tat, einzeln untersuchen und optimieren kann und deren Abfolge man ständig optimieren kann. Nicht nur der gesamte Fertigungsprozess besteht aus vielen Teilprozessen und Aktivitäten mit dem Ergebnis eines Produktes. Auch beispielsweise das Marketing, die Kostenrechnung oder das Personalmanagement lassen sich in Prozesse zerlegen, deren Ergebnis dann ein Werbevideo oder eine Kostenkalkulation ist, oder die Einstellung einer neuen Mitarbeiterin.

Produktion als Aneinanderreihung von Wertschöpfungsaktivitäten: Die Value Chain

Die Idee, Produktion als Prozess zu sehen, der sich aus verschiedenen wertschöpfenden Teilprozessen zusammensetzt, und der daraus abgeleitete Begriff der Wert(schöpfungs)kette (Value Chain) wurde von Michael Porter, Professor an der Harvard Business School, in seinem Buch Competitive Advantage bekannt gemacht (vgl. Porter, 1985). Dieses Buch war fünf Jahre nach Porters Buch „Competitive Strategy" erschienen, das die Grundlage für den Market-based View der Strategielehre wurde (vgl. dazu Kap. 3, strategische Perspektive).

Die in Abb. 6.1 dargestellte Porter'sche Wertkette legt einen Produktionsprozess zugrunde, den man heute als Pipeline Business bezeichnen würde (im Unterschied zu Platform Business; dazu später mehr). Zunächst werden Inputfaktoren auf Faktormärkten beschafft, diese werden ggf. gelagert und im Unternehmen nach Bedarf dahin verteilt, wo sie in der Produktion gebraucht werden (Prozesse der Eingangslogistik). Dann folgen die eigentlichen Herstellungsprozesse, also beispielsweise die Fließbandfertigung von Autos (Fertigung). Danach erfolgt die Vermarktung und der Vertrieb der hergestellten Produk-

Abb. 6.1 Porter'sche Wertkette. (Quelle: Eigene Darstellung in Anlehnung an Porter, 2014)

te (Marketing & Sales), und nach dem Verkauf erfolgen die After-Sales-Aktivitäten, also beispielsweise Kundendienst, Serviceleistungen usw. Auf jeder dieser Stufen in der Wertschöpfungskette ist das Ziel, Kundenwert hinzuzufügen, der dann durch den Verkauf des Endproduktes eine Produzentenrente generiert. Allerdings wird nicht nur in diesen, von Porter als Primäraktivitäten bezeichneten Prozessen Kundenwert hinzugefügt, sondern auch in Unterstützungsaktivitäten, wie Unternehmensführung, Informationstechnologie, Controlling, Personalwirtschaft, Forschung & Entwicklung, Organisation der Materialbeschaffung usw. Die Logik ist hier ähnlich wie in der Kostenrechnung (vgl. dazu Kap. 4, Finanzperspektive): Während die für Primäraktivitäten anfallenden Kosten zumindest weit überwiegend verursachungsgerecht als Kostenträgereinzelkosten direkt den Produkten zugeordnet werden können, handelt es sich bei den Kosten für die Bereitstellung der Unterstützungsaktivitäten weitestgehend um Kostenträgergemeinkosten. Ähnlich wie bei den Kosten ist auch der Beitrag von Primäraktivitäten zur Wertschöpfung wesentlich einfacher erkennbar, weil hier der Bezug zum schließlich verkauften Produkt klar nachvollziehbar ist. Inwiefern hingegen Unterstützungsaktivitäten einen Beitrag zum Wert eines Produktes aus Kundensicht und damit zur Umsatzerzielung beisteuern, ist schwieriger festzustellen.

Die Idee der Value Chain lässt sich sehr einfach am Beispiel der Herstellung von Marillenmarmelade beim Wiener Delikatessenhersteller Staud's Wien veranschaulichen. Die Herstellung ist ein Prozess, bei dem Marillen (Aprikosen) angebaut und in vielen Prozessschritten zu Marillenmarmelade, wie man sie in Lebensmittelgeschäften kaufen kann, verarbeitet werden. Dabei wird in allen Prozessschritten Wert hinzugefügt. Beim Anbau von Marillen erfolgt eine Wertschöpfung, indem Marillenbäume gepflanzt und gepflegt werden, um jährlich Marillen ernten zu können. Die nächste Wertschöpfung erfolgt durch die Auswahl der richtigen Marillen für die Marmeladenproduktion. Um aus dem Geschmack geernteter Marillen erahnen zu können, ob diese eine erstklassige Marillenmarmelade ergeben werden, braucht man besonderen Geschmackssinn und viel Erfahrung. Daher ist die Auswahl der richtigen Marillen Chefsache. Auch Transport, Lagerung und Vorbereitung der Marillen für die Verarbeitung (Beschaffungslogistik) können einen Einfluss auf die spätere Qualität haben. Eine Besonderheit im Fertigungsprozess ist das Kochen der Marmelade. Hierfür hat Herr Staud einen speziellen Kessel mit entwickelt, aus dem kein Aroma entweichen kann, weil alles, was als Duft entweicht, später nicht mehr als Geschmack in der Marmelade drin ist. Man kann auch davon ausgehen, dass im Prozess des Kochens der Marmelade an vielen Stellen langjährige Erfahrung und Knowhow einfließen. Danach wird die Marmelade auf einem Fließband in der Staud'schen Marmeladenfabrik in Wien Ottakring in Gläser abgefüllt und für den Abtransport vorbereitet. Etwa ein Viertel der Produktion wird exportiert, beispielsweise nach den USA, Japan und den Vereinigten Arabischen Emiraten, in zunehmendem Umfang wird auch die gehobene internationale Hotellerie beliefert, der Großteil landet in heimischen Lebensmittelläden.

Auf allen Stufen der beschriebenen Wertschöpfungskette der Primäraktivitäten fallen Kosten an für Prozesse, die aber andererseits Kundenwert hinzufügen. Dieser Kundenwert teilt sich am Ende auf in den Verkaufspreis, aus dem sich abzüglich der Kosten die Produzentenrente ergibt, und in die Konsumentenrente. Neben den Primäraktivitäten schaffen aber auch Unterstützungsaktivitäten Wert. Es muss eine Buchhaltung geben, steuerliche und rechtliche Fragen müssen geklärt werden, Stellen müssen ausgeschrieben und besetzt werden, es muss eine Lohn- und Gehaltsabrechnung geben, neue Geschmacksrichtungen und Produktvarianten werden entwickelt (Bio-Marillenmarmelade, Marillenmarmelade mit weniger Zucker oder nur mit Apfelsaft gesüßt, passierte Marmelade), Lieferantenbeziehungen müssen aufgebaut und gepflegt werden usw. Allerdings ist der Beitrag dieser Unterstützungsaktivitäten zum Kundenwert weniger klar nachvollziehbar als bei Primäraktivitäten.

Die Wertkette wird hauptsächlich für die Wertkettenanalyse (Value Chain Analysis) verwendet. Hier werden alle Unternehmenstätigkeiten in Aktivitäten bzw. Teilprozesse zerlegt und es wird untersucht, wie die einzelnen Aktivitäten vereinfacht oder besser aufeinander abgestimmt werden können. Vor allem wird aber untersucht, welchen Beitrag die einzelnen Aktivitäten zur Kundenwertschöpfung, also zur Erhöhung des Kundennutzens leisten. Soweit Informationen über andere Unternehmen verfügbar sind, werden die eigenen Prozesse hinsichtlich Kosten und Kundenwertschöpfung auch mit ähnlichen Prozessen in anderen (Konkurrenz)Unternehmen verglichen, insbesondere mit Unternehmen, die bei den jeweiligen Prozessen als führend gelten (Benchmarking). Die Analyse von Prozessen hinsichtlich Prozesskosten und Wertschöpfung wird oft auch als Prozessanalyse bezeichnet. Die Wertkettenanalyse ist also eine Analyse des Wertschöpfungsprozesses in Unternehmen im Hinblick auf den Kundennutzen. Höhere Kundenwertschöpfung ermöglicht einen höheren Preis und damit dann auch eine höhere Produzentenrente. Insofern ist die Value Chain ein Instrument zur Analyse des Entstehens der Konsumentenrente und der Produzentenrente. Die Wertschöpfung für andere Stakeholder steht dabei nicht im Fokus.

Neben der Wertkettenanalyse ist die Wertkette auch eine sehr wichtige Grundlage für Make-or-Buy-Entscheidungen bzw. für Entscheidungen zur vertikalen Integration sowie für Fragen der Logistik und für das Supply Chain Management, worauf in den folgenden beiden Abschnitten eingegangen wird.

Make-or-Buy-Entscheidungen und vertikale/horizontale Integration

Eine bereits in Abschn. 6.1 angesprochene Frage ist, ob ein Prozess innerhalb des Unternehmens ausgeführt oder ausgelagert werden soll (Outsourcing, Make-or-Buy-Entscheidung). Aus dem Resource-based View (vgl. strategische Perspektive, Kap. 3) leitet sich ab, dass dauerhafte Kundenwertschöpfung nur durch einzigartige, wertvolle Ressourcen eines Unternehmens möglich ist. Daher sollten Prozesse, bei deren Durchführung ein Unternehmen aufgrund einzigartiger, wertvoller Ressourcen (Kernkompetenzen) besondere Vorteile gegenüber anderen Unternehmen hat, intern durchgeführt werden. Prozesse, bei deren Durchführung ein Unternehmen keine wesentlichen Wettbewerbsvorteile hat, sollten tendenziell ausgelagert werden. Im Beispiel der Herstellung von Marillenmarmelade ist die erste Frage, ob eine Qualitätsführerstrategie oder eine Kostenführerstrategie verfolgt wird. Bei einer Kostenführerstrategie wäre vorrangig zu überlegen, ob Prozesse intern kostengünstiger ausgeführt werden können als extern. Oft haben spezialisierte Anbieter Kostenvorteile, sodass ein Outsourcing von Prozessen Vorteile bringt. Bei einer Qualitätsführerstrategie, wie beim Delikatessenhersteller Staud's Wien ist das oberste Gebot aber die Qualität der Marmelade, die dann auch einen höheren Preis rechtfertigt. Für die Qualität ist zunächst die Geschmackskompetenz von Herrn Staud bei der Auswahl der Marillen eine einzigartige und wertschöpfende Ressource. Ebenso ist der Prozess des Kochens der Marmelade im einzigartigen Kochkessel ein Prozess, der offensichtlich intern ausgeführt werden sollte. Obwohl die Abfüllung der Marmelade an sich keine Spezialkompetenz ist, kommt es hier darauf an, dass diese direkt nach dem Kochen der Marmelade ohne Qualitätsverlust geschieht, und daher ist auch dieser Prozessschritt intern auszuführen.

Zudem ist auch der Schutz wertvoller Ressourcen, insbesondere Knowhow, ein wesentlicher Aspekt bei Entscheidungen zu Make-or-Buy. Würde beispielsweise der Kochvorgang in Kooperation mit einem anderen Unternehmen durchgeführt, dann bestünde die Gefahr des Outlearnings, das heißt, das Partnerunternehmen könnte sich im Rahmen der Kooperation sukzessive das einzigartige Wissen aneignen und dann selbst genauso hochwertige Marmelade anbieten. Interne Prozesse (Make) bieten gegenüber Outsourcing (Buy) einen wesentlich besseren Schutz einzigartigen Knowhows. Das spricht für die interne Abwicklung von Prozessen, in denen Kernkompetenzen eines Unternehmens zum Einsatz kommen.

Was gilt nun für den Anbau der Marillen? Zunächst könnte man argumentieren, dass man bei Eigenanbau eine bessere Qualitätskontrolle hat. Die Frage ist hier aber, ob spezialisierte Obstbauern nicht vielleicht bessere Marillen produzieren als ein Marmeladenspezialist. Zudem muss man bedenken, dass Landwirtschaft sehr wetterabhängig ist und beispielsweise Frostschäden die Qualität der Ernte stark beeinträchtigen können. Outsourcing bietet hier den Vorteil, dass man dann die Marillen aus Regionen beziehen kann, in denen die Witterung optimal war und die geerntete Menge und Qualität der Marillen daher höher ist. Man kann durch Outsourcing also Qualitätsrisiken reduzieren. Dementsprechend ist nicht verwunderlich, dass Staud's Wien den weitaus größten Teil von Marillen von extern bezieht. Tatsächlich kann man bei den verarbeiteten Früchten durchaus von Global Sourcing sprechen, weil Früchte aus sehr vielen unterschiedlichen Ländern bezogen werden. Das ist bei einigen Produkten, etwa bei Ananasmarmelade, auch gar nicht anders möglich. Einige Marillen werden aber in eigenen Obstwiesen in der Wachau, einer Landschaft rund um das Donautal bei Wien, angebaut. Manchmal kann ein Grund für die teilweise interne Durchführung eines Prozesses sein, dass man die entsprechende Kompetenz nicht verlieren will. Man kann nur Prozesse gut kontrollieren, von denen man etwas versteht. Im Falle von Staud's Wien könnten die eigenen Marillenwiesen aber auch Liebhaberei sein.

Eine ähnliche Frage stellt sich am anderen Ende der Wertschöpfungskette. Der Vertrieb der Marmelade ist großteils ausgelagert und erfolgt über den Lebensmitteleinzelhandel (also z. B. Interspar, Metro, Rewe oder Edeka) und, beispielsweise beim Vertrieb in die USA, über Vertriebspartner. Allerdings wird die Marillenmarmelade auch im Staud's Pavillon am Brunnenmarkt in Wien Ottakring verkauft. Was könnte der Grund dafür sein? Ein Grund, seine Produkte zumindest teilweise selbst zu verkaufen, könnte das direkte Konsumentenfeedback sein – so direkt und unverfälscht wie im direkten und persönlichen Verkaufsgespräch bekommt man sonst kaum Informationen über die Kundenwertschöpfung aus Sicht derjenigen, die das Produkt tatsächlich konsumieren. Wenn man seine Produkte hingegen über den Einzelhandel verkauft, dann ist eigentlich der Einzelhandel der Kunde und in dieser Kundenbeziehung gibt es ganz andere Anforderungen und Themen, z. B. wo steht das Produkt im Regal.

Wenngleich also die Beschaffung der Früchte ebenso wie der Vertrieb weitgehend ausgelagert sind, gibt es zumindest für einen kleinen Teil der Marmeladenproduktion eine rein unternehmensinterne Wertschöpfungskette, also einen Wertschöpfungsprozess, der von der Marille am Baum bis zum Verkauf der fertigen Marmelade innerhalb des Unternehmens abläuft. Das gibt es heutzutage nur noch sehr selten. Wertschöpfungsketten sind zunehmend zwischen Unternehmen aufgeteilt, wobei sich jedes Unternehmen nur auf einen Schritt der Wertschöpfung konzentriert, und zwar auf den Schritt, wo das jeweilige Unternehmen seine Kernkompetenzen hat.

Abschließend noch ein paar weitere Begrifflichkeiten, die in Theorie und Praxis in diesem Zusammenhang sehr häufig verwendet werden. Wenn ein Marmeladenhersteller, der sich in der Value Chain bisher nur auf das Einkochen der Marmelade und die Abfüllung in Gläser beschränkt hat, beginnt, selbst das benötigte Obst anzubauen oder ein Obstanbauunternehmen aufkauft, dann spricht man von vertikaler Integration, genauer von Rückwärtsintegration (backward integration). Führt der Marmeladenhersteller hingegen eine nachgelagerte Stufe, die bisher durch ein Partnerunternehmen ausgeführt wurde (z. B. Vertrieb und Verkauf der Marmelade) künftig selbst aus, (insourcing, make), dann spricht man von Vorwärtsintegration (forward integration). Im jeweils gegenteiligen Fall der Auslagerung von bisher intern ausgeführten Aktivitäten spricht man von vertikaler Desintegration. Von horizontaler Integration spricht man hingegen, wenn sich ein Unternehmen auf derselben Fertigungsstufe mit einem anderen Unternehmen zusammenschließt, wenn also beispielsweise ein Marmeladeunternehmen ein anderes Marmeladeunternehmen aufkauft, oder wenn ein Obstanbauunternehmen ein anderes Obstanbauunternehmen aufkauft.

6.2.3 Logistik und Supply Chain Management

Je weitergehend sich Unternehmen auf einzelne Stufen der Wertschöpfung spezialisieren und je globaler Unternehmen ihre Beschaffung von Inputfaktoren organisieren (Global Sourcing), umso komplexer werden die Supply Chains, also die Lieferketten. Im Beispiel der Marillenherstellung scheinen die Supply Chains noch überschaubar. Die Marillen werden von einer überschaubaren Menge von Zulieferunternehmen in verschiedenen Ländern bezogen und auch die Supply Chains für die Marmeladengläser, die Schraubverschluss-Deckel und die Etiketten sind relativ überschaubar. Bedenkt man allerdings, dass Staud's Wien nicht nur Marillenmarmelade, sondern viele andere Marmeladensorten sowie auch unterschiedlichste Sauerkonserven herstellt, dann wird bereits klar, wie komplex die Aufgabe ist, in der Produktion immer alle erforderlichen Inputfaktoren zum erforderlichen Zeitpunkt und natürlich in der erforderlichen Qualität und Menge verfügbar zu haben. Diese Aufgaben der Beschaffung und Bereitstellung aller erforderlichen Inputfaktoren für die Produktion, inklusive Transport, Lagerung und Bereitstellung werden als Logistik bezeichnet, soweit es sich um Inputfaktoren für die Produktion handelt, auch (präziser) als Beschaffungslogistik. Auch im Rahmen des Produktionsprozesses gibt es logistische Aufgaben, etwa wenn für die Endmontage eines Produktes verschiedene Vorprodukte notwendig sind, die dann jeweils zum richtigen Zeitpunkt am richtigen Ort sein müssen (Produktionslogistik). Logistik braucht man zudem beim Vertrieb (vgl. „Place" bei den 4 P's), um die hergestellten Produkte dahin zu bringen, wo diese von anderen Unternehmen benötigt oder konsumiert werden (Absatzlogistik). Alle drei Logistikbereiche hängen zusammen. Beispielsweise erstellen Unternehmen eine Absatzprognose für ihre Produkte in unterschiedlichen Regionen oder Ländern, woraus sich dann ergibt, wohin, was und wie viel transportiert werden muss (Absatzlogistik). Daraus ergibt sich dann wiederum ein Plan, welche Produkte in welchen Mengen gefertigt werden sollen, woraus sich Vorgaben für die Produktionslogistik ableiten. Aus dem Plan für die Produktion ergeben sich wiederum geplante Bedarfe für Inputfaktoren, aus denen sich dann wiederum ein Planungsrahmen für die Beschaffungslogistik ergibt (vgl. Kummer, Grün & Jammernegg, 2018).

Als Supply Chain Management bezeichnet man die Planung, Koordination und Steuerung der gesamten Supply Chain. Beispielsweise aus Sicht eines Autoherstellers ist im Supply Chain Management für alle bei der Autoproduktion benötigten Inputfaktoren (z. B. Rohstoffe, Bauteile, Informationen) zu planen, zu koordinieren und zu steuern, von welchen Zulieferunternehmen diese Inputfaktoren bezogen werden sollen, wo diese Zulieferunternehmen wiederum ihre Inputfaktoren beziehen usw. Man kann sich vorstellen, wie komplex es für ein Unternehmen werden kann, alle Supply Chains im Blick zu haben, die erforderlichen Quantitäten und Qualitäten aller Inputfaktoren sicherzustellen und die dabei entstehenden Risiken zu minimieren. Dabei ist zu beachten, dass oft ein Engpass bezüglich eines kleinen Teils (ein kleiner Chip) oder Unfälle wie das querstehende Schiff im Suezkanal, das 2021 durch die Presse ging, die weltweiten Supply Chains stören können. Um derartige Risiken zu reduzieren und auch um die Abhängigkeit von einzelnen Ländern und politischen Systemen zu reduzieren, aber auch aus ökologischen Gründen wird in der jüngeren Vergangenheit, nach einer Zeit starker Globalisierung der Supply Chains, wieder stärker auf Regionalisierung, Überschaubarkeit und Diversifizierung (mehrere mögliche Zulieferer statt Fokus auf einen Zulieferer) der Supply Chains gesetzt.

Aus Konsumentensicht spielt die Herkunft von Produkten und Produktbestandteilen eine zunehmend wichtige Rolle. Auch die Informationen über Inhaltsstoffe von Produkten und deren Bestandteile, sowie über die Fertigungsbedingungen, werden immer besser zugänglich, durch verstärkte Aufmerksamkeit der Medien, gesetzliche Vorgaben zu Kennzeichnungspflichten zu Inhaltsstoffen, aber auch durch Apps wie Codecheck, mit denen man über den Produkt-Barcode schnell und einfach wissenschaftlich fundierte Informationen über gesundheitlich und ökologisch problematische Inhaltsstoffe sowie auch fragwürdige Fertigungsbedingungen abrufen kann. Zudem gibt es in einigen Ländern Regelungen, wonach Unternehmen stärker für die Einhaltung von sozialen Standards (z. B. Verbot von Kinderarbeit), arbeitsrechtlichen Standards und Umweltstandards entlang ihrer gesamten Supply Chain verantwortlich gemacht werden können – auch dann, wenn ihre Zulieferunternehmen beispielsweise im Ausland angesiedelt sind, wo solche Regelungen nicht gelten. Für Unternehmen bedeutet das, dass sie für jede Produktkomponente genau wissen sollten, wo und unter welchen Bedingungen diese hergestellt wurde und wo hierfür wiederum die Zulieferkomponenten herstammen. Das internationale Lieferkettenmanagement (Global Supply Chain Management) gewinnt dadurch zunehmend Bedeutung.

In Unternehmen spielt zudem bei der Steuerung der Ströme von materiellen Gütern, wie Rohstoffen, Materialien und Waren (sog. Materialwirtschaft) das Denken in Kreisläufen eine zunehmende Rolle. Im Unterschied zur „Wegwerfwirtschaft" bedeutet Kreislaufwirtschaft, dass die Wertschöpfung von Rohstoffen und anderen materiellen Gütern durch effektivere und längere Nutzung maximiert wird, indem sie beispielsweise gemeinsam mit anderen Unternehmen genutzt, wiederaufbereitet oder repariert werden, und indem sie nach Gebrauch möglichst weitgehend wieder in den Nutzungszyklus zurückgeführt werden (Recycling). Dadurch ergeben sich nicht nur Einsparungspotentiale, sondern durch einen geringeren Rohstoffverbrauch und umweltfreundlichere Produktionsverfahren kann eine zusätzliche Kundenwertschöpfung entstehen, die neben einer höheren Konsumentenrente auch eine höhere Produzentenrente ermöglicht (vgl. dazu Abschn. 5.2 der Kundenperspektive).

6.2.4 Von der Value Chain zum Value Network

Die Value Chain von Michael Porter aus den 1980er-Jahren geht bezüglich der Primäraktivitäten von einem linearen, schrittweisen Wertschöpfungsprozess aus, von den Beschaffungsprozessen über die Fertigungsprozesse hin zu den Vertriebsprozessen. Wertschöpfung wird dabei als Kundenwertschaffung definiert, die wiederum Mittel zum eigentlichen Zweck ist, dem Erzielen einer Produzentenrente (bei Porter als Margin bzw. Profit Margin bezeichnet). Trotz der nach wie vor grundlegenden Bedeutung des Modells der Value Chain sind Wertschöpfungsprozesse in Unternehmen zunehmend komplexer.

Warum Platform Businesses durch die Digitalisierung immer wichtiger werden
Anfang des Jahres 2007 wurde der Markt für Mobiltelefone von fünf Herstellern dominiert: Nokia, Samsung, Motorola, Sony Ericson und LG. Apple war damals vor allem mit seinem MP3-Player, dem iPod und den iTunes erfolgreich, zum Teil auch mit seinen Laptops und Personal Computern. Mobiltelefone bot Apple nicht an. Als Apple das iPhone auf den Markt brachte, wurde zwar schnell klar, dass dieses neue Mobiltelefon einige interessante neue Funktionen hatte. Allerdings war damals noch nicht absehbar, dass das iPhone den Markt für Mobiltelefone disruptiv verändern würde.[1]

Das wirklich Neue am iPhone war dem Produkt nicht sofort anzusehen. Der entscheidende Unterschied war, dass Apple mit dem App Store auf Wertschöpfung nach der Logik eines Platform Business setzte, nicht wie die bisherigen Hersteller auf Wertschöpfung in Form einer Value Chain. Die Value Chain Logik wird zur griffigeren Abgrenzung von Platform Business oft als Pipeline Business bezeichnet.

Anders als alle bisherigen Mobiltelefone war das iPhone nicht nur ein Telefon mit Zusatzfunktionen, wie einer Kamera, einem MP3-Player oder Zugang zum Internet. Das iPhone war eine Plattform für Apps, und neben Apps für die bereits bisher bekannten Funktionen Telefonieren, Musikhören und Fotografieren gab es schnell tausende anderer Apps. Dadurch generierte Apple das, was man als „Two-sided Market" bezeichnet und was für viele Platform Businesses typisch ist: Auf der einen Seite die App-Developer, auf der anderen Seite die App-User, und dazwischen Apple mit dem iPhone. Indem das iPhone die Plattform für die Wertschöpfung zwischen App-Developern und App-Usern bietet, kann Apple den Zugang zur Plattform kontrollieren und dabei einen Teil der für App-Developer und App-User entstehenden Wertschöpfung abschöpfen. Erst durch diese Plattformfunktion von Smartphones entsteht der Kundenwert, der einen Verkaufspreis um die 1.000 € erlaubt und der herkömmliche Mobiltelefone und deren Hersteller weitgehend obsolet machte.

Grundsätzlich ist ein Platform Business nichts Neues. Auch eine Shopping Mall ist ein Platform Business, das einen Two-sided Market generiert: Auf der einen Seite die Unternehmen, die Nutzungsflächen in der Shopping Mall anmieten, um dort z.B. ihre Modeartikel zu verkaufen. Auf der anderen Seite die „User", die diese Modeartikel kaufen. Dazwischen die Shopping Mall, die eine Plattform zur Verfügung stellt, beide Seiten zusammenbringt und letztlich durch Vermietung der Nutzungsflächen sich einen Teil der Produzentenrente der Modeunternehmen und der Konsumentenrente der User aneignet. So ähnlich beide Platform Businesses, Smartphones und Shopping Malls, damit auch schei-

---

[1] Zum Folgenden vgl. van Alstyne, Parker und Choudary (2016).

nen, es gibt einen entscheidenden Unterschied: Die Apps auf einem Smartphone sind ein digitales Gut, während alle relevanten Güter (z. B. Modeartikel) bei der Shopping Mall physisch sind.

Das hat drei entscheidende Konsequenzen: Erstens kann die Anzahl der Apps nahezu unbeschränkt wachsen, während es physische Grenzen für die Anzahl von Shops in einer Shopping Mall gibt, schon allein, weil irgendwann die Wege zu weit werden. Damit haben digitale Platform Businesses ganz andere Möglichkeiten der Skalierung, also des Größenwachstums. Zweitens verlieren physische Vermögenswerte und damit Kapitalinvestitionen an Bedeutung. Für eine Shopping Mall muss man zuerst in großem Umfang Kapital einsammeln, bevor man mit dem Bau der „Plattform" beginnen kann. Bei digitalen Platform Businesses geht es hingegen weniger um Vermögenswerte wie Grundstücke und Gebäude, sondern vielmehr um Knowhow. Manchmal ist die Plattform selbst rein digital. Beispielsweise bei den Platform Businesses von Uber und Airbnb ist die Plattform selbst eine App. Im Falle von Uber schafft die App einen Two-sided Market, indem sie Unternehmen oder auch Privatpersonen, die Autos haben und damit gerne Geld verdienen wollen, zusammenbringt mit Personen, die eine bezahlbare Mitfahrmöglichkeit suchen. Airbnb bringt Personen mit Wohnungen, die diese selbst vorübergehend nicht nutzen, zusammen mit Personen, die vorübergehend in einer fremden Stadt eine Unterkunft suchen. Als dritte Konsequenz erlauben digitale Platform Businesses eine sehr einfache Nutzung der Plattform für beide Seiten, beispielsweise App-Developer und App-User bei Smartphones, oder Service Provider und Service User bei Plattformen wie Uber und Airbnb.

So wie das iPhone haben auch beispielsweise Uber und Airbnb zumindest das Potential, ihre Branche disruptiv zu verändern. Unternehmen in klassischen Pipeline-Branchen müssen daher damit rechnen, dass irgendwann auch ihre Branche zumindest teilweise zu einem Platform Business wird, und die Digitalisierung treibt diesen Wandel. In vielen Branchen sind Anzeichen einer Transformation hin zu digitalen Platform Businesses bereits erkennbar. Beispielsweise ist Netflix ebenso wie das traditionelle Fernsehen noch weitgehend ein Pipeline Business, weil eigene und gekaufte Produktionen üblich sind. YouTube ist in einer verwandten Branche tätig, betreibt aber eindeutig ein Platform Business. Selbst im Bildungssektor, wo Schulen und Universitäten seit Jahrhunderten als Pipeline funktionieren, gibt es neuere Anbieter wie Skillshare und Udemy, die sich in Richtung Plattform entwickeln.

Während bisher physische Güte relativ klar von digitalen Gütern trennbar schienen, ist in den vergangenen Jahren zu beobachten, dass die physische und die digitale Welt zunehmend verschwimmen. Daher ist oft gar nicht mehr genau erkennbar, wo sich ein digitales Platform Business entwickelt oder entwickeln könnte. So ist ein Smartphone nach wie vor eigentlich ein physisches Gut, ähnlich wie Mobiltelefone als dessen Vorgängerprodukte, allerdings sind die Apps digital. Obwohl Smartphones in einem Produktionsprozess hergestellt werden, der stark nach einer klassischen Value Chain aussieht, entsteht letztlich der besondere Kundenwert durch das mit dieser Pipeline kombinierte Platform Business. Bei Airbnb werden physische Wohnungen vermietet, aber die eigentliche Dienstleistung der Vermittlung ist digital.

Selbst Produktionsprozesse für herkömmliche physische Güter nutzen zunehmend „Smart Factory"-Technologien bei denen beispielsweise über Sensoren Verschleiß an Maschinen gemessen wird, mit Hilfe der gemessenen Daten wird dann über Artificial Intelligence (AI) prognostiziert, wann eine Maschine auszufallen droht bzw. wann die Maschine gewartet werden muss und kleinere Reparaturen können selbständig vorgenommen werden. Schwierige Wartungsarbeiten und Reparaturen können von Fachleuten auf der ganzen Welt über Augmented Reality Brillen vorgenommen werden. Diese Vernetzung der digitalen Welt mit der realen Welt beispielsweise über Sensoren wird als Internet of Things (IoT) bezeichnet. Die dabei gesammelten „Big Data" ermöglichen Unternehmen neue Wertschöpfungmöglichkeiten, beispielsweise als Input zum Trainieren von Artificial Intelligence-Modellen, die dann selbst wieder ein Produkt oder Produktbestandteil werden können. Als Alltagsbeispiel denke man an Daten, die durch die Software von Autos während des Fahrens gesammelt werden und die dann nicht nur genutzt werden können, um neue Selbstdiagnosesysteme für Wartungen und Reparaturen zu entwickeln, sondern auch, um beispielsweise Fahrassistenzsysteme bis hin zu autonomem Fahren als wertvollem Bestandteil der Software eines Autos zu entwickeln.

Die Bedeutung von Größenvorteilen: Fixkostendegression und Netzwerkeffekte
In der Pipeline-Ökonomie waren „Supply-Side Economies of Scale", also Größenvorteile auf der Produzentenseite erfolgsentscheidend. Um die enormen Vorteile der Massenproduktion nutzen zu können, musste beispielsweise Henry Ford zuerst viel Geld in ein Grundstück, ein Fabrikgebäude und Maschinen investieren. Mit zunehmender Produktionsmenge verteilten sich diese enormen Fixkosten auf immer mehr hergestellte Autos, die bekannte Fixkostendegression. Neben Lerneffekten und einer immer besser funktionierenden Organisation des Herstellungsprozesses war ein hohes Produktionsvolumen daher ein Haupttreiber des Erfolges. Niedrige Preise führten zu noch mehr Marktanteil, also noch mehr Verkaufsvolumen und damit zu noch niedrigeren Produktionskosten. Kurz gesagt: Erfolg entstand durch Kontrolle über physische Ressourcen, hohes Produktionsvolumen und radikale Kostenreduktion im Herstellungsprozess. Kapital für Investitionen in Grundstücke, Gebäude und Maschinen und Kontrolle über diese physischen Vermögensgegenstände war entscheidend. Arbeitskräfte waren hingegen relativ leicht austauschbar und die Beziehung zu Arbeitskräften war im Wesentlichen eine Austauschbeziehung „Arbeitsleistung gegen Stundenlohn". Soziale Beziehungen zu Arbeitskräften waren relativ unbedeutend, und auch Kundenbeziehungen waren weitgehend reduziert auf eine Austauschbeziehung „Produkt gegen Geld".

Bei einem Platform Business ist die Situation etwas anders. Der Wert einer Plattform aus Nutzersicht hängt davon ab, dass möglichst viele die Plattform nutzen. Je mehr Wohnungen auf Airbnb angeboten werden und je mehr sich für die angebotenen Wohnungen interessieren, umso besser für alle. Ein Smartphone, auf dem nur fünf Apps genutzt werden können, würde sich niemand kaufen. Ebenso wäre Uber für beide Marktseiten nutzlos, wenn kaum jemand eine Fahrgelegenheit bestellt oder kaum jemand Fahrleistungen auf der Plattform anbietet. Es geht also schon auch um Volumen, dabei spielen aber

Netzwerkeffekte die entscheidende Rolle. Im Unterschied zu den genannten „Supply-Side Economies of Scale" spricht man von „Demand-Side Economies of Scale", also Größenvorteilen auf Nutzerseite. Bei digitalen Gütern spielen in der Regel beide Arten von Größenvorteilen eine Rolle. Beispielsweise kann die Fixkostendegression bei digitalen Gütern in besonders extremer Form auftreten, weil zusätzliche User oft sogar gar keine Zusatzkosten für die Plattform verursachen. Das Besondere an Netzwerkeffekten ist aber, dass der Nutzen jedes Users davon abhängt, wie viele andere User es gibt. WhatsApp wäre keine attraktive App, wenn nur 5 % unserer Bekannten WhatsApp-User wären. Bei Plattformen hängen die Netzwerkeffekte auf beiden Seiten der Two-sided Markets zudem zusammen. Für App-Developer ist die Plattform attraktiver, wenn auch andere App-Developer die Plattform nutzen, aber natürlich nur, wenn auch viele App-User die Plattform nutzen. Je mehr eine Plattform, eine digitale Dienstleistung, wie WhatsApp, oder eine Bürosoftware wie MS Word genutzt wird, umso wertvoller wird diese für alle User und umso mehr neue User wird man hinzugewinnen.

Die entscheidenden Ressourcen sind nicht Grundstücke, Gebäude und Maschinen, sondern Communities. Es geht dann weniger um Kapital und darum, physische Vermögenswerte wie Grundstücke, Gebäude und Maschinen zu besitzen, sondern darum, erfolgreich Communities anzuziehen, aufzubauen und zu pflegen. Diese Communities können reine User-Communities sein, aber auch Communities von App-Developern und App-Usern. Auch die Rollen dieser Communities unterscheiden sich von klassischen Stakeholder-Rollen. Der Platform Provider Apple könnte App-Developer als externe, selbständige Arbeitskräfte sehen, als Partnerunternehmen oder vielleicht auch als „Platform Services Consumer". Wichtig ist aber, dass es sich um ein Wertschöpfungsnetzwerk im Sinne eines Business Ecosystems handelt, das für alle beteiligten Stakeholder wertschöpfend sein muss.

Ein interessantes Beispiel hierzu ist das 2012 gegründete Unternehmen Flix SE, das im deutschsprachigen Raum vor allem unter der Marke FlixBus bekannt ist, in den USA unter der Marke Greyhound Lines firmiert (das US-Unternehmen Greyhound wurde 2021 von FlixBus für 172 Mio. US-\$ gekauft) und 2019 den türkischen Marktführer Kâmil Koç übernommen hat (Kaufpreis unbekannt). Alle von FlixBus betriebenen Buslinien werden durch Busse und Personal von Partnerunternehmen bedient, die lediglich ihre Busse entsprechend von außen erkennbar im FlixBus Design lackieren. FlixBus selbst konzentriert sich auf die Planung des Streckennetzes, sowie auf das Marketing einschließlich der App, die eine Fahrplanauskunft, ein Buchungssystem und ein Bezahlsystem enthält. Damit weist das Geschäftsmodell von FlixBus auch einige Ähnlichkeiten mit dem Geschäftsmodell von Uber auf.

Hauptressource von FlixBus sind neben der Buchungs-App die Beziehungen zu den Busunternehmen, die als Partnerunternehmen die eigentliche Transportleistung anbieten. Zwar spielt auch die Fixkostendegression eine Rolle, weil z. B. die Kosten der Buchungs-App weitgehend unabhängig von der Anzahl der Nutzer sind, und natürlich lohnt sich eine von FlixBus regelmäßig bediente Strecke mehr, wenn die Busse besser ausgelastet sind. Aber besonders wichtig sind Netzwerkeffekte (vgl. Kap. 5): Je größer das Busnetz, umso attraktiver wird dieses aus Kundensicht. Da das Geschäft mit Fernbusfahrten ein Netzwerkgeschäft ist, ist auch naheliegend, dass am Ende auf allen regionalen Märkten nur wenige große Anbieter übrigbleiben werden, vielleicht sogar nur einer (das bereits in Abschn. 5.3 erwähnte „Winner takes all"-Phänomen). Daher ist bei Geschäftsmodellen, die auf Netzwerkeffekten aufbauen, von Anfang an schnelles Wachstum wichtiger als Rentabilität. Wie üblich bei Wertschöpfungsnetzwerken, so ist auch im Beispiel FlixBus zwar die Kundenwertschöpfung für die Fahrgäste wichtig, genauso entscheidend für das Funktionieren des Geschäftsmodells ist aber die Wertschöpfung für die Busunternehmen als Partnerunternehmen. Wenn sich die Kooperation mit FlixBus aus Sicht der Busunternehmen nicht lohnt, dann gibt es auch keine Kundenwertschöpfung.

6.3 Von Innovation in Value Chains zur Innovation in Value Networks

Das Modell der Value Chain ist eine wesentliche Weiterentwicklung der traditionellen Produktionstheorie, also der Sicht von Produktion als Gütertransformation im Sinne einer Produktionsfunktion. Die Value Chain sieht Produktion als eine Abfolge von Aktivitäten, durch die Schritt für Schritt Kundenwert hinzugefügt wird. Je höher der dabei insgesamt entstandene Kundenwert, umso höher kann auch der Verkaufspreis sein. Bei jeder der Kundenwert-schöpfenden Aktivitäten fallen aber auch zusätzliche Kosten an. Insgesamt ist das Ziel bei der Value Chain das Erzielen einer Produzentenrente durch Optimierung der Value Chain hinsichtlich Kundenwertschaffung und dafür anfallender Kosten.

Wie bereits zu Beginn des Kapitels erwähnt, ist die Value Chain insofern ein Instrument zur Analyse des Entstehens der Konsumentenrente und der Produzentenrente in einem Pipeline Business, bei dem es vorrangig um das Schaffen von Kundenwert geht, weil in der Logik der Value Chain nur über einen höheren Kundenwert (oder niedrigere Produktionskosten) eine höhere Produzentenrente ermöglicht wird. Die Wertschöpfung für andere Stakeholder, wie beispielsweise Arbeitskräfte oder Zuliefer- und Partnerunternehmen, und daraus resultierende Möglichkeiten, die Produzentenrente zu erhöhen, wird nicht thematisiert.

Innovation wird im Konzept der Value Chain als eine Unterstützungsaktivität gesehen, die im Wesentlichen innerhalb des Unternehmens in dafür spezialisierten Forschungs- und Entwicklungsabteilungen stattfindet (vgl. Speckbacher & Wabnegg, 2020). Ebenso wie allerdings Wertschöpfungsstrukturen zunehmend netzwerkartig sind und nicht mehr einem schrittweisen linearen Prozess wie bei der Value Chain folgen, so passiert auch Innovation immer mehr außerhalb von Forschungs- und Entwicklungsabteilungen. Zum einen setzen Unternehmen zunehmend auf Corporate Entrepreneurship, was bedeutet, dass Innovation als „Everybody's Job" gesehen wird. Man könnte Corporate Entrepreneurship als die umfassende Verankerung einer Kultur des unternehmerischen Handelns in Unternehmen (also von Intrapreneurship) bezeichnen (Speckbacher, 2021). Es geht dabei aber um mehr als Kultur. Es geht auch um die Definition von Prozessen, wie einzelne Personen in Unternehmen, Teams oder ganze Abteilungen neue Ideen einbringen können und zu deren Weiterentwicklung Zeit und Ressourcen erhalten. Solche Ideen können einerseits bestehende Geschäftsfelder und Produkte weiterentwickeln und diese an neue Rahmenbedingungen (veränderte Kundenwünsche, Digitalisierung o. ä.) anpassen, oder es können auch ganz neue Geschäftsfelder entwickelt werden, für die unter Umständen auch neue Unternehmen gegründet werden (Ausgründungen, Spin-offs). Beispielsweise ging das Unternehmen Infineon aus Siemens hervor, wurde 1999 als eigenes Unternehmen von Siemens ausgegliedert und an die Börse gebracht. Siemens blieb zunächst größter Anteilseigner von Infineon, reduzierte diesen Anteil aber immer weiter. Infineon gliederte seinerseits 2006 die Speichersparte unter dem Namen Qimonda aus, wobei der Börsengang allerdings nicht erfolgreich war und Qimonda schließlich in Konkurs ging. Umgekehrt wird es auch immer wichtiger für Unternehmen zu beobachten, wo es Startups gibt, deren Ideen für das eigene Unternehmen interessant sein könnten. An besonders interessanten Startups kann sich ein Unternehmen dann beteiligen, um Zugang zu Ideen zu bekommen und vielleicht in der Absicht, Mehrheitseigentümer des Unternehmens zu werden. Beteiligungen etablierter Unternehmen an Startups bezeichnet man auch als Corporate Venturing.

Neben der Öffnung interner Innovationsprozesse in dem Sinne, dass Innovation nicht nur in dafür zuständigen Forschungs- und Entwicklungsabteilungen stattfindet, findet eine Öffnung auch jenseits der Unternehmensgrenzen statt. Man spricht entsprechend auch von Open Innovation. Wie bereits in Abschn. 5.4 erläutert, können beispielsweise User, also Personen, die mit den Produkten eines Unternehmens täglich umgehen oder die von sich aus neue Produktvarianten oder sogar ganz neue Produktideen entwickeln, ihre Ideen in den Innovationsprozess einbringen. Daneben hatten in vielen Branchen schon immer Zulieferunternehmen eine entscheidende Rolle bei Innovationen. Ein Großteil der Innovationen, die beispielsweise in neuen Autos stecken, sind letztlich Innovationen, die gemeinsam mit Zulieferunternehmen oder auch von Zulieferunternehmen alleine entwickelt wurden. Üblicherweise arbeiten Unternehmen auch mit anderen Unternehmen derselben Branche oder mit Forschungseinrichtungen bei Innovationen zusammen (vgl. dazu auch den Abschn. 3.5 zu Strategische Allianzen und Business Ecosystems).

Gerade in Platform Businesses ist aber oft gar nicht mehr klar, wer eigentlich User, wer Zulieferunternehmen und wer Partnerunternehmen ist. Denkt man beispielsweise an Smartphones als Plattform für Apps, dann geht es nicht nur um die Smartphone-User und damit die User der Apps, sondern noch mehr um die App-Developer als Innovationsquelle. Ein Großteil der Innovationen, von denen die User von Smartphones profitieren, steckt in innovativen Apps. App-Developer sind aber keine Zulieferunternehmen für die Hersteller von Smartphones, sondern „User" der Plattform auf der Produzentenseite des Two-sided Markets. Für Plattformunternehmen ist wichtig, dass nicht nur für die App-User, sondern auch für die App-Developer als Platform-User auf der Produzentenseite des Marktes Wert geschaffen wird, sodass für diese App-Developer auch Anreize bestehen, innovativ zu sein und damit wieder Wert für die User der Smartphones zu schaffen. Letztlich sind also die Stakeholder eines Unternehmens, angefangen von den Arbeits- und Führungskräften, den Platform-Usern, den Produkt-Usern, Zulieferunternehmen und Partnerorganisationen nicht nur Nutznießer der unternehmerischen Wertschaffung durch Innovationen, sondern in vielen Fällen sind diese auch selbst wieder Teil des Innovationsprozesses. Anstatt einer Value Chain, in der die Wertschaffungsprozesse weitgehend linear und vor allem auf das Schaffen von Kundenwert ausgerichtet sind, sind heutige Unternehmen daher oft Business-Ecosystems, in denen alle Akteure nicht nur von der Wertschöpfung profitieren, sondern selbst auch zu Innovationen als Basis der Wertschöpfung beitragen.

Damit wird deutlich, dass eine verkürzte Sichtweise auf das gleichzeitige Schaffen einer Konsumentenrente und einer Produzentenrente Wertschöpfungsmöglichkeiten für Stakeholder durch Innovation vernachlässigt. Gleichzeitig wird damit aber auch vernachlässigt, dass Wertschöpfung für Stakeholder, wie User, Zulieferunternehmen und Arbeitskräfte des Unternehmens ein Anreiz für diese ist, ihrerseits mit Innovationen zum Wertschöpfungsprozess beizutragen. Wie das obige Beispiel des AppStores zeigt, muss der AppStore beispielsweise den App-Developern eine ausreichend hohe „App-Developer-Rente" ermöglichen, damit diese wiederum einen Anreiz haben, die Plattform zu nutzen und innovative Apps zu entwickeln, die dann wieder zu einer Wertschöpfung für die Smartphone-User führt, welche einen höheren Verkaufspreis für das Smartphone erlaubt und damit eine höhere Produzentenrente.

Wiederholungsfragen

Welche der folgenden Aussagen sind richtig?

a) Im Rahmen der Produktionstheorie ist das **ökonomische Prinzip** gleichbedeutend mit **Produktionseffizienz**.

b) Ein Merkmal der Anwendung der Prinzipien des **Scientific Management** ist, dass viele Produktvarianten angeboten werden.

c) Wenn der bei Verwendung eines Gutes entstehende Kundennutzen steigt, je mehr andere das Gut besitzen, dann spricht man von **Demand-Side Economies of Scale**.

d) Die **Wertkette nach Porter** ist ein typisches Modell für ein **Pipeline Business**.

e) Wenn ein Marmeladenhersteller, der sich in der **Value Chain** bisher nur auf das Einkochen der Marmelade und die Abfüllung in Gläser beschränkt hat, beginnt, selbst das benötigte Obst anzubauen oder ein Obstbauunternehmen aufkauft, dann spricht man von **horizontaler Integration**.

f) Die **Globalisierung von Supply Chains** hat tendenziell zu einer Reduktion von Risiken und zu **Diversifizierung in der Beschaffung** geführt.

g) Das Geschäftsmodell von Uber lässt sich als **Platform Business** beschreiben, das einen **Two-sided Market** schafft.

h) Das Geschäftsmodell von Apple bei Smartphones ist eine Kombination zwischen **Pipeline** und **Platform Business**.

i) WhatsApp ist ein gutes Beispiel für **Demand-side Economies of Scale**.

j) In Platform Businesses spielt **Open Innovation** zumeist keine Rolle, weil Innovationen zumeist vom **Platform Provider** und von Partnerunternehmen (z. B. App-Developer) getrieben werden.

▶   Die Lösung zu den Wiederholungsfragen finden Sie in Kap. 9.

Literatur

Curcio, V. (2013). *Henry Ford*. Oxford: Oxford University Press.

Fürweger, W. (2008). *Die Red Bull Story*. Wien: Carl Ueberreuter Verlag.

Kummer, S., Grün, O., & Jammernegg, W. (2018). *Grundzüge der Beschaffung, Produktion und Logistik* (4. Aufl.). München: Pearson Studium.

Love, J. F. (1995). *McDonald's: behind the arches*. New York: Bantam Books.

Porter, M. E. (1985). *Competitive advantage: creating and sustaining competitive advantage*. New York: Free Press.

Porter, M. E. (2014). *Wettbewerbsvorteile: Spitzenleistungen erreichen und behaupten* (8. Aufl.). Frankfurt a.M.: Campus.

Speckbacher, G. (2021). Does performance evaluation kill creativity? A (re-)interpretaion of existing literature. *Pacific Accounting Review, 33*(1), 6–19.

Speckbacher, G., & Wabnegg, M. (2020). Incentivizing innovation: the role of knowledge exchange and distal search behavior. *Accounting, Organizations and Society, 86*, 1–16.

Van Alstyne, M. W., Parker, G. G., & Choudary, S. P. (2016). Pipelines, platforms, and the new rules of strategy. *Harvard Business Review, 94*(4), 54–62.

Personalperspektive 7

Zusammenfassung

Die Personalperspektive widmet sich der Wertschöpfung durch und für die Arbeitskräfte des Unternehmens. Wie lassen sich Arbeitskräfte motivieren, welche Faktoren beeinflussen die durch Arbeitskräfte wahrgenommene Wertschaffung, insbesondere deren Arbeitszufriedenheit, und wie lassen sich Organisationsdesigns adäquat gestalten? Anhand der Beispiele Apple und Spotify wird deutlich, dass Unternehmen beim Schaffen eines kreativitäts- und innovationsfördernden Organisationsdesigns durchaus sehr unterschiedlich vorgehen.

7.1 Warum Arbeit nicht einfach ein Produktions-Inputfaktor ist

Moderne Zeiten am Fließband

Die Produktionsbedingungen, unter denen Menschen in Fabriken wie der Ford Motor Company arbeiten mussten, kann man sich aus heutiger Sicht kaum noch vorstellen. Ein bekanntes Filmdokument aus dieser Zeit ist der Film „Moderne Zeiten" aus dem Jahr 1936 von und mit Charlie Chaplin. Der Film veranschaulicht eindringlich und genial zugespitzt, wie Arbeitskräfte in Produktionsprozessen selbst gleichsam zu Maschinenteilen werden und in monotonen, völlig sinnlos erscheinenden Tätigkeiten jeden Bezug zum Zweck ihrer Tätigkeit verlieren. Es ist gar nicht mehr erkennbar, ob überhaupt irgendetwas produziert wird, die Produktions-Maschinerie scheint nur noch für sich selbst zu existieren. In der bekanntesten Szene des Films versucht Charlie Chaplin mit dem gnadenlosen Tempo des Fließbandes Schritt zu halten, wird bei diesem Versuch schließlich von der gigantischen Maschine verschluckt und am Ende ist er selbst Teil des Räderwerks der Maschine, die ihn schließlich wieder ausspuckt. (Zumindest diese Szene sollte man sich z. B. auf YouTube anschauen.)

Ein literarisches Dokument, das die Arbeitsbedingungen bei Fließbandfertigung auf erdrückend authentische Weise schildert, ist die 1966 erschienene Kurzgeschichte „Am Fließband" von Günter Wallraff (1966). Zunächst ist dabei bemerkenswert, dass sich 50 Jahre, nachdem das Model T erstmals in Fließband-Massenproduktion hergestellt wurde und 30 Jahre nach „Moderne Zeiten" in der Autoproduktion offensichtlich noch nicht sehr viel geändert hatte. Wallraff schildert in der Kurzgeschichte seine eigenen Erfahrungen als Fließbandarbeiter: „Das Zermürbende am Band ist das ewig Eintönige, das Nichthaltmachenkönnen, das Ausgeliefertsein. Die Zeit vergeht quälend langsam, weil sie nicht ausgefüllt ist. Sie erscheint leer, weil nichts geschieht, was mit dem wirklichen Leben zu tun hat. (…) Mir ist der Zusammenhang des Produktionsablaufs fremd. Ich weiß, dass in der Y-Halle Tausende von Arbeitern beschäftigt sind. Wo und wie sie eingesetzt sind, weiß ich nicht. Ich weiß nicht einmal, was unmittelbar vor mir am Band geschieht. Durch Zufall habe ich jetzt denjenigen kennen gelernt, von dem ein Teil meiner Arbeit abhängig ist. Er arbeitet am Band 30 bis 50 m vor mir und notiert auf den Laufzetteln der Wagen Lackschäden, die ich ausbessern muss." (Wallraff, 1966, S. 1–2)

Die legendären Hawthorne Studien

Zu der Zeit, als das Model T bei Ford produziert wurde, vor etwa 100 Jahren, wurde in den Hawthorne-Werken der Western Electric Company in Illinois, einem Unternehmen, das unter anderem Telefongeräte herstellte, ein Experiment durchgeführt. Man wollte ganz im Sinne des Scientific Management herausfinden, ob die Arbeitsproduktivität gesteigert werden kann, wenn bestimmte Rahmenbedingungen in der Fabrikhalle, wie beispielsweise die Beleuchtungsstärke, verändert werden. Bei diesem Experiment wurden seltsam erscheinende Effekte entdeckt, wonach die Produktivität sowohl bei Erhöhung der Beleuchtungsstärke als auch bei Reduktion der Beleuchtungsstärke und auch in einer Kontrollgruppe, wo die Beleuchtung gar nicht verändert wurde, unerklärlich zunahm. Nach umfangreichen Nachforschungen wurde klar, dass die Beleuchtungsstärke an sich keinen Einfluss auf die Produktivität hatte. Stattdessen wurden deutliche Hinweise dafür gefunden, dass der Anstieg der Arbeitsproduktivität auf die im Rahmen der Studie durchgeführten Interviews mit den Arbeitskräften zurückzuführen war. Der Respekt, das Interesse und die Aufmerksamkeit der Forschergruppe bei den durchgeführten Interviews wurden von den Arbeitskräften als Wertschätzung empfunden, und diese Wertschätzung wirkte sich positiv auf die Arbeitsmotivation aus. Zudem schien allein die Tatsache, dass die Arbeitskräfte wussten, Teil einer Studie zu sein, bereits einen Effekt auf die Arbeitsproduktivität zu haben. Die Ergebnisse der Studie führten zu zwei Haupterkenntnissen (vgl. z. B. Schreyögg & Geiger, 2024, S. 432–436).

Erstens wurde deutlich, dass man bei der Durchführung von Experimenten sehr vorsichtig sein muss. Wenn die am Experiment Teilnehmenden wissen, dass sie Teil eines Experimentes sind, kann es zu Verhaltensänderungen kommen, die nicht mit den im Experiment manipulierten Einflussfaktoren zusammenhängen, sondern durch die Präsenz der Forschergruppe verursacht sind. Solche Effekte werden seither als Hawthorne-Effekte bezeichnet.

Vor allem sind die Hawthorne-Studien aber in die Geschichte der Managementlehre eingegangen, weil sie als Wendepunkt vom Taylorismus hin zu humanistischen und verhaltensorientierten Managementansätzen gesehen werden. Von da an setzte sich immer mehr die Erkenntnis durch, dass der Mensch und seine Arbeitsleistung eben doch nicht wie Maschinen als Produktions-Inputfaktoren steuerbar und optimierbar sind. Vielmehr spielen vielfältige psychologische und soziale Faktoren für das Arbeitsverhalten von Menschen eine entscheidende Rolle. (Trotz dieser Einsicht, dass menschliche Arbeitsleistung nicht einfach eine optimierbare Input-Ressource im Produktionsprozess ist, hat sich der Begriff Human Resources (HR) in Wissenschaft und Praxis durchgesetzt).

Worum geht es in der Personalperspektive?
Selbst wenn man im Sinne von Arbitrageunternehmertum nur an der Optimierung menschlicher Arbeitsleistung zur Gewinnerzielung interessiert wäre, dann müsste man die Besonderheiten dieses „Optimierungsproblems" berücksichtigen. Ebenso wie Verkaufserfolg für ein Produkt voraussetzt, dass man die in vielen Fällen sehr vielschichtigen psychologischen und sozialen Dimensionen subjektiver Wertschätzung für ein Produkt kennt, muss man für erfolgreiches Personalmanagement die vielschichtigen psychologischen, sozialen und organisationspsychologischen Zusammenhänge, die die menschliche Arbeitsleistung beeinflussen, möglichst gut verstehen.

Aus Sicht des innovationsorientierten Ansatzes geht es in der Personalperspektive aber nicht vorrangig um die Optimierung der Arbeitsleistung mit dem Ziel der Gewinnmaximierung aus Produzentensicht. Das Ziel von schöpferischem Unternehmertum besteht vielmehr in der gemeinsamen Wertschöpfung für Stakeholder durch Innovation. Arbeitskräfte tragen in modernen wissens- und kreativitätsbasierten Unternehmen nicht nur entscheidender zur Wertschöpfung bei, sondern sie sind auch zentrale Stakeholder, wenn es um die Verteilung der Wertschöpfung geht. Kern der Personalperspektive ist es damit, (1) zu beschreiben, welche Bestimmungsfaktoren und Rahmenbedingungen erklären, wie und in welcher Form Arbeitskräfte Beiträge zur Wertschöpfung durch Innovation liefern, (2) zu verdeutlichen und zu strukturieren, über welche Wege und auf welche Weise umgekehrt in Arbeitsbeziehungen Wert für Arbeitskräfte geschaffen werden kann (Arbeitnehmerrente), und (3) ein Verständnis dafür zu schaffen, wie (1) und (2) zusammenhängen.

Die im folgenden Abschn. 7.2.1 vorgestellten verhaltensorientierten Ansätze zur Beschreibung von Arbeitsbeziehungen bilden eine Grundlage für Punkt (3). Je wertvoller und wertschöpfender eine Arbeitsbeziehung aus Sicht von Arbeitskräften ist, umso mehr werden sie interessiert sein, diese Arbeitsbeziehung aufrecht zu erhalten und selbst Beiträge zum Erfolg der Arbeitsbeziehung zu leisten. Eine wichtige Perspektive auf die Bestimmungsfaktoren der Beiträge, die Arbeitskräfte zur Wertschöpfung in Unternehmen leisten (Punkt (1)), sind Theorien der Arbeitsmotivation. Einige grundlegende Theorien hierzu werden in Abschn. 7.2.2 vorgestellt. Abschn. 7.2.3 widmet sich dann der Arbeitszufriedenheit, also der Frage, wie Arbeitskräfte die Wertschöpfung aus einer Arbeitsbeziehung wahrnehmen (Punkt (2)).

7.2 Verhaltensorientierte Ansätze zur Beschreibung von Arbeitsbeziehungen

7.2.1 Verhaltenstheorie und Organizational Behavior

Bereits in den 1930er-Jahren wurden verschiedene verhaltensorientierte Theorien des Managements entwickelt (Kieser & Walgenbach, 2010; Mayrhofer, Furtmüller & Kasper, 2023). Die bereits in Abschn. 1.2.2 angesprochene, auf Chester Barnard zurückgehende und von James March und Herbert Simon weiterentwickelte, Anreiz-Beitrags-Theorie postuliert, dass für Arbeitskräfte (und andere Stakeholder eines Unternehmens) ein subjektiv wahrgenommenes Gleichgewicht zwischen Leistungen und Gegenleistungen bestehen muss, damit deren Bereitschaft erhalten bleibt, Beiträge für den Erfolg des Unternehmens zu leisten. Mit Leistungen von Arbeitskräften ist dabei keineswegs nur die normale Arbeitsleistung gemeint und die Gegenleistung des Unternehmens besteht ebenso nicht nur im Arbeitslohn. Zur Leistung von Arbeitskräften kann beispielsweise gehören, dass diese bei Bedarf Überstunden machen, sich weiterbilden, Probleme erkennen und lösen, die eigentlich gar nicht innerhalb ihres Aufgabengebietes liegen, Informationen mit anderen teilen und anderen helfen. Auch Verbesserungsvorschläge und innovative Ideen sind wichtige Leistungen von Arbeitskräften für das Unternehmen. Umgekehrt können die Leistungen von Unternehmen an ihre Arbeitskräfte neben dem Arbeitslohn beispielsweise Weiterbildungsangebote, Kinderbetreuung oder Sportangebote umfassen; auch weniger offensichtliche Aspekte wie der Zugang zu Wissen und Netzwerken, Wertschätzung und Loyalität können von Arbeitskräften positiv wahrgenommen werden und manchmal sogar als wichtiger als die Höhe des Arbeitslohnes empfunden werden.

Das Schwierige dabei ist, dass oft nicht genau vorhersehbar ist, wie bestimmte Ausgestaltungsformen wahrgenommen werden und wie sich diese auf die Zufriedenheit und Motivation sowie das Arbeitsverhalten auswirken. Wie reagieren Arbeitskräfte zum Beispiel darauf, wenn das Grundgehalt angehoben wird, dafür aber Überstunden nicht mehr bezahlt werden? Psychologische Theorien können helfen, mögliche Effekte zu strukturieren und besser zu verstehen. Dabei ist zu berücksichtigen, dass der Einfluss von Maßnahmen auch von den sozialen Beziehungen zwischen den in Unternehmen tätigen Menschen abhängt. Bereits kleine Änderungen, wie die Einführung einer neuen Überstundenregelung, oder wenn beispielweise einer Mitarbeiterin ein Sabbatical nicht genehmigt wird, können massive und schwer absehbare Effekte auf das Gesamtsystem haben. Bei den Beziehungen zwischen Arbeitskräften untereinander und mit ihren Führungskräften handelt es sich um komplexe soziale Systeme, und einzelne Personen reagieren nicht nur individuell darauf, wie sie „vom Unternehmen behandelt werden", sondern auch als Teil der Gruppe, sodass beispielsweise die Demotivation eines Gruppenmitglieds durch eine individuelle Maßnahme sich auch auf die Motivation der anderen Gruppenmitglieder auswirkt. Derartige Wechselwirkungen werden in der Organisationspsychologie untersucht, die sich als Teilgebiet der Wirtschaftspsychologie damit befasst, welche Merkmale einer Organisation (z. B. Arbeitsbedingungen, Compensation & Benefits, Kultur) sich in welcher Weise auf die in der Organisation tätigen Menschen auswirken und wie deren Verhalten und soziale Beziehungen sich wiederum auf die Organisation auswirken (Titscher, Mayrhofer & Meyer, 2010).

Ein relativ einfacher und naheliegender Grund für derartige Gruppeneffekte ist, dass Menschen sich oft mit anderen vergleichen, und hierbei spielen oft Fairness- und Gerechtigkeitsüberlegungen eine wichtige Rolle. Bereits in den 1960er-Jahren wurde im Rahmen der Equity-Theorie beschrieben, dass Arbeitszufriedenheit, Motivation und Arbeitsverhalten nicht nur davon abhängen, welche Leistungen (insbesondere Gehalt) man selbst im Vergleich zur erbrachten Arbeitsleistung erhält, sondern auch davon, ob man den Eindruck hat, dass man im Vergleich zu anderen fair behandelt wird. Entsteht beispielsweise der Eindruck, dass man selbst für das gleiche Gehalt mehr leisten muss als eine Kollegin oder für dieselbe Leistung weniger Gehalt bekommt, führt das zu Unzufriedenheit, Demotivation und geringerer Leistungsbereitschaft.

In Abschn. 7.2.2 wird genauer auf zwei in verhaltensorientierten Ansätzen zentrale Konstrukte eingegangen. Beide Faktoren beschreiben die Einstellung von Arbeitskräften zu ihrer Arbeit – allerdings aus etwas unterschiedlichen Blickwinkeln. Aus Sicht der Anreiz-Beitrags-Theorie beschreibt die Arbeitsmotivation die Bereitschaft von Arbeitskräften, Beiträge zur Wertschöpfung im Unternehmen zu leisten (Wertschöpfung der Arbeitskraft für das Unternehmen), während die Arbeitszufriedenheit beschreibt, wie zufrieden Arbeitskräfte mit den Gegenleistungen des Unternehmens sind (Wertschöpfung des Unternehmens für die Arbeitskraft).

7.2.2 Arbeitsmotivation

Arbeitsmotivation lässt sich umschreiben als Antrieb oder Bereitschaft, für das Unternehmen, in dem man arbeitet, Beiträge zu leisten. Arbeitszufriedenheit ist eine individuelle Einschätzung darüber, wie sehr die Arbeit die eigenen Erwartungen erfüllt und wie wohl man sich mit seiner Arbeit fühlt. Anders als bei der Arbeitsmotivation geht es bei der Arbeitszufriedenheit also nicht um die Bereitschaft der Arbeitskraft, Beiträge an das Unternehmen zu leisten, sondern darum, inwieweit die Arbeitskraft zufrieden ist mit dem, was umgekehrt das Unternehmen bietet, also sozusagen mit den Gegenleistungen des Unternehmens.

Bezüglich der Motivation hat sich durchgesetzt, extrinsische von intrinsischer Motivation zu unterscheiden. Von extrinsischer Motivation spricht man, wenn Menschen zu einem Verhalten motiviert sind, weil sie dafür eine Belohnung bekommen oder eine „Bestrafung" verhindern können. Eine typische extrinsische Motivation sind Akkordlöhne, also ein Lohnsystem, bei dem man umso mehr verdient, je produktiver man arbeitet. Die Wirksamkeit von Akkordlöhnen als extrinsische Motivation wurde in vielen Studien bestätigt. Beispielsweise zeigte eine sehr bekannt gewordene Studie von Edward P. Lazear (2000) in einem Produktionsunternehmen, dass der Übergang von stundenweiser Bezahlung zu einer Bezahlung pro produziertem Stück die Produktivität der Arbeitskräfte um

44 % erhöhte, gemessen an produzierten Stückzahlen. Allerdings war nur die Hälfte dieses Produktivitätseffektes auf eine gestiegene Arbeitsleistung der bestehenden Arbeiterschaft zurückzuführen, die andere Hälfte kam dadurch zustande, dass nach Einführung des Akkordlohnes tendenziell weniger produktive Arbeitskräfte das Unternehmen verließen und dafür eher produktivere Arbeitskräfte angezogen wurden, weil sich diese vom Akkordlohnsystem die Chance auf einen höheren Arbeitslohn versprachen („Sorting Effekt" oder „Self-Selection Effekt").

Während unstrittig ist, dass extrinsische Motivation sehr effektiv wirkt, ist ihr Nachteil, dass sie ein gut messbares Kriterium voraussetzt (Bsp. Anzahl hergestellter Stücke) und nur bei Produktionsprozessen problemlos funktioniert, bei denen es für alle relevanten Ergebnisse gut messbare Kriterien gibt. Spielen mehrere Ergebnisdimensionen eine Rolle, die nicht alle gleichermaßen messbar sind, dann besteht die Gefahr, dass schlechter messbare oder nicht belohnte Ergebnisdimensionen vernachlässigt werden (sog. Multitask Problem) oder dass sich, allgemeiner ausgedrückt, zwar die gemessenen Ergebnisse verbessern (You get what you measure), aber die Aufgabenerfüllung sich trotzdem verschlechtert. Wird beispielsweise eine Reinigungskraft in einem Hotel pro gereinigtem Zimmer bezahlt, dann besteht die Gefahr, dass zwar mehr Zimmer pro Tag gereinigt werden, dass aber schlampig und oberflächlich gereinigt wird. Wird in einem Job-Vermittlungscenter nach der Anzahl vermittelter Jobs bezahlt, dann besteht die Gefahr, dass nur Anfragen von ohnehin leicht zu vermittelnden Arbeitssuchenden bearbeitet werden und schwer vermittelbare Arbeitssuchende weggeschickt oder nur mit den nötigsten Auskünften betreut werden, da man die Zeit lieber in leicht Vermittelbare investiert (die aber vielleicht ohnehin leicht einen Job gefunden hätten). Werden Lehrende einer Privatuniversität nach der Anzahl Studierender in ihren Kursen bezahlt, dann kann es sein, dass die inhaltlichen Anforderungen reduziert werden. In Fällen wie dem Job-Vermittlungscenter oder der Universität können die beschriebenen Anreize zudem der Arbeitsethik der Betroffenen widersprechen und zu Frustration führen. Menschen, die in einem Job-Vermittlungscenter arbeiten, haben sich vielleicht gerade für diese Arbeit entschieden, weil sie schwer vermittelbaren Arbeitssuchenden helfen wollen, nicht weil sie die Vermittlungszahlen maximieren wollen. Lehrende an Universitäten wollen Studierende gut ausbilden und nicht Abschlüsse verschenken, um die Einnahmen der Universität zu maximieren.

Auch eine benotete Klausur ist für Studierende ein Anreiz, der extrinsisch motivieren soll. Dabei geht es in der Regel nicht um Geld als Belohnung, sondern um soziales Ansehen durch eine gute Note, den Erwerb eines Studienabschlusses oder auch das Vermeiden negativer Konsequenzen wie des Verlustes einer Studienförderung oder weil man den sozialen Anschluss an Mitstudierende nicht verlieren will. Das Multitask Problem tritt dabei etwas versteckt in der Form auf, dass möglicherweise nur „für die Klausur gelernt" wird, d. h. es werden nur diejenigen Dinge gelernt, von denen man annimmt, dass diese in der Klausur abgefragt werden. Im Extremfall lernt man nur die Antworten auf erwartete Fragen auswendig, ohne überhaupt zu verstehen, warum eine Antwort richtig ist. Auch das ist ein Beispiel dafür, dass solche Anreize zwar effektiv sind (man lernt effektiver „auf das Ergebnis hin" und die Wahrscheinlichkeit, dass man besteht, steigt), aber eben nur im Hinblick auf die gemessenen Ergebnisse, während die eigentlich beabsichtigten Ergebnisse (Stoff verstehen, gute Ausbildung, später erfolgreich im Arbeitsleben) womöglich verfehlt werden.

Intrinsische Motivation bedeutet hingegen, dass man nicht durch Belohnung oder Anerkennung von außen motiviert wird, sondern durch eine innere Belohnung oder eine innere Überzeugung, d. h. weil man Lust auf etwas hat, Spaß dabei hat oder innerlich überzeugt ist, dass es gut und wichtig ist. Am Arbeitsplatz bedeutet intrinsische Motivation, dass man die Arbeit gerne macht oder sich aus innerer Überzeugung anstrengt. Im oben angesprochenen Fall eines Studiums würde intrinsische Motivation bedeuten, dass man lernt, weil man Interesse an den Inhalten hat, weil man vielleicht sogar Spaß hat, sich mit der Materie alleine oder in einer Lerngruppe zu befassen, oder weil man sich einfach weiterbilden will, auch wenn das manchmal anstrengend ist. Beim Sport bedeutet intrinsische Motivation, dass der Sport Spaß macht oder dass man sich anstrengt, weil man weiß, dass es einem guttut und man sich danach besser fühlt. Extrinsisch wäre man motiviert, wenn man trainiert, weil man ein Spiel oder einen Wettkampf gewinnen will, oder weil man mit seiner Fitness andere beeindrucken will. Wie die beiden Beispiele Studium und Sport zeigen, können intrinsische und extrinsische Motivation durchaus zusammenwirken und sich manchmal auch gegenseitig verstärken. Der extrinsische Anreiz bringt einen dazu, sich zum Lernen hinzusetzen oder zum Sport zu gehen, aber wenn man erst einmal angefangen hat, dann macht es oft auch Spaß. Vielleicht will man dann aus intrinsischer Motivation auch den Lernstoff verstehen, investiert dadurch etwas mehr Zeit und bekommt dann eine bessere Note, als wenn man nur auf die Prüfung gelernt hätte. Manchmal brauchen wir extrinsische Motivation als Anreiz, etwas zu tun, was uns dann auch innerlich befriedigt.

Natürlich gibt es aber auch Situationen, wo extrinsische Motivation die intrinsische Motivation beeinträchtigt. Beispielsweise kann zu viel Druck durch extrinsische Anreize den Spaß am Sport beeinträchtigen und, je nach Persönlichkeit, sogar ganz verderben. Belohnung und Bestrafung verderben manchmal die intrinsische Motivation, weil wir uns durch Zielvorgaben und Belohnungen gegängelt fühlen, wo wir gerne und besser autonom arbeiten würden. Gerade bei kreativen Tätigkeiten kann zu viel Druck durch Zielvorgaben und erfolgsabhängige Vergütung manchmal schädlich sein. Die eine Zeitlang in Theorie und Praxis verbreitete Sicht, dass extrinsische Anreize generell die intrinsische Motivation verderben (man spricht hier vom Crowding-out Effekt) ist aber nicht richtig, wie schon die obigen Beispiele zeigen. In Unternehmen geht es darum, die richtigen Rahmenbedingungen herzustellen, dass sowohl intrinsische als auch extrinsische Motivation entstehen. Dafür gibt es keine Patentrezepte, und Organisationen, die das gut machen, haben einen großen und schwer imitierbaren Wettbewerbsvorteil, gerade weil es so schwierig ist.

7.2.3 Arbeitszufriedenheit

Die Arbeitsmotivation misst die Bereitschaft von Arbeitskräften, Beiträge für das Unternehmen zu leisten. Es ist naheliegend, dass diese Bereitschaft davon abhängt, wie man die Leistungen des Unternehmens wahrnimmt und wie man mit den Rahmenbedingungen seiner täglichen Arbeit zufrieden ist (Arbeitszufriedenheit). Ebenso ist naheliegend, dass sehr motivierte Arbeitskräfte, also Arbeitskräfte, die zu größeren Beiträgen an das Unternehmen bereit sind, von diesem auch mehr erwarten und daher schwerer zufriedenzustellen sind.

Die wohl bekannteste Theorie zur Arbeitszufriedenheit ist die Zwei-Faktorentheorie von Frederick Herzberg (1987). Diese geht auf mehrere Studien in den 1950er- und 1960er-Jahren zurück, in denen Herzberg untersuchte, welche konkreten Aspekte im Arbeitsumfeld die Arbeitszufriedenheit zerstören und welche Faktoren diese fördern. Dazu wurden Arbeitskräfte verschiedener Hierarchiestufen in unterschiedlichen Unternehmen aus unterschiedlichen Branchen nach konkreten Situationen befragt, in denen sie sich besonders zufrieden oder besonders unzufrieden mit ihrer Arbeit gefühlt haben. Die gegebenen Antworten wurden geclustert, also thematisch in Kategorien geordnet, und dann wurde überprüft, welche Kategorien am öftesten genannt wurden. Dabei stellte sich heraus, dass die Faktoren, die Arbeitskräfte unzufrieden machten, ganz andere waren als diejenigen, die zu mehr Zufriedenheit führten. Daraus schloss die Forschungsgruppe um Frederick Herzberg, dass Arbeitsunzufriedenheit nicht einfach das Gegenteil von Arbeitszufriedenheit ist. Die Faktoren, die als Verursacher von Arbeitsunzufriedenheit genannt wurden, bezeichnete Herzberg als Hygienefaktoren, während er die Faktoren, die Arbeitszufriedenheit hervorrufen, als Motivatoren bezeichnete. Hygienefaktoren sind demnach diejenigen Faktoren, die zu Unzufriedenheit führen, deren Vermeidung Arbeitskräfte aber noch längst nicht zufrieden macht. Der Begriff Hygiene entstammt dem alltäglichen Leben, wo Hygiene zwar Krankheitsrisiken vermeidet und uns vor Krankheiten schützt, aber selbst extreme Hygiene macht uns alleine nicht gesünder. Die Motivatoren sind dann die Faktoren, die wirklich „gesünder" machen, also die Arbeitszufriedenheit steigern.

Was sind nun die wichtigen (d. h. die in der Studie von Herzberg besonders oft genannten) Hygienefaktoren bzw. Motivatoren? Als Hygienefaktoren wurden die Ausrichtung des Unternehmens und dessen Organisationsstruktur genannt, die Beziehungen am Arbeitsplatz zu Vorgesetzten und hierarchisch Gleichgestellten, sowie das Gehalt, die Arbeitsbedingungen und die Arbeitsplatzsicherheit. Wichtige Motivatoren sind Erfolgserlebnisse, Anerkennung für Erfolge, sinnvoller Arbeitsinhalt, übertragene Verantwortung, berufliche Weiterentwicklung und Aufstieg und das Gefühl, sich in der Arbeit mit seinen eigenen Fähigkeiten entfalten und an den Aufgaben wachsen zu können.

Wenngleich die Studien methodisch kritisierbar sind, weil sie nur auf der Schilderung kritischer Ereignisse basieren, teilweise von Persönlichkeitsmerkmalen der Befragten abhängen, und weil manche Faktoren schwer abgrenzbar sind (z. B. das Gehalt ist nicht nur ein Hygienefaktor, sondern über Gehalt wird auch Anerkennung signalisiert und Gehaltssteigerungen sind Erfolgserlebnisse bzw. als Aufstieg interpretierbar), so hatten diese doch einen bis heute anhaltenden enormen Einfluss auf Wissenschaft und Praxis und gehören zum Grundwissen. Interessant an der Studie ist auch, dass es sich bei den Motivatoren durchgängig um Faktoren handelt, die direkt mit der Arbeitsaufgabe zu tun haben und relativ wenig mit von außen kommenden, extrinsischen Faktoren, sodass man die Motivatoren auch als Faktoren interpretieren kann, die im Arbeitskontext die intrinsische Motivation von Arbeitskräften erhöhen.

7.3 Organisationsdesign: Die Gestaltung von Organisationen

Wenn Menschen sich zusammentun, um in einer Gruppe gemeinsame Ziele zu erreichen, dann spricht man von einer Organisation. Dabei kann es sich beispielsweise um ein Team, eine Abteilung eines Unternehmens oder ein ganzes Unternehmen bzw. eine Non-Profit-Organisation, wie beispielsweise einen Sportverein oder eine Hilfsorganisation, handeln. Die nachfolgenden Abschnitte behandeln die Frage, welche Aspekte bei der Gestaltung von Organisationen wichtig sind, welche Parameter es also für die Gestaltung von Organisationen gibt und welche Wirkungen von diesen Gestaltungsmöglichkeiten für das Funktionieren von Organisationen ausgehen können.

7.3.1 Arbeitsteilung, Interdependenz und Koordination

Selbst in kleinen Organisationen, wie z. B. Arbeitsteams, werden üblicherweise den Organisationsmitgliedern unterschiedliche Aufgaben zugeordnet. Theoretisch ist zwar möglich, dass alle exakt dieselben Aufgaben ausführen, aber das würde bedeuten, dass eine Organisation einfach nur durch Addieren von Individuen zustande kommt, die unabhängig voneinander ihre Aufgaben ausführen und wo die Gesamtproduktivität einfach die Summe der Produktivität der einzelnen Individuen ist. Im Regelfall ergeben sich durch Arbeitsteilung, also durch Spezialisierung der jeweiligen Organisationsmitglieder auf bestimmte Teilaufgaben und Interaktion, enorme Produktivitätsvorteile, wodurch die Produktivität einer Organisation deutlich höher ist als die Summe der Produktivität der Individuen.

Bereits 1776 hatte Adam Smith in seinem Buch „The Wealth of Nations" die enormen Produktivitätsgewinne durch Arbeitsteilung beschrieben. In seinem berühmt gewordenen Stecknadelbeispiel beschrieb er für den Produktionsprozess der Stecknadelherstellung 18 Arbeitsgänge vom Ziehen des Drahtes zum Zuschneiden, Zuspitzen, Abschleifen usw. Wenn eine einzelne ungelernte Arbeitskraft alle diese Arbeitsschritte ausführt, kann sie an einem Tag nur einige wenige Stecknadeln herstellen. Spezialisiert sich aber jede Arbeitskraft auf einen Arbeitsschritt, so können pro ungelernter Arbeitskraft mehrere Tausend Stecknadeln pro Tag hergestellt werden.

Arbeitsteilung kann aber nicht nur bei der Produktion von Stecknadeln, Autos oder anderen materiellen Gütern die Produktivität von Arbeitsgruppen vervielfachen, sondern auch bei der Erstellung von Dienstleistungen. So bestehen in der Werbebranche Teams, die Werbung auf einer Website entwickeln, beispielsweise aus einem Copywriter, der einen Text erstellt, einer Grafikdesignerin, die Designs skizziert und einer Webdesignerin, die für die Umsetzung auf der Website zuständig ist. Auch hier können durch eine arbeitsteilige, enge Interaktion eine Produktivität und eine Leistungsqualität (z. B. Kreativität, Wirksamkeit der Kampagne) erreicht werden, die ohne Arbeitsteilung und Interaktion in der Gruppe nicht möglich wären. Auch eine Führungsrolle als Teamleiterin (z. B. als Creative Director) ist ein Beispiel für Arbeitsteilung, indem sich die Teamleiterin auf bestimmte Führungsaufgaben spezialisiert, wie beispielsweise die Kommunikation nach außen, die Verhandlung des Budgets oder die Erstellung eines Projektplans mit Deadlines, während die anderen Teammitglieder unter ihrer Leitung im jeweiligen Aufgabenbereich Aufgaben ausführen.[1]

Adam Smith wies auch bereits auf zwei wichtige Konsequenzen der Arbeitsteilung hin. Erstens bedeutet Arbeitsteilung, dass sich Arbeitskräfte auf bestimmte Tätigkeiten spezialisieren, was zumindest in Fertigungsprozessen zu sehr monotonen Tätigkeiten und zu den angesprochenen Auswirkungen auf die Arbeitszufriedenheit und Motivation führen kann. Zweitens bringt Arbeitsteilung unweigerlich einen Koordinationsbedarf mit sich.

Die bei Arbeitsteilung entstehenden Teilaufgaben oder Arbeitsschritte sind nicht unabhängig, sondern sie hängen voneinander ab, sie sind also interdependent. Dabei gibt es verschiedene Formen der Interdependenz. Im einfachsten Fall werden die Aktivitäten nacheinander ausgeführt, beispielsweise ist das am Fließband der Fall. Interdependenz bedeutet dann, dass der jeweils nächste Arbeitsschritt erst ausgeführt werden kann, wenn der vorherige beendet ist. In anderen Fällen sind die Interdependenzen komplizierter. Im Beispiel der Entwicklung einer Web-basierten Werbekampagne hat vielleicht ein Teammitglied eine Idee, zu der dann ein Text und ein Webdesign entwickelt werden, wobei die Webdesignerin auch neue Ideen für eine Änderung des Textes einbringt, woraufhin dann die Grafikdesignerin eine Idee für die Grafik hat und der Copywriter sich einschaltet und einen neuen Vorschlag für den Text macht usw. In diesem Fall hängen Aufgaben nicht nur von der jeweils vorher ausgeführten Aufgabe ab, sondern alle Aufgaben hängen mit allen anderen Aufgaben zusammen. Mit Koordination ist allgemein die Abstimmung interdependenter Aufgaben oder Tätigkeiten und deren Ausrichtung auf das gemeinsame Ziel hin gemeint.

Auch für die Koordination von Teilaufgaben, also deren Abstimmung im Hinblick auf gemeinsame Zielsetzungen gibt es verschiedene Möglichkeiten, die sich gegenseitig ergänzen. Eine grundlegende Maßnahme der Koordination ist die Gliederung in Stellen. Letztlich müssen alle in einem Unternehmen zu erfüllenden Aufgaben in Aufgabenbündel zusammenfasst werden, die von einzelnen Personen ausgeführt werden können (Job/Task Design), und die Stellen werden wieder in Organisationseinheiten, z. B. Geschäftsbereichen oder Abteilungen zusammengefasst.

Im folgenden Abschnitt werden unterschiedliche grundsätzliche Möglichkeiten zur hierarchischen „Stellengliederung" in Organisationen vorgestellt. Eng verbunden mit die-

---

[1] Vgl. Grabner et al. (2022) sowie Klein und Speckbacher (2020).

ser hierarchischen Gliederung ist die Koordination durch direkte Führung, also indem eine Führungskraft die Aufgabenerfüllung von untergeordneten Arbeitskräften direkt überwacht oder direkt in deren Aufgabenerfüllung eingreift. Die nachfolgenden Fallbeispiele illustrieren anschaulich, wie die Organisationsstruktur mit weiteren Gestaltungsmöglichkeiten von Organisationsdesigns zusammenwirkt.

7.3.2 Organisationsstruktur: Aufbauorganisation und Ablauforganisation

Üblicherweise bezeichnet man auch den formalen Aufbau einer Organisation, z. B. eines Unternehmens, also die Form der Gliederung in Bereiche, Abteilungen und Teams, bis hin zu einzelnen Stellen als Organisationsstruktur. Die kleinste Einheit ist eine Stelle, also ein Bündel von Aufgaben, das normalerweise von einer einzelnen Person ausgeführt wird. Typische Stellen sind etwa „Leitung Marketing", „Produktmanager" oder „Controllerin".

Oft verwendet man für die Organisationsstruktur auch den Begriff Aufbauorganisation. Im Unterschied dazu spricht man von Ablauforganisation, wenn es um die Struktur von Prozessabläufen geht. Ein typisches Beispiel für Ablauforganisation ist die Organisation von Produktionsprozessen z. B., wie oben beschrieben, der 18 nacheinander erfolgenden Arbeitsschritte bei der Herstellung einer Stecknadel oder etwas komplexer die Abläufe bei der Autoproduktion. Ablauforganisation ist aber auch bei Dienstleistungsprozessen wichtig. Ein Beispiel hierfür ist ein Stellenbesetzungsprozess von der Ausschreibung einer Stelle, über die Personalauswahl bis zum Onboarding (siehe dazu Abschn. 7.4) oder ein Budgetierungsprozess, in dem gemeinsam mit Führungskräften Ziele für einen bestimmten Budgetierungszeitraum verhandelt werden und Entscheidungen über Ressourcenzuweisungen getroffen werden. Ein anderes alltägliches Beispiel sind Prozesse in Krankenhäusern, beispielsweise bei der Vorbereitung von Operationen oder beim Umgang mit Notfällen. Solche Prozesse können nur grob geregelt oder auch detailliert (z. B. in Prozesshandbüchern) festgeschrieben sein und damit immer nach einem bestimmten Muster ablaufen.

Die Aufbauorganisation eines Unternehmens wird üblicherweise durch ein Organigramm (Organizational Chart) anschaulich verdeutlicht, das den hierarchischen Aufbau des Unternehmens zeigt. Insbesondere zeigt ein Organigramm, wer im Unternehmen wem unterstellt ist (die „Kästchen" können dabei einzelne Stellen oder auch aus mehreren Stellen bestehende Unternehmensbereiche sein). Da untergeordnete Stellen den übergeordneten Stellen verantwortlich sind (an sie reporten), spricht man bei direkt Unterstellten auch von „Direct Reports". Wenn es viele Hierarchieebenen gibt, dann ist der Weg von unten nach oben weiter und es besteht die Gefahr, dass neue Informationen gar nicht oben ankommen. Ein kleines Fallbeispiel: Ein Verkäufer stellt fest, dass sich Kundenbedürfnisse verändert haben, und er teilt das seinem Chef mit, dem für seinen Bereich zuständigen Verkaufsbereichsleiter. Dieser spricht das bei der nächsten Besprechung mit seiner Chefin, der Leiterin Verkauf, an und fragt sie, ob es ähnliche Erfahrungen auch aus anderen

Verkaufsbereichen gibt. Nach einer kurzen Diskussion meint die Leiterin Verkauf, dass es immer wieder mal solche Berichte gibt und dass das auch daran liegen kann, dass der entsprechende Verkäufer nur seine Verkaufsziele nicht erreicht hat und hierfür eine Ausrede finden wollte. Man beschließt daher, das Thema nicht weiter zu vertiefen. Ganz oben bei der Geschäftsführung kommt die Information dann nie an.

Andererseits bedeutet eine sogenannte flache Hierarchie mit wenigen Hierarchiestufen, dass einzelne Personen sehr viele Direct Reports haben können, was es schwieriger macht, sich als Führungskraft um alle wirklich gut zu kümmern. Die flachste Form der Aufbauorganisation wäre, wenn es überhaupt keine Hierarchiestufen gibt und alle im Unternehmen formal völlig gleichberechtigt sind. Das funktioniert allerdings nur bei sehr kleinen Unternehmen gut. Oder man könnte nur ein Führungsteam haben (Geschäftsführung), vielleicht sogar nur eine Person, und alle nachgelagerten Arbeitskräfte wären diesem Team untergeordnet. Auch dies wäre nur in sehr kleinen Organisationen umsetzbar. Es ist ja gerade ein Vorteil einer hierarchischen Organisation, dass Führungskräfte nur ihre Direct Reports führen müssen und die kümmern sich dann wiederum um das ihnen zugeordnete Personal.

Grundsätzlich definiert die Aufbauorganisation aus Sicht jeder Stelle, welcher Führungskraft die Stelle zugeordnet ist, und wem gegenüber die Stelle gegebenenfalls eine Führungsfunktion ausübt. Man spricht hier von der Linienstruktur, weil es um die hierarchische Linie geht, wer wem vorgesetzt ist, ähnlich wie bei einem Stammbaum. Neben dieser durch die Aufbauorganisation dauerhaft vorgegebenen Linienstruktur gibt es in der Regel noch Projekte, in deren Rahmen für die Dauer des jeweiligen Projektes eine Projektleitung definiert wird. Typischerweise ist man dann als Mitarbeiterin der Personalabteilung, also der „Leiterin Personal" als direkter Vorgesetzter unterstellt, gleichzeitig arbeitet man aber in einem Projektteam zur Neustrukturierung des Bewerbungsprozesses mit, bei dem es einen Projektleiter gibt, dem man im Rahmen des Projektes unterstellt ist. Da man dann, neben der eigentlichen Vorgesetzten, im Rahmen des Projektes einen zweiten Vorgesetzten hat, spricht man von einer Matrixorganisation.

Bei der Aufbauorganisation gibt es verschiedene Möglichkeiten. Zu den Zeiten Henry Fords vor gut 100 Jahren war die sogenannte U-Form (Unitary Form) üblich, wo auf der obersten Ebene nach Funktionsbereichen, wie Operations (Produktion), Finance, Marketing, Vertrieb, Legal Affairs usw., gegliedert wurde (siehe Abb. 7.1).

Ab den 1960er-Jahren wurde dann die M-Form (Multi-divisional Form, Spartenorganisation) vor allem bei sehr großen Unternehmen zur vorherrschenden Organisationsform. Die U-Form fand man hingegen nur noch für Startups und kleinere Unternehmen mit einem relativ homogenen und regional begrenzten Produktangebot ideal.

Bei der M-Form besteht das Unternehmen aus mehreren strategischen Geschäftseinheiten (Divisionen, Business Units, Sparten), die wie eigenständige Unternehmen geführt werden. Eines der ersten Unternehmen, das die M-Form einführte, war General Motors, wobei jeder Autotyp eine eigene Geschäftseinheit war, die relativ unabhängig und gewinnorientiert geführt wurde (siehe Abb. 7.2).

Internationale Großunternehmen gingen teilweise auch dazu über, die Unternehmenstätigkeiten zunächst nach Regionen in Geschäftseinheiten zu gliedern und erst darunter

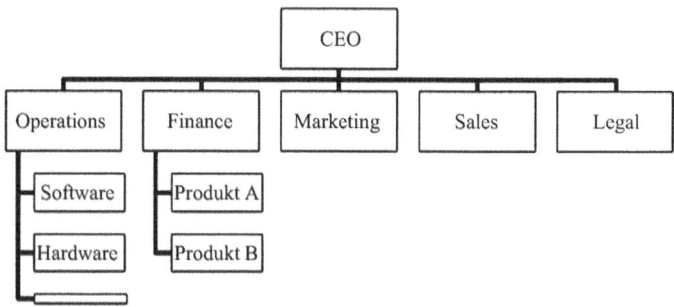

Abb. 7.1 Beispiel Aufbauorganisation U-Form. (Eigene Darstellung)

dann nach Produkten, um besser auf die spezifischen Kundenbedürfnisse in den jeweiligen Ländern/Regionen eingehen zu können. Je unterschiedlicher die Konsumentenbedürfnisse und damit die angebotenen Produkte in unterschiedlichen Ländern/Regionen sind und je regionaler auch produziert wird, umso eher macht es Sinn, regional zu differenzieren. Eine auf oberster Hierarchieebene sehr stark regional differenzierte Unternehmensstruktur kann aber das Problem aufwerfen, dass Spannungen zwischen Ländern verstärkt werden, wenn zum Beispiel in unterschiedlichen Ländern nach unterschiedlichen Erfolgskennzahlen ge-

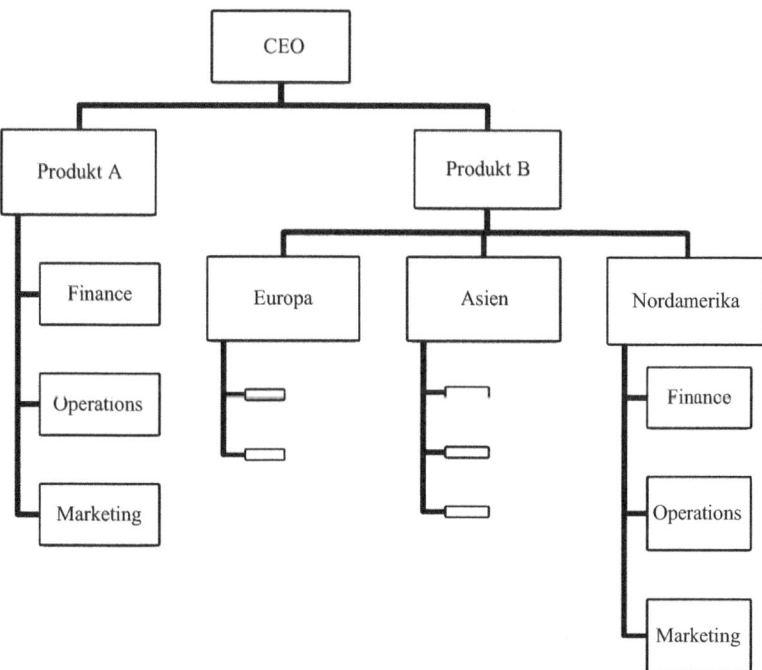

Abb. 7.2 Beispiel Aufbauorganisation M-Form. (Eigene Darstellung)

führt wird, um regionale Besonderheiten zu berücksichtigen. Andererseits verdeutlicht die internationale BWL, dass gerade die Berücksichtigung regionaler Kundenbedürfnisse, länderspezifischer Rechtssysteme, Institutionen und Gewohnheiten, und auch regionaler Arbeitsmärkte ein wesentlicher Erfolgsfaktor internationaler Unternehmen sein kann. Bereits die Aufbauorganisation trifft hier Festlegungen, wo und wie stark regional differenziert wird. Manchmal ist der Grund für eine regionale Gliederung auch, dass ein Unternehmen über eine Akquisition seine Tätigkeiten auf ein anderes Land erweitert hat, d. h. es wurde ein dort tätiges Unternehmen gekauft und in das Mutterunternehmen eingegliedert, aber das ehemals eigenständige Unternehmen in diesem Land soll weiterhin relativ eigenständig geführt werden.

Im Handel ist die Gliederung nach Regionen sehr üblich, wobei bestimmte Funktionen, wie beispielsweise Finance, durchaus oft zentral angesiedelt sind. Ein Beispiel ist Lidl mit einer Gliederung nach Regionen (z. B. Deutschland, Italien, Dänemark, Portugal), sowie daneben einigen zentralisierten Funktionsbereichen (z. B. Finance, Audit/Customer Care). Wegen deren zentraler strategischer Bedeutung für das gesamte Unternehmen werden zunehmend auch Funktionen wie Logistics/Supply Chain und Sustainability in Unternehmenszentralen (und nicht in regionalen Bereichen) angesiedelt (siehe Abb. 7.3).

Die Grundidee hinter der M-Form ist, dass sehr große Unternehmen unflexibel und bürokratisch werden können, und von der Zerlegung in kleinere, unabhängig voneinander agierende Unternehmensteile verspricht man sich mehr Flexibilität. In aller Regel haben dabei die für ein Produkt oder eine Produktgruppe zuständigen Divisionen als Profit Centers eine „P&L(GuV)-Verantwortlichkeit", d. h. für die Unternehmensbereiche werden Gewinne ermittelt und die Führungskräfte, die den jeweiligen Bereich leiten, sind für die erzielten Gewinne verantwortlich. Diese Konkurrenz zwischen Bereichen eines Unternehmens kann positiv wirken, sie kann aber auch Kooperation zerstören und zu Bereichsegoismen führen.

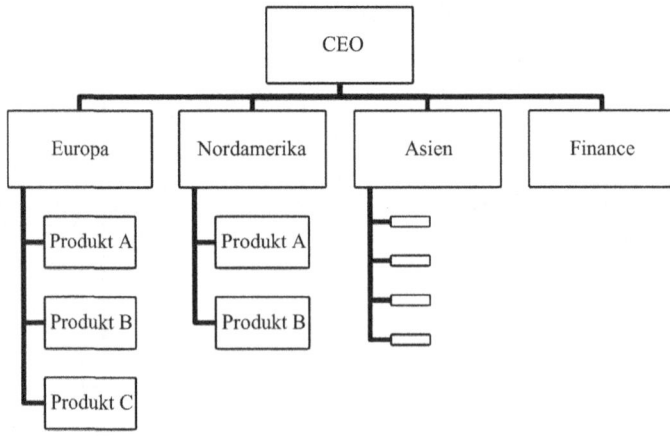

Abb. 7.3 Beispiel Aufbauorganisation M-Form nach Regionen gegliedert. (Eigene Darstellung)

Zwischen der Strategie eines Unternehmens und dessen Organisationsstruktur besteht ein enger Zusammenhang. Obwohl naheliegend erscheint, dass sich Unternehmen zunächst eine Strategie überlegen und daraufhin ihre Organisationsstruktur anpassen (Structure follows Strategy), ist es oft auch umgekehrt und eine bestimmte Struktur hat großen Einfluss auf die Strategie (Strategy follows Structure). Manchmal sind Ursache und Wirkung ohnehin nicht klar trennbar. Wenn beispielsweise ein Unternehmen einen Vorstandsbereich als Chief Sustainability Officer (CSO) schafft, dann klingt das nach der Umsetzung einer Strategie in der Organisationsstruktur. Weil es dann aber einen höheren Einfluss von Sustainability-Themen auf Vorstandsebene gibt, wird diese Änderung der Organisationsstruktur vermutlich auch einen dauerhaften Einfluss auf die Strategie des Unternehmens haben (Klarner, Probst & Unseem, 2020).

7.3.3 Organizing for Innovation bei Apple

Ein interessantes Beispiel für ein Unternehmen, das gegen den Trend wechselte von der M-Form zu einer funktionalen U-Form, die trotz extremen Wachstums der Unternehmensgröße bis heute beibehalten wurde, ist Apple (vgl. zum Folgenden: Podolny & Hansen, 2020). Als Steve Jobs 1997 zu Apple zurückkehrte, hatte Apple eine für seine Größe übliche divisionale Gliederung (M-Form) in Geschäftsbereiche mit jeweils eigener P&L-Verantwortung. Eine Geschäftseinheit war für die Produktgruppe „Macintosh Produkte" (also die PCs) zuständig, eine weitere Geschäftseinheit für Information Appliances (u. a. die MessagePads von Apple, eine Art „Steinzeit-Notebook"), eine weitere für Server-Produkte (zum Betreiben von Computer-Netzwerken) usw. Als Steve Jobs die Leitung von Apple als CEO wieder übernahm, entließ er zuerst alle Business Unit-Leiter, weil er meinte, dass die strikte Aufteilung in eigenständige Business Units nicht nur zu Bereichsegoismen und Konflikten führte, sondern vor allem Innovationen behinderte. Er organisierte Apple in der obersten Ebene wieder rein funktional und alle Produkte und Unternehmensbereiche mündeten wieder in eine gemeinsame P&L. Das ist bis heute so. Alle Vorstands-/Board Mitglieder Senior Vice Presidents bei Apple sind für Funktionen wie z. B. Finance, Marketing, Sales, Design, Services verantwortlich, nicht für Produkte oder Märkte.

Damit gibt es außer dem CEO (früher Steve Jobs und jetzt Tim Cook) bei Apple keine General Managers, die die gesamte Value Chain von der Produktentwicklung über Beschaffung und Produktion bis zum Verkauf der Produkte steuern und die daher anhand eines GuV-Gewinns, also anhand ihres Beitrages zur Produzentenrente, beurteilt werden können.

Die für Produkte und Produktgruppen zuständigen Führungskräfte müssen sich nicht hinsichtlich der erzielten Gewinne gegeneinander behaupten, am Ende münden alle Aktivitäten in einen gemeinsamen Unternehmensgewinn und die Bonuszahlungen für Top-Führungskräfte hängen nicht von Geschäftsbereichsgewinnen ab, sondern vom Erfolg von Apple als Ganzes. Das ist sehr ungewöhnlich, weil das übliche Argument ist, dass

Führungskräfte umso bessere Entscheidungen treffen, je mehr sie als Entrepreneure ihrer Verantwortungsbereiche agieren, indem sie weitgehende Entscheidungsrechte bekommen, dafür aber am Erfolg oder Misserfolg ihres Verantwortungsbereiches, gemessen am Gewinn, gemessen und entlohnt werden. Dieses Prinzip wird verwässert, wenn es nur noch einen Gesamtunternehmensgewinn gibt und nicht mehr klar ist, wer wie viel zum Gesamterfolg beigetragen hat. Warum glaubte Steve Jobs, dass das Innovationen fördert?

Investitionen in Innovation rentieren sich, wenn überhaupt, nur auf lange Sicht. Kurzfristig ist es immer profitabler, bestehende Produkte zu optimieren, als an ganz neuen Produkten zu forschen. Forschung und Entwicklung kosten Personal und andere Ressourcen, was als Aufwand in der GuV den Gewinn schmälert. Die zukünftigen Umsätze aus Produkten, an denen geforscht wird und die es noch gar nicht gibt, sind so ungewiss, dass herkömmliche Methoden, wie Kapitalwerte bzw. Discounted Cashflow-Verfahren hierfür nicht sinnvoll anwendbar sind. Ohne Forschung und Entwicklung kann man aber später keine innovativen Produkte auf den Markt bringen. Wäre Apple im Board/Vorstand nach Produktzuständigkeiten gegliedert gewesen, dann hätten vor 20 Jahren die für den hochprofitablen iPod und iTunes zuständigen Führungskräfte jeden Konflikt um Ressourcenzuteilungen gewonnen, weil sie darauf verwiesen hätten, dass sie den Großteil der Gewinne von Apple erwirtschaften. Dagegen hätten die damals für die neue Produktidee „iPhone" zuständigen Führungskräfte sich regelmäßig anhören müssen, dass sie nur Geld verpulvern und man in dieses Fass ohne Boden kein Geld mehr investieren sollte. Das iPhone hätte es dann vielleicht nie gegeben.

Ein vielleicht aber noch wichtigerer Grund für die einheitliche funktionale Struktur ist, dass Apple seine Produkte nicht als voneinander unabhängige Produkte sieht, sondern diese aus Konsumentensicht als Teil eines Apple Ökosystems betrachtet, bestehend aus Smartwatch, Smartphone, Earpods, Tablet usw. Wären diese in jeweils gewinnorientiert geführten Business Units organisiert, dann würden Innovationen, die diese Produkte im Sinne einer Customer Experience verbinden, unwahrscheinlicher.

Zudem ist der technologische Fortschritt bei Apple extrem schnell. Entscheidungen über neue Technologien müssen getroffen werden, bevor man weiß, wie die Kundschaft reagieren wird. Bei vielen Entscheidungen handelt es sich also weniger um informierte, rationale Entscheidungen, sondern eher um eine Wette, wie der Markt auf bestimmte Technologien und Designs reagieren wird. Hier vertraut Apple stärker auf die funktionale Expertise und Einschätzung von Technik- oder Design-Führungskräften als auf General Manager, die typischerweise stark auf die Profitabilität ihres Bereiches schauen.

Die Kameratechnologie ist hier ein gutes Beispiel. Bei Apple arbeiteten im Jahr 2020 etwa 600 Fachleute in Kameratechnologie und diese Technologie ist wichtig für iPhones, Laptops, iPads und Desktop Computer, die alle Kameras enthalten. Würde man diese Fachleute auf mehrere Produktlinien aufteilen, dann würde das dieses Kamera-Kompetenzzentrum zerstückeln. Die Kameratechnologie ist zudem ein Beispiel für die besondere Unternehmenskultur bei Apple, in der Detailversessenheit und Perfektionismus Grundwerte sind. Als ein Senior Leader bei Apple bei der Entwicklung der Kamera für das iPhone 7 Plus die Idee für einen Portraitmodus hatte, bei dem der Hintergrund wie bei künstlerischen Portraits verschwimmt, war nur klar, dass dessen Entwicklung und Umsetzung technisch extrem aufwändig sein würde, unklar war aber, ob das aus Kundensicht ein sinnvolles Feature werden würde. Dass dieses Feature die Zusatzkosten wert sein würde, war eine Wette des Senior Leaders, der sich dafür einsetzte, wohl wissend, dass seine interne Reputation als Fachexperte stark leiden würde, wenn er sich irrt. Allerdings schien diese Technik gut zum Leitspruch für den Purpose des Kamera-Technologieteams zu passen: „More people taking better images more of the time". Auch der Prozess der Umsetzung und Verfeinerung der Technik war typisch für Apple. Unterschiedliche Teams mit ganz unterschiedlicher Expertise in Technik, Design und Marketing waren involviert, ohne formal Teil des Entwicklungs-Projektteams zu sein. Es war eher ein informeller, unstrukturierter Prozess im Sinne einer Ablauforganisation. Aber tatsächlich im Produkt umgesetzt wurde die Idee erst, nachdem die neu entwickelte Technologie selbst in allen Extremsituationen gut funktionierte. Und schließlich gab das „Human Interface Team" seine Zustimmung zur Umsetzung erst, nachdem es technisch möglich war, dass man den Portraitmodus-Effekt bereits als Preview vor der Aufnahme sehen konnte. Die am Prozess der Umsetzung beteiligten Teams brachten also nicht nur ihre Expertise ein, sondern konnten auch mitbestimmen, unter welchen Bedingungen die neue Technik tatsächlich realisiert wurde. Dabei war das Kriterium nicht nur, ob eine profitable Umsetzung möglich war, sondern auch, ob eine technisch und aus Nutzersicht perfekte Umsetzung gelang.

Ein weiterer interessanter Punkt im (informellen) Organisationsdesign ist der totale Fokus von Apple auf Fachexpertise als Basis von Kreativität und schöpferischer Innovation. Professionelle Management-Expertise für das Optimieren von Prozessen im Sinne von Arbitrageunternehmertum ist hingegen eher nachrangig. Nach Auffassung von Steve Jobs zieht ein Unternehmen nur dann die Besten ihres Faches an, wenn sie die Chance bekommen, mit Führungskräften zusammenarbeiten zu können, die fachlich mindestens ebenso gut und erfahrener sind und von denen sie fachlich lernen können. Diese Sichtweise ist konträr zu der in Organisationen oft üblichen Sichtweise, dass Führungskräfte sich auf Führungs- und Managementaufgaben spezialisieren, aber nicht unbedingt die Besten ihres Faches sein müssen. Ebenso wie in technischen Bereichen von Unternehmen Führungskräfte oft nicht unbedingt nach ihrer Ingenieursexpertise, sondern nach Managementfähigkeiten und Führungseignung ausgewählt werden, gilt dies in vielen Unternehmen auch beispielsweise im Marketing oder in Finance. Steve Jobs sieht es umgekehrt und er stellt Fachexpertise immer über Führungsexpertise, weil seiner Meinung nach aus jemandem mit exzellenter Fachexpertise leichter eine gute Führungskraft zu machen ist als umgekehrt (zitiert nach Podolny & Hansen, 2020):

> „We went through that stage in Apple where we went out and thought, *Oh, we're gonna be a big company, let's hire professional management*. We went out and hired a bunch of professional management. It didn't work at all. (...) They knew how to manage, but they didn't know how to *do* anything. If you're a great person, why do you want to work for somebody you can't learn anything from? And you know what's interesting? You know who the best managers are? They are the great individual contributors who never, ever want to be a manager but decide they have to be ... because no one else is going to ... do as good a job."

Die funktionale Aufbauorganisation bei Apple verkörpert auch die Idee, dass Aufstiegsmöglichkeiten und Entscheidungsrechte von Führungskräften sehr stark an deren Fachexpertise gekoppelt sind, weniger an Gewinnverantwortlichkeiten.

Ungewöhnlich ist Apple auch in der Hinsicht, dass seine Produkte praktisch überhaupt nicht auf regionale Besonderheiten angepasst sind, wenn man von Details wie unterschiedlichen Tastaturen absieht. Sogar die Bezeichnungen der Produkte, die Kampagnen der Markteinführung neuer Produkte und die Preise für neue Produkte sind im Rahmen des globalen Marketings international abgestimmt. Dies wird ebenfalls durch die Zentralisierung der Marketingaktivitäten anstatt regionaler Marketingabteilungen unterstützt.

7.3.4 Organizing for Innovation bei Spotify

Einen ganz anderen Ansatz der Ausrichtung der Organisation auf Kreativität und Innovation verfolgte das in Schweden gegründete Musikstreaming-Plattform-Unternehmen Spotify (vgl. Mankins & Garton, 2017; im Oktober 2022 erschien auf Netflix die Serie „The Playlist" über die Geschichte von Spotify). Vor gut zehn Jahren entschied man sich bei Spotify, eine „agile" Organisationsstruktur umzusetzen, die Kreativität und Innovation fördert. Klassische funktionale oder divisionale Aufbauorganisationen wurden als zu starr angesehen, um auf die sich schnell ändernden Veränderungen im Umfeld flexibel und wendig (also agil) reagieren zu können.

In der bei Spotify neu eingeführten agilen Organisationsstruktur war die kleinste Organisationseinheit ein Team von maximal acht Personen, das man als Squad bezeichnete. Die Bezeichnung ist an die Militärsprache angelehnt, wo ein Squad eine Gruppe von etwa 10 Personen ist. Die Squads setzen sich aus Personen mit unterschiedlichem funktionalem Hintergrund zusammen (z. B. Technical/Engineering, Design, Marketing) und sie bestimmen relativ autonom und selbstorganisiert, welche Problemstellungen sie auf welche Weise lösen wollen. Etwa 15 Squads werden dann jeweils zu sogenannten Tribes, bestehend aus maximal 150 Personen zusammengefasst. Alle Squads innerhalb eines Tribes arbeiten an einer gemeinsamen, mehr oder weniger klar definierten größeren Aufgabe. Jeder Tribe wird von einem Tribe-Lead, in der Regel bestehend aus mehreren Personen (z. B. einem Produktdesign-Lead und einem Technical-Lead) geführt.

Innerhalb von Tribes bilden alle Personen mit gleichem funktionalem Hintergrund (z. B. alle Software-Engineers) ein Chapter und jedes Chapter wird durch einen Chapter-Lead geführt. Insofern sind Chapters gar nicht so sehr anders als eine Abteilung in einer klassischen funktionalen Organisation, während die Squads eher mit funktional gemischten Projektteams vergleichbar sind. Allerdings haben die Chapter-Leads eher eine Mentorenrolle und wesentlich weniger Weisungsrechte als klassische Führungskräfte in einer Abteilung. Was genau eine Person macht, wird hauptsächlich in den selbstorganisierten Squads relativ autonom vereinbart. Die Ergebnisse der Squads werden transparent gemacht und Fehlschläge werden im Nachhinein analysiert, um daraus zu lernen. Es ist üblich, sich von allen, mit denen man zusammenarbeitet, Feedback in Form von „Peer Reviews" einzuholen. Diese werden aber bewusst nur als Feedback verwendet, aber nicht für Gehaltsverhandlungen. Neben den Squads, Tribes und Chapters gibt es noch Zusammenschlüsse von freiwilligen Arbeitsgruppen oder Communities, für die man sich freiwillig melden kann. Diese werden als Guilds bezeichnet.

Die Idee ist, eine Organisation zu schaffen, in der die kleinsten Organisationseinheiten sehr selbstbestimmt arbeitende Teams sind, die nur recht lose miteinander im Rahmen von Tribes auf gemeinsame Ziele hin koordiniert werden. Tatsächlich ist eine grundlegende und vielfach empirisch bestätigte Erkenntnis der Kreativitätsforschung, dass selbstbestimmtes Arbeiten ohne ständige Überwachung und Verhaltensvorgaben ein entscheidender Faktor für Kreativität ist. Allerdings gilt das vor allem für die individuelle Kreativität. In Teams müssen die individuellen Anstrengungen auf ein gemeinsames Team-Ziel hin koordiniert werden und natürlich müssen auch die Teams untereinander wieder auf die gemeinsame Unternehmenszielsetzung hin koordiniert werden. Letztlich ist also die Frage in Kreativitätsprozessen, wie man einerseits genug Autonomie zulassen kann, um die Kreativität zu fördern, aber andererseits „Art-for-Art's Sake" vermeidet – also brotlose Kreativität, die nichts zum Erfolg des Unternehmens beiträgt (vgl. Grabner et al., 2022 sowie Klein & Speckbacher, 2020).

Spotify versuchte, diese Abwägung zwischen Flexibilität und Autonomie einerseits und Koordination und Zielorientierung andererseits dadurch zu lösen, dass den Squads sehr viel Autonomie gegeben wurde und die Koordination (ähnlich wie bei Apple) innerhalb funktional spezialisierter „Abteilungen" (Tribes) erfolgte, die aber ebenfalls sehr viele Freiheiten hatten. Diese Form der sehr losen Organisation selbstbestimmter Teams wurde mit einer Unternehmenskultur kombiniert, die stark auf systematischem Experimentieren, Akzeptanz von Fehlern, Schnelles Erkennen von Irrwegen („Fail fast") und ständiges Lernen aus Fehlversuchen setzte. Dieser eigentlich eher für Startups typische Ansatz wurde in jüngerer Zeit auch unter dem Begriff „Lean Startup" populär gemacht. Man könnte also sagen, dass Spotify versuchte, den „Lean Startup"-Ansatz in einem etablierten Unternehmen umzusetzen.

Inzwischen hat Spotify diese agile Organisationsstruktur, die in Wissenschaft und Praxis viel Aufsehen erregte, zwar nicht ganz abgeschafft, aber Spotify ist nun doch wieder eher klassisch funktional organisiert. Einige Unternehmen haben mit dem Spotify-Organisationsmodell experimentiert, aber Fallbeispiele von größeren Unternehmen, die dieses Modell langfristig erfolgreich einsetzen, fehlen bisher.

7.3.5 Zusammenfassung

Die obigen Beispiele von Apple und Spotify verdeutlichen anschaulich zwei wichtige Erkenntnisse. Einerseits zeigen diese, dass das Organisationsdesign aus vielen Teilelementen besteht, die zusammenwirken und die Rahmenbedingungen schaffen, unter denen zusammengearbeitet wird.

Zum Organisationsdesign gehört neben der Aufbauorganisation und verschiedensten Festlegungen von Prozessen und Abläufen (Ablauforganisation) auch die Unternehmenskultur, die zum Teil durch formell festgelegte Werte und Normen geprägt ist, aber auch informelle Regeln umfasst, die oft erst durch das tägliche Miteinander entstehen. Beispiele hierfür sind der Umgang mit Fehlern, die Art, wie Feedback gegeben wird, oder die hohe Wertschätzung für Fachexpertise. Diese Werte können wiederum durch die Aufbauorganisation symbolisch unterstützt werden, indem beispielsweise Führungspositionen vorwiegend funktional ausgerichtet sind und hauptsächlich aufgrund von Fachexpertise besetzt werden. Zu den weichen kulturellen Faktoren gehören aber auch Dinge wie Detailversessenheit, Perfektionismus, und Ausrichtung an der Consumer Experience.

Auch die Art der Zielvorgaben und Verantwortlichkeiten und die Art der Entlohnung ist Teil des Organisationsdesigns. Wenn Führungskräfte beispielsweise vor allem für Finanzerfolge verantwortlich sind und ihre Bonuszahlungen an Finanzerfolgen ihres Verantwortungsbereiches hängen, dann werden sie vor allem auf den Finanzerfolg schauen. Wenn diese Führungskräfte nur durchschnittlich 3–5 Jahre auf ihrer Position sitzen, weil häufige Wechsel Teil der Unternehmenskultur sind, dann werden sie auch eher den kurzfristigen Finanzerfolg im Auge haben.

Die wesentlichen Zwecke des Organisationsdesigns bestehen in der Koordination aller Aufgaben und Tätigkeiten der Organisationsmitglieder auf die Organisationsziele hin und in der Motivation der Organisationsmitglieder, weiterhin im Rahmen der Organisation Beiträge zu deren Zielerreichung zu leisten. Insgesamt ist das Organisationsdesign ein System aus vielen Faktoren, die sich gegenseitig beeinflussen und die insgesamt das Handeln in der Organisation prägen. Wie die obigen Beispiele zeigen, gibt es aber keine etablierten „Best Practices" in dem Sinne, wie sich zum Beispiel eine Innovationsstrategie im Organisationsdesign abbilden sollte. Letztlich muss sich jede Organisation kontinuierlich an Veränderungen im Umfeld und in der Strategie durch die permanente Weiterentwicklung der Organisation (Organisationsentwicklung) anpassen.

7.4   Wertschöpfung in Arbeitsbeziehungen

Ähnlich wie bei der Konsumentenrente, so ist auch die Wertschöpfung aus einer Arbeitsbeziehung für Arbeitskräfterente eine subjektive Wahrnehmung. Wodurch und auf welche Weise entsteht dieser Wert?

Die Zwei-Faktorentheorie von Herzberg (1987) hebt eine Reihe von Motivatoren hervor, die eine Arbeitsbeziehung aus der Sicht von Arbeitskräften attraktiv machen. Nicht ausreichend ausgeprägte Hygienefaktoren führen hingegen dazu, dass Arbeitskräfte unzufrieden mit der Arbeitsbeziehung sind. Arbeitsunzufriedenheit kann dazu führen, dass Arbeitskräfte das Unternehmen verlassen, wenn passende Alternativen existieren und wenn sie über Fähigkeiten verfügen, die in anderen Unternehmen gefragt sind. Gibt es keine passenden Alternativen oder gibt es Barrieren (z. B. mangelnde Mobilität), dann können auch sehr unzufriedene Arbeitskräfte dauerhaft in einem Unternehmen bleiben (müssen).

Menschen verbringen in der Regel einen Großteil ihres Lebens am Arbeitsplatz. Dauerhafte Unzufriedenheit im Arbeitsleben kann massive psychologische und gesundheitliche Auswirkungen haben und zu Burnout, Depressionen und anderen Krankheitsbildern führen. Ein erfülltes Arbeitsleben ist hingegen für viele Menschen ein wesentlicher Faktor für Lebensglück, Zufriedenheit und Sinnfindung im Leben. Bei der Gestaltung von Arbeitsbeziehungen geht es daher nicht nur um Wertschöpfung im Sinne von größerem materiellem Wohlstand für Arbeitskräfte durch eine gute Bezahlung. Arbeitsbeziehungen sind wegen der Auswirkungen auf Zufriedenheit, Wohlstand und Gesundheit der Beschäftigten von hoher gesellschaftlicher Bedeutung. Neben der Versorgung der Gesellschaft mit Gütern und Leistungen gemäß den Konsumentenbedürfnissen und -wünschen liegt der größte gesellschaftliche Beitrag und damit die größte soziale Verantwortung von Unternehmen darin, menschengerechte, sinnhafte und erfüllende Einkommensmöglichkeiten zu bieten.

7.4.1 Recruiting

Der erste Schritt einer Arbeitsbeziehung ist die Suche nach geeigneten Arbeitskräften und deren Auswahl (Recruiting). Sowohl für die Wertschöpfung aus Unternehmenssicht als auch für die Wertschöpfung aus Arbeitskräftesicht ist eine gute Passung, ein guter Fit, zwischen der zu besetzenden Stelle und der Person, mit der die Stelle besetzt wird, von entscheidender Bedeutung. Im Idealfall passen nicht nur die Talente, Qualifikationen und Interessen einer Person zur zu besetzenden Stelle, sondern sie identifiziert sich auch mit den Zielen, den Produkten der Strategie und der Mission des Unternehmens, sowie mit seiner Unternehmenskultur. Je besser dieser Fit, umso weniger braucht man Anreizsysteme und Kontrollen, um sicherzustellen, dass sich Arbeitskräfte auch wirklich im Sinne des Unternehmens verhalten. Außerdem wird durch einen hohen Fit wahrscheinlicher, dass eine Arbeitskraft ihren Job als sinnvoll und erfüllend empfindet, was ein wichtiger Aspekt der Wertschöpfung für die Arbeitskraft ist.

Häufig gibt es für zu besetzende Stellen eine Stellenbeschreibung, also eine Beschreibung der mit der Stelle verbundenen Aufgaben und Tätigkeiten und wie sich die Stelle in die gesamte Organisationsstruktur des Unternehmens eingliedert, also z. B. welcher Abteilung die Stelle zugeordnet ist und wem sie unterstellt ist. Für Arbeitsplätze am Fließband in der Autoproduktion ist die Aufgabenbeschreibung sehr klar vorgegeben. Die optimale Zerlegung des Herstellungsprozesses in Aufgabenbündel, die von einzelnen Arbeitskräften als täglicher Job ausgefüllt werden konnten, war ja gerade das Entscheidende am Taylorismus. Bei der Einstellung von Arbeitskräften ging es dann darum, für jeden Job die dafür bestgeeignete Arbeitskraft zu finden. Dafür wurden Tests eingeführt, wie man Eignungsprofile von Arbeitskräften erkennen konnte, um herauszufinden, wer für welche der vorgegebenen Tätigkeiten optimal geeignet war. Manche Unternehmen gehen heute noch so ähnlich vor und machen umfangreiche Eignungstests für Jobs.

Allerdings kommt es in modernen Arbeitsbeziehungen immer häufiger vor, dass nicht eine Stelle definiert und dafür die passendste Person gesucht wird, sondern dass man Stellenausschreibungen recht allgemein hält und in erster Linie nach gut ausgebildeten und motivierten Personen sucht. Job Designs werden dann oft im Nachhinein auf die Fähigkeiten, Qualifikationen und Interessen einer Arbeitskraft anpasst. Das kann vor allem auch bei Initiativbewerbungen passieren, wo sich jemand unabhängig von einer ausgeschriebenen Stelle bei einem Unternehmen bewirbt und wo das Unternehmen die betreffende Person unbedingt gewinnen will.

Außerdem wird im Recruiting zunehmend aktiv nach geeigneten Personen gesucht. Insbesondere bei Positionen für Führungskräfte war es bisher schon üblich, über Personalvermittlungen geeignet erscheinende Personen direkt anzusprechen (Headhunting). Aufgrund der enorm gestiegenen Möglichkeiten, in Social Media und Karrierenetzwerken, beispielsweise über LinkedIn, verfügbare Informationen zu sammeln und auszuwerten, kommt dem Active Sourcing stark steigende Bedeutung zu. Active Sourcing bedeutet, dass man nicht mehr Stellen ausschreibt und wartet, wer sich bewirbt, sondern dass ein Unternehmen aktiv nach den richtigen Personen für eine bestimmte Stelle oder auch unabhängig von einer freien Stelle sucht, geeignet erscheinende Personen anspricht und vom eigenen Unternehmen überzeugt, gegebenenfalls auch Personen, die in einem anderen Unternehmen beschäftigt sind und erst kündigen müssten. Beim Active Sourcing können sich Unternehmen entweder externer Dienstleister bedienen oder selbst in ihrem Personalbereich Active Sourcing-Kompetenz aufbauen. Hierbei kommen zunehmend AI-Methoden zum Einsatz.

Artificial Intelligence kann nicht nur dabei helfen, Profile von geeigneten Personen zu erkennen und vorzufiltern. Anhand von Social Media-Aktivitäten sind auch Prognosen darüber möglich, ob beispielsweise eine noch bei einem anderen Unternehmen beschäftigte Person gewinnbar ist und inwiefern die Person ins Unternehmen oder auf eine bestimmte Position passen würde.

Man muss sich jedenfalls bewusst sein, dass alle Aktivitäten in den über Social Media nachverfolgbaren Aktivitäten nicht nur für Active Sourcing verwendet werden können, sondern auch in traditionellen Bewerbungsprozessen immer öfter zum Vorsortieren verwendet werden. Zunehmend können solche Daten auch bisher übliche Eignungs- und Persönlichkeitstests ersetzen, da über einfache Informationen, wie etwa abgegebene Likes, bereits gute Prognosen z. B. über Persönlichkeitsmerkmale möglich sind.

Der Recruitingprozess endet in der Regel mit der Unterschrift eines Arbeitsvertrages und mit dem Onboarding. Der Onboardingprozess hat in den vergangenen Jahren stark an Bedeutung gewonnen und umfasst alle Maßnahmen der Eingliederung neuer Arbeitskräfte vom Einrichten eines Arbeitsplatzes über Informationsveranstaltungen über das Unternehmen, Gespräche mit der Führungskraft über Aufgaben und Erwartungen, informelle Gespräche zum Kennenlernen der Unternehmenskultur und Mentoring.

7.4.2 Gestaltung der Arbeitsbeziehung

Arbeitsvertrag

Das offensichtlichste Instrument für die Gestaltung der Arbeitsbeziehung ist der Arbeitsvertrag. Der Arbeitsvertrag regelt die Rechte und Pflichten aus dem Arbeitsverhältnis zwischen einer arbeitgebenden Organisation und einer beschäftigten Person (Arbeitskraft). Neben dem Beginn des Arbeitsverhältnisses wird dessen Dauer (befristet oder unbefristet) geregelt, der Arbeitsort, welche Tätigkeiten die beschäftigte Person ausführen soll, die Arbeitszeit, welcher Urlaubsanspruch besteht, Kündigungsfristen und natürlich die Höhe und Art der Vergütung für die Arbeitsleistung.

Ein Arbeitsvertrag gibt aber nur einen groben Rahmen für die Arbeitsbeziehung vor. Sowohl die Tätigkeiten können sich später verändern (z. B. anderer Dienstort oder neue Tätigkeit durch Beförderung), als auch das Gehalt kann sich ändern und auch beispielsweise der Urlaubsanspruch kann bei längerer Unternehmenszugehörigkeit erhöht werden. Überall dort, wo im Arbeitsvertrag keine konkreten Regelungen getroffen wurden, können Änderungen später erfolgen, ohne dass eine Änderung des Arbeitsvertrages oder eine Zusatzvereinbarung zum Arbeitsvertrag notwendig wird.

Neben dem Arbeitsvertrag gelten die allgemeinen Regelungen des Arbeitsrechts. Dazu gehören beispielsweise Vorschriften im Arbeitszeitgesetz, wie viele Stunden pro Tag und pro Woche maximal gearbeitet werden darf, Regelungen zum Mindesturlaub im Urlaubsgesetz, Regelungen zum Kündigungsschutz oder auch Regelungen zur Verhinderung von Diskriminierung im Gleichbehandlungsgesetz. Wegen der Bedeutung und der Vielfalt arbeitsrechtlicher Regelungen und wegen der zunehmenden Vielfalt vertraglicher Regelungen im Rahmen der Flexibilisierung der Arbeitszeit (Homeoffice-Vereinbarungen, Sabbaticals etc.) sind in modernen Personalabteilungen gute Kenntnisse im Arbeitsrecht wichtig.

Compensation and Benefits

Die Vergütung der Arbeitsleistung ist oft so komplex, dass man von Compensation Packages spricht. Zum Beispiel gibt es neben einem Grundgehalt oft bestimmte Zulagen für besondere Aufgaben, und bei Erfüllen vorher vereinbarter Arbeitsziele können erfolgsabhängige Vergütungsbestandteile gewährt werden. Manchmal wird Arbeitskräften auch ein Bonus bezahlt, wenn das Unternehmen insgesamt erfolgreich ist. Sehr häufig bieten Unternehmen auch freiwillige Zuschüsse zur Altersvorsorge (betriebliche Altersvorsorge). Im Krankheitsfall bieten manche Unternehmen neben den gesetzlich vorgeschriebenen Leistungen der Lohnfortzahlung Zusatzzahlungen an, und manche Unternehmen bieten ein zusätzliches Urlaubsgeld. Neben diesen Formen der Bezahlung (Compensation) gibt es oft auch nicht-geldliche Leistungen (sogenannte Benefits) in verschiedener Form, beispielsweise ein Company-Bike, ein Firmenwagen, Sport- und Freizeitangebote, Kinderbetreuungsangebote, flexible Arbeitszeiten und Homeoffice, Möglichkeit von Sabbaticals, Weiterbildungsmöglichkeiten und dergleichen mehr.

Bei allen diesen Leistungen geht es darum, Zufriedenheit und Motivation von Arbeitskräften zu steigern und diese an das Unternehmen zu binden. Je nach Bedürfnissen, Lebensumständen und Präferenzen von Arbeitskräften können für deren wahrgenommene Wertschöpfung aus der Arbeitsbeziehung mit einem bestimmten Unternehmen derartige Benefits von größerer Bedeutung sein als deren Kosten aus Sicht des Unternehmens. Hieraus und aus den möglichen positiven Wirkungen auf die Arbeitsmotivation ergeben sich signifikante Wertschöpfungsmöglichkeiten.

Die Erarbeitung innovativer Ideen für die maßgeschneiderte Gestaltung von Compensation and Benefits ist ein Kernaspekt moderner strategischer Personalarbeit. Für die Umsetzung der zunehmenden Flexibilisierung von Arbeitsbeziehungen werden nicht nur arbeitsrechtliche Kenntnisse immer wichtiger, sondern auch die Lohn- und Gehaltsabrechnung (Payroll Accounting) wird komplexer, und die Beratung von Arbeitskräften rund um rechtliche, arbeitsvertragliche und abrechnungstechnische Fragen wird immer wichtiger.

New Work

In der Industriegesellschaft zu Zeiten Henry Fords waren vor allem Produktionsanlagen und Maschinen die Basis für Wettbewerbsvorteile. Arbeitskräfte waren hingegen in vielen Produktionsprozessen leicht austauschbar, und es gab ein Überangebot an Arbeitsuchenden. Daher waren Arbeitskräfte in einer schlechten Verhandlungsposition bei der Verteilung der Wertschöpfung in Unternehmen und sie mussten oft für sehr geringe Arbeitslöhne schwere und monotone Arbeit verrichten, in vielen Fällen auch unter gesundheitsschädlichen oder gefährlichen Arbeitsbedingungen. Mit der Industrialisierung entstanden gegen Ende des 19. Jahrhunderts Gewerkschaften zur unternehmensübergreifenden Interessenvertretung von Arbeitskräften und Anfang des 20. Jahrhunderts entstand dann die betriebliche Mitbestimmung (Betriebsräte), ab den 1970er-Jahren wurden zudem in Deutschland und Österreich und später auch in anderen europäischen Ländern verschiedene Formen der Unternehmensmitbestimmung (insbesondere Arbeitnehmervertretung im Aufsichtsrat von Kapitalgesellschaften) eingeführt. Dadurch bekamen Arbeitskräfte Informations- und Mitbestimmungsrechte, die schrittweise ihre Verhandlungsposition verbesserten hinsichtlich der Arbeitsbedingungen und des Anteils an der Unternehmenswertschöpfung.

In der heutigen Informations- und Wissensgesellschaft sind Knowhow, Engagement und Kreativität von Arbeitskräften hingegen für viele Unternehmen ein entscheidender Faktor für Wettbewerbsvorteile und Erfolg. Daher haben sich die Stellung und die Verhandlungsposition von Arbeitskräften massiv gewandelt. Die zunehmende Digitalisierung hat zudem viel flexiblere Arbeitsbeziehungen, wie Remote Work und Crowdworking ermöglicht, die es vorher nicht gab. Die Neugestaltung von Arbeitsbeziehungen in der Informations- und Wissensgesellschaft wird vielfach als New Work bezeichnet.

Der Begriff New Work geht auf verschiedene Studien in den 1970er-Jahren zurück, in denen es ursprünglich darum ging, wie sich Arbeitsbeziehungen in der Informations- und Wissensgesellschaft gegenüber der Industriegesellschaft gewandelt hatten. Heute bezeichnet New Work einerseits die gewandelte Einstellung von Arbeitskräften zu ihrer Arbeit und andererseits neue flexible Arbeitsformen infolge der Digitalisierung.

Ein Beispiel für die geänderte Einstellung zur Arbeit ist die Tendenz, dass das Gehalt zwar nach wie vor ein wichtiger Faktor für die Wertschöpfung aus Sicht von Arbeitskräften ist, aber Arbeit heutzutage nicht mehr nur eine Notwendigkeit ist, um den Lebensunterhalt zu verdienen. Während Arbeitskräfte in der Industriegesellschaft oft stumpfsinnige und monotone Arbeiten ausführen mussten und eine Entfremdung der Arbeitskräfte vom Inhalt und Zweck ihrer Arbeit stattfand (man denke an „Moderne Zeiten" und „Am Fließband"), gibt es heute einen geradezu entgegengesetzten Trend. Eine immer wichtigere Rolle in modernen Arbeitsbeziehungen spielen Selbstbestimmtheit, Mitgestaltungsmöglichkeiten und Flexibilität, aber auch Sinnhaftigkeit der Arbeit, also die Wahrnehmung, mit der eigenen Arbeit in nachvollziehbarer Weise zu einem als sinnvoll wahrgenommenen Zweck, einem „Purpose", beizutragen.

Ebenso wie das Gehalt nicht mehr der vorrangige Faktor ist, der die Wertschöpfung einer Arbeitsbeziehung für Arbeitskräfte bestimmt, so sind oft auch Aufstiegschancen und Karrieremöglichkeiten, die ihrerseits wieder mit Gehaltssteigerungen einhergehen, nicht mehr ganz so wichtig. Stattdessen sind oft persönliche Weiterentwicklung und Lernmöglichkeiten ein Grund, sich für einen bestimmten Arbeitgeber zu entscheiden, ebenso wie Freiräume, neben einer Hauptanstellung selbst unternehmerisch z. B. in einem Startup aktiv zu werden bzw. sich in einer Non-Profit-Organisation sozial engagieren zu können.

Auch die Vereinbarkeit von Beruf und Familie und ganz allgemein die Work-Life-Balance spielen eine wichtige Rolle für die Wertschöpfung einer Arbeitsbeziehung aus Sicht von Arbeitskräften. Die Digitalisierung von Arbeitsbeziehungen hat über bessere Möglichkeiten von Homeoffice (Arbeit wird von einem fest eingerichteten Arbeitsplatz zuhause aus erledigt) und Remote Work (Arbeit wird von einem beliebigen Ort aus erledigt) zu einem Work-Life-Blending geführt, wo Arbeits- und Privatleben nicht mehr wie früher zeitlich und räumlich getrennt werden können. Im Extremfall von Remote Work, wo nur noch unterwegs im Zug oder im Café und örtlich völlig ungebunden gearbeitet wird, spricht man auch von „digitalen Nomaden". Arbeitsmittel, wie Laptop oder Smartphone, werden zunehmend sowohl für berufliche als auch private Zwecke genutzt, was zu einem weiteren Verschwimmen von Arbeit und Freizeit führt. Viele Unternehmen haben ohnehin fest zugeteilte Büros abgeschafft, Arbeitsplätze und Büros werden flexibel und je nach Bedarf an Arbeitskräfte vergeben, und auch Coworking-Spaces (Arbeitsräume, die flexibel von unterschiedlichen Unternehmen genutzt werden) finden zunehmende Verbreitung. In manchen Fällen bieten sogenannte Crowdworker ihre Arbeitsleistung über das Internet an und erledigen für auftraggebende Unternehmen bestimmte definierte Aufgaben.

Diese Entwicklungen haben zu wesentlich höherer Flexibilität und Selbstbestimmtheit bei der Arbeitserledigung geführt und das Wesen von Arbeitsbeziehungen wurde dadurch grundlegend verändert. Gerade wegen der hohen Selbstbestimmtheit und Flexibilität verlangen solche Arbeitsformen aber auch ein wesentlich höheres Maß an Selbstkontrolle bei der Arbeitserledigung und mögliche negative Folgen sind soziale Isolation, erhöhter Arbeitsstress bis hin zu Burnout (z. B. durch die gefühlte ständige Erreichbarkeit und das Fehlen arbeitsfreier Phasen). Arbeitgeber sehen hingegen oft die Gefahr, dass die Arbeitserledigung schwer kontrollierbar ist, dass durch das Fehlen informeller und formeller persönlicher Kommunikation der Informationsfluss leidet und dass ein Ungerechtigkeitsgefühl in Teams entsteht, wenn einzelne Teammitglieder nicht erreichbar sind oder vermutet wird, dass diese beispielsweise im Homeoffice überwiegend private Erledigungen machen, während die Arbeit dann an anderen Teammitgliedern hängen bleibt. Manche Unternehmen versuchen dem entgegenzuwirken, indem im Homeoffice die Aufgabenerledigung durch Installation einer entsprechenden Software elektronisch kontrolliert wird, und inzwischen gibt es Fälle von Entlassungen, weil durch entsprechende Software nachgewiesen werden konnte, dass die Aufgabenerledigung nicht in der vereinbarten Weise erfolgte. Allerdings ist die Zulässigkeit solcher Kontrollmaßnahmen von den jeweiligen arbeitsrechtlichen Vorschriften abhängig, bei denen es deutliche internationale Unterschiede gibt.

Personalentwicklung
Ein wesentliches Instrument zur Gestaltung von Arbeitsbeziehungen ist die Personalentwicklung, also die Gestaltung der beruflichen und persönlichen Entwicklung von Personal. Dabei kann es sich um Maßnahmen zur Weiterbildung und Qualifikation im und außerhalb des Unternehmens handeln, aber auch um Seminare zur Persönlichkeitsentwicklung, Maßnahmen zur Identifikation und Förderung von Nachwuchsführungskräften, Organisation informeller Gruppen zum Informationsaustausch und zur Karriereplanung und dergleichen. Aus Unternehmenssicht ist das traditionelle strategische Ziel der Personalentwicklung, die Fähigkeiten und Qualifikationen von Arbeitskräften kontinuierlich auf die Ziele und den Bedarf der Organisation abzustimmen. Damit zusammenhängende wichtige Ziele sind auch die Förderung von „High Potentials", die Sicherstellung von Kompetenzen, die für das Unternehmen zentral sind (Schlüsselqualifikationen), und die Entwicklung zukünftiger Führungskräfte (vgl. Speckbacher, 2017).

Daneben ist die Personalentwicklung auch ein Instrument, um Arbeitskräften von Anfang an und kontinuierlich angepasst an die jeweilige Tätigkeit, eine Entwicklungsperspektive im Unternehmen aufzuzeigen und um dadurch auch die Personalbindung an das Unternehmen zu verbessern. Entwicklungsperspektiven können dabei sowohl klassische formelle Karrieren sein (Aufstieg in der Unternehmenshierarchie und Gehaltssteigerungen), als auch Karrieren im Sinne der Weiterentwicklung der Qualifikationen und der Persönlichkeit. Die Personalentwicklung ist damit auch ein wichtiger Aspekt der Wertschöpfung aus Arbeitnehmersicht. Aus Unternehmenssicht kann die Personalentwicklung helfen, Talente, Qualifikationen und Persönlichkeitsmerkmale von Arbeitskräften besser kennenzulernen und dadurch Win-win-Situationen zu ermöglichen, indem Tätigkeitsfelder besser auf Arbeitskräfte zugeschnitten werden und dadurch Arbeitszufriedenheit, Motivation und Wertschöpfung gleichzeitig erhöht werden.

Die Personalentwicklung ist ein klassisches Tätigkeitsfeld von Personalabteilungen in Unternehmen, neben anderen Grundfunktionen wie Recruiting, Personalbetreuung und Compensation and Benefits. Zunächst ist Personalentwicklung zwar eine Führungsaufgabe und damit ist immer zunächst die jeweilige Führungskraft für die Entwicklung aller

Personen in ihrem Verantwortungsbereich zuständig. Allerdings werden Führungskräfte mit der Expertise der Personalabteilung unterstützt (z. B. bei der Planung und Durchführung regelmäßiger Mitarbeitergespräche), und Personalentwicklungsmaßnahmen seitens der Personalabteilung sind oft auch ein Mittel, um Führungskräfte zu entlasten und Personalentwicklungsmaßnahmen im Unternehmen zu bündeln und zu vereinheitlichen.

People Analytics

Wie in allen anderen Unternehmensbereichen, so ist auch im Personalbereich eine gute Datenbasis wichtig, um fundierte, evidenzbasierte Entscheidungen treffen zu können. Dazu wurden von Personalabteilungen, neben den zum Teil gesetzlich vorgeschriebenen Daten wie Arbeitszeiterfassung und Urlaubstagen, schon immer verschiedenste Daten erhoben und im Rahmen des Personalcontrollings ausgewertet und für das Treffen von Entscheidungen aufbereitet. Dies umfasste Daten zu den Personalkosten von Unternehmensbereichen, zu Qualifikationen von Arbeitskräften, Befragungen zur Arbeitszufriedenheit, Krankenstände und Fehlzeiten oder Fluktuationen (Kündigungen) oder auch aus Austrittsgesprächen erfasste Statistiken für Austrittsgründe.

Durch die Digitalisierung von HR-Prozessen (z. B. ermöglichen digitalisierte Personalakten einen einfachen Zugriff auf Qualifikationsprofile, vorherige Arbeitsverhältnisse, Zusatzvereinbarungen zu flexiblen Arbeitszeiten, Weiterbildungen etc.) ergibt sich eine Fülle personalbezogener Daten und diese Daten können zudem mit Daten über Aktivitäten in sozialen Netzwerken etc. kombiniert werden. Daraus ergeben sich wiederum neue Möglichkeiten. Beispielsweise kann ermittelt werden, wie sich Personalentwicklungsmaßnahmen oder neu eingeführte Gehaltssysteme auf die Arbeitszufriedenheit und verschiedene Aspekte des Arbeitsverhaltens ausgewirkt haben. Die Eignung von Führungskräften kann anhand verschiedener Kennzahlen, wie Krankentagen, Fluktuation oder Arbeitszufriedenheit der dieser Führungskraft zugeordneten Arbeitskräfte beurteilt werden und es kann ggf. rechtzeitig ein Gespräch mit der Führungskraft geführt werden, bevor wichtige Arbeitskräfte kündigen. Mit Hilfe von AI-Algorithmen können zudem beispielsweise Vorhersagen getroffen werden, welche Arbeitskräfte mit hoher Wahrscheinlichkeit in naher Zukunft kündigen werden oder wo die Gefahr groß ist, dass Arbeitskräfte abgeworben werden (wenn keine Gegenmaßnahmen ergriffen werden). Beispielsweise ermittelte Facebook aus unterschiedlichen Daten, dass Arbeitskräfte mit einem langen Arbeitsweg tendenziell geringere Leistung bringen, und als Gegenmaßnahme wurde an Arbeitskräfte des Headquarters in Silicon Valley mit langem Anfahrtsweg eine Umzugsprämie in Höhe von 10.000 US-$ und mehr ausbezahlt, wenn diese in die Nähe des Unternehmens umzogen.[2] Derartige Auswertungen werden als People Analytics oder HR Analytics bezeichnet. Während immer mehr Daten prinzipiell zugänglich sind, legen Datenschutzauflagen fest, unter welchen Bedingungen welche Daten wie genutzt werden dürfen.

---

[2] Facebook offers employees $ 10,000 to live close to the office. (17.12.2015) *The Guardian*.

Leadership

Einer der wichtigsten Faktoren für die Wertschöpfung einer Arbeitsbeziehung sowohl für die Arbeitskraft als auch für das Unternehmen sind die Führungskräfte. Im negativen Sinn gibt es dazu den bekannten Spruch „Arbeitskräfte verlassen nicht ihr Unternehmen, sondern ihre Führungskräfte". Im positiven Sinne können Führungskräfte motivieren, inspirieren, begeistern, Sinn geben, Vorbilder und Role Models sein, und das Unternehmen attraktiv als Arbeitgeber machen. Bei den Aufgaben von Führungskräften wird oft zwischen Führung und Management unterschieden.

Mit Führung (Leadership) verbindet man oft, andere zu inspirieren, mitzureißen, Visionen und Werte vorzuleben und zu verankern, sowie Sinn und Orientierung in der Arbeit zu geben (Sensemaking und Sensegiving). Diese Aspekte der Führung werden oft auch mit Begriffen wie charismatische Führung oder transformationale Führung umschrieben. Transformationale Führung bedeutet dabei, dass eine Führungskraft die Geführten umformt (transform), diese also inspiriert und deren Sichtweisen, Werte und Einstellungen verändert. Diese transformationale Führung wird oft der transaktionalen Führung gegenübergestellt, wobei transaktionale Führung bedeutet, dass Führungskräfte an Geführte Aufgaben delegieren und für deren Erledigung Ziele vorgeben. Das Erreichen der Ziele wird dann von der Führungskraft kontrolliert, bewertet und ggf. belohnt und es wird Feedback zur Zielerreichung gegeben. Aus motivationstheoretischer Sicht sprechen transformationale und charismatische Führung eher die intrinsische Motivation an, transaktionale Führung motiviert eher extrinsisch. Während die ältere Literatur transformationale und transaktionale Führung eher als Gegensätze sah und auch davon ausging, dass Führungskräfte entweder eher transformational oder transaktional führen, werden beide Führungsformen heute eher als komplementär, also als sich ergänzend, gesehen. Zudem wird zunehmend gesehen, dass sich in unterschiedlichen Situationen unterschiedliche Führungsformen als effektiv erweisen. Oft wünschen sich Arbeitskräfte beispielsweise im Verkauf oder in der Produktion, dass Erwartungen über Verkaufs- oder Produktionszahlen von Führungskräften klar kommuniziert werden. Wenn es aber um Kreativitätsprozesse etwa in der Werbebranche geht, dann ist wichtig, dass Führungskräfte auch inspirieren und mitreißen, und vor allem vorleben, wie künstlerische Werte im Kreativitätsprozess mit wirtschaftlichen Zielen, wie Umsatz oder Kundenzufriedenheit verbunden werden können (Speckbacher, 2023a, 2023b).

Mit Management werden hingegen eher die handwerklichen Aufgaben der Umsetzung von Unternehmenszielen und Werten im Alltagsgeschäft bezeichnet, also Planung und Kontrolle von Abläufen, Abstimmung und Koordination aller Aktivitäten im Unternehmen, und das Lösen alltäglicher Probleme im Arbeitsablauf. Manchmal wird der Unterschied von Führung und Management auch dadurch beschrieben, dass es in der Führung um „Doing the right things" geht und im Management um „Doing things right".

Während unzählige Studien über Führungsstile und über die Funktionen des Managements Erkenntnisse darüber geliefert haben, unter welchen Bedingungen welche Formen der Führung und des Managements besonders effektiv sind oder sinnvoll miteinander kombiniert werden können, ist ein in der Praxis verbreitetes Problem, dass Führungskräfte oft zu sehr mit alltäglichen Managementaufgaben belastet sind und kaum Zeit haben, sich um die Führung des ihnen zugeordneten Personals zu kümmern. Manchmal fehlt auch die Schulung der Führungskompetenzen, weil Karrieren eher über inhaltliche Kompetenzen als über Führungskompetenzen zustande kommen. Ein Mangel an Führung kann bei Arbeitskräften zu Orientierungslosigkeit, Rollenunklarheit und Rollenkonflikten, und schließlich zu Mobbing, Burnout und hoher Fluktuation führen.

7.4.3 Zusammenfassung

Ähnlich wie es bei der Kundenwertschöpfung durch Produkte nicht nur um die Befriedigung von Grundbedürfnissen zu einem möglichst geringen Kaufpreis geht, geht es bei der Wertschöpfung aus Arbeitsbeziehungen für Arbeitskräfte nicht mehr alleine darum, mit einem sicheren Arbeitsplatz Geld zu verdienen und damit (im Sinne der Maslow'schen Bedürfnispyramide, vgl. Abschn. 5.2.3) die Grundbedürfnisse des Lebens und elementare Sicherheitsbedürfnisse zu decken. Vielmehr wird Wert in Arbeitsbeziehungen ganz wesentlich durch den in Arbeitsbeziehungen erfolgenden Aufbau und die Pflege sozialer Beziehungen geschaffen, durch soziale Anerkennung, durch Möglichkeiten des Lernens und der Persönlichkeitsentwicklung, durch das Bewusstsein, durch die eigene Tätigkeit in einem verantwortungsvollen und umweltbewussten Unternehmen einen gesellschaftlichen Beitrag zu leisten, und schließlich durch Selbstverwirklichung und Sinnfindung im Beruf. Umgekehrt können Unternehmen von Personal, das sich wertgeschätzt fühlt und die Arbeit als sinnstiftend empfindet, auch eher hohe Motivation und Bereitschaft, die eigene Kreativität im Interesse des Unternehmens einzusetzen, und auch Loyalität in schwierigen Zeiten erwarten.

Ebenso wie die Kundenwertschöpfung wesentlich von psychologischen, soziologischen und emotionalen Faktoren abhängt und durch sehr unterschiedliche Aspekte beispielsweise der Produktgestaltung, der Kommunikation und des Vertriebs beeinflusst wird, so gilt das erst recht bei der oft wesentlich langfristigeren und komplexeren Beziehung von Unternehmen zu ihren Arbeitskräften. Die Kunst der Wertschaffung in Arbeitsbeziehungen besteht darin, aufbauend auf Informationen zu den spezifischen Präferenzen, Wünschen und Bedürfnissen der jeweiligen Arbeitskraft die Arbeitsbeziehung so zu gestalten, dass die Arbeitskraft die Arbeitsbeziehung als wertschöpfend empfindet (Arbeitnehmerrente) und dass die Arbeitskraft optimal zur Wertschöpfung im Unternehmen (Produzentenrente) beitragen kann und will. Damit werden Unternehmen gleichzeitig ihrer gesellschaftlichen Rolle als Anbieter wertschöpfender und erfüllender Arbeitsbeziehungen gerecht.

Welche der folgenden Aussagen sind richtig?

a) **Arbeitsteilung** ermöglicht zwar höhere Produktivität, führt aber auch zu **Koordinationsbedarf**.

b) Bei Aufgaben mit mehreren schlecht messbaren Ergebnissen bieten sich **extrinsische Anreize** an, weil diese dann besonders effektiv sind.

c) Vertrauensvolle Beziehungen am Arbeitsplatz zu Vorgesetzten sind in der **Herzberg'schen Theorie** ein typischer **Motivator**.

d) Die **Equity-Theorie** beschreibt die Beobachtung, dass Menschen es als fair empfinden, wenn in einem Unternehmen das **Gehalt** für alle in etwa gleich hoch ist.

e) Bei einer Organisationsstruktur mit einer sogenannten **flachen Hierarchie** haben Vorgesetzte tendenziell relativ wenige **Direct Reports**.

f) Bei der **M-Form** haben die z. B. für eine Produktgruppe zuständigen **Divisionen** in der Regel eine eigene **P&L-Verantwortlichkeit**.

g) Wenn ein Unternehmen für eine zu besetzende Stelle über LinkedIn nach geeigneten Personen sucht, diese anspricht und überzeugt, auf die zu besetzende Stelle zu wechseln, dann ist das ein Beispiel für **Active Sourcing**.

h) Wenn Unternehmen Weiterbildungsseminare für Arbeitskräfte anbieten, dann ist das ein Beispiel für **Personalentwicklung**.

i) **Work-Life Blending** bedeutet, dass das Arbeitsleben durch eine arbeitsgerechte Arbeitsplatzgestaltung produktiver gemacht wird.

j) Der **Hawthorne-Effekt** verdeutlicht, dass geldliche Anreize (Bonuszahlungen) die Motivation nicht steigern.

▶   Die Lösung zu den Wiederholungsfragen finden Sie in Kap. 9.

Literatur

Grabner, I., Klein, A., & Speckbacher, G. (2022). Managing the trade-off between autonomy and task interdependence in creative teams: the role of organizational-level cultural control. *Accounting, Organizations and Society, 101*, 1–14.

Herzberg, F. (1987). *One more time: how do you motivate employees?* (S. 5–16). Harvard Business Review.

Kieser, A., & Walgenbach, P. (2010). *Organisation* (6. Aufl.). Stuttgart: Schäffer-Poeschel.

Klarner, P., Probst, G., & Useem, M. (2020). Opening the black box: unpacking board involvement in innovation. *Strategic Organization, 18*, 487–519.

Klein, A., & Speckbacher, G. (2020). Does using accounting data in performance evaluations spoil team creativity? The role of leadership behavior. *The Accounting Review, 95*(4), 313–330.

Lazear, E. P. (2000). Performance pay and productivity. *American Economic Review, 90*(5), 1346–1361.

Mankins, M., & Garton, E. (2017). How Spotify balances employee autonomy and accountability. *Harvard Business Review, 95*, 1–6.

Mayrhofer, W., Furtmüller, G., & Kasper, H. (Hrsg.). (2023). *Personalmanagement – Führung – Organisation* (6. Aufl.). Wien: Linde.

Podolny, J. M., & Hansen, M. T. (2020). How Apple is organized for innovation. *Harvard Business Review, 98,* 86–95.

Schreyögg, G., & Geiger, D. (2024). *Organisation. Grundlagen moderner Organisationsgestaltung* (4. Aufl.). Berlin: Springer Gabler.

Speckbacher, G. (2017). Was ist eine gute Führungskraft? In S. Kalss, S. Frotz & S. Schörghofer (Hrsg.), *Handbuch für den Vorstand* (S. 47–54). Wien: Facultas.

Speckbacher, G. (2023a). Values, performance, or both? How values-focused work can benefit from results-based management. *Nonprofit and Voluntary Sector Quarterly, 53*(3), 770–789.

Speckbacher, G. (2023b). Was macht Teams kreativ? *People & Work, 23,* 68–70.

Titscher, S., Mayrhofer, W., & Meyer, M. (Hrsg.). (2010). *Praxis der Organisationsanalyse: Anwendungsfelder und Methoden.* Wien: facultas.

Wallraff, G. (1966). *Wir brauchen Dich. Als Arbeiter in deutschen Industriebetrieben.* München: Rütten und Loening.

Unternehmensethik und Corporate Governance 8

Zusammenfassung

Die letzte der sieben Perspektiven widmet sich dem regulatorischen Rahmen der Führung und Wertverteilung in Unternehmen (Corporate Governance), sowie Fragen der Unternehmensethik. Wer trägt die soziale und ethische Verantwortung in Unternehmen und worin besteht die soziale Verantwortung von Unternehmen?

8.1 Was hat BWL mit Ethik zu tun?

8.1.1 Der Ford Pinto Fall

In den 1960er-Jahren wurden in den USA günstige, aus dem Ausland importierte Kleinwagen wie der VW Käfer und einige japanische Automodelle immer populärer. Ford reagierte darauf mit der eigenen Entwicklung eines kleineren und günstigen Automodells, des Ford Pinto, der 1970 schließlich auf den Markt kam. Um Kosten zu sparen und den Verkaufspreis niedrig zu halten, hatten Ingenieure bei Ford eine Positionierung des Tanks vorgeschlagen, die ein gewisses Risiko beinhaltete, das man aber angesichts der möglichen Kostenersparnis bewusst einging. Nachdem das Fahrzeug auf dem Markt war, gab es Berichte über relativ leichte Auffahrunfälle, bei denen der Tank des Ford Pinto beschädigt wurde, sodass Benzin auslief und sich entzündete. Durch die dabei ausgelösten explosionsartigen Brände kamen mehrere Menschen ums Leben (zum Ford Pinto Fall vgl. De George, 1981).

Ford reagierte auf diese Berichte, indem man die zu erwartenden Kosten einer Rückrufaktion berechnete, bei der alle Ford Pintos so umgerüstet würden, dass die Explosionsgefahr nicht mehr besteht. Aufgrund der dabei ermittelten enormen Kosten für Ford entschied man sich schließlich dafür, vorerst nichts zu unternehmen und abzuwarten, ob

G. Speckbacher, *Innovationen für gemeinsamen Gewinn*,
https://doi.org/10.1007/978-3-658-48783-6_8

und wie eine bereits angekündigte gesetzliche Vorgabe für Sicherheitsstandards bei Benzintanks umgesetzt wird.

Später kamen Berichte an die Öffentlichkeit, denen zufolge Ford nicht nur die Kosten einer Rückrufaktion mit Beseitigung der Gefahrenquellen am Tank erheben hatte lassen, sondern auch die möglichen Kosten für Schadensersatzforderungen im Falle weiterer Todesfälle. Diese Gegenüberstellung hatte den Berichten zufolge ergeben, dass eine Umrüstung aller ausgelieferten Pintos deutlich mehr Kosten bedeutet hätte, als durch Schadensersatzforderungen und außergerichtliche Einigungen mit möglichen Opfern voraussichtlich entstanden wären.

Tatsächlich gab es dann immer mehr Todesfälle aufgrund von Explosionen bei Ford Pintos. Ab 1971 fanden insgesamt etwa 50 Gerichtsverfahren statt, wo Angehörige von Opfern, die durch Tankexplosionen und Brandunfälle des Ford Pinto ums Leben gekommen waren, gegen Ford klagten. Im Rahmen dieser Gerichtsverfahren wurden immer mehr Fakten bekannt, die Ford belasteten und die schließlich zu einer Verurteilung des Unternehmens wegen fahrlässiger Tötung führten.

Im Nachhinein wurde deutlich, dass die Gerichtsverfahren und die öffentliche Rufschädigung für Ford aufgrund der jahrelang dauernden Gerichtsverfahren, sowie die schließlich 1977 auf starken öffentlichen Druck doch erfolgte Rückrufaktion, einen enormen finanziellen Schaden für Ford und einen kaum wiedergutzumachenden Reputationsverlust bedeuteten. Ein Großteil dieses Schadens hätte verhindert werden können, wenn Ford sofort bei Bekanntwerden der Unfälle alle Pintos so umgerüstet hätte, dass diese Art von Unfällen verhindert worden wäre.

8.1.2 Unethisches Verhalten von Unternehmen und Schädigung von Stakeholder-Interessen

Der Ford Pinto Case wurde zum Lehrbuchbeispiel für Business Ethics und dieser Fall wurde beispielsweise auch in Filmen wie Fight Club aus dem Jahr 1999 zitiert. Er steht heute als Beispiel für die rücksichtslose Gewinngier mancher Unternehmen, die Menschenleben eiskalt finanziell bewerten und gegen Zusatzkosten bei der Konstruktion oder bei Rückrufaktionen aufrechnen. Allerdings ist Ford nicht der einzige Autohersteller, der Sicherheitsmängel an hergestellten Autos zunächst nicht anerkennen wollte und die Kosten von Rückrufaktionen trotz offensichtlicher Gefahren für das Leben von Autoinsassen vermeiden wollte.

Ein etwas anders gelagerter Skandal in der Autoindustrie wurde im Jahr 2015 bekannt. Der Diesel- und Abgasskandal betraf zunächst vor allem Volkswagen, dann aber auch andere Autohersteller. Wenngleich es hier nicht um Menschenleben ging, so ging es immerhin um eine bewusste Irreführung und eine Schädigung von Kundeninteressen, indem Autos als umweltfreundlich beworben und verkauft wurden, die tatsächlich die angegebenen Umweltnormen nicht wirklich erfüllten, sondern nur aufgrund einer manipulierten Software. Da die Umweltfreundlichkeit von Produkten ein wesentlicher Aspekt für den Käufernutzen ist, wären die Autos nicht (zumindest nicht zu diesem Preis) gekauft worden, wenn bekannt gewesen wäre, dass diese in Wirklichkeit die angegebenen Umweltnormen nicht erfüllten.

Ein weiteres bekanntes Beispiel für eine massive Schädigung von Stakeholder-Interessen ist die Explosion der im Auftrag des Mineralölkonzerns BP betriebenen Öl-Bohrinsel Deepwater Horizon im April 2010. Unmittelbar durch die Explosion starben 11 Menschen, die auf der Bohrinsel arbeiteten. Danach flossen Unmengen von Öl in den Golf von Mexiko, was zu einer verheerenden, bis heute andauernden Umweltkatastrophe führte. Eine Aneinanderkettung menschlicher und technischer Fehler und Nachlässigkeiten hatte die Katastrophe verursacht und BP wurde schließlich zu einer Strafzahlung von 4.5 Mrd. US-$ verurteilt. Die Folgekosten für BP zur Bewältigung von Folgen der Katastrophe werden auf etwa 40 Mrd. US-$ geschätzt.

Zunächst zeigen die obigen Beispiele, dass Handeln in Unternehmen auch ethische Fragen aufwerfen kann, d. h. Fragen, ob und inwiefern Handlungsweisen nach allgemein anerkannten Werten und Normen als gut und richtig eingestuft werden können. Auf den ersten Blick geht es dabei um moralisches Verhalten der Menschen, die in Unternehmen tätig sind. Viele Unternehmensskandale hätten vermutlich vermieden werden können, wenn sich die handelnden Personen an die grundlegenden Werte und Normen unserer Gesellschaft gehalten hätten.

Eine grundlegende Frage der Unternehmensethik ist aber, ob und wann ethisches Fehlverhalten von Unternehmen nicht nur auf das Fehlverhalten einzelner Personen, also auf individuelles unethisches Verhalten, zurückgeführt werden kann, sondern auf strukturelle Gründe, die im Wesen der betroffenen Unternehmen liegen. Beispielsweise wurde im Diesel- und Abgasskandal immer wieder davon berichtet, dass Ingenieure massiv unter Druck gesetzt worden waren, bestimmte Abgasnormen einzuhalten, die technisch unter den gegebenen Bedingungen nicht einzuhalten waren.

Wie wäre beispielsweise das Verhalten einer Ingenieurin ethisch zu beurteilen, die mit ihrem Einkommen eine Familie zu versorgen hat und die befürchtete, ihren Job zu verlieren, wenn sie die gewünschten Ergebnisse nicht liefern kann? Vielleicht hatte die Vorgesetzte der Ingenieurin diese mehrfach darüber informiert, dass das Budget für die Abteilung gestrichen würde, wenn die erwarteten Ergebnisse nicht erreicht werden, und dass das Entlassungen bedeuten würde. Wie würde man den Sachverhalt moralisch beurteilen, wenn die Ingenieurin unter diesem für sie persönlich existenzgefährdenden Druck gemeinsam mit anderen eine „Schummel-Software" erfunden hätte, die bei Abgastests die gewünschten (falschen) Abgaswerte lieferte? Vielleicht würde man dann zur Einschätzung kommen, dass die Ingenieurin zumindest gegenüber ihrer Familie verantwortungsvoll gehandelt hat oder höchstens eine Teilschuld trägt, während der gnadenlose Druck, den ihre vorgesetzten Führungskräfte auf sie ausübten, das eigentliche Problem ist.

Die Führungskräfte der Ingenieurin waren aber vielleicht selbst wieder unter Druck von der Geschäftsführung des Unternehmens und auch die Geschäftsführung hatte vielleicht nur noch eine Gnadenfrist erhalten, in der sie Ergebnisse liefern musste, und bei Versagen wäre die Geschäftsführung selbst entlassen worden. Vielleicht hat die Ingenieurin nicht nur individuell aus Verantwortung ihrer Familie gegenüber so gehandelt, sondern sie dachte auch, dass ihre Führungskraft ohnehin von ihr erwartete, „mit allen Mitteln" die eigentlich unerreichbaren Vorgaben zu erfüllen. Die Führungskraft hingegen hätte vielleicht wissen können, dass mit den gemessenen Werten etwas nicht stimmt, wollte aber vielleicht lieber nicht so genau hinschauen und hat die Ingenieurin gelobt, dass nun endlich die Vorgaben erreicht und die Weiterexistenz der ganzen Abteilung gesichert werden konnte. Die Geschäftsführung, die die Gesamtverantwortung für alles im Unternehmen trägt, wusste vielleicht tatsächlich gar nicht, dass die vorgegebenen Ziele nur durch Schummelei und Betrug erreicht wurden. Wer trägt dann die moralische Schuld, die einzelnen Personen oder das ganze Unternehmen und damit die Geschäftsführung, die nur unangemessenen Druck ausgeübt hat, aber von der Schummelei nichts wusste? Sind es vielleicht nicht nur die Menschen, sondern auch die Strukturen im Unternehmen, die schuld sind? Wer trägt die Verantwortung für die Strukturen?

Damit wird deutlich, dass Unternehmensethik nicht einfach die Summe des ethischen oder unethischen Verhaltens der im Unternehmen tätigen Personen ist. Vielmehr ist immer zu hinterfragen, welche Rolle beispielsweise hierarchische Strukturen spielen, in denen nur Druck nach unten ausgeübt wird, aber Arbeitskräfte alleine gelassen werden, ohne Unterstützung, wie sie mit dem Druck umgehen können. Oder auch welche Rolle Anreizsysteme spielen, die Zielerreichung „um jeden Preis" belohnen. Oder eine Kultur des Wegschauens und eine Kultur der gegenseitigen Bestätigung, dass es eigentlich ja nur eine intelligent gemachte Software ist, die letztlich niemandem schadet. Wie die obigen Beispiele zeigen, ist ein weiterer fundamentaler Unterschied zwischen individueller Ethik und Unternehmensethik, dass individuelles Fehlverhalten in den meisten Fällen keine so weitreichenden und für die ganze Gesellschaft relevanten Folgen hat, wie Unternehmenshandeln. Aus diesen Gründen wird von Unternehmen auch eine Corporate Social Responsibility (CSR), also eine gesellschaftliche Verantwortung gefordert, die deutlich über die soziale und moralische Verantwortung der einzelnen Menschen im jeweiligen Unternehmen hinausgeht.

Zum Nachdenken regt vielleicht auch ein Detail des Ford Pinto Falles an. Im Rahmen der Gerichtsverhandlungen hatte ein Ingenieur bei Ford, der für die Konstruktion des Tanks mitverantwortlich war, ausgesagt, dass er zwar das Risiko kannte, aber sogar seiner eigenen Tochter einen Ford Pinto gekauft hatte. Zeigt seine Aussage, dass es sich bei der Billig-Konstruktion des Tanks um ein Risiko handelt, das vernünftige Menschen auch sich selbst oder ihrer Familie gegenüber eingehen würden? Wurden also gar keine Konsumenteninteressen geschädigt, weil das Sicherheitsrisiko ein normales Risiko war, das man bei einem so billigen Auto eben eingehen muss? Womöglich zeigt die Aussage auch, dass nach Bekanntwerden der ersten Unfälle selbst erfahrene Ingenieure die Gefahr noch falsch einschätzten. Die Frage ist aber, ab welchem Zeitpunkt, nach wie vielen bekanntgewordenen Unfällen, sich diese Einschätzung hätte ändern müssen und inwiefern die Öffentlichkeit ehrlich über neue Erkenntnisse dazu hätte informiert werden sollen (De George, 1981).

8.2   Wer bestimmt in Unternehmen, wer trägt die Verantwortung?

Aus den obigen Beispielen ergeben sich verschiedene Fragen für die Unternehmensführung. Eine offensichtliche Frage ist, wer insgesamt für das Handeln in Unternehmen die Verantwortung trägt. Oder anders formuliert, wer in Unternehmen letztlich das Recht hat, „alles" zu bestimmen, und wer dann dementsprechend auch die ethische Verantwortung für all die Dinge trägt, die nicht allein in der ethischen Verantwortung der im Unternehmen handelnden Individuen liegen. Wie in den obigen Beispielen erläutert, betrifft das beispielsweise auch die Verantwortung für die Strukturen, die Anreizsysteme und die Kultur in Unternehmen, die vielleicht unethisches Verhalten Einzelner erleichtern, fördern oder gar erzwingen.

8.2.1   Unternehmenstheorie

Zur Beantwortung der obigen Frage sind Unternehmenstheorien hilfreich. Diese untersuchen mit Hilfe von einfachen Modellen grundlegende Fragen, wie beispielsweise die Frage, wie Hierarchie entsteht und wie sich begründen lässt, wer an der Spitze der Hierarchie steht (vgl. Dilger, Frick & Speckbacher, 1999).

In einer grundlegenden Arbeit zur ökonomischen Unternehmenstheorie führen die Wirtschaftswissenschaftler Armen A. Alchian und Harold Demsetz (1972) aus, dass es in synergetischer Teamproduktion unmöglich ist, genau festzustellen, welches Teammitglied wie viel zum Teamoutput beigetragen hat. Daraus ergibt sich ein Anreiz zum Free Rider-Verhalten, also dazu, den eigenen Einsatz zu reduzieren und sich auf die anderen Teammitglieder zu verlassen, wodurch dann insgesamt der Teamerfolg gefährdet ist. Wie das praktisch funktioniert, das haben wir alle schon bei Teamarbeiten erlebt.

Daher wird eine „Teamleitung" benötigt, die überwacht, dass alle Teammitglieder sich bestmöglich anstrengen. Wer aber überwacht die Teamleitung bzw., im Falle mehrerer Teams, die Teamleitungen? An der Spitze der Hierarchie muss eine Unternehmensführung (eine einzelne Person oder ein Team) stehen, die nicht selbst wieder überwacht werden muss. Das ist dann der Fall, wenn die Unternehmensführung das Risiko des Teamerfolges trägt, wenn also die Vergütung der Unternehmensführung davon abhängt, ob das Team erfolgreich arbeitet oder nicht. Wenn ihre eigene Vergütung vom Erfolg des oder der untergeordneten Teams abhängt, dann hat die Unternehmensführung einen Anreiz, die Überwachungsaufgabe gegenüber allen untergeordneten Personen und Teams sehr ernst zu nehmen. Damit begründet das Unternehmensmodell von Alchian und Demsetz aus anreiztheoretischer Sicht, dass Arbeitskräfte in Unternehmen ein (weitgehend) fixes Gehalt bekommen, während die Unternehmensführung kein festes Gehalt bekommt, sondern das Unternehmensrisiko in Form eines ungewissen Finanzerfolges trägt, dafür aber dann auch alle Entscheidungen im Unternehmen bestimmen kann.

Ohne das Recht, die Unternehmensentscheidungen treffen zu können, wäre kaum jemand bereit, das gesamte Risiko der Unternehmenstätigkeit zu tragen. Dieses Risiko besteht im Wesentlichen darin, ob der Output der Unternehmenstätigkeit zu einem Preis am Markt verkauft werden kann, der die Kosten für die Produktionsfaktoren, einschließlich des Fixgehalts für die Arbeitskräfte, mehr als deckt. Also das Risiko, ob das Unternehmen einen Finanzgewinn erwirtschaftet oder ob ein Verlust entsteht.

Aus Sicht der innovationsorientierten BWL ist anzumerken, dass sich das Unternehmensmodell von Alchian und Demsetz auf ein Arbitrageunternehmen bezieht. Bei schöpferischem Unternehmertum besteht die Funktion der Spitze der Hierarchie, also der Unternehmensführung, keineswegs nur in der Gesamtüberwachung der untergeordneten Organisationseinheiten, sondern vor allem darin, Innovationen anzustoßen und am Markt durchzusetzen, und dadurch den Wertschöpfungsprozess im Unternehmen erst in Gang zu setzen.

Das Unternehmensmodell von Alchian und Demsetz liefert eine Begründung dafür, warum in Unternehmen das Tragen des finanziellen Risikos und das Recht, alle „residualen Entscheidungen" im Unternehmen zu treffen, in einer Hand liegen sollten. Mit dem Tragen des finanziellen Risikos ist dabei gemeint, dass die Unternehmensführung sowohl Anspruch auf die erwirtschafteten Überschüsse (Produzentenrente, Gewinn) hat, als auch im Misserfolgsfall alle Verluste tragen muss. Mit den residualen Entscheidungsrechten ist gemeint, dass die Unternehmensführung innerhalb der gesetzlichen Rahmenbedingungen und soweit keine anderweitig bindenden Verträge bestehen, alle Unternehmensentscheidungen treffen kann, insbesondere auch Personalentscheidungen bezüglich der Teammitglieder und deren arbeitsvertraglichen Bedingungen. Die Kombination dieser Rechte und Verpflichtungen, also Tragen des Risikos, Anspruch auf Gewinne und das Recht, die Entscheidungen im Unternehmen zu treffen, wird als Eigentum am Unternehmen bezeichnet.

In diesem Sinne gibt es, nebenbei bemerkt, an Non-Profit-Organisationen kein Eigentum, weil diese keine Gewinne ausschütten dürfen. Wer eine Non-Profit-Organisation gründet und Gelder dafür einwirbt, kann zwar in der Regel Entscheidungen für die Organisation treffen, hat aber kein Anrecht darauf, einen Anteil an gegebenenfalls erzielten Gewinnen zu erhalten. Auch eine Spende an eine Non-Profit-Organisation kann nicht zurückgefordert werden und diese bedingt, anders als eine Kapitalbeteiligung an Unternehmen, auch keine Mitsprache- oder Gewinnbeteiligungsrechte.

Das grundlegende Unternehmensmodell von Alchian und Demsetz wurde später von Michael C. Jensen und William H. Meckling (1976) und anderen auf den Fall erweitert, dass diejenigen, die das volle finanzielle Risiko des Unternehmens tragen, nicht gleichzeitig das Unternehmen selbst führen – die sogenannte Trennung von Ownership (Eigentum) und Control (Führung). Trennung bedeutet dabei aber nicht, dass die residualen Entscheidungsrechte vollständig auf ein Führungsgremium (Geschäftsführung, Vorstand) übertragen werden, vielmehr werden diese nur delegiert. Die Letztentscheidung, insbesondere in strategischen Fragen, und natürlich auch die Entscheidung darüber, wer zu welchen Bedingungen in die Geschäftsführung bzw. in den Vorstand berufen wird, ist weiterhin Teil der Eigentümerrechte. Diese Trennung zwischen Eigentum und Führung bietet Vorteile. Personen, die Kapital haben, das sie in ein Unternehmen investieren wollen, und die auch bereit sind, die damit verbundenen Risiken zu tragen, können dies tun, ohne selbst das

Unternehmen führen zu müssen. Andererseits müssen Personen, die gut darin sind, ein Unternehmen zu führen, nicht unbedingt auch das Geld haben, um die Unternehmenstätigkeit zu finanzieren und damit verbundene Risiken zu tragen.

Die Trennung von Eigentum und Führung geht zumeist auch einher mit einer Trennung von Privatvermögen und Unternehmensvermögen. Dabei wird das finanzielle Eigentümerrisiko auf das in die Kapitalgesellschaft (z. B. GmbH oder Aktiengesellschaft, vgl. Abschn. 2.2.3) eingebrachte Eigenkapital beschränkt. Das ist naheliegend, weil sonst schlechte Unternehmensentscheidungen einer nur bedingt kontrollierbaren Geschäftsführung das gesamte Eigentümerprivatvermögen gefährden könnten.

Eine weitere Trennung, die allerdings nicht von Jensen und Meckling behandelt wurde, sondern lange vorher von Schumpeter (1942), ist die Trennung zwischen Entrepreneurship und Ownership (bei Schumpeter: Trennung zwischen Unternehmern und Kapitalisten). In Einzelunternehmen und Personengesellschaften (vgl. Abschn. 2.2.3 und 2.3.1) sind alle drei Rollen, Entrepreneurship, Ownership und Control typischerweise in der Geschäftsführung gebündelt. Die Geschäftsführung (z. B. eine Einzelunternehmerin oder die Familienmitglieder eines als Personengesellschaft organisierten Familienunternehmens) ist Entrepreneur, indem sie eine eigene Geschäftsidee umsetzt. Sie ist zudem Risikoträger, indem sie mit dem eigenen Vermögen das finanzielle Risiko trägt, und sie ist gewinnanspruchsberechtigt. Sie ist zudem die letztverantwortliche Entscheidungsinstanz bei alltäglichen und auch bei strategischen Entscheidungen aller Art.

8.2.2   Entrepreneurship, Ownership und Control

In einer Kapitalgesellschaft sind hingegen diese Rollen in der Regel aufgeteilt. Beispielsweise könnte ein Entrepreneur ursprünglich das Unternehmen mit einer eigenen Geschäftsidee, aber mit fremdem Kapital gegründet haben. Neben dem Entrepreneur könnten nach und nach weitere Personen in die Geschäftsführung aufgenommen worden sein, und irgendwann könnte sich der Entrepreneur ganz zurückgezogen haben oder sogar, wie im Falle von Steve Jobs bei Apple, durch ein von ihm selbst eingestelltes Mitglied der Geschäftsführung (dem CFO John Sculley, vgl. Abschn. 2.1 und 2.2.2) mit Unterstützung der Mehrheit der Shareholder aus dem „eigenen" Unternehmen entlassen worden sein. Dieses Beispiel von Steve Jobs bei Apple zeigt auch, dass die residualen Entscheidungsrechte offensichtlich nicht mehr beim Entrepreneur und Gründer des Unternehmens lagen, sondern bei einer Koalition aus Teilen des Managements und der Shareholdermehrheit.

Der im Englischen als Incorporation bezeichnete Vorgang, also die Entstehung einer Kapitalgesellschaft mit einer eigenen Rechtspersönlichkeit, bedeutet für die Unternehmensführung eine fundamentale Veränderung gegenüber der in einem Einzelunternehmen oder bei einer Personengesellschaft bestehenden Bündelung von Entrepreneurship, Ownership und Control. Insbesondere für die oben beschriebenen ethischen Fragen der Unternehmensführung ergeben sich fundamentale Änderungen.

Im Falle der Bündelung von Entrepreneurship, Ownership und Control gibt es eine „oberste Instanz" im Unternehmen, die mit einer innovativen Geschäftsidee den Wertschöpfungsprozess ermöglicht hat, die alle residualen Entscheidungsrechte ausüben kann und die sowohl das finanzielle Risiko trägt als auch Anspruch auf die finanziellen Überschüsse als Lohn für die unternehmerische Leistung (Innovation) und für das Tragen des finanziellen Risikos erhält. Damit liegt auch die volle soziale und ethische Verantwortung für das Handeln des Unternehmens als Ganzes bei dieser Instanz.

Im Falle einer Kapitalgesellschaft sind diese Zuordnungen weniger klar. Kapitalisten im Sinne Schumpeters sind Personen, die einem Unternehmen ausschließlich in Geldvermehrungsabsicht Kapital zur Verfügung stellen und weder durch eine unternehmerische Idee bzw. durch Innovationen zum Unternehmenserfolg beitragen noch durch eigene Mitwirkung in der Geschäftsführung. Das finanzielle Risiko von Kapitalisten in diesem Sinne ist zudem auf die eigene Einlage (bei Aktiengesellschaft: Wert der eigenen Aktien) beschränkt. In einer Aktiengesellschaft nehmen üblicherweise Aktionäre (Shareholder) die Rolle von Kapitalisten im Sinne Schumpeters ein. Der wesentliche Beitrag von Aktionären besteht in der Bereitstellung von Risikokapital. Für diese Bereitstellung steht ihnen eine angemessene Vergütung insbesondere für die Übernahme des Risikos zu.

Soweit Aktionäre über die Einsetzung der Geschäftsführung, des Vorstandes, entscheiden, verfügen sie auch über die wesentlichen residualen Entscheidungsrechte im Unternehmen, und sie tragen die damit verbundene soziale und ethische Verantwortung. Andererseits sind Aktionäre, die reine Kapitalisten im Sinne Schumpeters sind, häufig gar nicht interessiert an Einflussnahme auf das Unternehmensgeschehen. Weil sich das Risiko durch Kombination von Aktien unterschiedlicher Unternehmen streuen lässt, wodurch sich das Verhältnis von Rendite zu Risiko verbessert, beteiligen sich Geldanleger oft mit relativ kleinen Anteilen an sehr vielen verschiedenen Unternehmen. Bei vielen kleinen Anteilen an unterschiedlichen Unternehmen können sich Anleger dann aber nicht mit jedem einzelnen Unternehmen in ihrem Aktienportfolio umfassend beschäftigen und der Aufwand, sich zu informieren und auf die Geschäftsführung eines Unternehmens Einfluss zu nehmen, steht in einem schlechten Verhältnis zum individuellen Nutzen einer solchen Einflussnahme. Gerade wenn eine Aktiengesellschaft eine Eigentümerstruktur hat, die weitgehend aus vielen Kleinaktionären besteht, ist die faktische Einflussnahme der Aktionäre auf den Vorstand oft sehr gering. Damit hat der Vorstand dann eine sehr hohe Handlungsfreiheit und Entscheidungsmacht, was umgekehrt wiederum auch hohe Verantwortung für die sozialen und ethischen Folgen des Handelns bedeutet.

Aus Innovationssicht ist zudem die Frage wesentlich, wie Anreize für wertschaffende Innovationen gesetzt werden können, wenn Entrepreneurship, Ownership und Control nicht in einer Hand liegen. Gelingt es dem Vorstand einer Aktiengesellschaft, Innovationen zu treiben und am Markt umzusetzen, also die Entrepreneursfunktion erfolgreich auszuüben, dann ist dies ein Argument für entsprechend hohe Vorstandvergütungen als Lohn und Anreiz, die Entrepreneursfunktion zu übernehmen.

8.3 Rahmenbedingungen der Unternehmensführung: Corporate Governance

Für das Zusammenwirken von Stakeholdern in Unternehmen gibt es in jedem Land gewisse Rahmenbedingungen. Diese setzen insbesondere einen Rahmen für die Verteilung der in Unternehmen entstehenden Wertschöpfung zwischen den Stakeholdern.

Der hierfür übliche Begriff Corporate Governance drückt bereits aus, dass es dabei vor allem um Corporations, also um Kapitalgesellschaften, geht. Für Einzelunternehmen und Personengesellschaften werden nicht nur weniger Regeln benötigt, weil diese meist kleiner sind, sondern auch, weil hier das Unternehmen viel enger mit einzelnen Personen verbunden ist, die die gesamte Verantwortung für „ihr" Unternehmen tragen. In Kapitalgesellschaften sind die Verantwortungsverhältnisse, wie bereits im vorigen Abschnitt beschrieben, wesentlich komplexer.

Besonders wichtige Regelungen betreffen dabei die bereits im vorigen Abschnitt angesprochene Frage, wer in Kapitalgesellschaften, und hier sind wiederum meistens Aktiengesellschaften gemeint, welche Verfügungs- und Entscheidungsrechte hat. Im sogenannten Two-Tier System, das in einigen kontinentaleuropäischen Ländern, u. a. in Deutschland und Österreich vorherrscht, gibt es neben der Aktionärshauptversammlung zwei wesentliche Organe, den Vorstand und den Aufsichtsrat. In anglo-amerikanischen Ländern und beispielsweise in der Schweiz hat man hingegen das One-Tier System, bei dem gewissermaßen Aufsichtsratsfunktionen und Geschäftsführungsfunktionen in einem Organ, dem Board, zusammengefasst sind, wenn auch in der Regel personell getrennt.

Die Hauptaufgabe des Aufsichtsrates ist die Überwachung des Vorstandes, aber auch die Bestellung und Entlassung der Vorstandsmitglieder, sowie die Festlegung deren Vergütung. Bei sehr wichtigen strategischen Fragen kann der Aufsichtsrat auch direkt Vorgaben machen und Rahmenbedingungen für den Vorstand festlegen. In Deutschland und Österreich umfasst der Aufsichtsrat neben den durch die Aktionärshauptversammlung gewählten Mitgliedern auch von Arbeitnehmerseite entsandte Mitglieder. Neben der Unternehmensmitbestimmung, durch die in den obersten Organen eines Unternehmens unmittelbar auch Arbeitnehmerinteressen repräsentiert sind, sieht das Unternehmensrecht in Deutschland und Österreich allgemein die Aufgabe des Vorstandes stärker als Leitung des Unternehmens im Interesse aller Stakeholder, während im anglo-amerikanischen Raum der Vorstand üblicherweise primär die Shareholderinteressen vertritt.

In einem allgemeineren Sinne umfasst die Corporate Governance aber nicht nur die rechtlichen Vorschriften zur Unternehmensführung, sondern auch weitere rechtliche Vorschriften und auch informelle Regeln zum Zusammenwirken der Stakeholder. Zum Beispiel wird die Position von Arbeitskräften durch Arbeitsschutzgesetze und Regelungen zum Kündigungsschutz gestärkt. Ebenso können Umweltschutzauflagen umweltgerechte Produktionsentscheidungen fördern. Regelungen des Konsumentenschutzes bzw. Verbraucherschutzes sollen der Tatsache Rechnung tragen, dass Unternehmen in der Regel rechtlich und wirtschaftlich versierter sind und ihre Interessen leichter durchsetzen können als ihre Kundschaft, deren Interessen daher gesondert zu schützen sind.

Zu den Rahmenbedingungen des Wirtschaftens in Unternehmen gehören aber auch Institutionen und Organisationen wie Gewerkschaften, die Ansprüche von Arbeitskräften vertreten und die Position von Arbeitskräften etwa in Lohnverhandlungen stärken. Auch Non Governmental Organizations (NGOs), wie Amnesty International oder Greenpeace üben einen wichtigen Einfluss auf das Handeln in Unternehmen aus, beispielsweise indem sie bestimmte unerwünschte Handlungsweisen von Unternehmen öffentlich anprangern und damit Anreize zu Verhaltensänderungen setzen.

Immer wichtiger für die Unternehmensführung werden gerade für börsennotierte Unternehmen auch Nachhaltigkeitsindizes, wie etwa die Dow Jones Sustainability Indexes (DJSI). Je stärker am Kapitalmarkt neben ökonomischen auch ökologische und soziale Zielgrößen berücksichtigt werden, umso größere Anreize haben Unternehmen, solche Zielgrößen selbst zu verwenden.

Als Reaktion auf die globalen Herausforderungen entwickelten die Vereinten Nationen die sogenannten Sustainable Development Goals, die ebenfalls für Unternehmen zunehmend Bedeutung gewinnen und die Balance zwischen wirtschaftlichen, sozialen und ökologischen Zielen verbessern sollen. Beispielsweise fordern die SDGs in Bezug auf Arbeitskräfte, dass Arbeitsbeziehungen ein gesundes Leben und das Wohlergehen aller Arbeitskräfte fördern und jede gesundheitliche Gefährdung vermeiden sollten (vgl. dazu die Ausführungen zum Stakeholder Ansatz aus innovationsorientierter Sicht in Kap. 7).

Einen direkten Einfluss haben auch Vorgaben zur Nachhaltigkeitsberichterstattung. Neben Vorgaben für verpflichtende Angaben spielen hier vor allem einheitliche Standards für die Berichterstattung eine wichtige Rolle.

8.4 Kapitalismus versus Entrepreneurship: Der Saatchi & Saatchi Case

Im Jahr 1970 gründete Maurice Saatchi zusammen mit seinem Bruder Charles die britische Werbeagentur Saatchi & Saatchi. Sehr bekannt wurden Saatchi & Saatchi 1979 durch eine kreative politische Werbekampagne für Margaret Thatcher, der sie mit der Kampagne „Labour Isn't Working" zum Wahlerfolg als Premierministerin verhalfen. In der Folge kauften sie mit viel Geschick andere Werbeagenturen auf und bauten Saatchi & Saatchi zur weltweit größten Werbeagentur aus mit langjährigen Kunden wie British Airways, Mars und Procter & Gamble. Um Zukäufe zu finanzieren, musste Saatchi & Saatchi weiteres Eigenkapital von externen Kapitalgebern besorgen, und nachdem das Unternehmen in Liquiditätsschwierigkeiten geriet und der Aktienkurs stark nachgab, kauften US-Investmentfonds in großem Umfang Anteile von Saatchi & Saatchi und konnten aufgrund ihrer damit verbundenen Stimmrechte großen Einfluss auf das Unternehmen ausüben. Als der Vorstandsvorsitzende Maurice Saatchi im Jahr 1994 ein Optionspaket einforderte, kam es zum Zerwürfnis. Da sich der Aktienkurs schlecht entwickelt hatte, wollten die US-Investmentfonds den Vorstandsvorsitzenden keinesfalls für diese schlechte Performance auch noch mit einem Optionspaket belohnen. Infolge dieses Streites verließ der

Vorstandsvorsitzende Maurice Saatchi schließlich das von ihm selbst mit seinem Bruder als Entrepreneur gegründete Unternehmen. Eigentlich ein normaler Vorgang, wenn man davon ausgeht, dass Unternehmen letzten Endes durch die Shareholder kontrolliert werden, die per Mehrheitsbeschluss auch den Vorstand absetzen können. Was dann passierte, hatten die Shareholder, insbesondere die Investmentfonds als Großaktionäre, nicht vorhergesehen (vgl. Zingales, 2000).

Kurz nachdem Maurice Saatchi das Unternehmen verlassen hatte, kündigten auch einige andere Vorstandsmitglieder und einige erfahrene Werbespezialisten und Führungskräfte bei Saatchi & Saatchi, und diese gründeten gemeinsam mit Maurice Saatchi ein neues Unternehmen (sein Bruder widmete sich inzwischen hauptsächlich dem Sammeln von Kunst).

Da es in der Werbebranche sehr auf persönliche Beziehungen zu Kunden ankommt, wechselten auch gleich mehrere Key Accounts, also Schlüsselkunden, wie beispielsweise British Airways und Mars zum neuen Unternehmen. Das neue Unternehmen nannte sich M&C Saatchi. Damit hatte das ursprüngliche Unternehmen Saatchi & Saatchi seine wichtigsten Vermögenswerte verloren: Das Human und Knowledge Capital in Form der wichtigsten Werbefachleute und deren einzigartiges Knowhow, das Beziehungskapital zu den wichtigsten Auftraggebern für Werbekampagnen und damit auch das „Kundenkapital", und sogar noch die einzigartige Marke „Saatchi". Ohne diese für eine Werbeagentur zentralen (immateriellen) Assets hatte das Unternehmen massiv an Wert eingebüßt. Saatchi & Saatchi benannte sich schließlich um in Cordiant – eine Werbeagentur, die heute in dieser Form nicht mehr existiert.

Das Beispiel ist in verschiedener Hinsicht lehrreich. Erstens zeigt es, wie sich die gestiegene Bedeutung immaterieller Vermögenswerte auf die Corporate Governance auswirkt. Während zur Zeit Henry Fords physische Vermögenswerte, wie Fabrikgebäude und Maschinen, entscheidend für Wettbewerbsvorteile waren, sind in vielen modernen Unternehmen immaterielle Vermögenswerte, wie Arbeitskräfte-Knowhow, Kundenbeziehungen oder Marken entscheidend. Die Eigentumsrechte an Gebäuden und Maschinen sind sehr leicht durchzusetzen, bei immateriellen Vermögenswerten ist das teilweise sehr schwierig. Im Beispiel von Saatchi & Saatchi verloren die Eigentumsrechte der Shareholder massiv an Wert, weil die wesentlichen Vermögensgegenstände am Gründer Maurice Saatchi „hingen" und mit ihm das Unternehmen verließen.

Viele moderne Unternehmen wie Werbeagenturen oder Consultingfirmen haben kaum noch physische Assets. Bürogebäude sind gemietet oder Arbeitskräfte arbeiten ohnehin von zu Hause. Damit verschiebt sich faktisch auch die Machtverteilung zwischen den Stakeholdern, und Fachkräfte haben nicht nur durch ihr Knowhow, sondern auch durch ihr Beziehungskapital, beispielsweise in Form persönlicher Kundenbeziehungen, eine höhere Verhandlungsmacht bei der Verteilung der Wertschöpfung in Unternehmen, während die Verhandlungsmacht von Financiers, also von Shareholdern und Banken, tendenziell sinkt.

Während die Bedeutung von Kapital zur Finanzierung physischer Assets sinkt, ist die Bedeutung von Kapital in netzwerkartigen Geschäftsmodellen (etwa bei Online-Handelsplattformen) hoch, weil aufgrund von Netzwerkeffekten ein hoher Marktanteil

entscheidend ist, dessen Aufbau oft hohe Investitionen notwendig macht, während signifikante Rückflüsse erst sehr spät erwartet werden können und mit hoher Wahrscheinlichkeit
auch nie realisiert werden. Aus Investorensicht beinhaltet dies besonders hohe Risiken, weil bei einem Scheitern, anders als im Falle von Investitionen in Grundstücke,
Gebäude und Maschinen, keine verwertbaren Vermögensgegenstände vorhanden sind.
Folglich stellt sich in solchen Fällen die Frage, wie Investorenschutzmechanismen aussehen können, um entsprechende Investitionen zur Unterstützung unternehmerischer Ideen
sicherstellen zu können.

8.5 Schlussbemerkungen

Die obigen Überlegungen verdeutlichen, dass die Antwort auf die Frage, wer die soziale
bzw. ethische Verantwortung von Unternehmen trägt und worin diese Verantwortung besteht, davon abhängt, von welchem „Unternehmensmodell" man ausgeht. In den Modellen
von Alchian und Demsetz bzw. Jensen und Meckling werden Arbitrageunternehmen zugrunde gelegt. Wie bereits in den Abschn. 3.3.1 und 6.2.1 ausgeführt, bedeutet das, dass
sowohl die Faktorpreise als auch die Güterpreise vom Markt weitgehend vorgegeben sind
und eine Unternehmensführung quasi vom Markt gezwungen wird, die Differenz zwischen den erzielten Umsätzen und den dafür entstehenden Produktionskosten (also den
Finanzgewinn) zu maximieren. Durch die in diesen Modellen gemachten Annahmen über
vollkommene Faktor- und Gütermärkte wird die soziale Verantwortung von Unternehmen
wegdefiniert und die einzige Verantwortung von Unternehmen ist in diesen Modellen,
durch Gewinnmaximierung eine Verschwendung von Ressourcen zu vermeiden.

Im Gegensatz dazu besteht aus Sicht des in diesem Buch verfolgten innovationsorientierten Ansatzes der BWL die ethische Legitimation von Unternehmen darin, dass sie
durch Innovationen das Wohl ihrer Stakeholder erhöhen. Die soziale Verantwortung von
Unternehmen besteht in diesem Sinne dann in der Wertschöpfung für alle Stakeholder
des Unternehmens. Die besondere Art und Weise der Wertschöpfung eines Unternehmens
definiert dessen spezifischen Purpose, also dessen Daseinsgrund.

Die wichtigsten Innovationen, in die wir unsere Kreativität und unser Innovationspotenzial sowie unsere unternehmerische Begeisterung stecken sollten, sind diejenigen
Innovationen, die helfen, nicht nur wirtschaftliche Trade-offs zwischen Kundeninteressen, Arbeitnehmerinteressen und weiteren Stakeholder-Interessen zu überwinden, sondern
die dabei auch ethisch relevante Trade-offs auflösen. Ethisches und umweltfreundliches
Verhalten ist in der Regel nicht völlig „kostenlos" in dem Sinne, dass beispielsweise ökologische Produkte eine geringere Konsumentenrente oder eine geringere Produzentenrente
bedeuten können. Ebenso können beispielsweise höchste Sicherheitsstandards für Arbeitskräfte und soziale/inklusive Arbeitsbedingungen zu Lasten der Produzentenrente oder zu
Lasten niedriger Produktpreise und damit wieder zu Lasten der Konsumentenrente gehen.
Überall da, wo es derartige ethisch, ökologisch und sozial relevante Trade-offs gibt, sind

Kreativität und Unternehmergeist zu deren Überwindung besonders gefordert und besonders gesellschaftlich wertvoll.

8.6 Reflexion

Wie mächtig sind wir durch unsere Kaufentscheidungen?
Letztlich liegt es zu einem großen Teil an uns allen, ob Wirtschaften in Unternehmen zu guten oder zu schlechten Ergebnissen führt. Wenn wir umweltschädliche Kosmetika kaufen, wenn wir Jeans kaufen, die in Bangladesch unter menschenunwürdigen Verhältnissen produziert werden, nur um ein paar Euro zu sparen, wenn wir Kaffee trinken, bei dessen Herstellung Kaffeeanbauer oder sogar Kinder ausgebeutet werden, oder wenn wir sorglos Internetdienste nutzen, die unsere Daten verkaufen und missbrauchen, dann unterstützen wir dadurch Unternehmen, deren Verhalten wir eigentlich verurteilen. Wenn wir uns wissentlich trotzdem an den Produkten und Diensten dieser Unternehmen bedienen, dann ist es unsere eigene Entscheidung. Wir haben Wahlmöglichkeiten, bei welchen Unternehmen wir welche Produkte und Leistungen kaufen oder nutzen. Natürlich ist es manchmal schwer, auf umweltschädliche Produkte und Leistungen zu verzichten, es ist aufwendig, dass wir uns informieren, unter welchen Bedingungen unsere Kleidung produziert wird und was Google oder Meta eigentlich mit unseren Daten machen. Manchmal ist man auch alleine machtlos und müsste erst eine Organisation gründen, die andere aufklärt und ein verändertes Konsumentenverhalten auch bei anderen bewirkt.

Moralisch gutes Verhalten ist aber selten kostenlos, und zumindest auf kurze Sicht ist unethisches Verhalten häufig bequemer oder lohnender. Während wir in unserer Konsumentenrolle letztlich bestimmen, was Unternehmen produzieren und wie sie es produzieren, bestimmen wir bei demokratischen Wahlen, welche Spielregeln es in unserem Land für die Wirtschaft gibt, also zum Beispiel, welche Umweltauflagen Unternehmen zu beachten haben, welche Regeln für die Herstellung von Lebensmitteln gelten, welche Datenschutzauflagen Unternehmen beachten müssen, aber auch, welche bürokratischen Hürden es für Unternehmensgründungen und in der Unternehmensführung gibt. Ebenso wie wir durch Wahlen oder eigenes politisches Engagement in die Gestaltung der Rahmenbedingungen für wirtschaftliches Handeln eingreifen können, bestimmen wird durch unsere Konsumentscheidungen, was Unternehmen wie produzieren. Durch Gründung eines eigenen Unternehmens oder durch Mitarbeit in Unternehmen unterstützen wir ebenfalls ganz bestimmte wirtschaftliche Tätigkeiten.

Gibt es Ähnlichkeiten zwischen Wirtschaft und Demokratie?
Eine Wirtschaft, in der die Menschen im Rahmen gesetzlicher Spielregeln frei entscheiden, was sie kaufen und konsumieren, und in der Unternehmen frei entscheiden, was sie produzieren, weist Parallelen zur Demokratie als Staatsform auf. Letztlich liegen Macht und Verantwortung bei den einzelnen Menschen. So wie wir in einer Demokratie selbst entscheiden, was wir richtig und falsch finden und dementsprechend wählen oder uns für

Parteien und politische Organisationen engagieren, so entscheiden wir in der Wirtschaft jeden Tag, welche Produkte und Leistungen wir kaufen und damit „wählen" wir auch, welche Unternehmen Erfolg haben. Ebenso wie wir eine neue Partei gründen können, wenn wir glauben, dass man es besser machen kann, so können wir auch ein Unternehmen gründen, wenn wir glauben, dass man es besser machen kann und dass es Kunden geben wird, die wir von unseren (z. B. ökologischer und fairer produzierten) Produkten und Leistungen überzeugen können. Andererseits sind wir als einzelne Menschen mit dieser Verantwortung oft überfordert und ebenso, wie wir es in der Demokratie oft schwierig bis unmöglich finden, „die Politik" wirklich zu beeinflussen, ist es auch nicht so einfach, „die Wirtschaft" mitzugestalten. Das Ganze wird noch zusätzlich dadurch erschwert, dass politische Parteien ebenso wie Unternehmen in der Wirtschaft versuchen, ihre Interessen durchzusetzen und es dadurch nicht einfach ist, sich eine ausgewogene Meinung zu bilden.

Wie die Demokratie, kann auch die Wirtschaft – gerade weil die Macht letztlich von den einzelnen Menschen durch freie Entscheidungen ausgeht und weil Institutionen wie Parteien oder Unternehmen gezielt ihre Interessen durchsetzen wollen – zu Ergebnissen führen, die unvernünftig oder moralisch fragwürdig erscheinen mögen. Der griechische Philosoph Platon, Schüler von Sokrates, vertrat in seiner Schrift „Politeia" die Auffassung, dass das Wahlrecht und auch die Ausübung politischer Ämter nur denjenigen zusteht, die zum rationalen Denken fähig sind, was aus seiner Sicht nur für eine Minderheit von Menschen, die Philosophen, gilt (aus seiner Sicht als Philosoph vielleicht naheliegend). Damit wendet er sich gegen eine Demokratie, in der nach unserem Verständnis alle unabhängig von ihrer Intelligenz und Vernunft, und auch unabhängig von ihrer moralischen Eignung nicht nur wählen, sondern auch politische Ämter bekleiden dürfen. Wenn die Mehrheit der Menschen tatsächlich fragwürdige moralische Werte vertritt oder gar nicht in der Lage ist, wichtige politische Entscheidungen zu beurteilen, dann muss damit gerechnet werden, dass auch das Ergebnis demokratischer Prozesse fragwürdig ist. Ebenso wie im Falle der Demokratie kann man auch im Falle der Wirtschaft argumentieren, dass das Ergebnis immer nur so intelligent und gerecht ist wie die handelnden Personen. Allerdings stellt sich im Falle des Ausschlusses bestimmter (z. B. nicht ausreichend rationaler oder moralisch geeigneter) Personengruppen aus demokratischen Prozessen oder Wirtschaftsprozessen die Frage, wer mit welchem Recht entscheidet, wer teilnehmen darf und wer nicht.

Berücksichtigt die Wirtschaft nur die Bedürfnisse zahlungskräftiger Kunden?

Ein offensichtliches Problem des Wirtschaftens ist, dass von Unternehmen nur die Wünsche derjenigen Menschen berücksichtig werden, die dafür bezahlen können. In Analogie zur Demokratie könnte man sagen, dass in der Wirtschaft nur diejenigen Menschen über den Erfolg von Unternehmen „abstimmen", die das Geld haben, deren Produkte zu kaufen. Selbst Tauschen von Gütern ist nur möglich, wenn man selbst etwas zum Tauschen hat. Das führt zu Ergebnissen, die auf den ersten Blick wie eine inakzeptable Fehlfunktion des Wirtschaftssystems aussehen. Pharmaunternehmen forschen zwar intensiv an Schönheitsmitteln (z. B. Mittel gegen Haarausfall oder Botox), aber zu wenig an Mitteln, mit denen Krankheiten in sehr armen Ländern kostengünstig geheilt werden könnten. Wenn ein Pharmaunternehmen ein Medikament erfindet, das sich die Kranken gar nicht leisten können, dann kann das Pharmaunternehmen weder eine Konsumentenrente noch eine Produzentenrente schaffen.

Sind Non-Profit-Organisationen die Lösung, um Leistungen bereitzustellen, die von Unternehmen sonst nicht produziert würden?

Wenn Pharmaunternehmen aus den genannten Gründen keine Medikamente produzieren, die sich Kranke in Armut nicht leisten können, bedeutet das aber nicht notwendigerweise, dass Betriebswirtschaft nicht funktioniert. Die Lösung des Problems könnte folgendermaßen aussehen: Es müssen sich Menschen zusammenfinden, denen Hilfe für die ärmsten Menschen wichtig genug ist, sodass sie ihre eigene Zeit und vielleicht auch ihr eigenes Geld dafür opfern, um eine Organisation zu gründen, deren Ziel ist, eben diesen Menschen zu helfen. Diese Organisation könnte dann Medikamente kaufen für Menschen, die sich das selbst nicht leisten können oder sogar Unternehmen dafür bezahlen, dass diese an einem neuen Wirkstoff forschen. Solche „Unternehmen", deren Hauptziel es nicht ist, Gewinn zu erzielen, sondern sich für einen bestimmten (guten) Zweck einzusetzen, gibt es, man nennt diese Non-Profit (manchmal auch Non Governmental) Organisationen, NPOs oder NGOs. Diese Organisationen können für den Zweck der Organisation (in unserem Beispiel: Medikamente für arme Menschen bereitzustellen) Werbung machen und versuchen, andere Menschen zu finden, die ihnen dabei mit ihrer Arbeitskraft als „Volunteers" helfen oder Geld dafür spenden. Dadurch entsteht wieder eine Win-win-Situation. Diejenigen, die diese Organisation gründen, setzen ihre Zeit und ihr Geld ein, weil sie helfen wollen, was ja bedeutet, dass sie zur Förderung des guten Zwecks freiwillig bereit sind, auf Geld oder Freizeit zu verzichten. Das Bewusstsein, etwas Gutes getan zu haben, ist einem freiwilligen Spender oder einer freiwilligen Helferin also „mehr wert" als das dafür eingesetzte Geld oder die Freizeit. Eine Non-Profit-Organisation setzt in diesem Sinne also eine kreative Idee um, zur Wertschöpfung für diejenigen, die die Organisation mit ihrer Zeit oder ihrem Geld unterstützen, und vor allem zur Wertschöpfung für die hilfsbedürftigen Menschen, denen geholfen wird. Kern der wirtschaftlichen Tätigkeit einer Non-Profit-Organisation ist also wieder Wertschöpfung für Stakeholder (Spender, Helferinnen, Hilfsbedürftige) durch Innovation.

Was ist aber, wenn niemand Geld oder Zeit einsetzen will, um Pharmaunternehmen dazu zu bringen, Medikamente für arme Menschen zu produzieren? Vielleicht hat die Non-Profit-Organisation dann nicht gut genug für ihre guten Zwecke geworben, oder potentielle Spenderinnen vertrauen der Organisation nicht, dass die Gelder wirklich für den guten Zweck eingesetzt werden. Das ist dann ein Problem schlechten Managements und die Betriebswirtschaftslehre soll gerade helfen, schlechtes Management zu vermeiden. Auch im Non-Profit-Bereich funktioniert also das Win-win-Prinzip – vorausgesetzt Menschen wollen anderen Menschen nicht nur durch wohlklingende Worte helfen, sondern auch durch Taten. Es gibt viele wohltätige Organisationen, die für ihre guten Zwecke um Unterstützung werben, und man kann auch selbst mit Gleichgesinnten eine soziale Hilfsorganisation gründen. Es ist unsere freie Entscheidung, wofür wir unsere Zeit oder unser Geld einsetzen und spenden.

Internationaler Handel: Mehr Ungleichheit oder mehr Wertschöpfung für alle?

Im 16. bis 18. Jahrhundert wurden internationale Wirtschaftsbeziehungen im Rahmen der Ideen des Merkantilismus hauptsächlich als Mittel gesehen, den Wohlstand des eigenen Landes durch Handelsüberschüsse zu mehren. Vereinfacht gesagt, sollten Handelsüberschüsse erzielt und damit die Staatskassen gefüllt werden, indem Rohstoffe billig aus dem Ausland beschafft wurden (oft wurden dazu Kolonien ausgebeutet), die dann zu hochwertigeren Produkten verarbeitet möglichst teuer an andere Länder verkauft wurden. Man ging dabei davon aus, dass Handel ein „Nullsummenspiel" ist, bei dem ein Land durch Handel nur gewinnen kann, indem andere Länder entsprechend verlieren. Gegen Ende des 18. Jahrhunderts kam dann unter anderem durch Adam Smith die Idee auf, dass internationale Wirtschaft allen beteiligten Ländern gemeinsam nutzen soll und kann. Mit anderen Worten, internationaler Handel wurde zunehmend als mögliche Win-win-Situation gesehen. Adam Smith ging davon aus, dass dies durch eine internationale Arbeitsteilung möglich ist, bei der sich jedes Land auf die Herstellung derjenigen Produkte spezialisiert, die es zu absolut geringeren Kosten als andere Länder herstellen kann. Wenn diese Produkte dann zwischen den Ländern getauscht werden, dann profitieren alle durch höheren Wohlstand, als dies ohne Handel möglich wäre. Anfang des 19. Jahrhunderts entwickelte dann David Ricardo die Theorie des komparativen Kostenvorteils, wonach ein Land selbst dann von internationalem Handel profitieren kann, wenn es zwar keines der produzierten Güter zu geringeren Kosten als ein anderes Land herstellen kann, aber sich auf die Herstellung der Güter spezialisiert, bei denen es komparative Vorteile hat.

Dieses Prinzip der Ausnutzung komparativer Vorteile durch Arbeitsteilung und Spezialisierung gilt nicht nur im internationalen Handel, sondern auch im Alltag: Angenommen, nach einer Fahrradtour stellen Aaron und Basima fest, dass beide ein kleines Loch in ihrem Hinterradreifen haben, und beide wollen noch ihre bei der Fahrradtour verschmutzten Turnschuhe putzen. „Normale" Arbeitsteilung nach Adam Smith funktioniert nur, wenn zum Beispiel Aaron schneller beim Schuheputzen ist und Basima dafür schneller beim Reifenflicken. Dann ist klar, dass es für beide besser ist, wenn Aaron beide Paar Schuhe putzt und Basima dafür beide Reifen repariert, als wenn beide nur ihr eigenes Fahrrad reparieren und ihre eigenen Schuhe putzen. Was ist aber, wenn Aaron handwerklich generell sehr ungeschickt ist und eine Stunde pro Fahrradreifen bräuchte und eine halbe Stunde pro Schuhpaar, während Basima einen Reifen in 15 min reparieren kann und ein Schuhpaar in 20 min gereinigt hat? Das ist laut David Ricardo noch kein Grund für eine Trennung. Auch wenn Aaron für beide Tätigkeiten länger braucht, so hat er einen komparativen Vorteil beim Schuhputzen (da braucht er nur 1,5-mal so lange, während er beim Reifenflicken viermal so lange braucht wie Basima). Basima ist mit den beiden Reifen nach 30 min fertig. Hätte sie nur ihren eigenen Reifen repariert und zusätzlich ihre eigenen Schuhe geputzt, dann wäre sie erst nach 35 min fertig gewesen – immerhin 5 min hat sie gespart. Aaron ist nach einer Stunde mit dem Putzen beider Schuhpaare fertig, für sein eigenes

Fahrrad und seine eigenen Schuhe hätte er zusammen eineinhalb Stunden gebraucht – er hat sogar 30 min gespart. Die Arbeitsteilung und die Spezialisierung auf die Tätigkeit, die man relativ (im einfachen Beispiel: von den zwei Tätigkeiten) besser kann, hat sich also für beide gelohnt und insgesamt 35 min Arbeitszeit gespart. Im Beispiel hätte Basima natürlich ihrem Freund Aaron beim Schuhputzen geholfen, nachdem sie mit beiden Fahrrädern fertig gewesen wäre und beide hätten dann mehr gemeinsame Freizeit gehabt.

Die tieferliegende Erkenntnis hieraus ist, dass internationale Arbeitsteilung und internationaler Handel grundsätzlich zu Vorteilen für alle Beteiligten führen können, und ein Vorteil des Handels besteht auch für Länder, die zum Beispiel aufgrund fehlender Technologien keinerlei Güter und Leistungen kostengünstiger produzieren können als andere Länder. Allerdings braucht man dafür dann nicht nur auf nationaler Ebene faire „Spielregeln" des Wirtschaftens, sondern auch auf internationaler Ebene. Ein großes Problem des globalen Wirtschaftens ist, dass die Wertschöpfung aus internationalen Handelsbeziehungen oft überwiegend in den ohnehin schon reichen Ländern erfolgt, während ärmere Länder zwar von internationalen Handelsbeziehungen profitieren, aber wesentlich weniger. Wie oben verdeutlicht, wird durch kreative Ideen zur Wertschöpfung und deren Implementierung in Form von Innovationen ein „Kuchen" von Vorteilen für die an der Wertschöpfung Beteiligten geschaffen. Die Verteilung des Kuchens (vgl. dazu Kap. 3, strategische Perspektive) hängt aber von den weitgehend politisch festgelegten Spielregeln der Wirtschaft ab und faire Spielregeln sind auf internationaler Ebene viel schwerer zu verhandeln und schwerer verlässlich zu implementieren.

Wissenschaftliche Untersuchungen deuten darauf hin, dass Erleichterungen und Liberalisierung im Welthandel grundsätzlich bessere Möglichkeiten für die Armutsbekämpfung bringen, allerdings garantiert eine Liberalisierung des Handels allein ohne entsprechende (demokratische) Strukturen in den betroffenen Ländern noch keine Erfolge in der Armutsbekämpfung, beispielsweise in der Bekämpfung von hoher Kindersterblichkeit. Als Indiz für die Bedeutung von Handel und Wirtschaftswachstum für die Armutsbekämpfung mag auch gelten, dass die extremen Einbrüche in den internationalen Handelsbeziehungen in Folge der Corona-Pandemie und damit einhergehend das schwächere Wirtschaftswachstum einer Studie der Weltbank zufolge aufgrund verminderter Einkommen zu hunderttausenden zusätzlichen Todesfällen führten, insbesondere zu wesentlich höherer Säuglingssterblichkeit, und mehreren Millionen zusätzlich in Armut lebenden Menschen (vgl. Barlow, 2018, Barlow et al., 2021, Shapira et al., 2021).

Interessanterweise treffen oft sehr unterschiedliche ideologische Positionen aufeinander, wenn es um die Frage geht, wie man globale Herausforderungen durch internationale Wirtschaftspolitik meistern kann. Manche argumentieren zum Beispiel in Anlehnung an obige Überlegungen, dass der weitaus größte Hebel für die Bekämpfung von Armut und Klimawandel darin besteht, ärmere Länder beim Einsatz umweltfreundlicher Technologien finanziell zu unterstützen, also zum Beispiel Kompensationszahlungen zu leisten, sodass ärmere Länder keinen wirtschaftlichen Nachteil durch den Einsatz teurerer umweltfreundlicher Technologien haben. Jeder Euro, den man hier investieren würde, um beispielsweise bereits in Bau befindliche und geplante Kohlekraftwerke in Ländern zu verhindern, die sich umweltfreundliche Technologien nicht leisten wollen oder können, bringt nach dieser Argumentation für die Umwelt weit mehr als eine entsprechende Investition hierzulande in sauberere Energieerzeugung oder Technologien wie Elektromobilität. Zudem wird manchmal gefordert, Wertschöpfung aus umweltfreundlicher Energieerzeugung in ärmere Länder zu verlagern und somit eine Win-win-Situation zu erzeugen. Konkret könnte demnach in größerem Maßstab ärmeren Ländern geholfen werden, Energie umweltfreundlich aus dort vorhandenen Ressourcen (z. B. Sonne oder Wind) zu erzeugen und mit Hilfe bereits vorhandener und in Zukunft ausbaubarer Technologien hieraus beispielsweise Wasserstoff oder andere transportfähige synthetisch hergestellte Kraftstoffe zu entwickeln, die dann an Industrieländer verkauft werden. Wenn bei solchen Technologien viel Energie aufgrund eines schlechten Wirkungsgrades verloren geht, dann sei das wenig relevant, solange es sich um Energien wie Sonnenenergie oder Wind handelt, die in den entsprechenden Ländern im Überfluss vorhanden sind. Andere kritisieren an derartigen Vorschlägen wiederum, reiche Länder würden sich dadurch „freikaufen" von ihrer ökologischen Verantwortung und die notwendigen Technologien seien nicht ausreichend vorhanden oder ineffizient (Müller, 2020, Radermacher, 2018, Streeck, 2021).

Ganz ähnliche Kontroversen gibt es bei viel weniger weitreichenden Fragen. Darf man beispielsweise eine (unnötige) Flugreise antreten, wenn man gleichzeitig die dadurch entstehende Umweltbelastung durch finanzielle Unterstützung von Aufforstungsprojekten in Regenwäldern mehr als ausgleicht, oder ist eine unnötige Flugreise auf jeden Fall moralisch falsch, unabhängig davon, ob die entstehenden negativen Externalitäten mehr als ausgeglichen werden? Welche Sicht man hier vertritt, hängt davon ab, ob man eher einer teleologischen Ethik (Utilitarismus) oder einer deontologischen Pflichtethik zuneigt. Im ersteren Ansatz hängt die moralische Bewertung von Entscheidungsalternativen vereinfachend gesprochen davon ab, „was am Ende herauskommt", also ob bei einer bestimmten Vorgehensweise zum Beispiel die Konsequenzen für die Umwelt besser sind als bei einer anderen Vorgehensweise. Eine deontologische Pflichtethik orientiert sich hingegen viel stärker an Prinzipien, die nicht verletzt werden dürfen, auch wenn im Einzelfall eine Verletzung des Prinzips vielleicht zu erwünschteren Ergebnissen führen würde. Aus teleologischer Sicht darf man also nach Australien fliegen, wenn man die dadurch entstehende Umweltverschmutzung tatsächlich mehr als ausgleicht. Aus deontologischer Sicht sollte man hingegen aus Prinzip nicht fliegen, weil die Einhaltung des Prinzips eine wünschenswerte Norm für alle ist als dessen (fallweise) Verletzung.

Wiederholungsfragen

Welche der folgenden Aussagen sind richtig?

a) **Kapitalgesellschaften** zeichnen sich dadurch aus, dass diejenigen, die das Unternehmen führen, auch das mit ihren Entscheidungen verbundene finanzielle **Risiko** tragen.

b) In der **Corporate Governance** geht es insbesondere um die Rahmenbedingungen für die Verteilung der in Unternehmen entstehenden Wertschöpfung zwischen den Stakeholdern.

c) **Kapitalgesellschaften** zeichnen sich durch eine weitgehende **Trennung von Eigentum am Unternehmen und Führung** des Unternehmens aus.

d) Wenn **Geschäftsführungsfunktion** und **Aufsichtsratsfunktion** in einem **Organ (Board)** zusammengefasst sind und es daneben die **Aktionärshauptversammlung** als weiteres Organ gibt, dann bezeichnet man das als **Two-Tier System**.

e) Die **Unternehmenstheorie von Alchian und Demsetz** liefert eine Begründung dafür, dass Arbeitskräfte ein weitgehend fixes Gehalt bekommen, während die Vergütung der Unternehmensführung auch vom Erfolg des gesamten Teams abhängt.

f) **Eigentum** an Unternehmen bedeutet aus ökonomischer Sicht erstens Tragen des Risikos, zweitens Anspruch auf Gewinne und drittens das Recht, die Entscheidungen im Unternehmen zu treffen.

▶ Die Lösung zu den Wiederholungsfragen finden Sie in Kap. 9.

Literatur

Alchian, A. A., & Demsetz, H. (1972). Production, information costs, and economic organization. *American Economic Review*, *62*(5), 777–795.

Barlow, P. (2018). Does trade liberalization reduce child mortality in low- and middle-income countries? A synthetic control analysis of 36 policy experiments, 1963–2005. *Social Science & Medicine*, *205*, 107–115.

Barlow, P., van Schalkwyk, M. C. I., McKee, M., Labonté, R., & Stuckler, D. (2021). COVID-19 and the collapse of global trade: building an effective public health response. *Lancet Planetary Health*, *5*(2), e102–e107.

De George, R. T. (1981). Ethical responsibilities of engineers in large organizations: the pinto case. *Business & Professional Ethics Journal*, *1*(1), 1–14.

Dilger, A., Frick, B., & Speckbacher, G. (1999). Mitbestimmung als zentrale Frage der Corporate Governance. In B. Frick, N. Kluge & W. Streeck (Hrsg.), *Die wirtschaftlichen Folgen der Mitbestimmung* (S. 19–52). Frankfurt a. M.: Campus.

Jensen, M. C., & Meckling, W. H. (1976). Theory of the firm: managerial behavior, agency costs and ownership structure. *Journal of Financial Economics*, *3*(4), 305–360.

Müller, G. (2020). *Umdenken: Überlebensfragen der Menschheit*. Hamburg: Murmann.

Radermacher, F. J. (2018). *Der Milliarden-Joker. Wie Deutschland und Europa den globalen Klimaschutz revolutionieren können*. Hamburg: Murmann.

Schumpeter, J. A. (1942). *Capitalism, socialism, and democracy*. New York: Harper & Brothers.

Shapira, G., de Walque, D., & Friedman, J. (2021). How many infants may have died in low-income and middle-income countries in 2020 due to the economic contraction accompanying the COVID-19 pandemic? Mortality projections based on forecasted declines in economic growth. *BMJ Open*, *11*, 1–6.

Streeck, W. (2021). *Zwischen Globalismus und Demokratie. Politische Ökonomie im ausgehenden Neoliberalismus*. Berlin: Suhrkamp.

Zingales, L. (2000). In search of new foundations. *Journal of Finance*, *55*, 1623–1653.

Die korrekten Aussagen zu den einzelnen Kapiteln:

Kap. 1: a, b, e und g
Kap. 2: f, g, j, k, l und m
Kap. 3: a, c, d, e, h, j, l und m
Kap. 4: b, c, d, h, l, m, q, r, s, t, u und v
Kap. 5: b, g, i und j
Kap. 6: a, c, d, g, h und i
Kap. 7: a, f, g und h
Kap. 8: b, c, e und f

© Der/die Autor(en), exklusiv lizenziert an Springer Fachmedien Wiesbaden GmbH, ein   255
Teil von Springer Nature 2025
G. Speckbacher, *Innovationen für gemeinsamen Gewinn*,
https://doi.org/10.1007/978-3-658-48783-6_9

The manufacturer's authorised representative in the EU is Springer
Nature Customer Service Centre GmbH, Europaplatz 3, 69115 Heidelberg,
Germany. If you have any concerns regarding our products, please
contact ProductSafety@springernature.com

Printed and bound by CPI Group (UK) Ltd, Croydon, CR0 4YY
28/04/2026
02098521-0018